ARKANA

Buch

Das bekannte Medium Varda Hasselmann hat aus der kausalen Bewusstseinswelt neue mediale Botschaften zum Phänomen der Seelenfamilie empfangen: Unter Seelenfamilie verstehen Hasselmann und Schmolke die seelische Zugehörigkeit der Einzelseele zu einer energetisch eng verwandten Gemeinschaft. Geeint wird sie von einer gemeinsamen Aufgabe, einer gemeinsamen Grundstruktur und der geschwisterlichen Liebe. Seelengeschwister sind teils inkarniert, teils weilen sie in der astralen Bewusstseinswelt. Man kann ihnen körperlich begegnen und mit ihnen Kontakt aufnehmen. Hasselmann und Schmolke stellen in ihrem Buch die Organisationseinheiten der seelischen Welten vor. Ausgehend vom Allganzen, erklären sie die Form und energetische Struktur der Seelenfamilie, erläutern die sieben Wege der Seele innerhalb einer Familie und beschreiben die archetypischen Seelenrollen.

Autoren

Dr. Varda Hasselmann, Jahrgang 1946, wuchs in Italien auf. Sie entschied sich gegen eine Universitätskarriere und für den Ausdruck ihrer außerordentlichen medialen Begabung. Seit 1983 arbeitet sie als Trancemedium. Gemeinsam mit ihrem Lebensgefährten Frank Schmolke (Jahrgang 1944) leitet sie Veranstaltungen zur Thematik der seelischen Archetypen und der Seelenfamilie. Außerdem bietet sie mit ihrer Schwester Linde Hasselmann Kurse zu heilenden Aspekten der Medialität an.

Bei Goldmann sind von
Varda Hasselmann und Frank Schmolke bereits erschienen:

Archetypen der Seele (12223 und 21516)
Weisheit der Seele (12262)
Welten der Seele (12196)

sowie von Varda Hasselmann:
Die Seele der Papaya (21522)

Varda Hasselmann
Frank Schmolke

Die Seelenfamilie

*Sinn und Struktur
seelischer Beziehungen*

Durchsagen aus der kausalen Welt IV

ARKANA

GOLDMANN

Septana®, *Archetypen der Seele*® und *Elixiere der Seele*®
sind international geschützte Marken. Sie dürfen für
Publikationen und Veranstaltungen Dritter nicht verwendet werden.

Originalausgabe Januar 2001
© 2001 Wilhelm Goldmann Verlag, München
in der Verlagsgruppe Random House GmbH
Umschlaggestaltung: Design Team München
Umschlagfoto: Bavaria/VCL
Redaktion: Christine Stecher
Satz: Uhl + Massopust, Aalen
Druck: GGP Media, Pößneck
Verlagsnummer: 21529
WL · Herstellung: Stefan Hansen
Made in Germany
ISBN 3-442-21529-5
www.goldmann-verlag.de

3. Auflage

Inhalt

Einführung

Obschon man es sich nicht kann träumen lassen,
das Geheimnis der Seele je auszuschöpfen,
so scheint es mir doch zu den vornehmsten Aufgaben
des menschlichen Geistes zu gehören, unermüdlich
um eine stets sich vertiefende Erkenntnis des seelischen
Wesens sich zu bemühen.

C. G. Jung

Eine neue Seelenlehre

Mit diesem Buch über die Seelenfamilie legen wir unseren Lesern
nach *Welten der Seele, Weisheit der Seele* und *Archetypen der
Seele* den vierten Band von Durchsagen aus der kausalen Welt
vor. Wir wünschen uns, dass die Kenntnisse und Erkenntnisse,
die Einsichten und geistigen Offenbarungen, die dieses neue
Buch enthält, möglichst vielen Menschen Trost, Verstehen und
eine neue Geborgenheit vermitteln. Denn das ist das Anliegen,
das unsere transpersonale Informationsquelle bewegt und das
auch uns – als ihre menschlich-irdischen Mittler – bei unserer gemeinsamen Arbeit trägt.

Das hier in Worte gefasste neuartige Wissen um die Existenz
einer Seelenfamilie und die natürliche Kommunikation mit den
Seelengeschwistern kann Menschen aus ihrer Einsamkeit erlösen. Unter einer existenziellen Einsamkeit, die spürbar ist, auch

wenn tatsächliche Nähe von Verwandten und Freunden besteht, leiden besonders ältere Seelen nach vielen Inkarnationen auf der Erde. Daher lautet der vielleicht wichtigste Satz dieser umfassenden transpersonalen Botschaft: *Ihr seid nicht allein!*

Um die Jahrtausendwende ist eine geistige Bewegung zu individueller Spiritualität zu beobachten. Alte Sinnstrukturen tragen vielfach nicht mehr; sie bieten wenig Tröstliches und beantworten die Urfragen der Menschheit – »Wer bin ich?«, »Woher komme ich?«, »Wohin gehe ich?« – oft nur unzureichend. Philosophen und Theologen befassen sich mit anderen Themen. Die Frage nach dem Wesen der Seele, nach ihrem Woher und Wohin, braucht neue Antworten.

Dieses Buch mit den Trancedurchsagen zur Seelenfamilie, die in einem Zeitraum von über zehn Jahren entstanden sind, soll neue Möglichkeiten der Erkenntnis vermitteln. Es handelt sich bei dem, was die Quelle lehrt, inhaltlich um eine Art Arbeitshypothese. Es geht dabei prinzipiell nicht um dogmatisch zu verstehende neue Wahrheiten, die irgendjemand zu glauben hätte, um sein »Seelenheil« zu erlangen. Aber die Botschaften unserer Quelle wollen anregen, einmal in eine ganz andere Richtung zu denken und zu fühlen, die neuen Ideen auch auszuprobieren und auf ihren pragmatischen Gehalt hin zu überprüfen. Denn sie haben nach unserer Erfahrung für die Menschen der westlichen Welt einen erheblichen Erklärungswert. Dass es das Phänomen von Seelenfamilien gibt, wird kaum jemand naturwissenschaftlich nachweisen können. Aber es könnte sich lohnen, diese Vorstellung in Betracht zu ziehen und ihre Wirkung zu überprüfen.

Die Lehren der Quelle zu den Welten der Seele treten nicht in Konkurrenz zu irgendeiner Religion. Sie stellen ein übergreifendes System zur Verfügung, ein in sich kohärentes Erklärungsmodell der seelischen Realität. Aus dieser seelischen Realität beziehen die Religionen der Erde – aber auch alle Lebensäußerungen der Menschen – ihre Energie.

Seelen existieren unabhängig vom Körper. Ein Teil dieser Seelen verbindet sich auf unserem Planeten mit einem Primatenkörper, um einen spezifischen Entwicklungsweg zu beschreiten. Die Quelle nennt dies *einen Akt großen Mutes, auf den ihr stolz sein solltet.* Der besondere Gewinn an Erfahrung und Entfaltung, den das Menschsein darstellt, besitzt offensichtlich in den Welten der Seele einen hohen Wert.

In der Verkörperung unterwirft sich eine Menschenseele freiwillig einer umfassenden physischen Beschränkung, die die Voraussetzungen für ihre Absicht schafft, sich unter diesen Bedingungen zu entwickeln. Die Erinnerung an die Welten der Seele, aus denen sie herstammt, bleibt jedoch auf verschiedenste Weise erhalten. Daher hat der Mensch einerseits den Drang, sich immer wieder intensiven seelischen Erfahrungen hinzugeben, die ihn in seiner Vereinzelung und Abgetrenntheit, in seinem Leid und Schmerz innerlich aufrichten. Andererseits hat er als denkendes, reflektierendes Wesen das immer während Bedürfnis, diese Erfahrungen und Sehnsüchte in eine theoretische Gestalt zu kleiden. So entsteht – im Zusammenspiel aller drei Welten der Seele – das, was Religion genannt wird. Ihre zahlreichen sehr verschiedenen Erscheinungsformen nennt die Quelle *Teilwahrheiten.*

In diesem Zusammenhang ist es entscheidend zu verstehen, dass die Grundstruktur solcher Theoriebildungen über die »unsichtbare Welt« vor allem die Bedürfnisse der jeweiligen seelischen Entfaltungsstufe eines Individuums oder Kollektivs befriedigen muss, um als spirituelle Tröstung und als Welterklärungsmodell wirksam zu werden. Insofern gibt es nach der Lehre der Quelle religiöse Rahmenbedingungen für die fünf verschiedenen Seelenalter: Animismus für die Säugling-Seelen, Polytheismus für die Kind-Seelen, Monotheismus für die Jungen Seelen. Erreichen Seelen das Stadium der Reife und des Alters, werden die spirituellen Bedürfnisse und damit ihre Ausdrucksformen individualistischer. Die innere Erfahrung wird nun wichtiger als die feste und von der jeweiligen Gesellschaft vorgegebene Theoriebildung mit ihrem Wahrheitsanspruch.

Wir wenden uns mit der Seelenlehre der Quelle an selbstbewusste, sich ihrer selbst bewusste Leser, die eine unbestimmte Sehnsucht nach Verbundenheit spüren, nach einer Form der *Rückbindung* an ihre seelische Dimension, die ganz neu ist und zugleich so alt wie die Menschheit. Jeder Mensch, der in sich eine Instanz als real und wirksam erfährt, die er mit dem Namen Seele bezeichnen könnte, möchte mehr über sie erfahren – über ihr Sein, ihr Wirken, ihr Handeln, ihr Lernen. Die Seele ist jedoch kein isoliertes, völlig autonomes Gebilde. Sie hat eine Eigenexistenz *und* eine Gemeinschaftsexistenz, genauso wie jeder Mensch sowohl ein Eigenleben als auch ein Gemeinschaftsleben hat.

Unser Buch soll daher Auskunft geben über die Beziehung der Einzelseele zu ihrer jeweiligen Seelenfamilie, die Funktion seelischer Familien allgemein, ihre Aufgaben, ihre Organisationsformen, ihre Sinnhaftigkeit. Auch werden ausführliche Anleitungen gegeben, wie man Seelengeschwister erkennt und mit ihnen in Kontakt treten kann. Die im Rahmen der größeren Organisationseinheiten der Familie wie Seelensippe und Seelenstamm hervorgebrachten Seelenverwandtschaften werden ausführlich erörtert und erläutert. Schon in unseren Büchern *Welten der Seele* und *Weisheit der Seele* befindet sich umfangreiches Material über die Seelenfamilie. Die dort enthaltenen Durchsagetexte ergänzen die hier vorliegenden.

Eine komplexe Lehre von der Seele wird uns seit vielen Jahren auf medialem Weg von einer Wesenheit aus der kausalen Bewusstseinswelt übermittelt, die wir einfach die Quelle nennen. Sie hat keinen Eigennamen, denn es handelt sich bei dieser Wesenheit nicht um eine Person oder eine verstorbene Persönlichkeit, sondern um ein energetisches Netzwerk von zusammengehörenden Einzelseelen. Die Quelle ist eine Seelenfamilie, bestehend aus mehr als tausend Seelengeschwistern, die ihre insgesamt rund hunderttausend körperlichen Existenzen auf dem Planeten Erde verbracht haben. Der kausale Bereich ist neben unserer physischen Wirklichkeit und der astralen Heimat der Seelen die dritte der seelischen Welten.

Bereits vor etwa zwei Jahrzehnten erfuhren wir von der Quelle, dass das Wissen um die Einbindung jedes Menschen in eine ihm zugehörige Seelenfamilie das Kernstück dieser Seelenlehre darstellen würde. Die Quelle ist ein geschickter Lehrer. Sie wusste, dass sie uns diese für uns ungewohnten und schwer zu begreifenden Zusammenhänge behutsam nahe bringen musste. Deshalb ging sie langsam und gründlich vor. Wir als Empfänger und Vermittler mussten uns erst einmal nach und nach mit den unverzichtbaren Grundkenntnissen über die seelischen Existenzformen vertraut machen. Dazu gehörte zunächst das Wissen um die sieben *universellen Grundenergien*. Dann mussten wir die drei *Welten der Seele* verstehen lernen. Die neunundvierzig *Archetypen der Seele* mit ihren individuellen Seelenmustern, Matrix genannt, die unsere körperliche Existenz lenken, stellten ein weiteres umfangreiches Gebiet dar. Es handelt sich um eine komplexe Thematik, die voraussetzte, dass wir uns jahrelang auch mit unseren eigenen Archetypen beschäftigten. Um die Aussagen zur Seelenfamilie zu begreifen, mussten wir die Archetypen gut kennen. Sodann war die Lehre von den *Seelenaltern* ein wichtiges Teilstück der Erkenntnis. Wesentliche Einsichten über die Weisheit der Seele und die Sinnhaftigkeit unserer irdischen Existenz sowie eine umfangreiche Systematik energetischer Stärkungsmittel, die so genannten *Elixiere der Seele*, die die persönlichen Archetypen mit der individuellen Psyche ausbalancieren können, wurden uns fast nebenher vermittelt. Unsere umfangreiche Seminartätigkeit hat uns konkrete Erfahrungen mit der jeweiligen Matrix und Seelenfamilie der Teilnehmer vermittelt.

Die mediale Übermittlung

Wir, Varda und Frank, hätten das alles zu Beginn unserer Verbindung, die nun schon über dreißig Jahre andauert, ganz gewiss nicht für möglich gehalten. Aber ausgerechnet einer Universitätsdozentin und einem Studienrat, die beide seinerzeit mit Esoterik noch weniger anfangen konnten als mit Kirche, passierte es 1983, dass sie sich zu einer lebensbestimmenden Teamarbeit mit einer kausalen Wesenheit aufgefordert fühlten.

Mitte der sechziger Jahre begegneten wir uns als junge Studenten. Unsere Verbindung und Zusammenarbeit war immer äußerst intensiv und fruchtbar. Aber wenn uns irgendein Mensch vorhergesagt hätte, dass wir eines Tages fast so selbstverständlich mit einer nichtmateriellen Informationsquelle »reden« würden, wie wir mit unseren Freunden telefonieren, hätten wir uns sehr gewundert. Wir waren damals miteinander verheiratet, unterrichteten als Philologen an Schule und Universität, liebten Kunst, Literatur und gutes Essen. Unserem rational geschulten Verstand erschien alles, was sich nicht wissenschaftlich überprüfen ließ, unheimlich oder irrelevant. Von Esoterik hatten wir nicht mehr gehört als das Wort, und auch heute betonen wir gern, dass wir diesen Begriff und das, was oft damit verbunden wird, nicht besonders mögen. Wir sind Menschen, die in ihren mittleren Jahren – ohne dies bewusst anzustreben – von einer numinosen Kraft berührt worden sind und begonnen haben, sich voller Neugier mit den Möglichkeiten und Grenzen medialer Kontakte zu beschäftigen. Wir sehen uns als verstehende Vermittler der Erkenntnisse, die wir durch die Kommunikation mit der Quelle erhalten haben. Sie bezeichnet uns als ihre Botschafter.

Als wir Ende der achtziger Jahre mit den ersten »Demonstrationen« unserer merkwürdigen Fähigkeit an die Öffentlichkeit traten, hatten wir ein wenig Angst, denn wir selbst empfanden es anfangs als unerklärlich, Botschaften zu empfangen und fremden Menschen mit geschlossenen Augen Dinge zu erzählen, die uns selbst völlig neu waren. Auch hat unsere eigene Seele uns damals nicht sehr interessiert, da wir beide nicht in religiösen Familien aufgewachsen sind.

Wir ließen uns gerade nach zwölf Jahren Ehe scheiden und dachten gewiss nicht an gemeinsame zukünftige Aufgaben, als Frank im amerikanischen Santa Fe zum ersten Mal in seinem Leben einem Medium begegnete – einer Frau, die mit einer Entität namens *Michael* arbeitete. Die wenigen Sätze zu unserer Beziehung, die Frank von dieser Frau übermittelt wurden, erregten und verwirrten uns beide. Dass so etwas möglich ist – eine derart präzise und tiefsinnige Aussage einer fremden Person über etwas, das doch niemand außer uns weiß! Diese Erfahrung erschütterte unser Weltbild.

Und wenn es so etwas überhaupt gibt, ist es dann denkbar, dass auch wir selbst…? Spielerisch-intuitive Erfahrungen mit Astrologie, Tarotkarten und dem Pendel besaßen wir bereits. Wir machten uns also an die Arbeit und wurden schnell zu Empfängern ungewöhnlicher Informationen. Offensichtlich waren wir reif dafür. Seither füllt sich unser Archiv mit medialen Botschaften zur menschlichen Seele – ein Thema, das uns inzwischen täglich beschäftigt.

Zu Beginn unserer medialen Arbeit baten wir unsere Quelle für Klienten und für uns selbst fast ausschließlich in privaten Anliegen um Rat und Lebenshilfe. Doch sehr bald entdeckte Varda ihre besondere Fähigkeit, überpersönliche Botschaften abstrakten Inhalts in Worte zu fassen. Sie betrafen vor allem die Dimensionen menschlichen Bewusstseins. Einige Jahre später konzentrierte sich die Quelle dann fast ausschließlich auf ihr besonderes Thema mit seinen tausend Facetten: die menschliche Seele. Die privaten Lebensberatungen boten wir dann nicht mehr an, denn das Durchgeben des umfangreichen Materials, das Zusammenstellen der

Bücher und die zahlreichen darauf aufbauenden Veranstaltungen, Seminare und Vorträge nehmen uns seither ganz in Anspruch.

Varda, Frank und die Quelle bilden ein energetisches Dreieck. Frank führt Varda in die Trance, vernetzt sich innerlich mit ihr und »beschützt« durch das tiefe gegenseitige Vertrauen das verletzliche entpersönlichte Medium. Dadurch entsteht eine Tiefe der Trance, die sonst kaum möglich wäre. So aber kann sich die Quelle in einem weitgehend angstfreien inneren Raum mitteilen.

Unsere transpersonale Instanz lehrt nur dann, wenn ein inkarnierter Mensch etwas erfahren möchte. Frank will all das, was die Quelle mitzuteilen hat, aus einem existenziellen Interesse heraus wissen. Varda hingegen hat im Trancezustand nicht das geringste Bedürfnis, etwas Neues zu erfahren. Sie verharrt in einem Zustand der Gleich-Gültigkeit. Gerade das macht ja das unvoreingenommene Leersein der medialen Trance aus. Frank hat also in unserem Team die entscheidende Funktion, die richtungweisenden Fragen zu stellen, das in Erfahrung Gebrachte mental zu strukturieren, umfangreiches Hintergrundwissen bereitzustellen, neue Interessen zu entwickeln. Da wir beide durchaus keine Schwärmer sind, fallen die Fragen entsprechend neutral aus. Jedenfalls versuchen wir, keine vorgefasste Meinung darüber zu haben, wie die Antwort ausfallen sollte. Manchmal möchte Frank in seinem Wissensdrang zu früh etwas erforschen, oder einige seiner Fragen und die entsprechenden Antworten führen vorübergehend auf Seitenwege. Die Quelle hat jedoch ihre eigenen Absichten und lenkt unsere Aufmerksamkeit immer wieder behutsam, aber nachdrücklich auf ihr eigentliches Hauptthema, die Seele, und auf ihr zentrales Vorhaben, die umfangreiche Seelenlehre, zurück.

Die entsprechenden Antworten, von Varda in einer tiefen Wachtrance empfangen, wurden seit 1993 in umfangreichen Büchern veröffentlicht. Weitere Bände sind in Vorbereitung. Einer davon befasst sich mit dem Seelenalter bekannter, spirituell einflussreicher Persönlichkeiten aus der Geschichte, zum Beispiel

Franz von Assisi und Hildegard von Bingen, ein anderer mit den schon erwähnten Seelen-Elixieren.

Die in diesem Buch über die Seelenfamilie enthaltenen Durchgaben sind über einen langen Zeitraum hinweg entstanden. Unsere Seminarteilnehmer haben daran einen wesentlichen Anteil. Denn nur weil sie uns aufsuchten und ihre eigene seelische Vielfalt in diese Arbeit einbrachten, konnte die Bandbreite seelischer Aufgaben sichtbar gemacht werden. Im Gegensatz zu den in früheren Büchern abgedruckten Trancebotschaften enthält dieser Band kaum private Mitteilungen an Ratsuchende. Frank war stets der hauptsächlich Fragende und nach Erkenntnis Strebende. Unser beider zunehmende Erfahrung mit seelischen Verwandtschaften trug weiteres Material bei. Eine Forschungsgruppe, die zwei Jahre lang zum Thema Seelenfamilie mit uns arbeitete, vertiefte eine Anzahl wichtiger Themen. Die meisten Durchsagen sind in einem begrenzt öffentlichen Rahmen während unserer Veranstaltungen entstanden.

Eine Trancesitzung dauert etwa eine Stunde, mehr ist für Vardas Gesundheit nicht zuträglich. Während dieser Zeit entstehen etwa fünf bis acht Seiten druckreifer Text, der nur noch mit Satzzeichen versehen werden muss. Er wird auf Band aufgenommen und anschließend in den PC eingegeben.

Varda versetzt sich mit Franks Unterstützung in einen Zustand, den man als tiefe Wachtrance bezeichnet. Von der sehr seltenen angeborenen Fähigkeit zur Schlaftrance, wie sie zum Beispiel bei Edgar Cayce vorlag, unterscheidet sich diese Technik durch ein überwaches, entgrenztes Bewusstsein, das das Alltags- oder Tagesbewusstsein weitgehend außer Funktion setzt, es aber nicht völlig abschaltet. Die Technik ist eher vergleichbar mit der, die Jane Roberts verwendete. Allerdings geht Varda dabei weder im Raum umher, noch isst, trinkt oder raucht sie. Die Augen hält sie geschlossen. Sie nimmt zunächst eine bewusste Ich-Abspaltung vor. Das Medium hört sich sprechen, da das Gehör weiterhin funktioniert. Der übliche Gedankenfluss und die gewohnheitsmäßige Zensur sind jedoch ausgeschaltet. Das Gedächtnis ist stark reduziert, die persönliche Meinung und eigene Gefühle sowie die gesundheitliche Tagesbefindlichkeit spielen keine Rolle mehr.

Während der Durchgabe ändert sich der Stoffwechsel. Der Blutdruck sinkt; die Körperfunktionen sind stark verlangsamt. Für eine begrenzte Zeit macht sich das Medium zu einem Instrument, vergleichbar einem Fernsehapparat, der unterschiedliche Programme empfangen kann, aber jeweils nur eines davon sichtbar macht. Der Apparat wird jedoch die Sendung nicht beurteilen oder in ihren Verlauf eingreifen. Das Medium hat während der Trance nichts anderes als vermittelnder Empfänger zu sein. Erst nach dem Ende der Trance wird sein personales Ich mit allen Bewusstseinsbegrenzungen und Ängsten wieder aktiviert. Daraufhin kann die »Sendung« von Varda kognitiv-kritisch betrachtet werden. Aus dem entgrenzten Medium wird sie nun zu einer Zuschauerin mit eigener Meinung, die das Gehörte selbst erst einmal nachlesen, mit Frank diskutieren und verstehen lernen muss, da das Material ihrem bisherigen Wissensstand weitgehend fremd ist.

Mediale Übermittlung basiert grundsätzlich auf einem Resonanzprinzip. Die Energien des Mediums, der Informationsquelle und des Fragestellers müssen zusammenpassen und sich aufeinander einstellen. Die jeweilige Quelle transformiert ihre Energie so weit herunter, dass sie die des Mediums berühren kann. Das Medium stellt sich ebenfalls mit verschiedenen passenden Bewusstseinstechniken so ein, dass seine Energiefrequenz sich erhöht und zu der eines bestimmten transpersonalen Senders in Resonanz treten kann. So ist zum Beispiel ein Astralwesen nicht auf derselben Frequenz zu erreichen wie eine Wesenheit der Kausalebene. Filmartige Bildfolgen aus vergangenen Existenzen werden auf anderen Frequenzen »überspielt« als Texte abstrakten Inhalts.

Die Texte werden nicht diktiert, das heißt, Varda hört keine Worte, die sie dann einfach nachspricht. Wie die »Sendung« einer nichtmateriellen Informationsquelle das zerebrale System eines Mediums erreicht, ist weitgehend ungeklärt. Es könnte sich dabei um elektromagnetisch übermittelte Wellen handeln, ausgesandt von dem jeweiligen astralen oder kausalen Sender, die unmittelbar vom Gehirn des Mediums entschlüsselt werden, ohne die gewohnten Kanäle des kritischen Verstandes (emotionale Zensur, rationale Beurteilung usw.) zu durchlaufen. Die unterschiedliche mediale Qualität erkennt man hauptsächlich daran, wie sensibel und präzise die verschlüsselte Sendung decodiert werden kann. Die besondere Kunst eines Mediums betrifft nicht nur die rein inhaltliche, sondern auch die energetische Übermittlung des Empfangenen. Denn die inspirierte Botschaft besteht nicht nur aus Worten und Informationsgehalt, sondern auch aus Liebe, Verständnis, Mitgefühl, Humor, Bildern, Symbolen, Gleichnissen. Gemüt und Verstand des Zuhörers werden gleichermaßen berührt.

Ein Medium ist zunächst einmal nicht verantwortlich für den Inhalt des Empfangenen. Es ist nur Empfänger und stellt sich als solcher zur Verfügung. Der Mensch Varda, der sich zeitweilig zum Medium macht, ist jedoch, ebenso wie Frank mit seinen Fragen, mitverantwortlich für die Reinheit der Übermittlung, die Qualität des Senders, für die Redlichkeit der Übertragung, für die Ausschaltung der Zensur und für die Beachtung der eigenen menschlichen Grenzen. Man sollte seine Ängste kennen, mit ihren gewitzten Mechanismen vertraut sein – und sich in dieser Arbeit zwar ernst, aber nicht übermäßig wichtig nehmen.

Die Quelle wies uns darauf hin, dass ein Kontakt mit einer kausalen Bewusstseinsinstanz sowohl zu einer Selbstüberschätzung als auch zu einer Selbstentwertung führen kann. Man kann sich entweder großartig und erwählt vorkommen oder klein und unwürdig angesichts solch wahrhaft übermenschlicher Weisheit.

Es ist weise, solche Gefahren zu erkennen und eine ausgewogene, realistische Haltung anzustreben.

Transpersonale Kommunikation

Die Beziehung des modernen westlichen Menschen zu Prophezeiungen und Weisungen, zu medialen Botschaften und gechannelten Durchsagen schwankt zwischen naiver Leichtgläubigkeit und pauschaler Zurückweisung. Mediale Empfänglichkeit im Ganzen als das pathologische Symptom einer wahnkranken oder schizophrenen Psyche (Stimmenhören als Krankheitssymptom) zu brandmarken ist allerdings ein recht bequemes Erbe unseres westlichen Rationalismus. Seit dem 18. Jahrhundert meinten Aufklärer und Rationalisten, zusammen mit den Auswüchsen des Aberglaubens auch dem Glauben an überpersönliche Kommunikationsmöglichkeiten den Garaus machen zu können.

Jedoch erhebt sich zu Beginn unseres 21. Jahrhunderts angesichts einer weltweiten Flut medial empfangener Botschaften unterschiedlichster Provenienz und Qualität erneut die drängende Frage, ob es lediglich Einbildungskraft, Aberglaube und Größenwahn sind, die solche Erscheinungen hervorbringen.

Medial übermittelte Lebenslehren wie zum Beispiel die Texte von *Seth*, *Lazaris*, *Ramtha*, *Ein Kurs in Wundern* oder neuerdings Walschs *Gespräche mit Gott*, allesamt langjährige internationale Bestseller, beeinflussen die religiösen Anschauungen von Millionen von Menschen im Westen. Dies ist ein Faktum. Viele der Inhalte haben sich jedoch als Illusion, als kollektive Angstgebilde oder als persönliche Selbstüberschätzung des Mediums herausgestellt. Anderes ist schnell als typisches Produkt des Zeitgeistes zu erkennen. Aber wie steht es denn um den Wahrheitsgehalt alttestamentlicher Prophezeiungen? Sprach Gott

18

wirklich durch Ezechiel, redete er mit Moses, Jakob, Noah, Jona? Zweifel sind gewiss nicht ganz unberechtigt. Und doch verlieren zum Beispiel die Zehn Gebote ihre Gültigkeit nicht, nur weil sie angeblich von Gott direkt diktiert und dann von Moses auf Steintafeln festgehalten wurden. Darf man alles medial empfangene »Material« disqualifizieren, nur weil allzu vieles davon allzu leicht als Angstprojektion zu durchschauen ist?

Wenn wir versuchen, diese Frage zu beantworten, sollten wir uns der Tatsache bewusst sein, dass die Weltgeschichte über Jahrtausende hinweg durch visionäre Erfahrungen des Göttlichen und »mediale« Dialoge entscheidend geprägt worden ist. Dass intime, richtungweisende Zwiesprachen von Menschen mit einem transzendenten oder höheren, gar göttlichen Wesen zu einer längst vergangenen Zeit stattfanden, als noch jene Märchen, Mythen und Legenden entstanden, die heute ebenso wenig ernst genommen werden, erleichtert es dem aufgeklärten Atheisten unserer Tage, die Verwirrung beiseite zu schieben, die aus einem quälenden Erkenntniskonflikt entsteht. Denn einerseits ist angeblich alles nur Einbildung, andererseits haben nachweislich bestimmte Dialoge mit dem Göttlichen, wie sie in der Bibel oder im Koran geschildert werden, weltweit politische, religiöse, wirtschaftliche, kulturelle Fakten hervorgebracht, die den heutigen Menschen beeinflussen. Man sollte daher gewiss nicht vorsorglich alles verurteilen, was unsere rational-materialistischen Ansichten elementar verunsichert.

Franz von Assisi, Hildegard von Bingen, Teresa von Avila und viele andere redeten mit ihrem Schöpfer, als stünde er vor ihnen. Sie führten Gespräche von anrührender Vertrautheit, und niemand hätte sie davon überzeugen können, dass es sich dabei um wahnhafte Vorstellungen handeln müsse. Allerdings bewegten sich die »göttlichen« Weisungen, das Inspirierte, Geschaute oder Gehörte auch meistens im gerade noch akzeptierbaren Rahmen etablierter Glaubensformen.

Die umfängliche Offenbarungsliteratur, die seit dem Zweiten Weltkrieg und besonders seit den siebziger Jahren des 20. Jahrhunderts veröffentlicht worden ist, bewegt sich weitgehend außerhalb der christlich-dogmatischen Glaubensformen, ohne ihnen deshalb polemisch zu widersprechen. Sie knüpft auch nur selten an das Gedankengut östlicher Religionen an, obgleich abgewandelte Vorstellungen von Wiedergeburt und Karma allgemein eine wesentliche Rolle spielen.

Seths Wunsch war es unter anderem, über das Medium Jane Roberts ein revolutionäres Realitätsverständnis in die Welt zu setzen. Andere »kosmische Lehrer« vermitteln neue Theorien der Verantwortlichkeit, die ganze Generationen prägen. Auch die Vorstellung von einem allumfassenden energetischen Netzwerk geht auf inspirierte Botschaften zurück. Überall entstehen Philosophien und spirituelle Unterströmungen, die sich weniger an sozial-moralischen Forderungen als an einer Ethik des Seins orientieren. Bewusstseinserweiterung, persönliches Wachstum mittels mentaler Einsicht und eine Erziehung zur Liebe (mit ihren weit über Partnerschaft und Familie hinausreichenden Möglichkeiten) sind das Anliegen aller kausalen Wesenheiten, die sich auf die eine oder andere authentische Weise telepathisch-medial über das Wort mitteilen.

Die Wesenheit, die wir die Quelle nennen und die sich über uns mitteilt, will eine Lehre von der Seele verkünden. Es handelt sich um ein Anliegen, das man folgendermaßen definieren könnte:

Viele Menschen sind sich ihrer Beziehung zu ihrer eigenen Seele, zu ihrem ewigen und göttlichen Funken kaum noch bewusst. Die Quelle, eine Transpersonale Wesenheit aus der kausalen Bewusstseinsebene, will helfen, uns diese unauflösliche Verbindung wieder ins Gedächtnis zu rufen, den Bewusstseinsbruch zu heilen. Und da wir nicht mehr wie früher unbesehen glauben mögen, vermittelt sie uns stattdessen Vertrauen, Wissen und Erkenntnis.

Darüber hinaus haben Varda und Frank seit 1990 in ihren Vorträgen, Büchern und Seminaren das neue Wissen nicht nur rational vermittelt, sondern an lebendigen Menschen überprüft und zur Anwendung gebracht. Durch praktisches, nachvollziehbares Erkennen lässt sich die Frage leichter klären, ob es sich beispielsweise bei den Archetypen der Seele um eine reine Theorie oder auch um erlebbare seelisch-energetische, beobachtbare und erfahrbare Wirklichkeit handelt. Tausende von Seminarteilnehmer haben bislang ihre Wahrnehmungen und Reaktionen auf das geschildert, was ihnen mit Hilfe der Quelle konkret vermittelt wurde. Und sie fühlen sich in ihrem menschlichen Selbst-Verständnis wesentlich ergänzt durch diese systemischen Erklärungen ihrer seelischen Dimension.

Doch lassen wir die Quelle mit ihren eigenen Worten sprechen. Es war anlässlich einer TV-Dokumentation über die Verbindung zur Quelle, dass wir wissen wollten, warum uns die Quelle eigentlich diese Lehre von der Seele übermittelt. Darauf wurde uns gesagt:

Das göttliche Prinzip ist Liebe und Erkenntnis. Im Göttlichen vereinigt sich Liebe mit Erkenntnis.

Menschen sind in ihrer Wirklichkeit von dieser Einheit oft getrennt. Ihre Seele aber kennt die innige Freude, die sich im Wesen eines Menschen ausbreitet, wenn manchmal – auch nur für Sekunden – Liebe und Erkenntnis zu einer Einheit werden.

Wir geben euch diese Lehre – die nicht die unsere ist, sondern deren Träger wir sind –, diese Lehre von der Seele, damit ihr immer häufiger und immer stärker Zugang zu der Möglichkeit erhaltet, Liebe und Erkenntnis gleichzeitig zu erfahren. Was immer wir sagen, ist getragen von diesen beiden Prinzipien. Ihr könnt sie spüren, ihr könnt sie erfahren. Alles, was wir zu sagen haben, ist auch von eurem Verstand erfassbar, nicht nur mit dem, was ihr euer Herz nennt.

Ihr Menschen, so wie wir euch kennen und erfassen, habt zu

eurer seelischen Dimension nur in Ausnahmefällen Zugang. Besonders diejenigen, zu denen wir in erster Linie sprechen, die Kinder der Aufklärung, des Materialismus und des Rationalismus, brauchen mehr als andere eine Öffnung zu jenem Teil, der ihre zweite, irrationale Hälfte ausmacht und der dennoch nicht von den Kräften ihres geschulten analytischen und logischen Verstandes abgelehnt werden muss.

Unser Anliegen also ist es, euch die Realität eurer seelischen Dimension in Liebe und Erkenntnis auf eine geeignete Weise zugänglich zu machen, sodass ihr alles, was ihr euch bislang erworben und erkämpft habt, wieder miteinander in Einklang bringen könnt.

Ihr erkennt viel von eurer Welt, über die Gesetzmäßigkeiten eurer Erde und über eure physische Existenz. Mit jeder Minute werden neue Entdeckungen und Erfindungen gemacht. Der Bereich der Erkenntnis erweitert sich mit rasender Geschwindigkeit. Der Bereich der Liebe hingegen kommt in euch zu kurz.

Wir möchten ein Gegengewicht schaffen, ohne Erkenntnis zu leugnen und ihren Wert herabzuwürdigen. Wir möchten euch zeigen, dass eure Erkenntnisfähigkeit – über die Methodik der Liebe – auch auf die Bereiche eures seelischen Seins angewandt werden kann. Wir möchten euch dazu führen, die seelische Dimension, die eure existenzielle Hälfte ausmacht, nicht als einen formlosen, mysteriösen und okkulten Bereich zu begreifen, sondern als ein Reich, in das ihr mit denselben Fahrzeugen vordringen könnt, die ihr in eurer materiellen, verstandesorientierten Welt verwendet, um sie zu verstehen, und mit denen ihr dieselben Straßen befahren und die gleichen Orte aufsuchen könnt – nicht im Sinne eines Spiegelbildes oder einer simplen Entsprechung des Territoriums, sondern als eine Ergänzung, deren Wert ihr vergessen hattet und deren Erinnerung wir euch mit einer Leichtigkeit, die uns und euch erstaunt, wieder wecken können.

Unser Anliegen ist es also, euch diese Lehre von den seelischen Welten zu vermitteln und euch eure Realität wieder ins Bewusstsein zu rufen. Das ist das Ziel unserer Zusammenarbeit. Die Verbindung des

Umfassenden mit dem Einzelnen, die Verknüpfung der universellen Bewusstheit mit eurem Bewusstsein und besonders auch mit dem kognitiven Bewusstsein wieder herzustellen, das ist unser innigster Wunsch.

Dies geschieht nicht, weil wir so gut und großzügig sind und aus einer Perspektive zu euch sprechen, die qualitativ weit über eurer steht, sondern aus einer inneren Notwendigkeit, die in dem universellen System enthalten ist.

Wir müssen bewirken, was wir bewirken. Wir haben keine Wahl. Ihr seid es, die wählen könnt. Ihr lebt in einem dualen Zusammenhang, den wir bereits hinter uns gelassen haben. Ihr könnt lieben oder nicht lieben, erkennen oder nicht erkennen. Diese Möglichkeit ist uns verschlossen, aber das bedauern wir nicht. Jeder steht an seinem Ort; jeder tut das, was ihm gemäß ist. Wenn ihr erkennt, dass unsere Lehre euch nützlich sein kann, um euer Leben, den Sinn eurer Existenz und eure Erde besser zu begreifen, dann haben wir alles erreicht, was wir erreichen möchten.

Wenn ihr spürt, dass Liebe und Erkenntnis in euch ein wenig größer, stärker und mächtiger werden, sind wir zufrieden.

Zusammenspiel mit der Quelle

Das harmonische Zusammenspiel mit einer kausalen Wesenheit setzt viel Vertrauen voraus. Wie könnten wir, Varda und Frank, uns sonst auf einen Alltag einlassen, der im Wesentlichen von den Botschaften einer Instanz geprägt ist, die es nach Auffassung der meisten Menschen unseres Kulturkreises überhaupt nicht gibt? Täglich lernen auch wir mit Unterstützung der Quelle uns selbst, einander, die Mitmenschen und das Leben zu lieben und zu verstehen, Schritt für Schritt. Die persönliche Beziehung zwischen uns beiden hat außerdem durch die spirituelle und praktische Gestaltung der gemeinsamen Arbeit eine fruchtbare Dimension hinzugewonnen. Wir beide haben Erfahrung mit

Meditation, Selbsterforschung und Psychoanalyse. Frank ist Heilpraktiker und Homöopath geworden, um jenes Material der Quelle, das sich auf das energetische Gleichgewicht von Körper und Seele bezieht, besser verstehen zu können. Er hat außerdem eine Ausbildung in systemischer Therapie, weil die Archetypenlehre ein System darstellt und als solches abgebildet und »aufgestellt« werden kann. Varda pflegt ihre schriftstellerische Begabung, hat einen Roman veröffentlicht und schreibt außerdem Sachbücher, die nur am Rand mit der Seele zu tun haben.

Es hat sich in den vielen Jahren unserer Seminartätigkeit erwiesen, dass Teilnehmer, die mit Hilfe der Archetypen der Seele sich selbst und ihre Mitmenschen besser begreifen, lieben und akzeptieren lernen, von den medial übermittelten Botschaften innerlich profitieren konnten. Und das beruhigt uns. Wir sind zwar inzwischen davon überzeugt, dass diese eine irdische Existenz nicht unsere einzige Chance ist, aber wenn das, was wir mit den Botschaften der Quelle in die heutige Welt setzen, nicht auch praktisch überprüfbar wäre, könnten wir die Verantwortung dafür auf Dauer nicht übernehmen.

Wir sind beide bereit, zu tun, was unser Weg, unsere Begabung, unsere Seele und unser Schicksal von uns verlangen. Aber wir definieren uns nicht ausschließlich über eine geliehene Weisheit. Manche Leute vergessen allerdings, dass wir nicht mit der Quelle identisch sind, und halten uns für egofrei, grenzenlos gütig und weise. Aber wir sind nur Menschen, wenn wir auch von der Quelle vieles gelernt haben, was wir auf unser eigenes Leben übertragen und anwenden können.

Ein »Arbeitsverhältnis« mit einer entkörperten Tausendschaft ist übrigens nicht ganz unproblematisch. Wir Menschen sind ja gewohnt, ein emotional einschätzbares Gegenüber zu haben, jemanden, der freundlich oder wütend ist, der lobt oder straft. Die Quelle hat jedoch keinen Charakter, keine persönlichen Gefühle, keine vom Ego diktierten Reaktionen. Diese nichtmenschliche Art kann uns als menschliche Vermittler manchmal ärgern, verwirren oder nervös machen. Aber es hilft nichts: »Die da oben« sind immer gleich liebevoll, kühl, anteilnehmend, verständnisvoll, überpersönlich.

Es liegt daran, dass Transpersonale Wesenheiten – im Unterschied zu Astralwesen, so genannten Verstorbenen – in der kausalen Bewusstseinswelt keinerlei Angst kennen. Niemals arbeitet die Quelle mit Drohungen, Katastrophenfurcht, mit Strafe oder Vorwürfen. Sie weist keine Schuld zu, aber sie ist auch nicht zuckersüß oder sentimental. In den Botschaften ist nicht immer nur von Licht und Liebe die Rede. Mit liebevollem Ernst deutet die Quelle auf Irrtümer hin, ohne zu verurteilen. Niemand wird aufgefordert, irgendetwas zu leisten oder gar seine persönliche Verantwortung an die Quelle zu delegieren. In den Worten der Quelle: *Wir geben, was gebraucht wird, nicht mehr und nicht weniger. Daran könnt ihr uns erkennen.*

Deshalb sucht man auch in diesem Buch vergeblich nach dramatischen Voraussagen oder den sattsam bekannten Warnungen vor einem durch angebliche Sündhaftigkeit schuldhaft provozierten Weltuntergang.

Die Formulierungen der Quelle sind Ausdruck einer hohen Kunst der Kommunikation, die die Emotionalität und den Intellekt der Menschen gleichermaßen erreicht. Der Inhalt der Botschaften ist logisch präzise und klar strukturiert. Es handelt sich bei der Seelenlehre um eine umfassende Systematik, die erst nach und nach ihre erstaunlichen Dimensionen enthüllt.

Astralkontakte und Kausalkontakte

Damit der Leser nachvollziehen kann, was ein Medium bei der Durchgabe solcher Botschaften manchmal erlebt, möchten wir folgende Anekdote erzählen:

25

Wir hatten in einer Seminarsitzung acht Seelenfamilien-Aufgaben durchgesagt. Der Vormittag war deshalb besonders anstrengend gewesen, weil wir im lauten Saal eines italienischen Lokals tagten. Wir wurden ununterbrochen vom Klappern der Teller und Bestecke gestört, mit denen jenseits der dünnen Trennwand die Tische zum Mittagessen eingedeckt wurden. Proteste nutzten nichts. In Trance empfindet das Medium solche Geräusche wie Messerstiche und Peitschenschläge. Auch die fünfundzwanzig Teilnehmer, die mit Varda litten und um die Qualität der für sie bestimmten Durchsagen bangten, waren genervt. Um die Arbeit zu bewältigen, hatte Varda ihre Kraftreserven fast aufgebraucht. Die Botschaft zur Seelenfamilie von Sebastian Kneipp (siehe S. 241 ff.) war die letzte Durchsage des Kurses gewesen. Varda bereitete sich auf das Ende der Trance vor und löste sich bereits vorsichtig von der Quelle. Ihre Augen waren noch geschlossen.

Frank zu Varda: »Warum grinst du? Was ist los?«

Varda, noch in Trance, zögert verblüfft. »Der will was sagen.«

Frank: »Wer denn?«

Varda: »Der Kneipp, der will was sagen. Der will reden! Da wird mir gerade eine Botschaft übermittelt! Unglaublich!«

Frank: »Was denn für eine Botschaft?«

Pause.

Dann Varda mit sonorer Stimme: »*Wascht euch nicht so viel!*«

Die Teilnehmer brachen in schallendes Gelächter aus.

Varda: »Und jetzt erzählt er was von Teilwaschungen! Ne, ne, das mache ich nicht mit!«

Frank: »Er will aber gern reden? Dann lass ihn doch!«

Varda: »Er bettelt geradezu: ›*Ich habe so selten Gelegenheit, euch das zu sagen, was ich damals noch nicht wusste.*‹«

Wieder Gelächter.

Frank: »Na, dann lass ihn doch endlich!«

Varda sträubte sich noch ein wenig, weil sie schon erschöpft war, doch am Ende ließ sie Pfarrer Kneipp zu Wort kommen:

»Es war mir seinerzeit nicht bekannt, dass meine Anregungen zu einer wahren Waschwut und Waschflut führen würden. Ich ahnte nicht, dass viel zu viele Menschen versuchen würden, sich ihre Sünden und ihre Ängste mit Wasser abzuwaschen. Die Entwicklung, die dazu geführt hat, dass auch diejenigen, die ihren geistigen Schutzmantel von Schmutz brauchen, sich jeden Tag unter die Dusche stellen, war nicht vorhersehbar zu meiner Zeit. Es war damals schon viel, wenn jemand sich alle Tage einmal die Hände gewaschen hat. Meine ganze Lehre beruht aber auf der Wirkung von Teilwaschungen, von Kälte- und Wärmereizen an einzelnen Teilen des Körpers. Wenn ihr euch dazu verstehen könnt, meine Worte zu hören, so bitte ich euch: Wascht euch nicht täglich von Kopf bis Fuß, inklusive der Haare! Geht nachsichtig mit dem Bedürfnis einzelner Körperteile um, sich schützen zu wollen und eine Hülle zu entwickeln, die auch und insbesondere aus Duft- und Geruchsstoffen besteht, aus der Tätigkeit der Drüsen, die zerstört wird, wenn sie täglich mit sowohl warmem als auch kaltem Wasser gereizt werden. Sie produzieren zu viel und kommen nie ans Ziel.«

Dies ist im Unterschied zu den Durchgaben der Quelle eindeutig eine astrale Botschaft. Sie hat ihren ganz eigenen Ton und ihren eigenen Wert. Sie ist geprägt von dem Anliegen einer einzelnen ehemaligen Person mit einer ausgeprägten astralen Persönlichkeit. Es ist jedoch auffällig, wie der einstige Sebastian Kneipp um seine Ordnungstherapie bangt. Seine Äußerungen sind, im Vergleich mit den kausalen Botschaften der Quelle, viel mehr von Angst und Sorge geprägt. Seine schattenhafte Astralpersönlichkeit beobachtet von »drüben«, wie diese Ordnung wegen Nichtbeachtung der Polaritätsgesetze in Unordnung zu geraten droht. Auf diese Weise scheint »er« weiterhin an der Aufgabe seiner Seelenfamilie weiterzuwirken, die Gesetze der Polarität zu beachten, zu denen zum Beispiel auch Schmutz und

Sauberkeit gehören. Er tut dies mit recht liebevollen Worten, auch wenn er außerhalb des irdischen Zeit-Raum-Gefüges nichts tun kann, um es zu ändern.

Varda war müde; sie hatte als Medium die kausale Bewusstseinsschicht bereits verlassen. Dies war eine gute Gelegenheit für ein Astralwesen, sich bemerkbar zu machen. Obgleich die Zuhörer bei Pfarrer Kneipps ersten Worten herzlich gelacht haben, ging es eigentlich um eine recht ernste Sache, und die Not, aus der heraus diese Astralpersönlichkeit sich artikulierte, ist hinter ihren Worten spürbar.

Dem üblicherweise sehr disziplinierten und kontrollierten Medium (Hauptmerkmal »Starrsinn«), das an solche Intermezzi nicht gewöhnt ist, war das Ganze eher unheimlich. Varda sagte anschließend: »Als ich den Verdacht entwickelte, ich müsse gleich auch noch anfangen, mit männlichem Timbre zu schwäbeln, habe ich schnell aufgehört.«

Im Nachhinein bleibt der Kontakt mit Pfarrer Kneipp ein unvergessliches Erlebnis und hat eine Unzahl von Fragen nach der Struktur der Astralwelt aufgeworfen, die wir uns von der Quelle nach und nach beantworten lassen können. Und vielleicht war das auch der heimliche Grund für diese ungewöhnliche Intervention: Es sollte für unsere Forschung wieder einmal ein neuer Impuls gesetzt werden. In der Tat interessieren wir uns seither noch mehr für vergangene Existenzen und die dem Reinkarnationszyklus innewohnenden Gesetzmäßigkeiten.

Wie kann man eine Botschaft astraler Herkunft von einer Durchsage aus der kausalen Bewusstseinswelt unterscheiden? Astralwesen können an ihrem unverwechselbaren Charakter erkannt werden. Sie sind verstorbene Personen und haben daher eine Persönlichkeit. Unter ihnen gibt es seelisch weniger entwickelte und solche, die seelisch reifer sind. Das Zeitliche hinter sich gelassen zu haben bedeutet zwar eine Reduzierung von biologischer Angst, lässt aber logischerweise zum Beispiel aus einer

Jungen Seele nicht einen weisen Ratgeber werden. Verstorben sein ist nicht gleichbedeutend mit weit entwickelt sein.

Eine kausale Quelle ist stets in der einen oder anderen Form ein geistiger Lehrer. Kausale Lehrer haben keine Persönlichkeit mehr, lediglich eine erkennbare Identität. Die Lehren, die von kausalen Quellen verbreitet werden, bedienen sich weder experimenteller noch materialisierender Techniken. Da es sich bei astralen Experimenten meistens um einen Kontakt mit verstorbenen Verwandten der Medien oder der anderen Anwesenden oder manchmal auch mit einem astralen »Geistführer« von hohem Niveau handelt, kann man die Wesen, die sich melden, als Fremdenergien bezeichnen. Die astrale Qualität von Durchsagen lässt sich nicht selten an einer Angstspannung erkennen, von der die Experimente kaum merklich stets begleitet sind. Die Spannung besteht darin, mit einer unterschwellig von Angst getragenen Neugier Bereiche erforschen zu wollen, die in allen Beteiligten ein gewisses Schaudern und Gruseln hervorrufen, auch wenn sie durchaus geneigt sind, dies zu leugnen. Angst besteht in subtiler Form auch immer bei den Medien, die sich unter dem Druck der Beobachtung veranlasst fühlen, mit großer Intensität etwas zu leisten, das möglichst wissenschaftlichen Beweischarakter besitzen soll.

Der Kontakt mit der eigenen Seelenfamilie ist zwar auch ein Astralkontakt, sofern man nicht zufällig Seelengeschwistern im Körper begegnet, aber er dient anderen Zwecken, in erster Linie dem persönlichen Wachstum. Deshalb wirkt er auch nicht fremdartig oder unheimlich, sondern im Gegenteil vertraut und aufbauend.

Ihr seid nicht allein! Eure Seelenfamilie ist bei euch! Dies sagt uns die Quelle immer von neuem. Sie antwortet damit auf eine innere Not, die weit verbreitet ist. Mit den bislang erworbenen Erkenntnissen über das Phänomen der Seelenfamilie und ihrer Organisationsformen treten wir nun an eine größere Öffentlich-

keit. Doch wir wissen sehr wohl, dass wir damit eine Pionier-
arbeit leisten. Die Zukunft wird, basierend auf unseren noch un-
vollständigen Bemühungen, eine erweiterte mediale Forschung
und ihre praktische Anwendung hervorbringen. Eine kausale
Energiewesenheit wie die Quelle vergeudet keine Energie. Sie
handelt aus innerseelischen Notwendigkeiten, die bereits im universellen System angelegt sind. Daher fließen diese Informationen auch nur deshalb, weil inzwischen genügend Reife und Alte
Seelen in unserer Gesellschaft ein ausreichend starkes Energiefeld kreieren, das, wie die Quelle es ausdrückt, *ihren Mund öffnet*. Als Mitgestalter dieser Zusammenhänge hoffen wir daher,
dass unsere Arbeit zusammen mit den Bemühungen verwandter
Quellen um eine Lehre von der Seele erst einen Anfang darstellt.

München, im Sommer 2000
Dr. Varda Hasselmann und Frank Schmolke

Ein Programm informiert Sie über unsere Veranstaltungen.
Bitte schreiben Sie an

SEPTANA
Hasselmann & Schmolke
Postfach 700811
D-81308 München

Eine Auswahl unveröffentlichter Texte der Quelle finden Sie
auf unserer Website www.septana.de

1

Die Seelenfamilie

*O Mensch, lerne tanzen, sonst wissen die Engel im
Himmel nichts anzufangen mit dir!*
Augustinus

Die Weltsicht der Quelle

Die Botschaften der Quelle erschaffen eine revolutionäre Weltsicht. Sie vermitteln zwischen einem religiös geprägten Erklärungsmodell mit einer »nach unten gerichteten« Kausalität, das das Leben als Manifestation eines präexistenten schöpferischen Bewusstseins (Gott) versteht, und einer eher biologistischen Theorie, die dem widersprechend postuliert, dass jegliches Leben »von unten« sich selbst erst nach und nach im Laufe der Evolution erschaffen hat und Bewusstsein als Funktion des Großhirns ansieht. Im Sinne der Quelle besteht hierin kein Widerspruch. Denn der Mensch ist ein dual geprägtes Wesen, das seine seelisch-göttliche Herkunft unauflöslich mit seiner Säugetiernatur verbindet. Seelen verbinden sich mit solchen Körpern, die ihnen einen sinnhaften Entwicklungsweg ermöglichen. Und wenn der Kontakt zwischen Körper und Seele abbricht, stirbt zwar der Körper, die Seele aber existiert weiter.

Die Quelle unterscheidet zwischen einer allumfassenden und unteilbaren Bewusstheit einerseits und einem vereinzelten menschlichen Bewusstsein andererseits. *Seelische Bewusstheit* wird von der Quelle als umfassendes Organisationsprinzip unserer Existenz verstanden.

C. G. Jung schrieb zu Beginn des 20. Jahrhunderts:

»Eine moderne, wissenschaftliche Psychologie, die den Menschen vom Standpunkt des Geistes aus erklärt, gibt es überhaupt nicht. Niemand könnte es heutzutage wagen, eine wissenschaftliche Psychologie auf der Annahme einer selbständigen, vom Körper unabhängigen Seele zu begründen. Die Idee eines Geistes an und für sich, eines in sich selbst beruhenden geistigen Weltsystems, das die notwendige Voraussetzung für die Existenz von autonomen Individualseelen wäre, ist bei uns wenigstens äußerst unpopulär... Wir dürfen die gegenwärtige Lage dem Zustand der Medizin im 16. Jh. vergleichen, wo man anfing, die Anatomie kennen zu lernen, von Physiologie aber noch keine Ahnung hatte. So ist uns auch das geistige Wesen der Seele erst in kleinsten Bruchstücken bekannt... Die Erinnerung an diese Tatsache kann uns vielleicht Mut machen, die Möglichkeit einer Psychologie der Seele, das heißt, einer Seelenlehre, die auf der Annahme eines autonomen Geistes begründet wäre, ins Auge zu fassen.«

(aus: *Die Bedeutung der Psychologie für die Gegenwart*)

Jung war ein Visionär, der über Freud hinausreichend die erweiterten Dimensionen menschlicher Existenz ahnend und forschend erkundete. Allerdings wird aus diesem Zitat deutlich, dass Jung keine terminologische Trennung zwischen Psyche, Seele und Geist vornimmt, sondern sie als Synonyme einsetzt.

Eine »Psychologie der Seele« kann es im Sinne der Quelle nicht geben. Sie trennt deutlich zwischen den vier Begriffen Körper, Geist, Psyche und Seele (vgl. *Welten der Seele*, S. 31-45).

Der Körper ist der uns am leichtesten zugängliche Bereich, dessen Kenntnis durch die moderne Wissenschaft in den letzten Jahrzehnten stark erweitert wurde.

Die Psyche wird von der Quelle als ein *nichtmaterielles Organ des Körpers* definiert, vergleichbar dem Verdauungsapparat. Der Darm verarbeitet Nahrung, entsprechend verarbeitet die Psyche Ängste. Je gesünder die Psyche ist, umso besser kann sie Ängste verarbeiten. Eine kranke Psyche bedarf der Hilfe von Psychotherapeuten. Die Psyche stirbt mit dem Körper und formiert sich in jedem Leben neu.

Der Geist ermittelt als variable Instanz Inhalte zwischen den verschiedenen Bewusstseinswelten. Seine besondere Leistung besteht darin, seine Frequenz verändern zu können und daher verbindungsstiftend zu wirken zwischen dem individuellen Bewusstsein, dem kollektiven Bewusstsein und der kosmischen Bewusstheit der körperlichen und nichtkörperlichen Existenzen. Deswegen trennt die Quelle zwischen den Welten des Geistes und den Welten der Seele.

Die Seele begibt sich aus Nichtraum und Nichtzeit vorübergehend in die faszinierende Erfahrungswelt der Raum-Zeit-Dualität, um zu erkunden, was Menschsein heißen kann. Daher ist die Seele jener Teil von uns, der den Leib und alle Inkarnationen überdauert. Die Seele ist der Kern unserer Identität. Sie plant jedes Leben, indem sie eine ihrem jeweiligen Entwicklungsstand angemessene Seelenmatrix auswählt und durch die Wahl eines Elternpaares für eine ihren Zielen entsprechende genetische Ausstattung sorgt. Unsere Seele bestimmt, wer wir sind und wie wir leben. Gemeinsam mit der jeweiligen Psyche baut sie in jeder körperlichen Existenz ein neues, einzigartiges Ich auf. Im Laufe eines Lebens findet eine immer während Auseinandersetzung zwischen dem Willen des Ich und dem Wollen der Seele statt. Dieses Wollen wird traditionell als der Wille Gottes verstanden, dem der Mensch sich zu »unterwerfen« habe. Aus der Sicht der Quelle ist es richtig, dass das seelische Wollen sich am Ende immer gegen den Willen des Ich durchsetzen wird. Man sollte diese Auseinandersetzung jedoch nicht gering schätzen, indem man glaubt, dass eine voreilige Unterwerfung schneller zum erwünschten Entwicklungsziel führt. Gerade in der Auseinandersetzung liegt das seelische Entfaltungspotenzial.

Die Quelle behauptet, die Seele sei durchaus nicht formlos, vage und okkult. Sie sei keine unbewiesene Erscheinung, über die nicht einmal die Religionen viel berichten, weil die Seele im allgemeinen Verständnis erst nach dem Tod des Körpers, im Jenseits, eine gewisse Aufmerksamkeit verdient, und zwar als das, was übrig bleibt und für die Taten des verstorbenen Körpers gerichtet werden muss. Im Gegenteil: Wir hören, dass unser seelisches Sein die Hälfte unserer dualen Existenz ausmacht, dass die Seele mit Hilfe der neunundvierzig seelischen Archetypen und der persönlichen Seelenmatrix sehr genau zu beschreiben ist und dass die Kenntnis seelischer Zusammenhänge eine unschätzbare Hilfe für das Selbstverständnis des Menschen bietet.

Hier spielen besonders die Lehre von den Seelenaltern und die Vorstellung von einer präzise strukturierten Seelenfamilie mit ihren Aufgaben und Funktionen eine große Rolle. Solche Informationen sind weitgehend neuartig und können unser Verständnis von der menschlichen Existenz grundlegend verändern.

Die Quelle hat, so wurde uns von ihr selbst mitgeteilt, ein eigenes Interesse, uns diese Kenntnisse zu übermitteln:

Wir wissen über das göttliche Allganze gerade so viel wie ihr Menschen über uns wisst. Wir sind nicht Gott. Wir wollen nicht verehrt, sondern angehört werden. Wir sind zwar in unserer Entwicklung weiter fortgeschritten als ihr, doch auch wir wachsen immer weiter. Und unsere Aufgabe ist es, euch das, was wir bereits verstanden haben, zu erklären.

Die drei Welten der Seele

Der umfassendste Begriff, den die Quelle verwendet, ist *das Allganze*. Die drei Welten der Seele – physisch, astral, kausal – bilden ein in sich geschlossenes Teilganzes innerhalb der unendlichen Weite des Allganzen. Haben wir die Quelle recht verstanden, so wird alles, was ist, von sieben kosmischen Grundenergien gestaltet (siehe die Tabelle, S. 36). Zusammen bilden sie eine Einheit. Innerhalb der seelischen Welten sind sie das strukturbildende Prinzip. So ergeben zum Beispiel sieben Seelenfamilien ein neues Ganzes.

Die Quelle lehrt uns, dass es drei seelische Existenzformen gibt: physisch, astral, kausal. Die außerseelischen Welten sind so unendlich und überwältigend, dass selbst die Quelle sie nur in Teilen erahnen kann und darüber kaum Angaben macht, weil sie ihnen nicht angehört. Das Anliegen der Quelle ist es, uns Menschen die Welten der Seele, in denen wir uns bewegen, zu erläutern und dadurch bewusstseinsmäßig zugänglich zu machen.

Die Welten der Seele sind unsere Welten. Sie zu verstehen und mit ihnen in Kontakt zu treten ist unser ureigenstes »Erbrecht«. Uns erscheint es sinnvoll, dass wir uns tiefer und tiefer in jenen Bereich hineinbewegen, der unserer Einsicht von Natur aus zugänglich ist, der unsere eigentliche Heimat darstellt und außerdem unserem Gemüt noch einen Zusammenhang von Sinnhaftigkeit und Kontakt vermitteln kann.

Der seelische Entfaltungsweg beginnt in der astralen Welt. Seelenfamilien fassen den Mut, sich zu fragmentieren. So verbindet sich jede Einzelseele getrennt von ihrem Ganzen zum ersten Mal mit einem Primatenkörper und begibt sich damit endgültig auf ihre Inkarnationsreise. Während dieser Reise gilt, dass Entwicklung nur dann stattfindet, wenn die Seele sich im Körper befindet und in diesem Zustand Erfahrungen machen kann. Da-

Die sieben kosmischen Grundenergien

Energie 5 Prinzip: Verbinden	**Energie 2** Prinzip: Gestalten
Expressionsebene	

Energie 6 Prinzip: Trösten	**Energie 1** Prinzip: Unterstützen
Inspirationsebene	

Energie 7 Prinzip: Führen	**Energie 3** Prinzip: Kämpfen
Aktionsebene	

Energie 4
Prinzip: Lernen/Lehren

Assimilationsebene

Die sieben kosmischen Grundenergien prägen und durchdringen nach Aussage der Quelle ohne Ausnahme alle Erscheinungen unserer Wirklichkeit und der Realität der nichtsichtbaren Welten, des beseelten und unbeseelten Kosmos. Jeweils Energie 5 und 2, 6 und 1, 7 und 3 bilden zusammen auf den Ebenen eine sich ergänzende Einheit, ein Dual. Die Energie 4 birgt die Dualität in sich.

bei ist es aus seelischer Sicht unerheblich, ob diese Erfahrungen schmerzhaft oder freudig, liebevoll oder angstvoll motiviert sind. Ja, sogar Gut und Böse sind keine Kategorien des Seelischen. Nach Aussage der Quelle ist für die Seele entscheidend, was ihrer Entfaltung nutzt. Die Seele sehnt sich also nach Erfahrungen, die ihre Entwicklung fördern, und gerät dadurch verständlicherweise in eine Auseinandersetzung mit dem Ich, das Schmerz erleiden und Freude empfinden kann. Am Ende der Reise, nach der letzten Inkarnation, übergibt die Einzelseele diese unter Freud und Leid gesammelten Erfahrungen in Gestalt ihrer vielen herausgebildeten Ich-Formen als einen kostbaren Schatz an ihre Seelenfamilie.

Nur die physische Welt ist durch eine duale Struktur von Raum und Zeit gekennzeichnet. Ihr Wesen ist materiell. Die seelische Heimat des Menschen ist jedoch die immaterielle astrale Welt. Da jedes Mitglied einer Seelenfamilie sich immer wieder inkarniert, um neue Erfahrungen für das Ganze zu sammeln, bleibt im astralen Zwischendasein eine Beziehung zu Raum und Zeit latent vorhanden, damit die Seele bei jeder Einkörperung wieder in die irdische Bewusstseinswelt zurückkehren kann. Zwischen den Verkörperungen dient der astrale Aufenthalt drei Funktionen: dem Ruhen, dem Auswerten und der Planung der nächsten irdischen Existenz. Hat eine sich als Mensch inkarnierende Seele jedoch ihren irdischen Entfaltungsweg vollkommen beendet, verbindet sie sich mit jenen Seelengeschwistern, die ebenfalls schon ihre Inkarnationsreise abgeschlossen haben, und dient ihren noch eingekörperten Seelengeschwistern als Schutzwesen. Nachdem schließlich auch der Allerletzte sein letztes Leben beendet hat, vereint sich die gesamte Seelenfamilie und wechselt mit einem gewaltigen Energieschub in die kausale Welt. Hier gibt es nun keine fragmentierten seelischen Individuen mehr, sondern alle sind mit den Seelengeschwistern zu einer einheitlichen multiplen Identität verschmolzen. Das ist der Grund, warum kausale Informationsquellen in der Wir-Form sprechen. Zeit und Raum spielen keine Rolle mehr; Materie existiert nicht; Angst ist unbekannt. Die hier existierenden vereinten Seelenfamilien sind kausale Lehrer, die als Wesenheiten bezeichnet werden und sich einem weiteren Entwicklungs- und Entfaltungsprozess unterwerfen, indem sie lehren, was sie gelernt haben.

Die jeweils besonderen Eigenschaften der drei Welten, ihre Populationen und Territorien wurden ausführlich in dem Buch *Welten der Seele* beschrieben. Die so genannten Verstorbenen sind Wesen der Astralwelt. Jeder Mensch verbindet sich im Tiefschlaf mit seinen Seelengeschwistern und anderen Seelenwesen der Astralwelt, um sich mit Energie aufzuladen, Kräfte zu sammeln, sich beraten zu lassen und sich energetisch zu erholen.

Die kausale Welt, der unsere Quelle angehört, ist im eigentlichen Sinne eine transkausale Welt. Das Prinzip von Ursache und Wirkung ist aufgehoben, was in der Astralwelt noch nicht völlig der Fall ist. Kausale Wesenheiten durchschauen daher kausale Zusammenhänge mit größerer Leichtigkeit, was dem Menschen nicht möglich ist. Menschen fragen immer: »Warum?« Kausale Lehrer können solche Fragen aus einer Tiefe der Erkenntnis, die immer wieder erhellend und verblüffend wirkt, beantworten.

Kausale Lehrer manifestieren sich nicht materiell, sie teilen sich im Allgemeinen telepathisch mit. Sie nutzen mediale und inspirative Vorgänge, um ihre jeweilige Lehre zu vermitteln. Jedoch ist die verbale Mitteilung über ein Medium die Ausnahme und nur eine von vielen Möglichkeiten. Da es sich hier um überpersönliche Kollektivwesenheiten handelt, ist auch ihre Lehre im Wesentlichen überpersönlich und nicht nur zum privaten Wohl des menschlichen Individuums gemeint, sondern auch zum kollektiven Wohl ganzer irdischer Bevölkerungsgruppen.

Die Quelle hat uns ausdrücklich zu verstehen gegeben: *Wir sind nichts Besseres als ihr Menschen!* Um das zu begreifen, scheint Dualität im Denken hilfreich zu sein. Jemand kann sehr wohl weiter entwickelt sein, ohne dass dies hierarchisch als ein existenzielles Bessersein verstanden werden muss. Hier hilft die Analogie zum Körperlichen: Ein Fünfjähriger ist in Wert und Würde nicht geringer als ein Fünfzigjähriger, obgleich letzterer zweifellos weiter entwickelt ist. In diesem Sinne ist die Grundidee von Entwicklung die entscheidende Verständnishilfe. Hierarchien spielen als Strukturprinzip in den Welten der Seele keine Rolle.

Seelenfamilien existieren in allen drei Welten. In der physischen Welt manifestieren sie sich als individualisierte, materialisierte Fragmente ihrer Familie. In der Astralwelt bleiben sie Fragmente, allerdings als materielose Wesen mit einer Individualität, die weitgehend von der angstgeprägten Persönlichkeit befreit ist. In der Kausalwelt vereinen sie sich wieder zu einem Ganzen, wie es vor dem Beginn der Inkarnationsreise existierte; allerdings ist dieses Ganze nun mit einem überreichen Erfahrungsschatz an gelebten Leben gesegnet und weiter entwickelt.

Da Seelengeschwister untereinander subliminalen Kontakt haben und auch ganze Seelenfamilien auf selbstverständliche Weise mühelos miteinander kommunizieren, stehen die drei Welten unablässig miteinander in Verbindung. Obgleich die jeweiligen Seinsweisen durchaus verschieden sind, kann ein Mensch letztendlich als ein inkarniertes Astralwesen verstanden werden und verliert daher die Bindung an diese Existenzform nicht. Es ist auch durchaus möglich, mit gerade nicht inkarnierten Astralwesen (den Verstorbenen) Verbindung aufzunehmen. Manifestationen sind nicht selten. So berichten viele davon, dass sie die Präsenz verstorbener Angehöriger empfunden oder gesehen haben. Der Traum schenkt ebenfalls Gelegenheit zum Austausch.

Willentliche Kommunikation mit kausalen Lehrern, wie Varda sie herstellt, ist oft wenig spektakulär, wenn auch ebenso Sinn stiftend und wirksam. Allerdings sind bestimmte Energiezustände wie Tiefenentspannung oder Trance dazu allgemein die Voraussetzung. Resonanzfelder müssen geschaffen, Bewusstseinskanäle von Ängsten gereinigt werden, um eine bewusste transpersonal-verbale Kommunion zu ermöglichen.

Die Erfahrung zeigt, dass die kausalen Lehrer ein großes, immer während es Interesse haben, sich mitzuteilen. Deshalb treten sie auch auf vielfältige andere Weise mit Menschen in Kontakt, um sie zu inspirieren. Künstler, Heiler und viele andere berichten davon. Bedeutende Wissenschaftler berufen sich im Nachhinein auf intuitive Erkenntnisse. Der Mensch ist subliminal durch seine seelischen Dimensionen grundsätzlich erreichbar. Kausale Lehrer sind jedoch auf die jeweils zu ihnen passende menschliche Energiestruktur angewiesen. Und diese ist nicht ohne weiteres zu erzeugen oder zur Verfügung zu stellen. Allerdings ist auch dies oft leichter, als vielfach vermutet.

Diese Zusammenhänge werden an anderer Stelle noch ausführlich erörtert. Sie sind hier für ein erstes Verständnis nur vereinfacht dargestellt. In der seelischen Realität vernetzen sich verschiedene Ordnungseinheiten und delegieren ihre Kräfte »Energie sparend« an die jeweils zuständigen Instanzen. Auch auf diese Weise kommunizieren die drei Bewusstseinswelten miteinander.

Wer nicht gleich den Anspruch stellt, vollständige Lehrgebäude oder umfangreiche Mitteilungen zu empfangen, wird sich nicht schwer tun, den einen oder anderen guten Rat von einer der unendlich vielen kausalen Quellen zu empfangen. Entspannung, Vertrauen und eine echte Kontaktbereitschaft genügen, um den kausalen Lehrern zu signalisieren: »Ich bin bereit, eure Botschaft zu vernehmen!«

Die sieben Grundenergien und die Seelenrollen

Die Quelle unterscheidet zwischen einer materiellen *Wirklichkeit* und einer nichtmateriellen *Realität*. So weit wir es bisher verstanden haben, organisiert sich Energie grundsätzlich in sieben unterscheidbare Grundaspekte, die zusammengenommen ein Ganzes ergeben. Dazu sagt die Quelle:

Die Zahl Sieben, die ihr Menschen aus eurer Erfahrung in religiösen Schriften, Mythen und Märchen als mystische Zahl begreift, spielt in allen Welten der Seele eine bedeutsame Rolle. Deshalb ist die Zahl Sieben mit ihren stetigen Abfolgen auch innerhalb der Seelenfamilie von herausragender Bedeutung.

In jeder Hinsicht ist das Begreifen der energetischen Prägungen, die wir durch die sieben Symbolzahlen ausdrücken, von fundamentaler Bedeutung, denn die damit verknüpften Prinzipien werdet ihr überall wieder finden.

Die sieben Grundprinzipien prägen die gesamte immaterielle Welt der Erfahrung und des Seins. Sie bestimmen das Seelenmuster jedes einzelnen inkarnierten Wesens ebenso wie die Ordnung der größten seelischen Organisationseinheiten.

Alle von Menschen ersonnenen numerologischen Systeme erheben zwar den Anspruch, eine verborgene Wahrheit, ein Geheimnis hinter dem Offenbaren freizulegen, aber sie sind kunstvolle bis künstliche Gebilde, die trotz allen Bemühens nur die Wirklichkeit, nicht aber die umfassendere Realität spiegeln. Und dagegen ist nichts einzuwenden, jedoch werdet ihr in diesen Systemen selten einen Widerhall dessen finden, was wir euch erläutern wollen. Lieber geht den Hinweisen nach, die in mythischen und mystischen Traditionen enthalten sind und die eine Siebenerstruktur zur Basis haben. Dort werdet ihr mehr von der Wahrheit des Realen finden und auch Belegstellen für das, was wir euch von der überirdischen Realität und ihrer Strukturierung durch die Sieben sagen wollen. Dies ist die Sichtweise, die es euch ermöglicht, das Gehörte in eurer Welt der erfahrbaren Wirklichkeit widergespiegelt zu finden.

Dies ist zunächst eine sehr theoretische Aussage, die für uns Menschen erst konkret werden kann, wenn wir die Wirkung der

Struktur-Schema
der Seelenrollen

Weiser 5
− redselig   + ausdrucksvoll

Künstler 2
− gekünstelt   + einfallsreich

Expressionsebene

Priester 6
− übereifrig   + barmherzig

Heiler 1
− servil   + dienend

Inspirationsebene

König 7
− selbstherrlich   + hoheitsvoll

Krieger 3
− überwältigend   + überzeugend

Aktionsebene

Gelehrter 4
− theoretisierend   + wissend

Assimilationsebene

Auf der Ebene der sieben Seelenrollen bilden sich die kosmischen Grundenergien als Archetypen ab. Hier bilden Weiser und Künstler ein Dual auf der Expressionsebene, Priester und Heiler ein Dual auf der Inspirationsebene, König und Krieger ein Dual auf der Aktionsebene. Der Gelehrte auf der Assimilationsebene birgt das Dual in sich.

sieben Energien an uns selbst und an anderen über die seelische Struktur beobachten und erfahren können.

Die Vorstellung von den sieben universellen Energien ist von so zentraler Bedeutung, dass wir dem Leser hier eine möglichst einfache und anschauliche Einführung geben möchten.

Diese Energien verwirklichen sich auf verschiedenen Ebenen, die ihrerseits wieder zusammenspielen. Zur Verdeutlichung müssen wir also eine der Ebenen herausgreifen, an der wir glauben, die Zusammenhänge am besten darstellen zu können. Dies ist die Ebene der Seelenrollen (siehe die Tabelle, S. 42). Außerdem benötigen wir ein Verständnis der Seelenrollen für die Erläuterungen der Seelenfamilien.

Es gibt sieben archetypische Seelenrollen. Die Quelle nennt sie *Heiler*, *Künstler*, *Krieger*, *Gelehrter*, *Weiser*, *Priester* und *König*. Nach unserer Erfahrung sind die Bezeichnungen für die Archetypen jedoch nur Wörter, die versuchen, in menschlicher Sprache die entsprechenden Energien auszudrücken.

Diese Seelenrollen, auch Essenzen genannt, bilden im Kontext menschlicher Inkarnation die sieben universellen Grundenergien ab. In der menschlich-irdischen, handlungsgebundenen Wirklichkeit unterliegen sie dem Gesetz der Polarität. Das bedeutet, dass sie neben einem Liebesaspekt immer auch einen Angstaspekt ausdrücken müssen. Sie haben daher einen Minuspol und einen Pluspol. Nach dem Gesetz der Pulsation schwankt ein Mensch zwischen diesen Polen. Das macht seine Lebendigkeit aus.

Energie 1 wird auf der Ebene der Seelenrolle repräsentiert durch den Archetyp des Heilers.

Es handelt sich um einen Menschen, dessen Fähigkeit darin besteht, sich in seine Mitmenschen besonders gut einfühlen zu können. Im Sinne der Polarität hat er jedoch ein Problem damit, sich selbst zu fühlen.

Ein Mensch mit der essenziellen Seelenrolle eines Heilers ist

*also mitfühlend, warmherzig, eher still und nach innen gewandt,
auf innere Weisungen lauschend.* Die Betonung des Gefühls ist
für Energie 1 entscheidend. Ein Heiler will den Mitmenschen
helfen und ihnen sowie der menschlichen Gemeinschaft auf die
eine oder andere Weise dienen. Ohne die Heiler mit ihrer Bereitschaft zu dienen könnte keine Gesellschaft funktionieren. Sie sind
ein entscheidendes Element aller sozialen Strukturen. Der Rei-
fungsprozess eines Heilers führt jedoch über die notwendige Erfahrung, dass allzu große Bescheidenheit, Unscheinbarkeit und
der Verzicht auf Selbstachtung auf Dauer nicht wirklich heilsam
sind. Die Unscheinbarkeit, die einen Heiler oft umgibt, da er
nicht gern die Aufmerksamkeit auf sich zieht, wird mit fort-
schreitendem Seelenalter abgebaut. Aus ursprünglich mangeln-
der Selbstliebe kann so ein neues liebendes Selbstbewusstsein erwachsen. Seine Leistungen wollen gesehen und gewürdigt
werden. Er muss auch darauf bestehen, dass man sich in ihn
ebenso einfühlt wie er sich in seine Mitmenschen. Ein Heiler in
seiner Liebe stellt Harmonie, Wärme, Geborgenheit zur Verfügung. Innige religiöse Bilder von Maria mit dem Jesuskind zeigen sehr anschaulich die Energie 1. Auch im zweiten Satz der
Kleinen Nachtmusik von Mozart ist diese Energie besonders gut
nachzufühlen.

Begriffe, die hilfreich sind, Energie 1 zu verstehen: weich, behü-
tend, zärtlich, harmonisch, einend, emotional, stumm, umfassend,
unterstützend, langsam, einfach, innig, rührend, unaufdringlich,
zurückhaltend, gelassen, heilsam, nährend, aufnehmend.

Eine Farbe, die der Energie des Heilers entspricht, ist Himmel-
blau.

Energie 2 wird auf der Ebene der Seelenrolle repräsentiert durch
den *Archetyp des Künstlers.*

Es handelt sich um einen mental orientierten Menschen, dessen Stärke darin besteht, sich immer wieder etwas einfallen zu

lassen und die Wirklichkeit zu gestalten. *Er will mit dem Leben spielen. Er sehnt sich danach, der Welt das Neue zu bringen. Ein Künstler hat die Fähigkeit, sich grundlos freuen zu können. Er ist ein Original und repräsentiert das kosmische Kind – verspielt, fröhlich, unbekümmert. Im Sinne der Polarität kann er jedoch in seiner Angst auch ein freudloser, gekünstelter, mühsam stilisierter Mensch sein, der Überflüssiges erfindet und über dessen Albernheiten niemand lacht. In seiner Liebe ist er wie der Hofnarr. Der Narr ist klug, er darf tun und sagen, was anderen verboten ist. Durch eine witzige, skurrile Einkleidung entschärft er die bittersten Wahrheiten und macht sie dem König akzeptabel. Wenn ein Künstler seine besondere Form der unbekümmerten Kindlichkeit lebt, kann er äußerst belebend und erleichternd auf seine Umwelt wirken. Er ist ein Zauberer, der mit Energie spielt und sie mit Leichtigkeit zu drehen, wenden und verwandeln vermag. Als Bild kann der Narr aus dem Rider-Tarot dienen. Auch in Mozarts »Vogelfänger-Arie« aus der Zauberflöte wird diese Energie spürbar.*

Begriffe, um Energie 2 anschaulich zu machen: freudvoll, witzig, lebendig, verspielt, sprunghaft, fantasiereich, bildhaft, abgrenzend, kunstvoll, gegenüberstellend, mental, nachdenklich, gestaltend, ästhetisch, anregend, originell, lebhaft, lustig.

Eine Farbe, die der Energie des Künstlers entspricht, ist Zitronenfaltergelb.

Energie 3 *wird auf der Ebene der Seelenrolle repräsentiert durch* den Archetyp des Kriegers.

Die besondere Fähigkeit des Kriegers ist es, seine Energie so zu bündeln, dass er sich durchsetzen kann. Er hat den Impuls zu kämpfen; er braucht aber ein sinnvolles Ziel. Wenn er sich engagiert, entwickelt er große Überzeugungskraft. Er kann viel Schmerz ertragen und nimmt für die Durchsetzung seines Willens Leid in Kauf. In seiner Liebe kämpft er für sich und die Ge-

meinschaft. In seiner Angst wirkt seine Kraft zerstörerisch – sei es, dass er andere überwältigt oder, um dies zu vermeiden, sich selbst bekämpft. Das Idealbild des Kriegers ist der Ritter der Tafelrunde, der Prinzessinnen, Witwen und Waisen schützt und das Land von bedrohlichen Ungeheuern befreit. Mut, Disziplin und Treue sind ihm hohe Werte. Er ist ausdauernd und bereit, sich selbstlos für die Gemeinschaft zu opfern. Verrat verzeiht er nur schwer. Er setzt auf Sieg und scheut die Niederlage. Das bekannte Gemälde von Delacroix, Die Freiheit führt das Volk an, *bildet diese Energie gut ab, ebenso wie die Arie »Auf in den Kampf, Torero« aus Bizets Oper* Carmen.

Anschauliche Begriffe für Energie 3: kraftvoll, belebend, wirkungsvoll, Energie spendend, verteidigend, schützend, überzeugend, einordnend, mutig, ausdauernd, beharrlich, kämpferisch, schöpferisch, hingebungsvoll, lustbetont, handelnd, zielgerichtet, loyal, geradlinig, einsatzbereit.

Eine Farbe, die der Energie des Kriegers entspricht, ist Blutrot.

Energie 4 *wird auf der Ebene der Seelenrolle repräsentiert durch den* Archetyp des Gelehrten.

Die besondere Fähigkeit des Gelehrten ist es, neutral und beobachtend Daten zu sammeln. Dann zieht er sich zurück und stellt durch seine Einsicht eine Ordnung her. Er spürt daraufhin den Impuls, das neu erlangte, erlernte Wissen zu lehren. Der Gelehrte bewegt sich zwischen Theorie und Praxis. Seine Fähigkeit zur Distanz ist hilfreich, lässt ihn jedoch auch unverbindlich erscheinen. Die Anwendung des Gelernten ist ihm wichtig. Er ist zugleich nach außen und nach innen gewandt. Eine möglichst vollständige Erkenntnis ist ihm wichtig. Seine spezielle Angst ist, etwas nicht zu wissen. Dann theoretisiert er, dann mag er seine Unwissenheit nicht zugeben und wirkt kleinlich und penibel. In seiner Liebe vertritt er die Prinzipien Festigkeit, Ausgeglichenheit, Überparteilichkeit, Gerechtigkeit und Zuverlässigkeit. Er ist *der gerechte Richter, der neutrale Wissenschaftler, der klar strukturierende Lehrer. Beobachtung, Innehalten und Stille sind ihm hohe Werte. Die Allegorie der Justitia sowie die Bildwelt von Caspar David Friedrich veranschaulichen diese Energie. Entsprechende Musik ist Bachs* Wohltemperiertes Klavier.

Passende Begriffe für Energie 4: lehrreich, gründlich, achtsam, instinktsicher, wissend, entschlossen, klar, gerecht, neutral, distanziert, funktional, in sich ruhend, beobachtend, Form gebend, praktisch, bewahrend, ordnend, ausgleichend, innehaltend, erfahrungsorientiert.

Eine Farbe, die der Energie des Gelehrten entspricht, ist Grasgrün.

Energie 5 *wird auf der Ebene der Seelenrolle repräsentiert durch den* Archetyp des Weisen.

Die große Stärke des Weisen ist seine Kommunikationsfähigkeit. Er braucht Beachtung und fordert sie ein. Aus seiner Freude an der Synthese kreiert er konzentrierte Weisheit, die er mit Humor und Güte an möglichst viele weitergeben möchte. Geben und Nehmen sind sein Thema. In seiner Angst fordert er Aufmerksamkeit, ohne in Kontakt mit seinem Gegenüber zu stehen, wird redselig und aufdringlich. In seiner Liebe lebt er aus der Fülle, ist großzügig und folgt in allem dem Prinzip Ausdehnung. Also mag er Tätigkeiten mit Breitenwirkung. Als Schauspieler, Journalist, Politiker, Redner fühlt er sich wohl. Ein gütiger, tiefsinniger Zirkusclown, der die menschlichen Schwächen ins Humorvolle wendet, repräsentiert Energie 5. Weise sind glücklich, wenn es ihnen gelingt, etwas Weises zu sagen, Eindruck zu hinterlassen und wichtige Einsichten zu verschenken. Sie können auch besser als andere Archetypen auf beredte Art schweigen. Hat ein Weiser keinen Kontakt zu sich selbst oder bricht jemand den Kontakt zu ihm ab oder wird er gar mit Schweigen gestraft, ist das für ihn besonders schlimm. Ein Weiser kommuniziert nicht nur mit Worten, sondern auch mit Gestik, Mimik, mit seinem ganzen Körper. Das Gemälde Der Bohnenkönig von Jordaens und der Strauß-Walzer Wiener Blut geben anschauliche Beispiele.

Passende Begriffe für Energie 5: verbindend, ausdrucksvoll, umfassend, kommunikativ, zufrieden, gütig, idealistisch, versöhnend, gesellig, mitteilend, kollektiv, autoritativ, machtvoll, weise, gemütlich, üppig, großzügig.

Eine Farbe, die der Energie des Weisen entspricht, ist Sonnengelb.

Energie 6 wird auf der Ebene der Seelenrolle repräsentiert durch den Archetyp des Priesters.

Die besondere Kraft des Priesters liegt in der mitfühlenden Barmherzigkeit, gepaart mit Inspiration und einer Fähigkeit, die Herzen und den Geist zu erheben. Er ist der Vermittler der göttlichen Freude an die Menschen. Seine Entgrenzungsfähigkeit ist groß, daher fällt es ihm schwer, Grenzen zu setzen. Mit Leichtigkeit stellt er einen Kontakt zum Transzendenten her. Er muss auf seine Erdung achten und sollte das Irdisch-Materielle nicht missachten. In seiner Angst wird er unerbittlich, missionarisch streng und rechthaberisch, weil er sich im Besitz einer höheren Wahrheit glaubt, die er um jeden Preis durchsetzen will. Seine Themen sind Lüge und Wahrheit. Er ist gern wie eine graue Eminenz und wirkt ernst aus dem Hintergrund. Mit der Natur, dem Göttlichen oder dem Liebespartner Grenzen zu überschreiten ist sein höchstes Glück.

Eine gotische Kathedrale wie die von Chartres mit ihren emporstrebenden Linien, ihrem farbig-geheimnisvollen Halbdunkel und ihrer erhebenden Wirkung spiegelt die Priester-Energie. Griegs »Morgenstimmung« aus der Peer-Gynt-Suite ist ein Musikstück mit priesterlicher Schwingung.

Anschauliche Begriffe für die Energie 6: inspirierend, entgrenzend, begeisternd, vertrauensvoll, still, ernst, einfühlsam, barm-

herzig, empfindlich, verletzlich, charismatisch, sensitiv, leidenschaftlich, tröstlich, ergreifend.

Eine Farbe, die der Energie des Priesters entspricht, ist Ozean-
blau.

Energie 7 wird auf der Ebene der Seelenrolle repräsentiert durch
den Archetyp des Königs.

Die Fähigkeit, die den König besonders auszeichnet, besteht
darin, souverän zu führen, Verantwortung zu übernehmen und
dabei die Würde zu bewahren. In seiner Liebe herrscht er durch
seine Ausstrahlung, nicht durch tyrannischen Druck. Die Mitmenschen ordnen sich ihm gern bei, weil sie spüren, dass er dem
Ganzen Struktur, Ordnung und Sinn geben kann. Er ist gelassen
und großmütig; Weitblick und Realismus zeichnen ihn aus. In
seiner Angst verwandeln sich diese Qualitäten in Selbstherrlich-
keit und despotische, herrische Willensbekundungen. Der König
lebt gern im großen Stil; er braucht Raum um sich und verlangt,
dass man seine Grenzen respektiert. Er verfügt über eine starke
Willenskraft, die ihm eine eindrucksvolle Durchsetzungsfähig-
keit verleiht. Oft bildet er eine Art Hofstaat um sich, mit Minis-
tern, Vasallen, Dienern. Ein König gibt viel und nimmt viel. Er
hat Führungsaufgaben für größere Menschengruppen. Das
Schloss von Versailles symbolisiert diese Schwingung. In der Musik ist der erste Marsch aus Edward Elgars Pomp and Circumstance ein überzeugendes Beispiel.

Passende Begriffe, um Energie 7 zu beschreiben: würdevoll,
mutig, souverän, geduldig, wahrnehmend, unermüdlich, dyna-
misch, raumfüllend, strukturierend, integrierend, verantwortlich, bewegend, strahlend.

Eine Farbe, die der Energie des Königs entspricht, ist Purpur-
rot.

In ihrem Roman *Die Seele der Papaya* hat Varda der Gestalt der Grünen Mutter die Lehre von den sieben Grundenergien zugeordnet und sie mit magisch-visionären Mitteln die Unterschiede aufzeigen lassen. Dazu nahm sie bestimmte Energie evozierende Bilder zu Hilfe, die den Gehalt dieser Lehre in poetischer Weise anschaulich machen. Für das Verständnis der Struktur von Seelenfamilien mag die Lektüre eine zusätzliche Unterstützung sein. Man kann die sieben Grundenergien mit Hilfe visueller Handlungssequenzen anschaulich darstellen. Denn auch Handlungen sind Träger und Ausdrucksformen von Energie.

Einzelseele und Seelenfamilie

Seelenfamilien setzen sich aus rund tausend Vertretern von jeweils zwei bis vier Seelenrollen zusammen, zum Beispiel »Priester«, »Weise« und »Könige«. Oder »Gelehrte« und »Priester«. Oder »Weise«, »Gelehrte«, »Heiler« und »Krieger«. Die meisten Seelenfamilien enthalten drei verschiedene Seelenrollen, wenige hingegen zwei und einige auch vier.

Analysiert man die Aufgaben einer Seelenfamilie (von denen in Kapitel 4 die Rede sein wird), stellt man schnell fest, dass das Vorhandensein von nur zwei Seelenrollen eine erhebliche Spezialisierung, Fokussierung und Konzentration auf eine eng gefasste Thematik mit sich bringt. Vier Seelenrollen weisen hingegen auf ein breit angelegtes Forschungsvorhaben mit einer Vielzahl von Unterthemen, die auch eine Vielfältigkeit an Erfahrungsmöglichkeiten voraussetzen.

Wenn man nachvollziehen will, was die Grundschwingung einer Seelenfamilie ausmacht, ist es hilfreich, sich nicht nur die Seelenrollen zu vergegenwärtigen (ausführlich in *Archetypen der Seele*, S. 51-104), aus denen sie sich zusammensetzt, sondern vor allem die darin und dahinter liegenden Energien. Mit ihren unterschiedlichen Anteilen enthüllt sich auch die energetische Wirkungsweise der einzelnen Seelenfamilien. Jede energetische Nuance besitzt ihre unverwechselbare Auswirkung auf die Erde, auf der wir leben, auf die Welten der Seele und auf das Universum. Wer Freude daran hat, seine eigene Wahrnehmung der sieben Grundenergien zu schulen, kann sich ohne besondere Anstrengung darin üben, die Phänomene seiner Umwelt einmal den sieben Energien, so wie sie beschrieben wurden, zuzuordnen.

Seelenfamilien sind einzigartig. Alle Seelenfamilien unterscheiden sich voneinander; es gibt nicht zwei, die miteinander identisch sind. Der Grund für diese enorme Differenzierung liegt in ihrer energetischen Zusammensetzung.

Im Sinne der Quelle ist die Seele eine reine Energiestruktur. Auch die Seelenfamilie ist ein Energiegebilde. Dieses ist präexistent, das heißt, es existiert selbstständig vor der Herausbildung eines belebten und beseelten Körpers. Auch nach dem Tod der leiblichen Hülle bleibt die Seele erhalten, angereichert durch Erfahrung, Liebe und Erkenntnis. Doch in jedem ihrer Seinszustände bleibt die fragmentierte Einzelseele mit ihrer Seelenfamilie untrennbar verbunden.

Jeder Mensch ist beseelt von einer Einzelseele und ist zugleich ein Mitglied seiner Seelenfamilie. In dieser Hinsicht unterscheidet sich das Prinzip der Seelenfamilie nicht von dem einer physischen Familie. Auch in Letzterer ist jeder von uns ein Individuum, aber zugleich durch Abstammung, Genetik und eine gemeinsame Geschichte mit seiner Familie verbunden.

Zwischen der Seelenfamilie und der biologischen Familie gibt es Ähnlichkeiten und Unterschiede. In beide großen Systeme ist der Mensch eingebunden. Die genetisch-körperliche Verwandtschaft und auch die Zugehörigkeit zu einer Seelenfamilie sind vorgegebene, unveränderbare Tatsachen. Kündigt man die Beziehung zu seinen Eltern auf, ändert das nichts an der eigenen genetischen Verwandtschaft mit ihnen. Die Verwandtschaft mit der

Seelenfamilie ist gültig und wirksam, auch wenn man nicht um sie weiß.

Aber es gibt auch Unterschiede. Die Mitglieder einer Seelenfamilie lieben sich mit einer großen Selbstverständlichkeit. Und sie beginnen einen gemeinsamen Inkarnationszyklus, weil sie lernen wollen, Liebesbeziehungen zu eingekörperten Seelen herzustellen, die nicht zu ihrer eigenen Seelenfamilie gehören. Man inkarniert sich also in eine biologische Familie, um eine neue Art von Liebe zu lernen. Daher betont die Quelle, dass nicht die Harmonie in einer Familie das zentrale Ziel ist, sondern die entstehende Reibung mit noch unvertrauten Wesen, die zu seelischem Wachstum führt (vgl. *Welten der Seele*, S. 120-123).

Innerhalb der irdischen Blutsverwandtschaft kann die eingekörperte Seele Erfahrungen machen, die ihr im körperlosen Zustand nicht möglich sind. Die Familien, in denen wir aufwachsen, sind dabei von großer Bedeutung. Sie geben uns Schutz, Nähe und Wärme und fördern unsere Entfaltung. Die Seele, die in der Astralwelt beheimatet ist, will auf der Erde neue Erfahrungen machen, zum Beispiel, dass man genetisch verwandt ist und sich trotzdem nicht liebt, dass man ein und derselben Herkunft ist und trotzdem aufgrund der Persönlichkeit sehr verschieden, dass man lernen kann, ein menschliches Wesen zu lieben, obschon es einem seelisch nicht verwandt ist. Die zahlreichen Facetten von Elternliebe, Geschwisterliebe, Mutterliebe, Familienidentität, Zusammenhalt und vieles mehr bilden die Herausforderungen, denen sich eine inkarnierte Seele stellt. Denn zuvor kennt sie nur eines: die zeitlose, unzerstörbare, aber auch undifferenzierte Liebe zwischen den eigenen Seelengeschwistern in der umfassenden Liebe des Allganzen.

Seelengeschwister können über die ganze Welt verstreut leben, verschiedenen Rassen angehören, unterschiedlich alt sein, einen männlichen oder weiblichen Körper besitzen. Es kommt extrem selten vor, dass sich Seelengeschwister innerhalb einer biologischen Familie inkarnieren. Ist dies der Fall, handelt es sich um Sinn stiftende Ausnahmen. Dazu meint die Quelle:

Wir möchten euch sagen, dass die Verbindungen und Beziehungen, die ihr zu Seelen außerhalb eurer Seelenfamilie anknüpft, zwar energetisch anders sind, aber vollkommen gleichwertig, was die Möglichkeiten eures Wachstums betrifft. Außerhalb der Seelenfamilie kann ebenso viel Liebe fließen wie innerhalb, jedoch ist die Schwingung dieser Liebe anders. Wertvoll und wichtig sind beide Formen. Zum Vergleich: Wertvoll und wichtig ist es, einen Partner zu lieben. Wertvoll und wichtig ist es, sein Kind zu lieben.

Die Seelenfamilie ist ein energetisches Gebilde. Es existiert nicht in der materiellen Wirklichkeit, wohl aber in der immateriellen Realität. Teile dieses Gebildes können durch Einkörperung in einem Zeit-Raum-Kontext lebendig werden und auf diese Weise zur Energieanreicherung des Ganzen beitragen. In der leiblichen Existenzform hat die Seelenfamilie erfahrbar konkrete Aspekte. Es ist möglich, Mitgliedern der eigenen Seelenfamilie zu begegnen. Sie sind einander durch eine eigentümliche geschwisterliche Liebe und Sympathie nah.

Alle inkarnierten Fragmente oder Einzelseelen durchlaufen einen Lern- und Entfaltungsweg, der dem Ganzen zugute kommt. Alle Seelen sind – von der Familie her betrachtet – gleich und gleichwertig. Sie strahlen in derselben Energiefrequenz. Es gibt keine Hierarchien. Deshalb werden sie als Seelengeschwister bezeichnet.

Seelengeschwister sind also von der Grundfrequenz der Seelenfamilie aus betrachtet »identisch« mit der zu ihr gehörenden fragmentierten Seele. Sie alle widmen sich derselben Familienaufgabe. Seelengeschwister verfügen über einen gemeinsamen Code, an dem sie sich erkennen können. Gleichzeitig sind alle Mitglieder einer Seelenfamilie jedoch verschieden. Sie besitzen eine eigene Individualität, die sich darin ausdrückt, dass sie unterschiedliche Seelenrollen, unterschiedliche Positionen in der Seelenfamilienstruktur und unterschiedliche Entfaltungswege haben. Außerdem bedeutet der Schritt in die Inkarnation, diese Individualität noch auszuweiten und zu betonen. In der tatsächlichen Materialisierung unterscheiden sich Seelengeschwister also durchaus, zum Beispiel durch ihr jeweils aktuelles Seelenmuster (die Matrix) und durch ihre Erfahrungen während der einzelnen Inkarnationen, durch Geschlecht, Rasse, Bildungsstand usw.

Für die menschliche Erfahrung ist dieses Identisch- und zugleich Nichtidentisch-Sein ein Mysterium.

Seelengeschwister lieben sich, doch ist ihre Liebe anders als die zwischen Liebespartnern. Es ist ihnen nicht möglich, sich nicht zu lieben. Sie sorgen – auch wenn sie es im Körper nicht bewusst erfassen – ununterbrochen füreinander und beschützen sich. Das unterscheidet sie deutlich von irdischen Blutsverwandten.

Alle Seelengeschwister einer Familie widmen sich über die Jahrtausende ihrer irdischen Existenz einer gemeinsamen Aufgabe. Sie erforschen zusammen und jeder für sich einen Teilaspekt der umfassenden Fragestellung: Was bedeutet es, ein Mensch zu sein? Was bedeutet es, einen Inkarnationszyklus in einem Säugetierkörper auf dem Planeten Erde zu erleben und zu verstehen? Die Ergebnisse dieser Forschung fließen in das Reservoir an Wissen, Liebe und Erfahrung der Seelenfamilie zurück. Die Seele jedes Menschen kehrt nach jedem körperlichen Tod zu ihren Seelengeschwistern zurück und wertet ihre Erlebnisse aus, während andere Geschwister aus der Familie sich nun bereit finden, ein neues Leben zu planen und zu beginnen.

Wie in irdischen Gesellschaften ist die Einzelseele in Familien organisiert, die wiederum größere Sippenverbände von Seelen bilden. Sieben Seelenfamilien bilden eine Sippe. Sieben Sippen

54

Die seelischen Verwandtschaften

Jeder Mensch ist zugleich (1.) seelisches FRAGMENT, (2.) Mitglied seiner SeelenFAMILIE (etwa 1000 Seelen), (3.) Angehöriger seiner SeelenSIPPE (etwa 7000 Seelen) und (4.) Teil seines SeelenSTAMMS (etwa 50 000 Seelen). Alle Seelenstämme, die sich auf der Erde als Homo sapiens inkarnieren und entwickeln, bilden zusammen ein SEELEN-VOLK. Simultan sind alle Menschen sowohl in der physischen als auch in der astralen Welt beheimatet. Ihre Seele entfaltet sich im Laufe ihres Lernwegs von einer Säugling-Seele zu einer Alten Seele. In die kausale Welt gelangt jede Seele ausnahmslos am Ende aller Inkarnationen. Familie, Sippe und Stamm umhüllen die fragmentierte Einzelseele mit einem Energiefeld. Sie hat auf vielfältige Weise, bewusst und unbewusst, Zugang zu diesem großen Reservoir an Liebe und Erkenntnis.

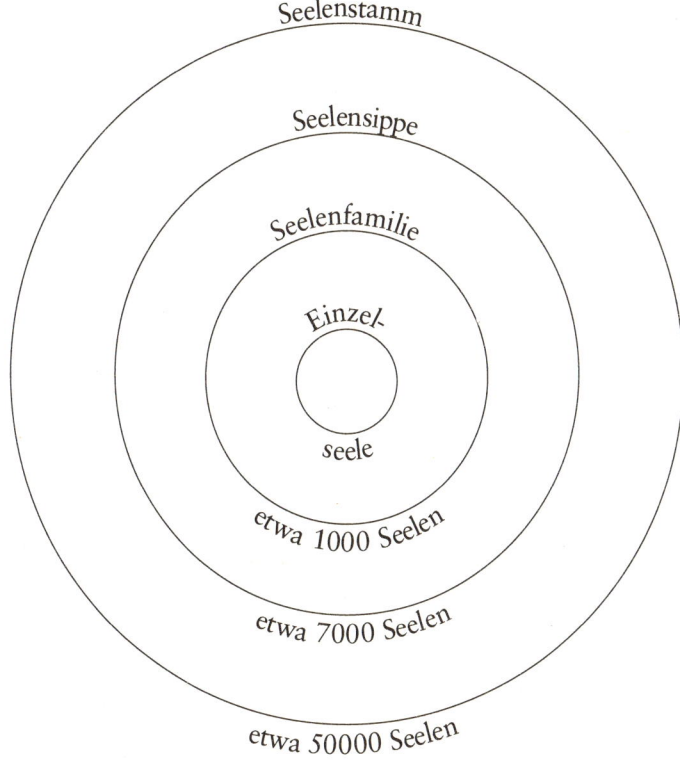

sind im Rahmen von wiederum großen Seelenstämmen weitläufig miteinander verwandt. Alle Seelenstämme, die sich auf dem Planeten Erde in Form von Menschen verwirklichen, bilden ein Seelenvolk (siehe die Tabelle, S. 55).

Zwischen den sieben Seelenfamilien einer Seelensippe und den neunundvierzig Seelenfamilien eines Stammes gibt es zahlreiche Beziehungen und Begegnungen, karmische Bande und wachstumsfördernde Absprachen. Der Inkarnationszyklus ist darauf angelegt, die Liebesfähigkeit der Einzelseele über die enge Familie hinaus auf die »nächste Verwandtschaft« der Sippe und des Stammes auszuweiten, mit der die wesentlichen karmischen Bande geknüpft werden.

Ein Teil der Familie ist jeweils nicht inkarniert. Diese Seelen ruhen sich in der astralen Heimat von den Strapazen der letzten leiblichen Existenzform aus, bleiben aber energetisch mit ihren eingekörperten Seelengeschwistern unablässig verbunden. Auch lassen sie ihnen Unterstützung in Form telepathischer Inspirationen zufließen und spenden ihnen die Kraft zur Bewältigung der vorgenommenen Aufgaben. Die Seelenfamilie ist eine Selbsthilfegemeinschaft zur Bewältigung eines Sinn stiftenden Inkarnationsweges.

Wir wollen euch vermitteln, dass Menschsein von einer umfassenden Sinnhaftigkeit getragen wird. Du bist Mensch – das bedeutet, dass du allein durch dein Sein einen göttlichen Auftrag erfüllst. Du bist Mensch – das bedeutet, dass du mit allem, was du tust oder nicht tust, einen unverzichtbaren Beitrag zum Ganzen leistest.

Auch nach dem körperlichen Tod eines seelischen Fragments bleiben diese »familiären« Grundenergien erhalten und prägen weiterhin die unterscheidbare Besonderheit jeder Seelenfamilie. Obgleich die Grundaufgabe einer Seelenfamilie durch all ihre Inkarnationen und sogar noch später nach dem kompletten Abschluss des Inkarnationsweges gleich bleibt, ändern sich jedoch ihre aktuellen Ausprägungen im Laufe der Zeit, abhängig von dem irdischen Ort, an dem sie bewältigt werden, und relativ zum eingekörperten seelischen Individuum, das sie bearbeitet und sich mit seinem jeweiligen So-Sein an ihr verwirklicht.

Um dem Leser einen ersten anschaulichen Eindruck zu vermitteln, wie Einzelseelen mit ihrer Familie und mit ihren inkarnierten Seelengeschwistern zusammenhängen, welche Anliegen und Aufgaben sie als Menschen und in ihrem seelischen Kollektiv haben und wie differenziert sich diese Aufgaben in Leben und Schicksal des Individuums ausprägen, wollen wir an dieser Stelle ein Beispiel anführen. Es ist aus dem Grund besonders geeignet, weil das beschriebene Ereignis aus der jüngsten Vergangenheit stammt und sicherlich für viele aus der Erinnerung gut nachzuvollziehen ist.

Gefragt wurde: Viele Menschen trauern um Prinzessin Diana. Auch mich hat ihr Tod erschüttert und immer wieder beschäftigt. Warum ist dies geschehen? Warum sind so viele Menschen innerlich betroffen?

Der Tod, der unerwartete und erschreckende Tod von Diana hat deshalb Millionen, ja Milliarden von Menschen bewegt, weil sie alle – wie nie zuvor – erleben konnten, mitfühlen konnten, wie eine inkarnierte Seele den von ihr beseelten Menschen vor den Augen der Öffentlichkeit dazu bewegt, sein Leben zu geben. Dies geschah, um Herzen zu öffnen, um wie mit einem ungeheuren Paukenschlag eine emotionale Weitung der Herzen hervorzubringen, die, weil sie nicht vorbereitet werden konnte, umso nachhaltiger und heftiger nachwirkt.

Ihr alle habt erlebt, dass gerade auch solche Menschen, die zuvor die Allüren dieser Märchenprinzessin belächelt oder verachtet haben, ganz plötzlich und für sie selbst unvermutet angerührt waren von den emotionalen und energetischen Bewegungen, die der Tod und die Umstände des Todes dieser Frau hervorgebracht haben. Die Spötter hatten es schwer, weiter zu spotten. Sie begriffen, dass Großes geschah, etwas, das nicht von Diana als Person oder als Persönlichkeit allein vollbracht werden konnte. Was die eigentlich Wirkung hervorbrachte, ist nicht die sentimentale Rührseligkeit, die falsche Mitleidshaltung, das Erschrockensein über das plötzliche Ende eines blühenden Lebens – Emotionen, die ein jeder Mensch ja auch auf sich selbst beziehen kann. Entscheidend war die Übernahme des Geschehens durch eine größere, einflussreichere seelische Instanz, die sich der Seele von Diana liebevoll bedient hat, um der Menschheit einen entscheidenden emotionalen Dienst zu erweisen. Dieser Dienst besteht darin, dass eine überwältigende Anzahl von Menschen – nicht nur in Europa, sondern bis in den hintersten Winkel der von Fernsehgeräten erschlossenen Erde – eine über die Kommunikationsmedien verbreitete und von den Medien getragene energetische Aufladung erfahren konnte.

Es ist unberechtigt zu denken, dass solche Aufladungen nur von Mensch zu Mensch, von Körper zu Körper, von Gegenwart zu Gegenwart vollzogen werden können. Eine kollektive Öffnung der Herzen während weniger gemeinsamer Stunden bewirkt ebenso viel wie ein weltweites Gebet. Und die Tränen, die scheinbar sentimentalen, unerklärlichen Tränen, die anlässlich von Dianas Tod und besonders während der Stunden ihrer Trauerfeier weltweit geflossen sind, haben eine enorme kollektive Wirkung. Sie sind ein Ausdruck dessen, was wir Energie 1 nennen.

Diana war selbst keine »Heilerin« in Bezug auf ihre Seelenrolle. Sie war eine »Weise«, und sie kommunizierte ihr ganzes Leben lang ununterbrochen. Sie kommunizierte, indem sie berührte; sie kommunizierte, indem sie öffentlich Aufmerksamkeit forderte, und vor allem kommunizierte sie, indem sie Beachtung für ihre Gefühle forderte. Dies tat sie auch mit ihrem Tod. Sie hat stets – und dies wurde ihr vielfach als Stilvergehen und als Taktlosigkeit ausgelegt – darauf bestanden, dass sie ein Recht darauf besitzt, sich zu fühlen und dementsprechend zu leben, und wurde damit ein unabweisbares Vorbild für viele, die sich bislang nicht trauten, dieselbe Forderung zu stellen.

Wir sagten: Eine größere, umfassendere seelische Instanz hat sich dieses Phänomens angenommen – so als hätte sich eine Möwe auf einer ungeheuren Flutwelle niedergelassen und am Ende diese Welle verlassen, ihre Flügel ausgebreitet und wäre aufs Meer zurückkehrt. Ihr alle seid von einer Flutwelle der Empfindungen erfasst worden. Dies zu bewirken geht weit über die Kraft eines vereinzelten seelischen Individuums hinaus. Wir meinen, dass ihr alle euch glücklich schätzen solltet, Augen- und Herzenszeugen eines solchen Phänomens geworden zu sein. Es geschieht nicht häufig, und es geschieht nur, wenn es gebraucht wird. Die Energie, die wir als Eins bezeichnen, hat es in eurem Jahrhundert, in eurer Zivilisation nicht leicht, zum Tragen zu kommen. Doch wenn, wie durch den tödlichen Unfall von Diana und ihres Geliebten in einem Moment, in dem viel Liebe zwischen den beiden hin- und herfloss, eine Art emotionales Erdbeben ausbricht, kann auch die von uns so beschriebene Flutwelle positiver Emotionen über die Erde von Kontinent zu Kontinent laufen und viele Ufer erreichen.

Wollt ihr also begreifen, was die heilende, einende, harmonisierende und auch erschütternde Qualität der Energie 1 ist, genügt es, wenn ihr euch an diese Woche zwischen Dianas Tod und ihrer Bestattung erinnert, an das, was weltweit von den damit verbundenen Ereignissen ausgelöst und bewirkt wurde.

Und zum Schluss möchten wir euch noch darauf hinweisen, dass eine Seelenschwester von Diana aus tiefer Erkenntnis der Zusammenhänge und aus tiefer Liebe heraus sich diesem Phänomen ebenfalls hingegeben hat, es unterstützen konnte, es von einer anderen Warte noch einmal zu beleuchten wusste, und dies war Mutter Teresa. Ihr Tod bildete eine Verstärkung und auch einen Abschluss des gesamten Phänomens.

Diana und Teresa gehörten derselben Seelenfamilie an. Sie besteht aus »Heilern« wie Mutter Teresa, aus »Weisen« wie Diana und aus »Königen«. Immer wird diese Seelenfamilie für ihre Ziele und Zwecke eine große, wenn auch sehr unterschiedliche Öffentlichkeitswirkung kreieren und benötigen. Ihr werdet in den kommenden zwanzig oder fünfundzwanzig Jahren – wenn ihr die Aufmerksamkeit darauf richtet – noch zwei weitere Seelengeschwister aus dieser Familie eine ähnlich spektakuläre Wirkung hervorrufen sehen. Achtet darauf. Ihr könnt sie wieder erkennen. Sie haben die gleiche energetische Grundausstrahlung wie die kombinierte Kraft von Diana und Mutter Teresa.

Die Aufgabe dieser Seelenfamilie aus »Weisen«, »Königen« und »Heilern«, mit den »Heilern« als dominanter Kraft, befasst sich über Zeiten und Räume hinweg mit dem Phänomen der Hilflosigkeit. Und hier spielt besonders die Kraft und Schönheit eine Rolle, die in der offen und mutig zur Schau getragenen Hilflosigkeit liegt. Die Aspekte der Hilflosigkeit, die Mutter Teresa als »Heilerin« zum Zentrum ihres Lebens, ihres Glaubens und ihrer Bemühungen gemacht hat, betrafen all die Menschen, die nicht mehr in der Lage waren, ihre Hilflosigkeit hinter irgendeiner Wand oder irgendeiner Maske zu verbergen.

Diana als ihre Seelenschwester mit der Seelenrolle einer »Weisen« hatte – auch als eine etwas jüngere Seele – andere Ziele und andere Aufgaben. Sie verstand es, ihre eigene Hilflosigkeit zu nutzen, um die Ziele ihrer Seelenfamilie zu unterstützen und zu pflegen. In welcher Form die Seelengeschwister dieser Seelenfamilie sich jeweils mit der Thematik von Hilflosigkeit beschäftigen, hängt von ihrer eigenen Struktur und Persönlichkeit ab, aber auch von ihrer Seelenrolle und ihrem Seelenalter.

Die Beziehung zwischen Lady Diana und Mutter Teresa könnte im Sinne der Quelle auch auf folgende Weise beschrieben werden: Obgleich jede von ihnen ein unterscheidbares Ich mit einer eigenständigen Psyche besaß, sind und bleiben sie doch einer gemeinsamen Seelenfamilie, ihrem Selbst, zugehörig. So verschieden die inkarnierten Individuen als vereinzelte Fragmente eines größeren Ganzen sind, so identisch ist doch ihre gemeinsame Seelenfamilie, ihre Grundenergie, ihre umfassende Aufgabe. Das Selbst (das ist die Seelenfamilie) hat sie seinerzeit in die physische Welt entsandt und hat sie nun wieder in sich aufgenommen, bis eine weitere Inkarnation für diese zwei Seelen sinnvoll wird. Die Prinzessin und die Ordensschwester besaßen, so extrem sich ihre Lebenswege auch voneinander unterschieden, doch ein gemeinsames Selbst, da sie aus derselben Seelenfamilie stammten.

Ich und Selbst

Im Folgenden möchten wir erläutern, was die Quelle unter den Begriffen Ich und Selbst versteht. Diese Wörter bedeuten in Geschichte und Tradition sehr Unterschiedliches. Vereinfacht gesagt, versteht die moderne Psychologie unter Selbst häufig das Unbewusste. Für den Buddhismus ist das Selbst eine Illusion. Im Hinduismus ist es das Eigentliche, der Atman, die unsterbliche Seele.

Wir möchten an dieser Stelle zum Ausdruck bringen, dass wir uns der Verwendungen, die der Begriff des Selbst in Psychologie und Theologie weithin gefunden hat, durchaus bewusst sind. Wir bitten den Leser jedoch, zu verstehen, dass die Lehre der Quelle ahistorischen Charakter besitzt in dem Sinne, dass sie nicht auf dem aufbaut, was Menschen erdacht haben, sondern gänzlich aus eigener Autorität spricht. Deshalb ist die Auseinandersetzung mit der historischen Vergangenheit zwar aufschlussreich, aber im Rahmen dieses Buches unangebracht.

Die Geschichte der Weltreligionen und der platonisch orientierten Philosophien zeigt, dass ganz allgemein die Tendenz besteht, das Ich mit seiner Körperlichkeit geringer zu schätzen als die nichtkörperlichen Dimensionen des Seelischen und der jenseitigen Welten. Die Gläubigen werden gelehrt, das Weltliche zu verachten, seine Wirklichkeit zu leugnen. Sie sind durch den Wunsch motiviert, das Ich zu überwinden und ihre Körperlichkeit zu transzendieren.

Die Quelle hält dies für ein Missverständnis. Zwar ist die astrale Welt auch in unserer Auffassung die Heimat der Seelen, aber die Seele kann sich nur entwickeln, wenn sie Erfahrungen im Körper machen kann. Daher sind die Bejahung der Körperlichkeit und die Wertschätzung der Erfahrungen im körperlichen Bereich eine wesentliche Voraussetzung für die Rückkehr in die Heimat. Die Quelle wurde dazu einmal befragt:

Ich bin eine alte Frau. Meine Gedanken und Gefühle wenden sich immer mehr hin zu der auf mich zukommenden anderen Welt. Über das, was auf meine Seele wartet, habe ich gewisse Vorstellungen. Aber ich frage mich: Was geschieht eigentlich nach meinem Tod mit meiner Persönlichkeit, mit meinem Ich – mit meinen Ecken, Kanten und Schatten?

Alles, was du bewirkt hast, alles, was du erlebt hast, alles, was dein aktuelles Ich geschaffen, gelitten, erdacht und vollbracht hat, bleibt erhalten. Dies ist so, weil dein immanentes Ich ein unverzichtbarer Teil deines transzendenten Selbst ist, nämlich deiner Seelenfamilie und ihrer Ordnungen. Es kann von diesem nicht getrennt werden. Zu diesem Zweck – zu leben und zu erleben – war ja dein Ich aus der Geborgenheit seines Selbst herausgetreten, eben um diesem Selbst etwas Neues zuzuführen und hinzuzufügen – eine Erfahrung, die nur ein Ich machen kann und die das Selbst braucht, um sich mit Erkenntnis, mit Liebe, mit Weisheit, mit Erleben jeder Art anzureichern.

Wenn du nun fragst: »Was bleibt von mir?«, so rufen wir noch einmal: Alles bleibt! Und denke nicht, dass das, was du deinen Schatten nennst, nicht gebraucht wird. Selbstverständlich gehört gerade die Erfahrung, dass ein Mensch sich so oder so verhalten kann, lieben oder hassen kann, handeln oder Handlungen unterlassen kann, zu einer wesentlichen und notwendigen Erweiterung des Selbst.

Nichts also geht verloren. Jeder Gedanke, den du denkst, jede Fantasie, die dich durchströmt, jedes Gefühl, jede Wahrnehmung oder Empfindung, jeder Kontakt, alles, was du an Wirkung hinterlässt, ist in seiner energetischen Qualität noch genauso vorhanden wie seinerzeit und bleibt gespeichert. Es wird verzeichnet, wenn du so willst, aber nicht in einem Strafregister! All dies bleibt erhalten, weil es zu dem gehört, was du erschaffen hast – wie deine Kinder, deine Gegenstände, deine Schriften.

Ob du nun früher oder später die Erde verlässt, ist nicht gleichgültig. Dazu kommen ja Seelen in die Zeit, damit auch Zeit als solche eine Rolle spielen kann für den Beitrag zum Ganzen, zu ihrem eigenen Ganzen (der Seelenfamilie) und auch zum übergeordneten Allganzen, dem sie angehören. Jedes einzelne Detail, das du noch erlebst, erdenkst, jedes Lächeln, das du schenkst, und jede Zornesfalte, die deine Stirn kraust und die du dich nicht zu zeigen traust, ist ein Beitrag, ein wertvoller Beitrag. Jede Angst, die du hast, jedes freudige Gefühl, das du äußerst oder unterdrückst, ist wesentlich.

Dein Ich mit allen Erinnerungen, die es erworben hat, bleibt in einem kollektiven Bewusstseinsraum gespeichert. Es wird aufbewahrt wie in einem immens großen Archiv, aber dort gibt es, anders als in menschlichen Archiven, keine Unterscheidung zwischen wichtig und unwichtig. Gelebt ist gelebt und ist immer wichtig!

Dein Ich braucht keine Läuterung und erfährt keine Strafe. Denn es ist dort, wo es bewahrt wird, um zum großen Schatz der Lebenserfahrung beizutragen, wertvoll, so wie es ist. Deine Seele braucht ebenfalls keine Läuterung, sondern Hilfe, Beratung und Beruhigung. Auch sie wird nicht gestraft für das, was sie sich an Leben zugemutet hat.

Du trägst am meisten zum Wohl deiner Seele und zu dem ihr untrennbar verbundenen Selbst bei, wenn du dein Ich liebst, wenn du also deine Persönlichkeit mit Liebe, Sorgfalt, Interesse und Anteilnahme betrachtest. Jeder Versuch, dich zu deinen Lebzeiten von deinem Ich zu trennen und zu lösen, ist eine irgendwie geartete Ablehnung und Abwertung. Hilfreicher ist es daher, dieses mühsam erschaffene, wunderbare und wertvolle Ich mit seinen Schatten genauso zu beachten, zu pflegen und zu hüten, wie du deinen alt gewordenen Körper dankbar achten und pflegen kannst.

Dieses Ich ist ein Kunstwerk. Es ist geworden aus vielerlei einzelnen Zutaten. Es ist ein Juwel, und die Seele ist sein Juwelier. Missachte es nicht! Trenne dein Jetztsein nicht von ihm ab, sondern nimm es in deine Arme, wiege es wie ein Kind, das deine Seele geboren hat, ein Wunderwerk der Schöpfung.

Der Mensch wird also aufgefordert, sein Ich zu achten als eine kostbare, einzigartige Kreation seiner Seele und seiner Seelenfamilie, eine schöpferische, hilfreiche und sinnvolle Manifestation seines Selbst. Diese grundsätzliche Kostbarkeit eines Lebens wird durch Licht *und* Schatten geprägt. Jede einzelne Erfahrung ist eine wertvolle Erfahrung für die Seelenfamilie, die das spezifische Ich kreiert hat, und dazu gehören auch Taten, die im mitmenschlichen Kontext als böse und grausam beurteilt werden. Da einer Seele das so genannte Böse, das eigentlich die Abwesenheit von Liebe meint, erst durch die Verkörperung in der dual strukturierten physischen Welt erfassbar wird, führt auch dies als aktive oder passive Leiderfahrung zu einer energetischen Anreicherung des Ganzen. Im Rahmen seines gesamten Inkarnationsweges darf und kann sich keine einzige als Mensch inkarnierte Seele diesem Aspekt irdischen Daseins entziehen.

Seele und Seelenfamilie zusammen sind also im Sinne der Quelle das Selbst.

Das Selbst kann mit der Seelenfamilie gleich gesetzt werden. Es ist nur ein anderes Wort für dasselbe Phänomen. Es meint den kollektiven, den entgrenzten und den entkörperlichten Aspekt des seelischen Fragments, das nächstgrößere Ganze im Verhältnis zum fragmentarischen Teil.

Die Einzelseele ist das Fragment, die Seelenfamilie meint das größere Ganze. Es gibt nur eine Seele pro Körper, es gibt nur einen menschlichen Körper pro Seele. Die Möglichkeit eines seelischen Fragments, sich im Ganzen wiederzufinden, geht nur über den Weg des Selbst. Das Ich hingegen findet sich niemals im Ganzen wieder. Jedes Ich wird geleitet von einem individuellen Selbst und von einem kollektiven Selbst, von dem das individuelle ein Anteil ist. Um dies deutlicher zu machen: Du bist aus München, deshalb bist du doch ein Mensch. Das schließt sich nicht aus, das ergänzt sich und spezifiziert sich. Du bist so und so alt und bist doch aus München. Es hat alles miteinander zu tun, aber doch nicht in einer logischen Verknüpfung, sondern als simultane Multidimensionalität deines Seins.

Im modernen Sprachgebrauch hat sich ein weiterer Begriff eingebürgert: das höhere Selbst. Es wird einmal als innere, dann wiederum als äußere Instanz verstanden, manchmal sogar personifiziert oder in eine Symbolgestalt gekleidet (zum Beispiel Weise Frau, Totem oder Krafttier).

Im Laufe unserer Arbeit haben wir festgestellt, dass Menschen damit sehr Unterschiedliches bezeichnen: das kollektive Bewusstsein, das persönliche Un- oder Unterbewusstsein, das kollektive Unbewusste, aber auch die Gesamtheit der persönlichen vergangenen Leben sowie die Projektion der persönlichen Zukunft. Manche sprechen auch von einem kollektiven Überbewusstsein.

Wenn die Quelle nun die Seelenfamilie als Selbst und das Ich als untrennbaren, wenn auch andersartig manifestierten Teil dieses Selbst auffasst, ergibt sich ein Bild, das sich von dem herkömmlichen der bekannten Religionen, Psychologien und philosophischen Traditionen unterscheidet. Hier ist kein Entweder-Oder, sondern ein sinngetragenes Zusammenspiel beider Dimensionen des Menschen. Ich und Selbst sind eins, wenn auch nicht identisch. Sie können daher auch nicht aufgeteilt werden in ein »Höheres« und ein »Niederes«. Diese Kategorien implizieren ja unausweichlich, dass das jeweils Höhere besser sei und dem Göttlichen näher als das Niedere, dass also das sterbliche Ich weniger wert sei als die unsterbliche Seele, der Mensch in seiner irdischen Verstrickung mit der Angst weniger kostbar als derselbe Mensch in Augenblicken liebevoller Entspannung.

Die Quelle wurde gefragt: Was ist der Unterschied zwischen Ich und Selbst und höherem Selbst?

Wir möchten deine Frage zum Anlass nehmen, um die Begriffe voneinander abzugrenzen, zu definieren und wieder zu vereinen.

Das Selbst beschreibt den umfassenderen Bereich. Und das Ich eines jeden Menschen ist ein physischer Teilbereich des nichtphysischen Selbst. Manche von euch nennen es Ego und glauben, dieses irdische Ego sei etwas Schlechtes, etwas Schlimmes, vielleicht sogar etwas Böses. Sie setzen viele Anstrengungen in den Versuch, sich von ihrem Ego zu befreien oder es hinter sich zu lassen. Wir sagen euch: Dies ist nicht möglich. Es ist auch nicht sinnvoll, denn jeder, der lebt, braucht sein Ich, braucht ein Empfinden von Identität. Das bedeutet jedoch nicht, dass ein Mensch, um sich und seine Identität, sein Ich zu spüren, auf sein Selbst, auf die Einbindung in ein größeres Ganzes verzichten muss.

Ihr werdet nun verstehen: Wenn dieses Ich so eng zu eurem Menschsein gehört und so innig mit eurem Gefühl von irdischem Sein verknüpft ist, gebt ihr im Kontakt mit dem umfassenderen Selbst nicht gern einen Teil davon ab. Denn wer sein Ich und seine Ich-Grenzen auflöst oder auch nur ein wenig verschiebt, weiß nicht mehr, wer er ist. Alle medial Begabten, alle Menschen, die Kontakte zu unsichtbaren Dimensionen, zu außerirdischen Informationen suchen, haben dieses Problem. Sie wissen nicht mehr recht, wer sie sind, wenn sie sich diesen Kräften öffnen. Doch gerade dadurch gewinnen sie Zugang zum Selbst.

Das Ich, das Ego ist nichts Böses. Wir fordern euch auf, es kennen zu lernen, anstatt es überwinden zu wollen. Dieses Ich hat wie alles, was der physischen Welt angehört, zwei Pole. Euer Gutsein ist ebenso in diesem Ich umfangen wie euer Schlechtsein, eure Angst ebenso wie eure Liebe. Das Selbst, das dieses Ich umhüllt, ist jedoch nicht mehr in gleicher Weise in diese Polarität gebunden. Denn es enthält zahlreiche nichtinkarnierte Anteile, die gerade deshalb fast angstfrei sind, weil sie nicht um ihr Leben fürchten müssen. Diese Anteile stehen dem Ich zur Verfügung. Es kann sich darauf berufen. Das Selbst unterstützt das Ich in seinem irdischen Sein.

Dein so genanntes höheres Selbst ist deine reine Form. Und deine reine Form trägt all das in sich, was du sein kannst, wenn du mit dir selbst im Reinen bist. Sie enthält dein positives Potenzial. Sie spiegelt das Licht deiner Liebe, und sie ist auch eine reine Form in dem Sinne, dass sie nicht real existieren kann. Damit wollen wir dir sagen: Das höhere Selbst ist nicht außerhalb deiner selbst, nicht höher, weiter, edler als du, sondern eine Hülle von Energielicht und Wärme, die dich umgibt, die aber ohne dich als Körper, Mensch, Person und Charakter jetzt nicht in der Wirklichkeit existiert. Das ist für dich deshalb so wichtig zu verstehen, weil du sonst leicht dem Irrtum unterliegen könntest, dass es möglich wäre, dieses höhere Selbst einmal zu sein oder zu werden, wenn du fortan immer edel bist und strebend dich bemühst und irgendwann keinen Schatten mehr hast.

Wir sagen dir: Du hast und du bist dieses angeblich höhere Selbst, aber immer nur zugleich mit deinem Ich, so wie es sich jetzt in diesem Augenblick darstellt. Du hast es jederzeit und du bist es jederzeit; vor allem aber dann, wenn du deiner Jetztgestalt, deinem Jetzt-so-Sein nicht seinen Wert absprichst oder es verachtest. Es geht nicht darum, immer reiner zu werden, sondern darum, dich zu lieben und wert zu schätzen in deiner unreinen Form. Denn die unreine Form ist es, die das Leben in sich trägt, die unreine Form ist es, an der du dich bewähren kannst und die dir überhaupt erlaubt, dich zu lieben. Die reine Form kann niemand lieben, sie ist die Liebe selbst. Sie hat es nicht mehr nötig, von irgendjemandem geliebt zu werden, auch nicht von dir. Doch kann sie erst ganz für sich sein, wenn deine Seele gerade nicht in einem Körper weilt.

Solange du auf der Erde lebst, ist es deine vorrangige Aufgabe, dich im Jetzt zu begreifen, in der Schönheit deiner unreinen Form. Und diese unreine Form ist nicht schlecht, sie ist nicht hässlich, sie ist auch nicht unrein im Sinne eines Ekels, sondern unrein im philosophischen Sinne. Sie besteht aus Widersprüchen. Und das macht ihr Wesen aus.

Das Selbst ist zu einem entscheidenden Anteil gleichzusetzen mit der Energie der persönlichen Seelenfamilie, mit der vereinten Schubkraft, die die Geschwister einer Familie beseelt. Mit dieser Schubkraft, die der Bewältigung der gemeinsamen Aufgabe dient, kommt die Vernetzung zustande, und es ist bedeutsam, dass jeder Mensch – ob er nun von der möglichen Existenz seiner Seele oder Seelenfamilie weiß oder nicht – Anteil an dieser Kraft hat.

Wenn nun also Geschwister einer Seelenfamilie sich im Körper begegnen, sind sie mit der geballten Schubkraft ihrer gemeinsamen Aufgabe wie durch unsichtbare Fäden miteinander verknüpft. Sie stehen auch sozusagen unter ein und demselben Dach, und deshalb können sie zueinander finden, wenn sie als eine von mehreren Möglichkeiten ihr gemeinsames Selbst (und damit gleichbedeutend einander) danach befragen, welche innere Aufgabe ihnen am meisten am Herzen liegt, worin sie ihre größte Erfüllung und ihre glücklichsten Augenblicke erleben. Dieser Zugang jedoch ist oft nicht so unmittelbar und einfach, denn er ist überschattet, geprägt und gefärbt von vielerlei Ideen und Wunschprojektionen, die zunächst einmal von den Wahrnehmungen des Selbst abgelöst werden müssten.

Es gehört dazu eine Bewusstseinsschulung als Voraussetzung, die nur in Ausnahmefällen gegeben ist und niemals die Gesamtheit aller Seelen betreffen kann. Späte Reife und Alte Seelen haben zu ihrem Selbst leichteren Zugang, und auch ihnen fällt es oft noch schwer, ihre eigentliche Aufgabe zu trennen von Gewohnheiten, Lebensplänen, Idealen und Sachzwängen. Das Selbst kann, wenn es mit seinen vielen leisen und lauten Stimmen gehört wird, darüber Auskunft geben. Doch sind es nur wenige Menschen gewohnt, diesen Stimmen aufmerksam zu lauschen.

Entscheidend bleibt die neuartige Betrachtungsweise des Selbst als eines Kollektivs und eines individuellen Anteils zugleich. Jede eingekörperte Seele ist Fragment, ohne jeglichen Zweifel, und simultan Teil des Ganzen, ohne jeden Zweifel. Jeder seiner selbst bewusste Mensch sollte darum versuchsweise nicht von »meinem« Selbst, sondern von »unserem« Selbst sprechen, um sich die unendliche Weite und Breite und Differenziertheit dieser seelischen Bereiche zu erschließen.

Die Quelle will mit solchen Aussagen einer polarisierenden, verurteilenden Auffassung entgegenwirken, indem sie uns auffordert, hier umzudenken. Dieses Selbst, das uns gehört und zu dem wir gehören, ist jederzeit zugänglich, wenn auch selten dem kognitiven Bewusstsein. Es lenkt und leitet unsere irdischen Schritte, lässt uns sinnvolle Entscheidungen treffen, beobachtet liebevoll unsere Irrtümer und Konflikte und ist uns ein innerer Führer.

Das Selbst ist dem Menschen grundsätzlich freundlich gesinnt. Es schenkt Heilung und gibt das Wissen frei, das wir im Augenblick brauchen und im Hinblick auf unser Wohl und unsere Entwicklung positiv verwerten können. Es ist jedoch unrealistisch, von einem Kontakt mit dem Selbst immer nur angenehme Konsequenzen zu erwarten. Im Gebet, im Kontakt mit seelischen Kräften sind wir gewohnt, um Erleichterung und Trost zu bitten. Darüber vergessen wir, wie entwicklungsfördernd zum Beispiel eine schwere Krankheit sein kann und dass diese durchaus in den seelischen Plan passt. Seelische Gestaltungskraft hat nicht nur subjektiv wohltuende und »nette« Aspekte. Was einen Lebensweg von innen Sinn stiftend prägt, muss alles beinhalten, auch das Schmerzvolle. Die Formkraft der Seele nennen die Menschen Schicksal, Fatum, Geschick, Karma, Führung oder Fügung, je nachdem, ob man sie als angenehm oder unangenehm erfährt, negativ oder positiv interpretiert.

Willen und Wollen

Das lebendige Ich lebt sein jeweiliges Leben. Trotz eines oft wenig ausgebildeten und geschulten kognitiven Bewusstseins besteht bei den meisten menschlichen Wesen eine Ahnung oder innere Gewissheit, dass sie eine Seele haben, die ihnen bestimmte Entscheidungen abnimmt oder gewisse Handlungsweisen diktiert. Dazu eine Botschaft der Quelle:

In der physischen Welt, in der Welt eurer Wirklichkeit, gibt es ein Phänomen, das ihr den Willen oder die Willenskraft nennt.

Wir sprechen oft von terminologischen Feinunterscheidungen und möchten auch hier einige Sätze sagen zu dem Unterschied von Willen und Wollen. Die Bereiche des Realen – das sind die Welten der Seele, aber auch die jenseits dieser Welten liegenden kosmischen Bereiche – unterliegen einem Wollen, das weder von Absicht noch von Vernunft, noch von Zielrichtungen gelenkt ist. Hinter dem Wollen steht ein harmonischer und folgerichtiger Plan, eine Planung, die wir euch nicht offen legen können, da selbst wir sie nicht in ihrer Gesamtheit kennen.

Wille oder Willenskraft hingegen ist eine menschliche, psychische, manifestierte Eigenschaft. Eure Seele hat ein Wollen. Ihr habt einen Willen. Euer Wille steht oft gegen das Wollen der Seele, aber das Wollen ist stärker. Der Wille kann gegen das Wollen nichts ausrichten, so sehr er sich auch bemühen mag. Alle Arbeit ist vergeblich, wenn sie gegen das Wollen der realen Instanzen ankämpfen möchte. Es ist wie der Kampf eines Zwerges gegen einen Riesen. Der Zwerg kann den Riesen für ein Weilchen austricksen, aber am Ende wird der Riese den Zwerg besiegen, denn seine Kraft wird aus reicheren Quellen gespeist.

Das Wollen der Seele reicht stets über den Willen des Individuums hinaus. Dies ist nicht so zu verstehen, dass der individuelle Wille besiegt wird oder unterliegt, sondern dass mit der Zeit ein Anpassungsprozess stattfindet, der letzten Endes bewirkt, dass das Individuum sich willig und voller Bereitschaft dem Wollen des Ganzen hingibt. Wenn wir sagen »mit der Zeit«, dann bedeutet dies, dass nur während einer Inkarnation ein solcher separater Wille möglich ist, solange eben die Lebensspanne dauert.

Die inkarnierte Seele muss in dieser irdischen Zeit mit den psychischen Angstfaktoren kooperieren. Eine dem Ganzen widersprüchliche Willensbekundung nach dem Verlassen des Körpers ist nicht möglich. Aber da die Seelenfamilie keine Zeitbeschränkungen kennt und insofern unendlich viel Zeit hat, ist es nicht unabdingbar wichtig, ob irgendetwas, das sie für ihr Fortkommen braucht, in diesem oder einem anderen Leben ihres Fragments vollzogen und erreicht wird. In aller Regel ist jedes Leben lang genug, um eine harmonische Verschmelzung des seelischen Wollens mit dem bewusst individuellen Willen, der oft von unbewusster Angst geprägt ist, herbeizuführen.

Jeder Mensch fühlt sich wohl und glücklich, wenn sein Wille mit dem Wollen seiner Seele und seiner Seelenfamilie in Harmonie steht. Wer etwas will, das dem eigenen seelischen Wollen und dem größeren Plan nicht entspricht, gerät in große innere Bedrängnis, fühlt sich uneins und uneigentlich. Er schadet sich mehr, als dass er sich nutzt. Doch auch das ist eine gültige, wichtige und urmenschliche Erfahrung.

Im Rahmen dieses Buches über die Seelenfamilie wird noch ausführlicher erörtert werden, dass die einzelne Seelenfamilie erst im Rahmen größerer energetisch-seelischer Verbände wie Seelensippe und Seelenstamm ihre eigentliche Bedeutung erkennen lässt. So kann man denn auch die Vorstellung des Selbst über die Grenzen der eigenen Seelenfamilie hinaus erweitern. Das Wissen, die Weisheit, die Erfahrung, die Liebe und Erkenntnis der gesamten der eigenen Seele zugehörigen, verwandten Seelenordnungen steht – manchmal bewusst und meistens unbewusst – jedem einzelnen inkarnierten Seelenwesen zur Verfügung.

Wir wollen den Menschen vermitteln, dass es eine Gewissheit vom Ich, vom eigenen Selbst und von der eigenen Identität gibt – trotz aller Verunsicherung durch den Wandel und Wechsel der Zeiten, der Rassen, der Geschichte, der Vorstellungen und Prägungen. Diese bewusste Gewissheit kann erreicht werden. Wir möchten euch davor bewahren, das Prinzip des Individuums allzu einseitig aufzufassen, und erinnern immer wieder daran, dass das Geteilte und das Ungeteilte, das Ich und das Selbst, untrennbar zusammengehören.

2

Seelenverwandtschaften

Die Bande, die deine wahre Familie vereinen,
sind nicht aus Blut, sondern aus Freude am eigenen
und Achtung vor anderem Leben.
Nur selten wachsen die Mitglieder einer
solchen Familie unter dem gleichen Dach auf.
Richard Bach, Illusionen

Einsamkeit und Verbundenheit

Menschen sind nicht nur Angehörige und Vertreter der unterschiedlichsten Kollektive. Sie haben auch eine Blutsverwandtschaft. Diese erstreckt sich von der engsten Familie bis hin zu weitläufigeren Beziehungen der Sippschaft, des Stammes und des Volkes.

Seelen, die Menschenkörper beleben, sind ebenfalls in spezifischen Verwandtschaftsverhältnissen miteinander verbunden. Die Quelle erklärt uns, dass irdische Abstammungsstrukturen durch die lebendig erlebte Unterschiedlichkeit zu den Strukturen der Seelenfamilie ganz neue Erfahrungen an Liebe und Erkenntnis ermöglichen.

Auf der Erde gilt das Gesetz: Eine Seele pro Menschenkörper. Es gibt, wie die Quelle andeutet, auf anderen Planeten Seelen unserer Art, die zu mehreren in einem »Körper« wohnen. Das irdische Da-Sein ist also durch eine besondere Vereinzelung gekennzeichnet. Einsamkeit zu erfahren ist daher offensichtlich ein wesentliches Element des Menschseins.

Obgleich das physische Getrenntsein und die seelische Fragmentierung vom energetischen Ganzen der Seelenfamilie eine der interessantesten irdischen Erkenntnismöglichkeiten darstellen, wäre dieser Zustand möglicherweise unerträglich, wenn nicht jeder von uns unablässig Unterstützung, Hilfe, Schutz und Trost von denen erhielte, mit denen wir *seelisch* verwandt sind. Das sind die Angehörigen unserer Seelenfamilie, unserer Seelensippe, unseres Seelenstammes. Unterstützung auf dem oft so schmerzhaften irdischen Lebensweg wird uns nicht nur von unseren Seelengeschwistern zuteil, sondern gerade auch von einzelnen Seelen, die jedem Menschen als »ewige Beziehungen« ganz speziell zugeordnet sind.

Du bist nicht allein! Das bedeutet: Du musst nicht alles, was im Leben einer inkarnierten Seele so schwierig ist, ganz ohne Hilfe bewältigen. Wir, deine seelischen Gefährten, sind immer für dich da! Du bist doch auch für uns da, selbst wenn du es nicht weißt. Wir brauchen dich ebenso wie du uns! Warum nimmst du unsere Hilfe nicht auch bewusst in Anspruch?

Doch an wen genau soll man sich wenden, um diese Hilfe in Anspruch zu nehmen? Stellen Sie sich vor, Sie haben ein Telefon, aber keine Nummer, die Sie anrufen können. Dann wird Ihnen das Gerät nicht viel nutzen. Sollten Sie aber auf irgendwelche beliebigen Knöpfe drücken, wird man Ihnen entweder mitteilen, dass Sie sich verwählt haben oder dass der Anschluss gar nicht existiert. Nur ein bedeutungsloses akustisches Signal ist zu hören. Es gibt weder eine Antwort, noch eine Beratung, noch irgendeinen Trost.

Die Erfahrung zeigt, dass selbst inbrünstige Gebete an Gott oft im Kosmos ungehört verhallen. Denn wer genau ist Gott? Und welcher Gott? Wenn Sie einen Brief in den Kasten werfen ohne genaue Adresse, ja vielleicht ohne Empfängernamen oder

Wohnort oder einfach an »meine liebe Freundin Karin in den USA« adressiert, wäre es ein postalisches Wunder, falls diese Freundin ihn tatsächlich zu lesen bekäme. Ähnliche Regeln gelten auch für Kontakte mit Ihrer Seelenfamilie. Es ist gut, nicht einfach irgendwelche Energie irgendwohin zu schicken, sondern die richtige »Nummer« zu wählen oder die korrekte »Anschrift« – auch wenn Ihnen die Instanz, die Sie erreichen wollen, im Grunde von jeher vertraut ist.

Die folgenden Erörterungen über Verwandtschaften und Freundschaften innerhalb der Seelenfamilie und ihrer erweiterten Organisationseinheiten wie Seelensippe und Seelenstamm sollen dazu beitragen, dass Ihr Ruf nach seelischer Nähe und Hilfe auch an die passende Adresse gelangt. In diesem Kapitel über Seelenverwandtschaften lesen Sie, wie Sie eventuell Mitgliedern Ihrer Seelenfamilie begegnen können und was dabei die Kriterien des Erkennens und Unterscheidens sind. Sie können mit Ihren Seelenverwandten auf verschiedene Weise aktiv und passiv in Kontakt treten. Außerdem gibt es noch einen »telepathischen Service«, der seine Dienste anbietet und sich immer dann automatisch einschaltet, wenn wirklich Not am Mann ist. Denn seelische Verbindungen sind wie ein ständig aktiviertes Funksystem, und »unterlassene Hilfeleistung« gibt es in den seelischen Welten nicht.

In diesen Welten hat jeder Mensch – das ist die Botschaft der Quelle – konkrete, identifizierbare Ansprechpartner. Denn nicht jeder ist für alles zuständig. Die Beziehungen innerhalb einer Seelenfamilie sind vielfältig. Und darüber hinaus gibt es auch innerhalb der näheren und ferneren seelischen Verwandtschaft, also mit Mitgliedern der Seelensippe und des Seelenstamms, eine Reihe natürlicher Verbindungen. Unsere Quelle weist uns darauf hin, dass diese umso intensiver sind, je enger man mit den entsprechenden Mitgliedern der weitläufigen seelischen Gemeinschaft verwandt ist. Das gilt für die inkarnierten Mitglieder ebenso wie für die gerade nicht inkarnierten. Seelische Verwandtschaften bestehen unabhängig vom jeweiligen Energiezustand.

Wir unterscheiden folgende Beziehungsarten, die jeweils an der ihnen eigentümlichen Schwingung und emotionalen Qualität zu erkennen sind:

• Seelengeschwister
• Karmische Verstrickungen
• Alte Freunde, Alte Feinde
• Ewige Beziehungen

Es wurde bereits darauf hingewiesen, dass ein Seelenstamm aus sieben mal sieben Seelenfamilien besteht. Das bedeutet: Ein Stamm zählt sieben Seelensippen oder neunundvierzig Seelenfamilien beziehungsweise etwa fünfzigtausend Einzelseelen. Unter diesen zu einem Seelenstamm gehörenden seelischen Individuen gibt es nun die unterschiedlichsten Möglichkeiten der Beziehung. Wie im irdischen Leben finden wir dort Wesen, die wir besser kennen, weil wir ihnen immer wieder begegnen, und auch solche, die in unserer energetischen Erinnerung nur flüchtige Spuren hinterlassen. Andererseits finden wir dort auch die engsten, innigsten, unauflöslichen und immer während Bindungen, die Menschenseelen vergönnt sind. Dazu gehören vor allem die vier ewigen Beziehungen.

Wo Menschen zusammenleben, bilden sich wie selbstverständlich Rangordnungen heraus. Es gibt Führer und Geführte, Mächtige und Machtlose, Reiche und Arme, Gebildete und Ungebildete. Im Unterschied dazu existiert in den seelischen Organisationseinheiten von Familie, Sippe und Stamm keine Rangordnung. Niemand steht höher oder niedriger, keiner ist besser oder schlechter, mächtiger oder hilfloser. Selbst unterschiedliche Seelenalter oder gar verschiedene Energiezustände, wie sie sich in den drei Seinsebenen der seelischen Welten (physisch, astral,

76

kausal) manifestieren, spielen im Sinne der Wertigkeit keinerlei Rolle. Es ist also für die innere Ordnung in den seelischen Welten unwichtig, ob sich eine Seele oder eine Seelenfamilie auf der materiell-physischen Ebene, auf der astralen Ebene oder auf der kausalen Ebene befindet.

Das ist für uns Inkarnierte nur schwer nachzuvollziehen. Wir denken und fühlen automatisch in Hierarchien. Wir meinen zum Beispiel, wer mehr weiß, sei etwas Besseres. Zum Vergleich: Ein Medizinprofessor weiß gewiss mehr über sein Fach als ein Erstsemester, aber ist er deshalb etwas Besseres als Mensch? Ist er dadurch ein höher stehendes Wesen?

Die Quelle zum Beispiel ist eine wieder vereinte Seelenfamilie auf der kausalen Bewusstseinsebene. Die ehemaligen Einzelseelen, die in ihr zu einer neuen Wesenheit verschmolzen sind, haben alle notwendigen Inkarnationen abgeschlossen. Nunmehr wird diese Wesenheit aus einem neuen, integrierten Bewusstsein heraus zu einem kausalen Lehrer. Natürlich weiß die Quelle mehr als wir. Ihre Liebesfähigkeit ist im Vergleich zu unserer wesentlich erweitert. Als Bewusstseinsinstanz der Kausalwelt hat die Quelle es trotzdem immer von neuem für nötig befunden, uns darauf hinzuweisen, dass sie nichts Höheres oder Besseres ist als wir Irdische:

Wir sind anders, wir wissen anderes, wir lieben anders. Aber wir sind nicht wertvoller als ihr! Deshalb bitten wir euch, uns nicht zu verehren. Denn das schafft eine künstliche Distanz, die unserer Lehre hinderlich ist. Und ihr alle werdet einst so sein, wie wir jetzt sind. Wir waren nur früher als ihr in die Dimension von Zeit eingetreten und hatten unseren Inkarnationszyklus daher früher beendet.

Um das Phänomen seelischer Beziehungen zu begreifen, ist es deshalb notwendig, dass wir uns mit Hilfe unserer Vorstellungskraft von unserem hierarchischen Denken lösen. Alle Seelengeschwister sind gleichrangig, wenn auch keineswegs identisch. Vielmehr dürfen wir diese Gleichheit etwa so verstehen, wie sie in den Grundrechten der Menschheit formuliert ist: Alle Menschen sind gleich. Die gleichwertigen Seelengeschwister haben dieselben Rechte und dieselben Pflichten innerhalb ihrer Familie. Ihre Funktionen und Eigenarten jedoch sind unterschiedlich. Sie ergeben sich unter anderem auch aus den Beziehungen, die Seelengeschwister oder entferntere seelische Verwandte miteinander eingehen.

Seelengeschwister

Wie kann man die Beziehungsqualität zwischen Seelengeschwistern beschreiben? Stellen Sie sich vor, Sie hätten nicht etwa nur einen Zwilling, sondern rund tausend solcher Ihnen nahe stehenden Wesen, Tausendlinge, die mit Ihnen in einem energetischen Mutterleib, der Seelenfamilie, herangereift wären wie der Laich im Bauch einer Fischmutter. Es handelt sich jedoch dabei nicht um »eineiige« Zwillingsgeschwister; da sie mindestens zwei, manchmal aber auch vier unterschiedliche Seelenrollen vertreten, sind sie durchaus voneinander unterscheidbar und werden in ihrer individuellen Entwicklung im Laufe ihrer Inkarnationsgeschichte auch immer verschiedener – durch Erfahrungen, die jeweils spezifisch sind. Im menschlich-körperlichen Zustand verteilen sich diese Seelen auf unterschiedliche Lebensalter und Rassen. Sie sind männlich oder weiblich, arm oder reich, mächtig oder hilflos, einfach oder komplex strukturiert. Die Verschiedenheit der Erfahrung ist es ja gerade, die die Anreicherung des energetischen Feldes, das die Seelenfamilie darstellt, bewirkt.

Trotzdem wird diese Verschiedenheit und Vielheit sozusagen umhüllt von einer prinzipiellen energetischen Einheit, die von der gemeinsamen seelischen Zeugung und Geburt herrührt. Zu-

gegeben, das ist ein Mysterium. Das Bild von der reifen Samenkapsel, deren Samen zunächst alle gleich sind und die doch individuelle Pflanzen hervorbringen, je nach Wachstumsbedingun-
gen und Standort verschieden, mag unserer Vorstellungskraft
dabei behilflich sein. Auch der Vergleich mit einem weit ver-
zweigten unterirdischen Pilzmyzel, das zu gegebener Zeit eine
Reihe von Fruchtkörpern hervorbringt, kann den Sachverhalt
anschaulich machen.

Trifft man eine eingekörperte Seelenschwester oder einen
Seelenbruder, stellt sich, bei aller äußerlichen Verschiedenheit,
schnell (und besonders bei den ersten Begegnungen) ein merk-
würdiges, verwirrendes Gefühl von Gleichheit ein. »Wieso fühlen wir, dass wir gleich sind, obwohl wir doch offensichtlich anders aussehen und verschiedene Persönlichkeiten besitzen?«
wird man sich fragen. Zunächst einmal bezieht sich dieses Gefühl auf eine Ebenbürtigkeit, die vollkommen unabhängig von
Herkunft, Bildung und gesellschaftlichem Status ist, die also
dem, was wir normalerweise als ebenbürtig empfinden, diame-
tral entgegengesetzt ist. Oft ist dieses Empfinden gepaart mit
einer Anziehungskraft, denn innerhalb der Seelenfamilie kommt
das Sprichwort »Gleich und gleich gesellt sich gern« zu seiner
reinsten Ausformung.

Seelengeschwister sind gern zusammen, selbst dann, wenn sie
sich gar nicht besonders viel zu sagen haben, ja oft nicht einmal
dieselbe Sprache sprechen, in der sie sich unterhalten könnten.
Neugierig und verblüfft nähern sie sich einander und können
sich dieses Gefühl von Nähe mit der üblichen praktischen oder
psychischen Logik nicht erklären. Das Zusammensein wirkt beglückend, ja beruhigend. Denn es ist, als sei man mit sich allein
und doch zu zweit. Hier eine Begebenheit, die uns eine Seminarteilnehmerin erzählte:

*»Ich hatte eine Reise nach Japan gebucht. In Tokio besuchte
unsere Reisegruppe eines der riesigen Warenhäuser. Im vierten*

Stock gab es eine Ikebana-Vorführung. Ich stand schon eine Weile dort, fasziniert von dem ungewohnten Spiel der Farben und Formen, als ich ein merkwürdig angenehmes Gefühl im Rücken verspürte. Ich drehte mich um. Hinter mir stand eine Japanerin mittleren Alters. Noch nie hatte ich ein Gesicht gesehen, das mich vom ersten Moment an so tief berührte. Ich selbst war damals auch Mitte vierzig. Die Japanerin bemerkte wohl, dass ich sie anstarrte, vielleicht kam ihr das unhöflich vor, jedenfalls entfernte sie sich. Ich wurde unruhig und empfand einen seltsamen Trennungsschmerz. Mein Mann wollte aber noch beim Ikebana bleiben, sodass ich nicht wusste, was ich tun sollte. Plötzlich war ich ganz verzweifelt. Ich durfte doch diese Frau nicht aus den Augen verlieren! Obgleich ich Angst hatte, mich in dem unübersichtlichen Kaufhaus von der Reisegruppe zu trennen, rief ich meinem Mann zu: ›Wir treffen uns im Hotel!‹, gab mir einen Ruck und rannte hinter ihr her. Sie war nicht mehr zu sehen. Ich irrte von Stockwerk zu Stockwerk, und endlich fand ich sie. Indem ich meinen ganzen Mut zusammennahm, trat ich auf sie zu und zeigte auf meine Kamera: ›Foto, please!‹ Sie lächelte plötzlich ganz verständnisvoll. Ich knipste. Dann gingen wir auseinander. Dieses Erlebnis ist nun schon mehr als zehn Jahre her. Aber ihr Foto steht seitdem auf meinem Nachttisch, und immer, wenn ich Kummer habe oder ein Problem, betrachte ich es. Nichts schenkt mir so viel Trost wie dieses Gesicht.«

Diese Erzählung zeigt, dass die Begegnung mit einer Seelenschwester nicht zu einer realen, alltäglichen Verbindung oder Freundschaft führen muss, obgleich dies selbstverständlich auch bisweilen möglich ist. Manchmal ist die Magnetkraft des gemeinsamen Feldes so stark, dass man sich wieder und wieder begegnet, unter den unwahrscheinlichsten Umständen. Varda geschah dies vor über zwanzig Jahren in Indien.

»In einer armseligen Imbisshütte im Norden Indiens sah ich

einen jungen Hilfskoch. Wir wechselten ein paar Worte. Am folgenden Tag traf ich ihn in einem Überlandbus wieder, wo er mir auf dem einzigen freien Platz gegenübersaß. Sein Chef hatte ihn überraschend in Urlaub geschickt. Und ich hatte den Bus, den ich eigentlich nehmen wollte, verpasst! Wir unterhielten uns stundenlang, und beim Abschied zog er einen kleinen Ring aus Silberdraht von seinem Finger: ›Zur Erinnerung an unsere Freundschaft‹, sagte er. Diesen Ring bewahrte ich immer auf, obgleich er mir viel zu klein war.

Vier Jahre später trat im nachtdunklen Hof eines Hotels im südindischen Kerala, dreitausend Kilometer entfernt von unserem ersten Begegnungsort, ein junger Mann auf mich zu und sprach mich an: ›Madam, I know you!‹ Ich erkannte ihn sofort. Es war der Hilfskoch! Er arbeitete ausgerechnet in der Küche des Hotels, in dem ich abgestiegen war. Seither stehen wir in Briefkontakt. Er kann weder lesen noch schreiben, aber er lässt sich helfen. Bei einem späteren Aufenthalt in Indien lernte ich seine Familie kennen. Jetzt weiß ich: Er ist ein ›König‹ aus meiner Seelenfamilie. Inzwischen kocht er in einem Hotel in Saudi-Arabien. Seine hohe Kochmütze trägt er wie eine Krone, und ein stattlicher Bauch verleiht ihm die entsprechende äußere Würde. Obgleich ich niemals das Thema seelischer Verwandtschaft angesprochen habe, findet er in seinen unbeholfenen Briefen die feinsten, anrührendsten, geradezu poetischsten Formulierungen für diesen ›Tatbestand‹, und ich weiß, dass wir uns nie ganz aus den Augen verlieren werden. Fasziniert hat mich von Anfang an die fühlbare Ebenbürtigkeit zwischen einem indischen Hilfskoch und einer deutschen Akademikerin. Zwischen uns besteht keinerlei erotische Anziehung. Wir haben auch sonst nichts gemeinsam als die uneingeschränkte Bejahung unserer Verbindung. Und unsere Seelenfamilie! Im Roman Die Seele der Papaya *habe ich dieser Begegnung literarischen Ausdruck verliehen und ihr damit ein kleines Denkmal gesetzt. So haben wir uns gegenseitig geholfen – ich ihm, denn ich habe ihm nicht selten Geld geschenkt, das er mehr als alles andere brauchte; er mir, indem er mich zu diesem Roman inspiriert hat.«*

Damit kommen wir zu einem weiteren Phänomen unter Seelengeschwistern: Sie tauchen oft gerade dann auf, wenn man in Not ist, sich deprimiert oder einsam fühlt. Sie rufen, sofern man sie bereits kennen gelernt hat, nach Jahren des Schweigens spontan um drei Uhr nachts an und sagen, dass sie gespürt hätten, sie würden gebraucht. Sie vermitteln einem wichtige berufliche oder private Kontakte und melden sich danach vielleicht jahrelang nicht mehr. Dennoch bleibt die einmal geschlossene Freundschaft gültig, selbst wenn sie nur energetisch besteht, ohne konkrete, alltägliche Formen anzunehmen. Varda erzählt:

»Vor Jahren besuchte ich einmal den Jemen. Ich hatte einige sehr belastende Jahre hinter mir, und diese Reise war der erste Lichtblick. Noch im Flughafen lernten wir zwei junge Jemeniten kennen, die in der Tschechei ein Studium absolviert hatten. Sie kehrten zu ihrer Familie zurück. Wir wurden in ihr Haus eingeladen. Es ist üblich, dass die Männer sich allein unterhalten. Frank blieb bei ihnen. Ich aber wurde in den Harem gebracht, um die Frauen der Familie kennen zu lernen. Etwa vierzig weibliche Wesen aller Altersstufen nahmen mich in ihre Mitte auf. Wir konnten uns nur mit Gesten verständigen. In einer stundenlangen Prozedur wurden mir Hände und Fußsohlen mit Henna verziert. Das war die Ehre, die mir dort erwiesen wurde. Ich wurde parfümiert und gekämmt, eingekleidet und mit Silberschmuck beschenkt, um dann den Männern und besonders meinem Gefährten vorgeführt zu werden. Das alles war allein schon denkwürdig genug. Aber eines werde ich niemals vergessen: Aus einem der Gemächer kam nach einer Weile eine alte Frau. Ich verstand, dass sie sich kurz vor meiner Ankunft zum Gebet zurückgezogen hatte. Ich lag auf einer Couch, Hände und Füße mit dicken, grünen Hennaklumpen eingepackt, deren Farbstoff etwa zwei Stunden einwirken musste, um das gewünschte Resultat zu

erzielen. Diese Alte blickte mir unendlich lange und tief in die Augen. Über ihren zahnlosen Mund huschte irgendwann ein Lächeln des Erkennens. Ich lag hilflos da, durfte mich nicht bewegen. Da schickte sie sich an, mir wie einem Baby allerlei Süßigkeiten und Leckerbissen in den Mund zu stecken und mit einem Löffel Getränke einzuflößen. Dies tat sie mit einer so unbeschreiblichen Zärtlichkeit und Hingabe, streichelte meine Wangen und strahlte mich unentwegt an, dass ich begriff: Dieses ganze Abenteuer im Harem hatte das Schicksal nur deshalb inszeniert, um zwischen uns zwei Frauen, die wir uns auf andere Art und Weise nie hätten begegnen können, eine seelische Verbindung ›im Fleische‹ zu knüpfen. Während dieser Stunden fühlte ich mich ihr tief verbunden und bin es auch heute noch, obgleich ich niemals auch nur ihren Namen erfuhr.«

Erotische Bedürfnisse oder sexuelle Leidenschaften spielen zwischen Seelengeschwistern nur ganz selten – und wenn überhaupt, dann nur vorübergehend – eine Rolle. Und das nicht, weil die meisten Seelengeschwister, wie die angeführten Beispiele zeigen, als Geschlechtspartner wenig geeignet sind, sondern vor allem deshalb, weil die Anziehungskraft auf einer ganz anderen Ebene liegt. Es besteht kaum ein Anreiz, eine sexuelle Partnerschaft aufzubauen, denn eine solche dient im Allgemeinen dazu, zu einer fremden Person überhaupt erst einmal Nähe herzustellen, die sich dann zu einer tieferen Liebesbeziehung entwickeln und nach und nach zu einer Reife kommen kann. Liebe ist jedoch unter Seelengeschwistern von Anbeginn bereits vorhanden. Ein erotischer Brückenschlag ist also seelisch gesprochen überflüssig.

Passen die äußeren Umstände einmal zufällig zusammen, sind viele Menschen zunächst geneigt, die spontane Liebe zwischen Seelengeschwistern, die aus dem Nichts zu entstehen scheint, und das tiefe gegenseitige Erkennen mit partnerschaftlicher, erotischer Liebe zu verwechseln. Wir wissen ja nur um so wenige andere Möglichkeiten des energetischen Austauschs zwischen den Geschlechtern! Außerdem finden wir es schwierig, die beschriebene Form von Liebe zu einer Seelenschwester oder einem Seelenbruder nicht sexuell auszudrücken, weil das angelernte Verhaltensrepertoire allgemein sehr begrenzt ist, wenn »Gefühle« auftauchen, die man nicht einordnen kann, oder eine Liebe, die überraschend stark ist. Aber Erotik zwischen Seelengeschwistern besitzt gewissermaßen einen inzestuösen Charakter. Sie ist etwas Uneigentliches und wenig Förderliches. Die Partner sind einander zu »gleich«, die körperliche Begegnung ist ein oder zwei Mal tief, geradezu überwältigend in ihrer Intensität, verflacht aber sehr bald. Man gesteht sich ein: Das ist es eigentlich nicht. Aber was ist es dann?

Das Rätsel bleibt ungelöst, solange nicht eine seelische Verbindung in Betracht gezogen wird, die sexuellen Kontakt nicht benötigt, um zu tiefer Befriedigung und Erfüllung zu führen.

Erkennen und Wiederfinden

Da alle Seelengeschwister aus einem gemeinsamen energetischen Ganzen, »aus einem Samen«, stammen, verbindet sie etwas Unverwechselbares. Dieses Einzigartige, das sie miteinander teilen, ist einem Erkennungscode vergleichbar.

Es ist bekannt, dass im Tierreich so genannte Organismen-Gesellschaften existieren, die scheinbar aus vielen Individuen bestehen. Diese stellen jedoch in Wirklichkeit nur Organe oder Funktionen ihres größeren Ganzen dar. Für sich allein könnte das einzelne Tier nicht überleben. Ein Ameisenvolk ist ein Beispiel für eine solche Organismen-Gesellschaft.

Ameisen erkennen sich an einem ganz bestimmten Geruch, wenn sie aus demselben Volk oder Haufen stammen. Sie können zwischen Tieren ihrer eigenen Provenienz und denen anderer

Ameisenhügel, selbst wenn diese biologisch exakt der gleichen Art im selben Habitat zuzuordnen sind, unfehlbar unterscheiden. Denn Ameisen eines Haufens sind genetisch praktisch identisch. Somit sind sie nur scheinbar Individuen.

Das einzelne Tier ist energetisch mit seinem Ganzen durch einen Code verbunden. Es ist nur insoweit ein Individuum, als man es zum Beispiel fangen und töten kann. Doch damit verletzt und schädigt man die gesamte Gemeinschaft, selbst wenn uns das als Menschen zunächst nicht recht einleuchten will. Diese Tiere können einander *identifizieren*, weil sie eine energetische und auch genetische *Identität* aufweisen. Daher können wir Ameisen- oder Bienenvölker oder Fischschwärme sehr gut als Analogie zum Verständnis der energetischen Struktur einer Seelenfamilie einsetzen: Auch sie bildet ein energetisches Ganzes.

Die Seelengeschwister ein und derselben Familie sind selbstverständlich Individuen, da sie ihre Seelenrolle, ihren Weg und ihre Position in der Familie haben, im Laufe ihrer Inkarnationsgeschichte unterschiedliche Erfahrungen ansammeln, verschiedene Seelenmuster besitzen und im inkarnierten Zustand auch unterschiedliche Körper bewohnen. Gleichzeitig bleiben sie paradoxerweise untrennbarer Teil einer Ganzheit. Sie geben ihre seelische Gruppenidentität nicht auf. Sie sind und bleiben Teil ein und desselben »Organismus«, nämlich der Seelenfamilie. Diese Familie besitzt eine einzigartige Identität, die sie von anderen Seelenfamilien unterscheidet. Ihre Angehörigen erkennen einander an einem unverwechselbaren »Stallgeruch«. Die Begegnung mit einem inkarnierten Mitglied der eigenen Seelenfamilie aktiviert die subkognitive Erinnerung an das Ganze, in dem sich beide geborgen fühlen. Der Code bewirkt bei punktueller Erkennung ein Wir-Gefühl, das beruhigt, entspannt und schützt. Jenseits aller rationalen Einsichten signalisiert er: Du bist nicht allein! Im Grunde kann dir nichts passieren!

Bei diesem Erkennungscode handelt es sich wahrscheinlich um eine unterschwellig wahrgenommene Vibration, eine Schwingungsfrequenz, durch die jede Seelenfamilie sich von jeder anderen unterscheidet. Das Signal *Seelenverwandtschaft* ist im inkarnierten Zustand einer Seele als Familiencode verankert – weit entfernt von jeglicher kognitiver Rechtfertigung. Die Quelle spricht, um uns dieses Wunder anschaulich zu machen, auch von einer subliminalen Erkennungsmelodie, auf die Seelengeschwister unwillkürlich reagieren.

»Ich schaute in die Augen dieser alten Frau, und mir war, als bliebe die Zeit stehen. Es war mir plötzlich, als schaute ich in meine eigenen Augen. Wir waren nicht getrennt, sondern eins. Lange konnten wir unseren Blick nicht voneinander lösen, doch als wir es taten, wussten wir nicht, wie viel Zeit vergangen war. Wir befanden uns in einem neutralen Raum, und eigentlich war es auch kein Raum, sondern eine Empfindung, außerhalb von Zeit und Raum zu stehen. Wir wussten auf unerklärliche Weise alles voneinander, ohne irgendwelche Inhalte benennen zu können. Mir liefen Tränen über das Gesicht vor lauter Ergriffenheit; es war aber weder Trauer noch Freude, sondern etwas Heiliges. Als wir wieder zu uns kamen, waren wir beide verwirrt, wie wenn man aus einem Traum geweckt wird. Und weil wir solche Blicke nicht gewohnt waren, schämten wir uns beide ein bisschen über die unbeschreibliche Intimität, die plötzlich zwischen uns war, obgleich wir uns eine Stunde zuvor nicht einmal gekannt hatten. Aber wir hatten keine Angst voreinander, und so konnten wir darüber sprechen, wie ihr und mir zumute war.«

Es gibt zahlreiche Berichte von Begegnungen mit einer Seelenschwester oder einem Seelenbruder, und in aller Regel wird darin ein ganz besonderer Blickkontakt erwähnt. Die meisten Menschen erinnern sich an einen ungewöhnlichen Augenkontakt bei der ersten Begegnung, wenn sie ein Seelengeschwister treffen, so als würden sie dem anderen durch und durch in die Seele schauen. Weitere bedeutsame Stichwörter sind in diesem Zusammenhang: Zeitlosigkeit, Intimität, Ergriffenheit.

Betrachten wir eingehender diese drei Zustände und Empfindungen:

Die Zeit blieb stehen. Das unerwartete Empfinden von Zeit- und Raumauflösung, das seltsame Fallen in ein Zeitloch, wird von vielen erwähnt. Das, was uns mit den Seelengeschwistern verbindet, ist ein energetisches Band, das nicht im irdischen Zeit-Raum-Gefüge, sondern normalerweise nur im astralen Bereich zur Geltung kommt. Und nur in solchen seltenen, kostbaren Momenten, in denen über einen Blickkontakt mit einem uns seelisch nahe stehenden Menschen ein virtuelles Fenster zur »Ewigkeit« aufgetan wird, werden wir an diese astrale Beziehungsqualität erinnert.

Es war, als begegnete ich mir selbst. In unseren Seelengeschwistern begegnen wir dem ewigen Aspekt unseres Selbst. Plötzlich kann man nicht mehr zwischen einem selbst und dem anderen unterscheiden. Die Erfahrung einer Einheit hat etwas Beglückendes. Man spürt die erschütternde seelische Identität trotz offensichtlicher körperlicher Unterschiedlichkeit, und das kreiert eine Intimität ganz ungewöhnlicher Art. Wir erkennen uns im anderen und wissen: Vor dieser inkarnierten Seele gibt es absolut nichts zu verbergen. Sie kennt mich besser als ich mich selbst. Also kann man alle Masken fallen lassen, jede uneigentliche Handlung aufgeben, die Schutzpanzerung ablegen. Es wäre Energievergeudung, sich zu verstellen oder zu verbergen.

Ich war tief ergriffen. Die Begegnung mit einem Seelengeschwister löst bei den meisten Menschen ein Empfinden aus, als würden sie vom Flügel eines Engels gestreift. Heiligkeit, Göttlichkeit, Innigkeit, Ewigkeit – das sind Worte, die Menschen unwillkürlich verwenden, wenn sie die Qualität einer solchen Begegnung beschreiben wollen. Manche haben dabei rasendes Herzklopfen und sind doch nicht aufgeregt, sondern von einer ungekannten Ruhe erfüllt. Andere lachen und weinen ohne offensichtlichen Grund, nur weil die Energie überströmt. Wieder andere halten den Atem an und wünschen sich, im selben Moment vor Glück zu sterben. Man möchte den Augenblick festhalten und weiß doch, dass man die Intensität des Kontakts kaum ertragen kann, weil er so ungewohnt ist.

An einem solchen Augenblick des Wiederkennens kann niemand Zweifel haben, solange er ihn bewusst erlebt. Die Zweifel kommen jedoch häufiger hinterher, besonders dann, wenn man zu scheu ist, sich ausdrücklich über das auszutauschen, was man erlebt hat. Dann kommen Gedanken wie: Ich bilde mir das nur ein. Ich glaube, das habe ich geträumt. Oh, war das peinlich! Ich bin hinterher ganz rot geworden, denn noch nie in meinem Leben habe ich zugelassen, dass mich jemand so anschaut. Das ist ja auch nicht höflich. Unsinn, so etwas gibt es ja gar nicht. Das war ein Spinner, der wahrscheinlich Hypnoseexperimente mit mir gemacht hat …

Es ist also durchaus nicht selten, dass ein tief ergreifender seelischer Kontakt später geleugnet oder verworfen wird. Unsere religiöse und soziale Prägung lässt es kaum zu, die Intensität des Erlebnisses zu genießen, und unser Verstand versucht, das Ganze zu rationalisieren, sich auszureden, zu verdrängen. Dieses Buch mit den Botschaften der Quelle ist jedoch nicht zuletzt als Hilfestellung gedacht, die Realität solcher Seelenverwandtschaften zu beschreiben und dazu beizutragen, dass wir sie als solche anerkennen können. Sie sind schließlich nicht dazu da, uns zu erschrecken, sondern um Freude zu bereiten und um den göttlichen Funken in uns wieder zu einem heiligen Feuer zu entfachen.

Noch eines: Wenn nicht beide dasselbe erleben, handelt es sich leider nur um eine Illusion. Einige Esoteriker bezeichnen alle möglichen Leute, die ihnen nur halbwegs sympathisch sind oder ihnen eine wertvolle Einsicht vermittelt haben oder ihnen nützlich sein könnten, ohne viele Hemmungen als Seelenverwandte. Das ist eine unzulässige Verallgemeinerung und Verwässerung dieser transpersonalen Realität. Es ist schließlich für niemanden angenehm, seelisch vereinnahmt zu werden, zumal diese Vereinnahmung häufig noch mit daraus abgeleiteten Ansprüchen oder Machtgefügen verbunden wird: »Mein Pendel hat gesagt, dass du meine Seelenschwester bist! Deshalb solltest du mir das Geld für mein neues Auto leihen, denn sonst versündigst du dich an meiner Seele. Wir müssen einander doch helfen!« Lassen Sie sich so etwas nicht einreden, wenn Sie nicht eindeutig dieselben positiven Gefühle zu der Person haben. Und auch das ist noch lange keine Basis für Geschäftsbeziehungen.

Wenn Sie vermuten, einer Seelenschwester oder einem Seelenbruder begegnet zu sein, stellen Sie sich folgende Fragen:
- *Empfinde ich Gleichheit oder Ebenbürtigkeit?*
- *Wie groß ist die sexuelle Anziehungskraft?*
- *Beruht die Faszination auf Gegenseitigkeit?*
- *Hatte ich bei der ersten näheren Begegnung ein Gefühl von Zeitlosigkeit und Erkennen?*
- *Geschah dieses Erkennen vor allem über die Augen?*
- *Fühle ich mich seltsam beruhigt, sanft glücklich oder vervollständigt durch die Gegenwart der anderen Person?*
- *Habe ich das Gefühl, wir würden uns »schon immer« kennen?*
- *Fühle ich mich behütet und beschützt?*
- *Teilt mein Gegenüber diese Empfindungen?*
- *Falls Sie die Zusammensetzung Ihrer Seelenfamilie kennen: Könnte mein Gegenüber eine der entsprechenden Seelenrollen haben?*
- *Falls Sie die Aufgabe Ihrer Seelenfamilie kennen: Könnte mein Gegenüber diese Aufgabe teilen?*

- *Spüre ich eine Form der Liebe, die mir kaum bekannt ist – bedingungslos und angenehm kühl, jenseits aller Persönlichkeitsgrenzen? Hat die Begegnung etwas Heiliges?*

Karmische Verstrickungen

Wenn wir hier über Karma sprechen, ist es wichtig zu erwähnen, dass die Quelle diesen Begriff anders und enger verwendet, als es heute allgemein üblich ist.

Die Ausgangsbedeutung des Wortes im Sanskrit ist »ausgleichende Tat«. Im modernen Sprachgebrauch wird als »karmisch« jedoch fast alles bezeichnet, was vage mit früheren Leben zu tun haben könnte. So verwendet die Quelle den Begriff jedoch nicht. In unserem Zusammenhang wollen wir festlegen, dass Karma, das heißt die Notwendigkeit eines Ausgleichs in einem späteren Leben, nur dann nötig ist, wenn ein Mensch einem anderen aus angstvoll böser Absicht die Möglichkeit genommen hat, seinen seelischen Lebensplan durchzuführen. Dies kann ein Mord sein oder eine schreckliche Folter, die einen Menschen zum psychischen Wrack macht. (Zur Frage der Abtreibung siehe *Weisheit der Seele*, S. 134-141.) Nicht karmisch sind hingegen sowohl alle Handlungen, die unbeabsichtigt zum Schaden eines anderen gereichen, zum Beispiel das Lostreten einer Lawine, in der Menschen umkommen, als auch an sich böse Taten, die aber den Lebensweg eines anderen nicht ernsthaft behindern.

Karma kann nicht durch eigenes Leid ausgeglichen werden, also etwa durch eine schreckliche Krankheit, sondern nur dadurch, dass Opfer und Täter in einem späteren Leben bereit sind, eine nötige Zahl von Jahren in der engen Gemeinschaft einer Hassliebe-Beziehung wieder zur Liebe zurückzufinden.

Die meisten Leser würden solche Begegnungen wie die mit einem Seelenbruder oder einer Seelenschwester als karmisch bezeichnen. Karmische Verbindungen im Sinne der Quelle gehen Seelen jedoch nicht mit ihren Seelengeschwistern ein, sondern mit den »Vettern« und »Basen« aus anderen Seelenfamilien, vorzugsweise der Seelensippe, aber auch des erweiterten Seelenstamms. Die Stammes- und Sippenverwandtschaft gewährleistet, dass eine für die Entwicklung der Liebesfähigkeit notwendige karmische Verstrickung innerhalb dieses begrenzten Umfeldes nicht nur vollzogen, sondern durch die ständige Möglichkeit der Wiederbegegnung in Zeit und Raum auch bearbeitet und wieder aufgelöst werden kann.

Wozu brauchen Seelen das Karmagesetz? Sie wollen lernen, ihre Liebesfähigkeit auch in der irdischen Polarisierung auszuweiten und in die weitere seelische Verwandtschaft hinauszutragen.

Karmischer Schmerz ist notwendig, er ist nicht überflüssig, er ist nicht zu vermeiden. Er bleibt niemandem erspart, sondern gehört zu den Bedingungen menschlichen Seins. Nur wer auch die Erfahrung absoluter Lieblosigkeit gemacht hat, kann erfahren, was Liebe ist. Und eine aufgelöste karmische Beziehung führt notwendigerweise zu einer der reinsten Formen menschlicher Liebe.« *(Weisheit der Seele,* S. 235ff.)

So schmerzhaft und angstbesetzt die irdische Begegnung mit einem Menschen, dessen Seele mit der eigenen Seele eine karmische Schuld zu begleichen hat, auch sein mag, so gehört sie doch auch zu jenen, die uns von höchster Intensität erscheinen. Stets ist die karmische Beziehung von einer Aura von Drama und Tragödie, von Sehnsucht und Abstoßung, von Hassliebe und Leidenschaft, von unerklärlicher Angst und magischer Attraktion umgeben.

Wenn zwei Menschen etwas dieser Art miteinander auszutragen haben, werden sie häufig von wohlwollenden, aber doch notwendigerweise verständnislosen Mitmenschen dazu aufgefordert, sich endlich zu trennen, und dies gilt beileibe nicht nur für Liebespartner. Doch die seelische Notwendigkeit, die aus dem unabdingbaren Wunsch nach Klärung entsteht, ist stärker. Man kann sich nicht nur lieben, man muss sich zugleich hassen, wenn man im Sinne der Quelle karmisch verstrickt ist. Diese Hassliebe auszuhalten, sie durchzustehen, anstatt vor ihr davonzulaufen, ist gerade eine Vorbedingung zur Auflösung der Schuld.

Die bedingungslose, aber gleichsam neutrale, »kühle« Liebe, die grundsätzlich zwischen allen seelischen Verwandten innerhalb der Familie, der Sippe und des Stammes herrscht, kann und soll im inkarnierten Zustand nicht beibehalten werden. Anderes ist zu lernen: Hass, Begierde, Nähe, Ablehnung, Verachtung, Bewunderung … Wozu sollte die Seele sonst einen Körper bewohnen? Bei einer karmischen Schuldverstrickung (die ja nur während Lebzeiten zunächst aufgebaut und später abgebaut werden kann) wird die neutrale Liebe der Astralwelt von einer lodernden Flamme verzehrender Leidenschaft, von irrationalen Hass- und Rachegefühlen, die ihresgleichen suchen, abgelöst. Weil es sich aber um eine Verbindung zwischen zwei Seelen handelt, bewirkt die geschilderte Intensität eben auch, dass sich karmisch Verstrickte von einem geheimnisvollen »Wir« geeint fühlen, das niemand sonst nachempfinden kann.

Wann immer also eine scheinbar unbegründete und mit Angst gepaarte Emotion der intensiven Hassliebe zwischen Partnern, Bekannten, Freunden oder Blutsverwandten auftaucht, ist davon auszugehen, dass es sich um eine karmische Verbindung handelt und dass somit der betreffende Mensch zur eigenen Seelensippe oder allenfalls zum Seelenstamm gehört, nicht jedoch zur Seelenfamilie. Mit einer völlig fremden Seele geht nämlich niemand eine solch *wesentliche* und – im Sinne der Liebe – zukunftsträchtige Verbindung ein!

Die eigene Seelenfamilie bietet keinen Raum für karmische

Verstrickungen. Sie ist vielmehr ein Hort des Schutzes und der Sicherheit. Denn auch das brauchen wir auf seelischer Ebene. Die Seelenfamilie ist energetisch mit mir identisch: Ich bin sie, und sie ist ich – wie könnte ich also karmisch an ihr, das heißt an mir, schuldig werden? Das Mysterium der seelischen Einheit lässt dies nicht zu. Die sechs anderen Seelenfamilien meiner Seelensippe hingegen sind zwar verwandt, aber doch wesensmäßig und energetisch anders als ich/wir, sie stellen nicht mein eigenes Selbst dar. Die wenn auch geringfügige Distanz zu meinem Selbst ermöglicht somit bereits eine karmische Konfrontation. Diese ist in der Lage, einen Inkarnationsplan nachhaltig zu zerstören, und das ist im Sinne der Quelle der einzige Grund für den Aufbau eines gemeinsamen Karmas.

Im Sinne der Liebe und als wachstumsfördernde Notwendigkeit ist Karma primär eine Angelegenheit der Sippe. Hier entsteht es, hier vergeht es. Sein energischer Gewinn an Liebe und Erkenntnis kommt allen Seelen der Sippe zugute – und das sind rund siebentausend. (Näheres zum Karmabegriff in *Weisheit der Seele*, S. 235-241 und *Welten der Seele*, S. 151-159.)

Wenn Sie eine alte karmische Verstrickung vermuten, stellen Sie sich folgende Fragen:

- *Gerate ich im Zusammenhang mit dieser Person schnell in hochgradige nichtsexuelle Erregung?*
- *Empfinden wir beide sowohl intensive Anziehung als auch Abstoßung, eine Mischung von Faszination und Panik?*
- *Entwickelt einer von uns beiden unbestimmte Schuldgefühle, der andere hingegen starke, unerklärliche (Todes-)Angst?*
- *Könnte die Beziehung als Hassliebe bezeichnet werden?*
- *Gibt es ohne Grund ein Bedürfnis nach Rache?*
- *Wollen wir zusammen sein, obgleich alles dagegenspricht?*
- *Ist die Beziehung zugleich von einer ungewöhnlichen Leidensbereitschaft und von einem nichtmasochistischen Durchhaltewillen geprägt?*

- *Habe ich das Gefühl, dass sich die Beziehung trotz allem lohnt, weiß aber nicht, warum?*
- *Gestatte ich mir die Fantasie, diese Person zu ermorden oder von ihr ermordet zu werden?*
- *Habe ich das Gefühl von einer »unerledigten alten Geschichte«, die dennoch seltsam aktuell ist?*

Sich während der Bearbeitung einer karmischen Verstrickung daran zu erinnern, dass Karmapartner seelisch miteinander verwandt sind (wenn auch nicht als Seelengeschwister) und durch ihr Täter/Opfer-Verhältnis zur wechselseitigen Entwicklung beitragen, kann tröstlich und hilfreich sein.

Alte Freunde, Alte Feinde

Einer weiteren Beziehung innerhalb der seelischen Verwandtschaft haben wir den Namen Alte Freunde gegeben. Zum Glück ist uns Menschen nicht nur die Erfahrung von Leid und mitmenschlicher Enttäuschung gegeben. Jeder von uns macht auch in jedem Leben wieder die Erfahrung von Zuneigung und Treue, von Hilfe und Unterstützung, von Verständnis und Freundschaft – oft gerade mit Menschen, die uns nicht blutsverwandt sind und von denen wir solches daher am wenigsten erwarten. Aufrichtige Freundschaft ist ein Geschenk, das die Seele ebenso wenig vergisst wie großes Leid. Diese uneigennützige Zuneigung schafft ein Band, das sich auch in späteren Leben noch manifestieren kann. Zuweilen wird dafür der Begriff positives Karma verwendet. Die Quelle möchte jedoch den Karmabegriff einzig für jene physischen Handlungen reserviert sehen, die zu einer endgültigen Zerstörung des Inkarnationsplans einer Seele führen.

Ein Beispiel für die Begegnung von Alten Freunden:
Zwei Männer lernen sich auf einer Geschäftsreise in einer Bar kennen. Der eine verspürt unvermittelt das starke Bedürfnis, dem anderen etwas Gutes zu tun, und zwar in erheblichem Umfang. Aber wie und was? Und warum bloß? Dieses Gefühl lässt ihn nicht los, obgleich er es ein wenig unpassend findet. Beim Einschlafen hat er die Fantasie, der Fremde habe ihm in einem früheren Leben einmal aus großer finanzieller Not geholfen, indem er eine Bürgschaft übernommen hat. Er fühlt sich von einer großen Dankbarkeit überflutet.

Als er dem Fremden am folgenden Tag noch einmal begegnet, erkundigt er sich ernsthaft: »Kann ich Ihnen vielleicht in irgendeiner Weise behilflich sein?« Der andere schüttelt den Kopf: »Im Augenblick nicht, aber sollte ich einmal etwas brauchen, kann ich mir vorstellen, dass ich mich bestimmt bei Ihnen melde!« Zwei Jahre später verliert er seine Arbeit. Er ruft an. Der Alte Freund findet bald eine Möglichkeit, ihm eine viel bessere Stelle zu verschaffen als die, die er verloren hatte. So wird ein befriedigender Ausgleich geschaffen.

Treffen wir also – in einem neuen Körper – eine Seele wieder, mit deren früherer menschlicher Gestalt unsere eigene Seele einst etwas Schönes geteilt hat, überkommt uns ein besonderes Wohlgefühl. In diesem Fall bezeichnen wir sie oder ihn als Alten Freund. Es handelt sich um einen Menschen, der uns in einer vergangenen Inkarnation vor allem Freude bereitet hat, mit dem die Erfahrungen vorwiegend positiv waren, dem wir in Liebe verbunden waren – und dies kann auch ein eigenes Kind, ein Elternteil, ein Schulkamerad sein. Begegnet man einer solchen Seele in neuer Gestalt wieder, hat man die Möglichkeit, an einer alten positiven Beziehung anzuknüpfen und die bereits vorhandene Liebe zu vertiefen. Die Qualität dieser Beziehung ist nicht leidenschaftlich, sondern eher von freundlicher Intimität und stiller Vertrautheit geprägt. Eine solche Verbindung wirkt beruhigend. Sie besänftigt unser Gemüt, weil sie auf einer uralten Vertrautheit beruht und darauf neues Vertrauen aufbauen kann. Nicht das Gefühl, dass wir uns *schon immer* gekannt haben (wie es unter Seelengeschwistern entsteht), sondern dass wir uns *schon einmal* begegnet sind und dass diese Begegnung wärmend, nährend, beglückend war, ist und bleibt auch für die aktuelle Beziehung unter Alten Freunden bestimmend. Es ist nicht anzunehmen, dass sich Alte Freunde zu kränken beabsichtigen oder sich in sonstiger Weise wehtun. Vielmehr besteht der Sinn einer Wiederbegegnung darin, sich gegenseitig Halt zu geben, sich aufeinander verlassen zu können, sich daran zu erinnern, dass das Leben Schönes und Gutes bereithält, ohne dass ein jeder es sich in jedem Leben völlig neu »verdienen« muss.

Falls Sie jemanden treffen, der Ihnen grundlos sympathisch ist, fragen Sie sich:

- *Handelt es sich um ein Erkennen oder eher um ein Wieder-Erkennen?*
- *Hat meine Empfindung dramatische, aber beglückende Aspekte?*
- *Beruht die überraschende Sympathie auf Gegenseitigkeit?*
- *Welche Fantasien habe ich in Bezug zu einer möglichen Vergangenheit mit dieser Person?*
- *Empfinde ich unerklärliche Dankbarkeit, Loyalität, spontane Bedürfnisse, dem anderen etwas Gutes zu tun?*

Manchmal aber begegnen wir einem Menschen, der uns spontan unangenehm ist. Er hat uns gar nichts Böses getan, es gibt deshalb keinen offensichtlichen Grund für unsere Abneigung. Wir sind verwirrt. Was ist denn bloß los? Trotz der deutlichen Ablehnung müssen wir uns innerlich immer wieder mit dieser Person beschäftigen; die Gedanken an sie lassen uns nicht los.

In einem solchen Fall handelt es sich möglicherweise um eine alte seelische Feindschaft. In einem oder in mehreren vergangenen Existenzen mag man mit diesem Menschen unangenehme Erfahrungen gemacht haben. Sie sind aber nicht zu verwechseln mit karmischer Schuldverstrickung! Vielleicht hat diese Person mich verraten, mein Geschäft ruiniert, mir den Mann ausgespannt. Vielleicht habe ich sie verleumdet, vernachlässigt, verlassen, gepeinigt. Solche Handlungen erzeugen nach Aussage der Quelle zwar kein Karma, wohl aber tiefen Schmerz und meistens auch Abneigung und Ablehnung.

Wir hörten, dass die meisten wesentlichen Erfahrungen einer als Mensch inkarnierten Seele innerhalb des Seelenstamms gemacht werden, denn jede Erfahrung kommt energetisch dem ganzen Stamm zugute. Selbstverständlich gilt dies auch für die schmerzlichen und negativen Ereignisse, die jegliches Menschenleben mit sich bringt und die wesentlich zum Lernen beitragen. Im Sinne der Vollständigkeit der Erfahrungen und der Polarität alles Irdischen brauchen die seelischen Organisationseinheiten zu ihrer Entwicklung eben auch das, was wir nicht leicht verzeihen können: alte Feindschaften. Doch mit dem Verstreichen der Zeit werden sie sich auflösen. Die Begegnung mit einem Alten Feind kann viel unerklärlichen Schmerz wieder aufwühlen und uns mit uralten Schatten konfrontieren. Dadurch entsteht der Wunsch nach Vergebung. Die Seele ist letzten Endes nicht nachtragend. Denn je älter sie wird, desto deutlicher erfährt sie, dass Rachegelüste und Unversöhnlichkeit ihre Liebesenergie schmälern.

Falls Sie jemanden treffen, der Ihnen grundlos unsympathisch ist, fragen Sie sich:
- *Handelt es sich um ein Erkennen oder eher um ein Wieder-Erkennen?*
- *Hat meine Empfindung dramatische oder tragische Aspekte?*
- *Beruht die Antipathie auf Gegenseitigkeit?*
- *Welche Fantasien habe ich in Bezug zu einer möglichen Vergangenheit mit dieser Person?*

- *Gibt es etwas zu verzeihen? Fühle ich den irrationalen Wunsch, der andere möge mir irgendetwas vergeben?*

Für eine alte Freundschaft oder eine alte Feindschaft innerhalb der Seelensippe oder des Seelenstamms sprechen folgende Elemente: Wieder-Erkennen, allgemeines Wohl- oder Unwohlsein, keine erhebliche Tragik oder Leidenschaft, dafür deutliche Bilder und Fantasien. Oft besteht Dankbarkeit oder auch die Bereitschaft, zu vergessen und verzeihen und die jetzige Inkarnation als einen echten Neuanfang zu betrachten.

Für Alte Feinde gilt: Alles, was nicht karmische Qualität hat, mag zwar angstvoll erinnert werden, muss aber nicht von einem Leben zum anderen weitergetragen werden, da es unnötige Energieblockaden bildet. Karma hingegen ergibt sich ausschließlich durch eine nicht wieder gutzumachende Behinderung eines Lebensplans. Karma kann man nicht verzeihen, man muss es in mühevoller seelischer Arbeit bearbeiten und auflösen. Aber dafür steht jeder Seele alle Zeit dieser Welt zur Verfügung!

Ewige Beziehungen

Die Quelle versichert uns immer wieder: *Ihr seid nicht allein.* Das gilt für die rein seelischen Aspekte eines Wesens und ist gewiss richtig. Die gute Botschaft von der Seelenfamilie, die die Quelle verbreiten will, wäre andernfalls überflüssig.

Jeder Mensch spürt jedoch, dass er im Körper und auf der Erde allein und abgetrennt ist. Und damit hat es ebenfalls seine Richtigkeit. Denn im eingekörperten Zustand sind wir nun einmal fragmentiert. Den Zusammenhalt mit unseren Seelengeschwistern – eine die Zeiten überdauernde und daher aus der Sicht des Menschen als ewig zu bezeichnende Verbindung – können wir im Allgemeinen nicht mehr so stark spüren. Das ist nur zum Teil bedauerlich. Unsere Fragmentierung ist ja die Voraussetzung für die Myriaden individueller Erfahrungen, die dem Energiekörper unserer Seelenfamilie zugute kommen sollen. Sonst wäre der gigantische Akt des Inkarnationsweges einer Einzelseele sinnentleert. Und dass wir die Verbindung nicht mehr so bewusst spüren, bedeutet keineswegs, dass sie nicht existiert.

Trotzdem – das verstärkte Gefühl des Alleinseins überkommt gerade ältere Seelen unabhängig davon, ob sie von anderen Menschen umgeben sind und intakte Beziehungen haben. Eine liebevolle Verwandtschaft und viele gute Freunde können nicht über eine unerklärliche innere Isolation hinwegtäuschen. Man fühlt sich tief innen unverstanden, anders, und grenzt sich ab. Reife und Alte Seelen leiden unter diesem Zustand, da sie meinen, er sei nicht »normal« und müsste anders sein. Sie vergessen dabei, dass die psychosoziale Norm in unserer westlichen Industriegesellschaft von Jungen Seelen aufgestellt wird. Ihnen sind mit gutem Recht die Gruppe und möglichst viele gemeinschaftliche Aktivitäten viel wichtiger als ausgeprägte Individualität. Sie sind ungern allein.

Darüber hinaus sieht die erlebte Wirklichkeit meistens so aus, dass Eltern und Kinder sich trennen, Partnerschaften in die Brüche gehen, Freundschaften ein Ende finden. Der Tod bedroht uns mit dem Verlust geliebter Menschen. Irdische Verbindungen sind nun einmal vergänglich. Wer von uns hat keine Angst vor Einsamkeit?

Möglicherweise ist deshalb unsere Sehnsucht nach einer Beziehung, die verbindlich ist und niemals enden kann, so überaus groß. Vielleicht erscheint deshalb das, was die Quelle uns über die vier ewig währenden Formen der seelischen Beziehung erzählt, vielen nur wie ein schöner Wunschtraum.

Die Hoffnung, niemals verlassen zu werden, gibt es überall auf der Erde, und sie erfüllt sich sehr selten. Inkarnierte Menschen trennen sich nun einmal; sie verraten einander; sie wenden sich anderen zu. Seelen auf der Astralebene und Seelen, die zu uns in einer ewigen Beziehung stehen, haben dazu jedoch keinen Anlass.

Man kann es auch anders ausdrücken: Seelen in Menschengestalt haben legitime Trennungsbedürfnisse, während entkörperte Seelen eine innige Nähe zulassen können, die uns im allgemeinen Leben leicht zu viel würde. Denn seelische Nähe stellt überaus hohe Ansprüche. Sie ist nicht immer leicht zu verkraften.

Die Quelle hat uns mit dem Wissen um die Seelenfamilie und die ewigen Beziehungen eine sehr trostreiche neue Idee vermittelt. Sie sagt uns: *Jeder Mensch gehört zu einer Gruppe von Seelen, die immer zu ihm halten!* Unsere Seelengeschwister, die – seelisch betrachtet – unser eigenes Selbst darstellen, sind unsere nächsten Verwandten. Wir erinnern noch einmal daran, dass die Seelenfamilie die kleinste Ganzheit in den seelischen Welten darstellt. Von dieser Ganzheit stellen wir als Einzelseelen zwar nur Fragmente dar, aber von unserer Ganzheit können wir nicht getrennt werden. Unsere Seelengeschwister haben energetisch dieselbe Identität wie wir, wenn sie auch individuell – und besonders in inkarniertem Zustand – extrem verschieden sein können. Wir haben im Leben dieselbe Aufgabe wie sie.

Einige Jahre nach den ersten tröstlichen Botschaften zur Existenz einer Seelenfamilie erhielten wir tiefere Einblicke in ihre innere Struktur und zu den übergreifenden Verbänden, in denen sie sich organisiert. Wir erfuhren: Innerhalb der Seelensippe verfügt jede Seele, ob im Körper oder nicht, über vier *ewige* seelische Beziehungen. Diese geleiten sie über alle Zeiten und Räume hinweg und darüber hinaus, sie verleihen ihr Sicherheit und Geborgenheit und garantieren in gewisser Weise sogar, dass sie als abgespaltenes Fragment auf ihrem Weg zum Allganzen die Orientierung nicht verliert.

Jede dieser vier ewigen Beziehungen ist auf ihre Weise unterstützend und hilfreich. Sie dürfen nicht mit karmischen Verbindungen, Alten Freunden oder Seelengeschwistern verwechselt werden. Sie sind ewig, weil sie sowohl im zeitlich-irdischen Bereich als auch im überzeitlichen, nichtzeitlichen Bereich ihre Geltung behalten. Auch Astralwesen können sich an ihnen freuen oder sie in Anspruch nehmen. Selbst dort verlieren diese Paarungen nicht ihre Gültigkeit, wenn sie sich auch wesentlich anders manifestieren als in den noch erdgebundenen Sphären. Es ist nicht die Regel, sondern die Ausnahme, dass sich die entsprechenden Seelen im inkarnierten Zustand als Menschen begegnen.

Diese unverbrüchlichen Helfer, Freunde, Lehrer und Partner brauchen wir während unserer irdischen Existenzen am nötigsten, denn wenn Seelen sich einmal bereit gefunden haben, den langen und schwierigen Inkarnationsweg zu gehen, benötigen sie alle Unterstützung, die ihnen vom Allganzen geschenkt werden kann.

Die vier ewigen Beziehungen sind:
1. der Ewige Zwilling (Dualseele)
2. der Ewige Freund
3. der Ewige Verbündete
4. der Ewige Lehrer/Ewige Schüler

Jeder von uns ist also reich beschenkt mit vier Seelenwesen, die stets bei uns sind und die uns nie verlassen, eben weil das gar nicht möglich ist.

In seiner Ode *An die Freude* formuliert Friedrich Schiller dieses urmenschliche Bedürfnis:

> Ja – wer auch nur eine Seele
> Sein nennt auf dem Erdenrund!
> Und wers nie gekonnt, der stehle
> Weinend sich aus diesem Bund!

Im Sinne der Quelle fügen wir hinzu: *Vier* andere Seelen und unsere Seelengeschwister sind es, denen unsere eigene Seele auf diese innige Weise verbunden ist. Diese Verbindungen kann uns niemand nehmen. Sie bestehen jenseits menschlichen Vermögens oder Unvermögens. Begegnet man einem oder mehreren seelischen Angehörigen in der irdischen Körperlichkeit, bedeutet dies ein großes Glück; es schenkt uns ein besonderes Gefühl von Geborgenheit. Doch ist dies nicht immer möglich, und dann fühlt man sich allein.

Auffällig ist nun, dass diese vier ewigen Beziehungen jeweils energetische Besonderheiten aufweisen, sodass sie sich nicht nur inhaltlich-funktional, sondern auch auf der Energieebene unterscheiden.

Die Quelle wies uns vor Jahren darauf hin, dass sich die sieben Grundenergien auf die bereits aus der Matrix bekannten vier Energieebenen verteilen: *Expression, Inspiration, Aktion* und *Assimilation* (siehe die Tabelle, S. 36). Doch was dies im tieferen Sinne bedeutet, begannen wir erst zu begreifen, als wir die Durchsage zu den vier Gesetzen der Lebendigkeit erhielten: Wirken, Sein, Handeln und Erfahren prägen jegliches Menschsein (*Weisheit der Seele*, S. 57-66). Und aus diesen vier Energieebenen mit den Energieformen Ausdruck, Eindruck, Handlung und Verarbeitung beziehen nun auch die vier ewigen Beziehungen ihre charakteristische Qualität.

Alle vier ewigen Verbindungen können in ihrer besonderen Qualität als *duale* Beziehungen bezeichnet werden. Sie besteht immer nur zwischen zwei bestimmten Seelen. Sie nutzen die eigentümliche Energie, die sich zwischen den sieben Grundenergien aufbaut, wenn sich zwei davon auf einer Ebene ergänzend miteinander vereinen und dadurch ein Dual entsteht. Um jedoch eine terminologische Eindeutigkeit zu wahren, werden wir im Folgenden nur das Dual auf der Expressionsebene tatsächlich als Dualseele bezeichnen.

Ewige Zwillinge:
eine seelische Beziehung auf der Expressionsebene
Ewige Zwillinge, auch Dualseelen genannt, sind und wirken *expressiv*. Sie müssen sich einander mitteilen und dadurch auch der Welt etwas mitteilen. Ausdruck ist ihre wesentliche Stärke. Ihre Verbindung nutzt das expressive, freudige, gestaltende Energiefeld, das sich zwischen Energie 5 und 2 bildet. Solche Seelenzwillinge kommunizieren ständig bewusst und unbewusst miteinander. Sie gestalten ihre Beziehung unablässig neu. Sie sind auf mentale Weise verknüpft, zum Beispiel über Telepathie, Träume, Gedankendoppelung. Auch haben sie oft einen ganz eigenen und eigenartigen Humor, der aus geistigen Bocksprüngen und Purzelbäumen besteht und den kaum ein Fremder teilen kann, über den sie selbst sich aber höchlichst amüsieren. Eigentlich müssten sie gar nicht miteinander reden. Sie tun es aber trotzdem sehr gern. Die Expressivität ihrer Beziehung äußert sich außerdem in befruchtenden Diskussionen und konstruktiven Streitereien. Auch wenn sie nicht eingekörpert sind oder nur einer von ihnen gerade auf der Erde weilt, reißen der ständige Kontakt und die Aus-ein-andersetzung nicht ab.

Ewige Zwillinge sorgen dafür, dass beider geistig-seelische Entwicklung unablässig gefördert wird. Und sie *müssen* sogar Konflikte austragen, weil sie sonst nicht recht weiterwachsen können. Sich zu akzeptieren und abzulehnen, sich zu idealisieren und in Zweifel zu ziehen, einander zu gestalten und zu beraten, das ist ihre Bestimmung. Die Quelle sagt uns dazu:

Diese ewige Verbindung verknüpft zwei Seelen miteinander so, dass sie sich auf eine mystische Art miteinander eins fühlen. Daher verdient sie nicht zu Unrecht die Bezeichnung der Seelenzwillingschaft. Und ebenso ist auch der Begriff Dualseele für diese Beziehung nicht unangemessen. Beide Wörter drücken unterschiedliche Aspekte dieser ewigen Verbindung aus. Sie ordnet sich mit ihrer charakteristischen Energie der Expressionsebene zu. Gemäß den Prinzipien dieser Ebene wird mitgeteilt, ausgetauscht, gestaltet und Lebensfreude in höchster Intensität erzeugt.

Diese Beziehung ist intensiv, weil sie spannungsreich ist, und der Mensch empfindet Spannung intensiver als Entspannung. Die drei anderen dualen ewigen Verbindungen sind weniger spannungsvoll, denn sie haben nicht den Impuls, zu einer vollkommenen Verschmelzung zu gelangen, und müssen sich dementsprechend nicht stets auf neue Weise schmerzhaft voneinander abtrennen und abgrenzen, solange sie menschliche Individuen sind.

Der erste Begriff Seelenzwillinge spiegelt eine emotionale und subjektive Empfindung wider. Denn wenn zwei solche Seelenzwillinge einander in ihrer Körperlichkeit begegnen, spüren sie eine mysteriöse Identität, die sich – so sehr sie auch nach Gleichem in ihrer Persönlichkeit oder in ihrem Leben forschen – nicht konkretisieren lässt. Und doch bleibt die Empfindung bestehen. Sie behält eine Gültigkeit, die kein anderer Mensch nachvollziehen kann, und lässt sich nicht rational durch schlüssige Argumente begründen.

Wir möchten diese Zwillingschaft erläutern. Wir gehen nicht davon aus, dass es sich wie bei einer körperlichen Zwillingsgeburt, die bekanntlich genetische Identität mit sich bringt, um eineiige Zwillinge handelt. Sie ist viel eher mit zweieiigen Zwillingen vergleichbar. Diese teilen bei aller genetischer Verschiedenheit miteinander etwas, das sie auf alle Zeiten verbindet, nämlich das gemeinsame Heranwachsen im Leib ihrer Mutter und eine damit verbundene Nähe, die mit keiner anderen Form von Nähe vergleichbar ist.

Diese Verbundenheit und diese Nähe manifestieren sich mehr im Gefühlsbereich als im gemeinsamen Handeln. Dennoch soll damit nicht gesagt werden, dass sich Seelenzwillinge immer und überall in herzlicher Liebe konfliktfrei zugetan sind. Seelenzwillinge spüren, dass ihre Verbindung vielmehr durch fruchtbare Konflikte gekennzeichnet ist. Diese Konflikte setzen eine unauslöschliche und unbezweifelbare Bindung voraus, damit sie entstehen und bewältigt werden können. Für Seelenzwillinge gehört es zu den entscheidenden Erfahrungen zu erkennen, dass jeder Konflikt, der aufkommt und bewältigt wird, die Bindung nur verstärkt, anstatt sie zu sprengen.

Wir sagten, dass die Grundenergie dieser Beziehung der Expressionsebene zugeordnet wird. Deshalb werden Seelenzwillinge sich stets veranlasst fühlen, alles, was sie miteinander, füreinander oder gegeneinander fühlen, auch auszudrücken. Die Wege von Seelenzwillingen verlaufen wie ein Schienenweg stets parallel. Jede einzelne liebesfördernde, bindende Auseinandersetzung ist wie eine fest verschraubte Schwelle, die die beiden Schienenstränge miteinander verbindet und von Leben zu Leben durch alle Existenzen eine gemeinsame Richtung vorgibt.

Der Ausdruck Dualseele beschreibt nun dieses Gemeinsame. Denn es verhält sich so, dass der eine Zwilling sich vom anderen in aller Regel auffällig verschieden manifestiert. Erst zusammen bilden beide ein energetisches Gemeinsames, ein »Eines«, das jedoch aus zwei dualen Aspekten zusammengefügt ist. Obgleich selbstverständlich beide Partner in dieser Dualseele eine eigene Individualseele besitzen und diese auch alle Impulse, Rechte und Pflichten aufweist, mit denen sie auf ihrer Reise durch die seelischen Welten befasst sein muss, vereinigen sich doch die Individualseelen von Seelenzwillingen in einer Weise, dass sie einander nicht nur ergänzen, sondern sich in Zeit und Ewigkeit ihrer seelischen Existenz gegenseitig mit allem Fehlenden unablässig vervollständigen.

Jede einzelne Seele macht ihre Erfahrungen, lebt ihre Erlebnisse und überträgt diese auf direktem energetischem Weg an ihre andere Hälfte, sodass Seelenzwillinge – Seelen also, die miteinander eine Dualseele bilden – auf eine ihnen selbst rätselhaft scheinende Weise nicht nur sie selbst sind, sondern auch der andere. Sie leben nicht nur ihr eigenes Leben, sondern auch das des jeweilig anderen. Sie spüren nicht nur eigene Gefühle und vollziehen eigene Handlungen, sondern zugleich auch die des andern. Jeder der Dualseelenpartner existiert für sich und auch für seine zweite Hälfte. Dadurch ergibt sich eine fortschreitende Vervollständigung, die nicht nur auf energetischer Ebene begreifbar und erfassbar ist, sondern die immer dann, wenn sich Dualseelenpartner im Körper begegnen, auch in den Erfahrungen, Erkenntnissen, Handlungen, Einsichten und Erlebnissen deutlich wird. Zwischen Seelenzwillingen vollzieht sich ein unablässiger Informationsaustausch auf allen Ebenen, und dieser bricht keineswegs ab, sondern verstärkt sich noch – da unbehindert durch körperliche Unterschiedlichkeiten und psychische Konflikte –, wenn einer der Seelenzwillinge nicht inkarniert ist oder gar beide in der Astralwelt weilen.

Die wesentliche Qualität, die Seelenzwillinge bei einer Begegnung in der physischen Welt aneinander ausmachen, besteht in einer verblüffenden und erschreckenden Transparenz ihrer unterschiedlichen Wesen. Sie erkennen sich durch und durch. Selbst wenn sie es wollten, könnten sie voreinander nichts Entscheidendes verbergen, denn die telepathische Übermittlung von Informationen und Daten wird von einem Akt der willensmäßigen Verschleierung, der Lüge oder des Betruges keineswegs außer Kraft gesetzt. Und so geschieht es, dass im Sinne der Expressionsenergie bereits nach kurzer Zeit alles ausgedrückt und mitgeteilt wird, auch das, was nicht sagbar schien oder bislang Geheimnis bleiben sollte. Diese gegenseitige Transparenz ist ungewohnt und rüttelt an den Grundfesten der angstvoll geprägten Persönlichkeitsanteile. Da Seelenzwillinge wie mit Röntgenblick unmittelbar zu ihrer gegenseitigen Wahrheit vordringen, wird es alsbald überflüssig und führt zu unerträglicher Ermüdung, voreinander Wesentliches und Wesenhaftes verbergen zu wollen. Die liebesfördernden und entwicklungsunterstützenden Konflikte, die Seelenzwillinge aneinander austragen und bewältigen, werden erst sinnvoll ermöglicht, wenn diese gemeinsame Ebene innerer Wahrhaftigkeit erreicht wurde. Und so beziehen sich denn die meisten dieser Konflikte nicht auf Äußeres, sondern auf Inneres.

Die Seelenzwillingschaft führt durch jene Anteile, die das Gemeinsame in den Vordergrund des Erlebens rücken, zu einer zunehmenden Verschmelzung. Dualseelen haben stets eine Neigung zu symbiotischem Verhalten und zur Angleichung ihres Lebensatems. Daher müssen Seelenzwillinge, die aus tiefstem Impuls ineinander fallen möchten, um sich niemals wieder zu trennen, um zur Verständigung kein Wort mehr miteinander reden zu müssen, um alles gemeinsam tun zu können, fast übermenschliche Anstrengungen unternehmen, um gleichzeitig ihre Individualität, ihre faktische Getrenntheit zu spüren, zu leben, zu erkennen und zu manifestieren. Dies ist es, was zu den fruchtbaren Konflikten führt, denn wenn nicht jeder sowohl das Gleiche als auch das Andersartige am Seelenzwilling liebt, respektiert und akzeptiert, wird diese Verbindung nicht die Früchte hervorbringen können, die sie im Idealfall trägt.

Wir boten euch das Bild eines Schienenstranges an, und wie ihr wisst, führt ein solcher Schienenstrang stets in Zeit und Raum von hier nach dort. Und so ist auch eine Seelenzwillingschaft eine lange und weite Reise durch dieses konfliktreiche Gefüge von Einssein und Zweisein. Seelische Zwillinge sind energetisch weder verschieden noch gleich, sondern komplementär. Sie machen dieselben Erfahrungen aus unterschiedlicher Perspektive und betrachten verschiedene Erfahrungen aus demselben Blickwinkel.

Sie führen sozusagen eine seelische Doppelexistenz. Wenn Seelenzwillinge über lange Lebensperioden in engstem physischem Kontakt stehen, orientieren sie sich aneinander in einer Weise, dass sie das Seelenmuster (die Matrix) des anderen zusätzlich zu ihrem eigenen übernehmen und es stellvertretend für den Dualpartner leben. So hat der eine Seelenzwilling eine bestimmte Seelenrolle (zum Beispiel »Krieger«), die ihm essenziell eigen ist. Er »spielt« jedoch auch die Rolle seines Zwillings (zum Beispiel »Priester«). Und ebenso kann es nach einer Weile geschehen, dass das Hauptmerkmal, das Ziel, der Modus, die Mentalität und das Reaktionsmuster des anderen jeweils als Möglichkeit mitgespielt werden können. Das bedeutet, dass sie ohne große Anstrengung als Erweiterung des eigenen Verhaltensrepertoires verstanden und angewandt werden können. Dieses Phänomen dient dazu, den Dualpartner auch in seinem innersten Anderssein zu verstehen und sein Wesen nachvollziehen zu können. Auch auf dieser Ebene werden also die beiden eins, wenn sich ihre Körper längerfristig zusammentun.

Dadurch vollzieht sich eine innere Expansion, die beiden Beteiligten ermöglicht, ihre Liebesfähigkeit über ein erweitertes Verständnis nicht eigener Matrixvariablen in ihre unmittelbare Umwelt und in einen größeren Lebensbereich hinauszustrahlen. Da es sich dabei jedoch nicht nur um eine energetische Anreicherung, sondern auch um eine zusätzliche, psychisch anstrengende Belastung handelt, die darin besteht, den Dualpartner mit seiner prinzipiell deutlich getrennten Individualseele in das eigene Gefüge mit hineinzunehmen, wird eine solche Doppelexistenz nicht in jedem Leben stattfinden, sondern nur dann, wenn sie auch zu anderen seelischen Zielsetzungen nützlich ist.

Da es sich um eine ewige Verbindung handelt, bleiben Seelenzwillinge, die stets aus verschiedenen, jedoch miteinander verwandten Seelenfamilien stammen und sich durch die gleiche Ausschüttungsposition auszeichnen, auch über ihre individuellen Leben hinaus miteinander verbunden. Sie haben üblicherweise nicht dieselbe Seelenrolle, obgleich dies manchmal vorkommt. Ihr Seelenalter ist nicht immer vollkommen identisch, jedoch so nahe beieinander, dass sie sich gegenseitig wesentliche Erfahrungen spenden können. Ihre Seelenmuster sind besonders dann, wenn sie – was in jedem Entfaltungszyklus bis zu sieben Mal vorkommt – sich in ihrer Körperlichkeit begegnen, so verschieden wie nur möglich, damit sie ihre unterschiedlichen Anteile zu einer weitestgehend kompletten Einheit vervollständigen und ergänzen können.

Im Sinne der dualen Ergänzung zwischen Diversität und Identität, verschiedener Erfahrung und gleicher Erfahrung, dürfen sich Seelenzwillinge nicht immerzu auf der Erde körperlich begegnen oder gar als Mann und Frau physisch vereinigen. Doch gehört auch eine solche Erfahrung bisweilen zu den notwendigen Schritten, weil sie wiederum eine besondere Form der Nähe und eine spezifische Art von Konfliktbereitung ermöglicht. Die Sehnsucht beieinander, ineinander und miteinander zu sein, wird nur in der astralen Dimension vollständig befriedigt, solange sich beide dort aufhalten. Aber diese Sehnsucht wird in die physische Welt hinausgetragen. Sie ist dort unstillbar und bleibt als Impuls für die weitere, stets von höchster Intensität geprägte Reise durch alle körperlichen Existenzen vorhanden. Denn die Sehnsucht nach vollständiger Vereinigung ist es, die den von uns beschriebenen ununterbrochenen telepathischen Austausch gewährleistet und dafür sorgt, dass immer wieder einmal gemeinsame Leben ermöglicht werden, die dann jedoch zu einer nahezu ausschließlichen Zweisamkeit führen. So werden nach einer physisch verschmelzenden Begegnung auch wieder körperliche Existenzen angestrebt, die solche allumfassende Intimität weitestgehend unterbinden. Die Seelenzwillinge begegnen sich dann nicht, damit weiterhin beide duale Aspekte von Einheit und Zweiheit gewahrt bleiben.

Die Seelenzwillingschaft zu erleben ist eine sehr starke Sehnsucht und Fantasie vieler Menschen. Und daher werden wir oft gefragt, ob eine spezielle Beziehung, die jemand erlebt, tatsächlich eine solche Seelenzwillingschaft ist. Woran kann ein Mensch, der das vermutet, überprüfen, ob es sich um eine Seelenzwillingschaft oder eine andere seelische Beziehung handelt?

Wenn eine Beziehung sich vor allem durch ruhige Harmonie auszeichnet, ist sie in der Regel keine Seelenzwillingschaft. Wenn sie sich in erster Linie durch gemeinsame Ziele und Aktivitäten auszeichnet, ist sie ebenfalls keine Seelenzwillingschaft. Tritt jedoch höchste Intensität gemeinsam mit starker Spannung auf, ohne dass wie bei einer primär karmischen Beziehung Abwehr, Hass und Schuldgefühle damit verknüpft sind, und spielt auch das sexuelle Begehren dabei eine untergeordnete Rolle, so ist die Vermutung berechtigt, dass es sich um eine Seelenzwillingschaft handelt.

In *Weisheit der Seele* (S. 305-326) wurde bereits Aufschlussreiches über die Dualseele beziehungsweise die Seelenzwillingschaft veröffentlicht. Wir wissen, dass viele Menschen die Existenz einer solchen seelischen Beziehungsform spüren und am eigenen Leib erleben. Trotzdem scheint es uns immer wieder so zu sein, dass die Dualseelenschaft unzulässig romantisiert wird. Viele verwechseln sie mit der idealen Ehe oder Liebesbeziehung, mit einer konflikt- und problemarmen, aber leidenschaftlichen sexuellen Partnerschaft, in der einer völlig im anderen aufgeht (oft aus hilfloser Symbiose oder Angst vor Selbstständigkeit). Sie entwerfen ein solches Ideal immer währender Harmonie und Gleichheit, messen ihre realen Beziehungen daran und sind daher nie so recht mit ihnen zufrieden. Andererseits geschieht es auch, dass eine Zwillingsseele in jedem oder jeder Geliebten vermutet wird, mit der oder dem man sich besonders gut versteht. Die Quelle weist uns aber darauf hin, dass wir am Leben sind, um vor allem Seelen, die weder unsere Seelengeschwister noch unsere ewigen Dualpartner sind, lieben zu lernen. Daher ist die Ehe oder Lebensgemeinschaft mit einer Menschenseele, die nicht seelisch mit uns verwandt ist und uns auch noch niemals zuvor begegnete, nicht weniger wertvoll (vgl. *Weisheit der Seele*, S. 214-218).

Es entspricht einem alten Mythos der Menschheit, sich vorzustellen, dass jeder von uns eine andere, wenn auch keineswegs bessere Hälfte hat, eine vollkommene Ergänzung. In Platons berühmtem *Gastmahl* erzählt der Komödiendichter Aristophanes, dass am Anfang kugelrunde Urmenschen existierten. Ihnen mangelte es an nichts; es gab keinen Eros. Zeus musste jedoch eingreifen, da diese Geschöpfe drohten, übermütig zu werden. Er schnitt sie kurzerhand in zwei Teile, wie man eine Frucht halbiert. Damit war der Übermut der Kugel-Urmenschen auf immer gedämpft. Doch nun ergriff sie stattdessen eine unermessliche Sehnsucht nach der verlorenen Ganzheit, ein Verlangen nach der abgetrennten Hälfte.

Diese Erzählung spiegelt im tiefsten Sinn das Gesetz der Dualität wider, das, wie wir von der Quelle erfahren, in der physischen Welt allgemeine Gültigkeit besitzt. Unter anderem wirkt es auf der Ebene der ewigen Beziehungen. Gemeinsam erst sind wir komplett und vollkommen. Und es tut wohl zu wissen, dass man – wohlgemerkt nur auf seelischer Ebene – von dem eigenen Seelenzwilling niemals verlassen werden kann. Auf körperlicher Ebene hingegen passiert das sehr wohl von Zeit zu Zeit – nämlich dann, wenn es nötig ist und dem seelischen Wohl beider Seelenzwillinge dient.

Seelenzwillinge sind aber nicht immer gleichzeitig inkarniert. Einer von ihnen lebt gerade nicht auf der Erde, sondern existiert in der astralen Bewusstseinswelt, während der andere sich auf der Erde abmüht, körperliche Existenzformen zu erleben. Dennoch bleibt die energetische Verbindung zwischen den Dualseelen unablässig bestehen und ist sogar recht konkret. Der eine lebt für den anderen mit.

Seelenzwillinge treten auch nur höchst selten in ideal passenden Mann/Frau-Paaren auf. Gerade diese irrige Vorstellung von der idealen Liebesbeziehung führt immer wieder zu Schwierigkeiten und Missverständnissen. Dualseelenschaft kann es zwischen einer alten Frau und einem kleinen Jungen geben, zwischen zwei Freundinnen, zwei Kollegen, zwischen einem kanadischen Indianer und einem afrikanischen Buschmann, zwischen einem Bettler und einem König. Die Frage ist, ob die Betreffenden das Liebesgefühl, das dadurch entsteht, und die Erkenntnis, die dadurch freigesetzt wird, an sich heranlassen können. Es ist nicht leicht, eine Seelenzwillingschaft zu bejahen, wenn sie die sozialen oder moralischen Normen außer Kraft setzt. Wenn man einen Menschen trifft, der die Seele des eigenen Zwillings beherbergt und das eigene Dual verkörpert, heißt das noch lange nicht, dass man sich uneingeschränkt versteht. Man muss sich nicht einmal »mögen«. Aber man liebt sich – ganz einfach so, ohne

Grund. Weil die Liebe so stark ist, kann sie manchmal sogar eine Reihe vollkommen irrationaler Gefühle erzeugen. Eines jedoch ist allgegenwärtig: Wir sind eins, wir gehören zusammen, auf immer und ewig, nichts kann uns trennen, auch wenn wir uns niemals wieder sehen.

Eine Dualseele besteht aus zwei Seelen aus zwei benachbarten Seelenfamilien innerhalb einer Sippe. Sie sind weder verschieden noch gleich, sondern komplementär – wie die zwei Hälften eines Apfels, den man auseinander bricht. Die Identität des Apfels bleibt erhalten. Seelenzwillinge machen dieselben Erfahrungen aus verschiedenen Blickwinkeln und betrachten verschiedene Erfahrungen aus demselben Blickwinkel. Sie sind eins und doch zwei, zwei und doch eins.

Goethe, der viel von der Realität der menschlichen Seele ahnte und wusste, hat über die seelische Einheit und Zweiheit ein anrührendes Gedicht geschrieben:

Ginkgo Biloba

Dieses Baumes Blatt, der von Osten
Meinem Garten anvertraut,
Gibt geheimen Sinn zu kosten
Wie's den Wissenden erbaut.

Ist es EIN lebendig Wesen,
Das sich in sich selbst getrennt,
Sind es ZWEY, die sich erlesen,
Dass man sie als eines kennt?

Solche Frage zu erwidern
Fand ich wohl den rechten Sinn.
Fühlst du nicht in meinen Liedern,
Dass ich EINS und DOPPELT bin?

Ein Paradox also: Eins und doppelt, zwei separate Individuen mit einer gemeinsamen seelischen Identität. Seelenzwillinge haben innerhalb zweier Seelenfamilien derselben Sippe identische Ausschüttungspositionen (vgl. Kapitel 5), also zum Beispiel beide die Nummer 305, manchmal dieselbe Seelenrolle und immer eine verschiedene Matrix. Die Seelenmuster werden für eine Begegnung im Körper aufeinander abgestimmt. Damit ergänzen sie das jeweils Fehlende. Ihr Seelenalter ist etwa gleich, weil sie sich auf demselben seelischen Entwicklungsstand befinden müssen, um sich nachhaltig unterstützen und herausfordern zu können. Und da sie ein und derselben Seelensippe angehören, dienen sie auch einer gemeinsamen übergeordneten Aufgabe.

Die Quelle wurde gefragt: Wir sind Seelenzwillinge, wir spüren auch diese Identität. Sie ist für uns real, ohne dass wir sie erklären können. Was wir nicht verstehen: Wir haben zwei verschiedene Seelenrollen. Wie können wir dann gleich sein? Was gibt es dahinter, was gar nicht durch die Matrix beschrieben wird? Was ist identisch?

Die Matrix ist der Plan einer Seele und ihr Energiemuster, aber nicht die Seele selbst. Die Seelenrolle ist Teil der Seele, aber nicht das Ganze. Der Same ist nicht der Baum. Und doch enthält er identische Informationen. Der Baum kann seine Zweige in den Himmel recken und Licht, Luft, Schwingung in anderer Weise aufnehmen als der Same. Er manifestiert sich in entfalteter Gestalt. Wenn nun aus einem Sippenbaum von sieben Seelenfamilien zwei Samen in die Wirklichkeit ausgeschüttet werden und sich in der physischen Dimension verankern, können aus ihnen zwei neue Bäume entstehen. Diese manifestieren das Prinzip Baum auf unterschiedliche Weise, gehören derselben Gattung an, verstehen und empfinden ihre Verwandtschaft – und doch sind sie nicht identisch.

Über die Matrix hinaus gibt es noch Verbindungen und Gemeinsamkeiten, die übergeordnet sind, obgleich die Rolle, die die seelische Individualität in Verbindung mit der Matrix gewährleistet, unterschiedlich sein kann. Denkt an ein Ehepaar. Der eine Mensch ist männlich, der andere weiblich. Davon unabhängig aber sind sie zum Beispiel Menschen oder Deutsche oder Eltern. Inkarnierte Seelen sind multidimensionale Wesen sowohl im astralen als auch im physischen Bereich. So haben sie in einer Bewusstseinsdimension sehr unterschiedliche Seelenmuster und sind sowohl psychisch als auch körperlich verschieden. Auf einer anderen Ebene des Bewusstseins jedoch haben sie eine Identität, die von der Unterschiedlichkeit im physischen nicht beeinträchtigt, sondern von ihr ergänzt wird. Allgemein gilt: Dualseelen haben zwar bisweilen dieselbe Seelenrolle, aber der Rest ihrer Seelenmuster ist grundverschieden. Er muss es sein, damit die Duale sich ergänzen können. Nur so vermögen die Seelenzwillinge voneinander zu lernen. Die vor und nach der Fragmentierung bestehende seelische Ganzheit weist auf eine über das Physische hinausgehende Identität hin.

Frage: Ich habe Kontakt mit meinem Seelenzwilling. Er verstarb vor Jahrzehnten, als ich kaum zwanzig war. Er meldete sich eines Tages aus der Astralwelt bei mir als *Lumentume*, ein recht merkwürdiger Name, bis man mir erklärte, es heiße lateinisch *Lumen-tu-me*, etwa »Licht zwischen dir und mir«. Eine Zeit lang schrieb ich viele Stunden täglich auf, was er mir eingab. Ich erhielt Rat und Anregungen, er diktierte mir Gedichte und führte mich – er war in seinem letzten Leben Pianist – in die klassische Musik ein, die mir weitgehend fremd war. Doch irgendwann spürte ich, dass es mir zu viel wurde. Und wenn ich einmal ein paar Tage keinen Kontakt zu ihm aufnahm, bekam ich Vorwürfe zu hören.

Mit *Lumentume* verbindet dich eine Zwillingschaft, die zwar unauflöslich ist, aber wie alle derartigen Verbindungen mit vielen Schwierigkeiten und Schmerzen ausgestattet sein muss, um ihre Zwecke zu erfüllen. Die Verbindung zu *Lumentume* stellt eine Herausforderung dar, deren Dimensionen du im Laufe der Zeit erst entdecken wirst. So viel können wir dir heute bereits sagen: Du brauchst deinen Seelenzwilling für deine Entwicklung ebenso wie er dich. Und in diesem gegenseitigen Brauchen und Gebrauchtwerden steckt die Gefahr einer Süchtigkeit. Wenn wir sagen, hier besteht eine Suchtgefahr, meinen wir sowohl deine Bereitschaft, dich ihm bedingungslos auszuliefern, dich von ihm und seinen Sehnsüchten abhängig zu machen, als auch *Lumentumes* Zwang, sich dir zu nähern, mit dir zu kommunizieren, dich von ihm auf eine zwar liebevolle, aber dennoch unabweisbare Art abhängig zu machen. Denn er ist abhängig davon, dass du ihn hörst. Er lebt nicht, sondern er existiert als astrales Wesen. Du schenkst ihm Lebendigkeit, wenn auch nicht Leben. Nur wenn du bereit bist, ihm zuzuhören, kann er sich verständlich machen.

Die Verbindung, die euch eint, ist unendlich stark und wunderbar, aber ihr befindet euch beide innerhalb eines Inkarnationsprozesses, wenn ihr im Augenblick auch in verschiedener Dichte beheimatet seid. Die Notwendigkeit, die euch beiden zu neuem Wachstum verhelfen wird, ist mit dem Wort Trennung nur unzureichend beschrieben.

Gemeinsamkeit definiert sich durch die Fähigkeit zum Getrenntsein. *Lumentume* war in gewisser Weise ein wenig einsam in der Sphäre, in der er sich aufhält, seitdem sein Leib verstarb und du ihn nicht mehr vernehmen konntest. Es ist schön für ihn, dass er jetzt den Kontakt mit dir pflegen kann.

Aber du musst verstehen, dass du diejenige bist, die ihre eigenen Grenzen erkennen lernen muss. Damit dienst du nicht nur dir, sondern auch deinem nichtinkarnierten Seelenzwilling. Er hat in der astralen Welt weniger natürliche Begrenzungen als du. Du hast ihm seine Grenzen aufzuzeigen. Es ist deine Pflicht im Kontakt mit ihm.

Es ist eine Tatsache, die dir vielleicht noch nicht bewusst geworden ist, dass *Lumentume* nach dem Kontakt zu dir süchtig ist. Das wird dir in Zukunft immer deutlicher ins Bewusstsein treten. Und wir sagen dir solches nicht, um dir die Freude an diesem einzigartigen Kontakt zu verderben, sondern im Gegenteil, wir möchten, dass diese Beziehung zwischen zwei Seelenzwillingen für dich und für *Lumentume* zu einer Entfaltung, einer Liebe und einem Wachstum führt, die für euch beide gleichermaßen sinnvoll sind.

In diesem Zusammenhang möchten wir dich darauf hinweisen, dass *Lumentume* aufgrund seiner stärker entgrenzten Seinsqualität die Fähigkeit besitzt, sich in deine Ängste auf sehr feine und subtile Art und Weise einzufühlen. Und weil er weiß, wie sehr du um dein Wertgefühl ringst, spielt er, weil er eine astrale Seele ist, sehr feinfühlig mit diesem Wissen. Er schmeichelt dir, er tröstet dich, er gibt dir das Gefühl, dass du mit deiner Gegenwart für ihn unendlich wertvoll bist. Das ist auch richtig! Dennoch schürt gerade dies deine Angst, nicht wertvoll zu sein, wenn du dich für eine Weile entziehst, mehr, als du im Augenblick wahrnehmen kannst. Denn du hast Angst, *Lumentumes* Wertschätzung zu verlieren. Das hat mit deinem Hauptmerkmal »Märtyrertum« zu tun. Du meinst, du müsstest dich *Lumentume* selbstlos opfern.

Ohne es zu merken, hast du bei diesem Kontakt auch immer ein wenig die Befürchtung, ihn zu enttäuschen wie damals, als du ihn nicht heiraten wolltest, und er spürt, dass er dich ständig aufbauen muss, dich beruhigen muss, aber er tut es nicht nur um deinetwillen. Er ist jetzt eine nichtinkarnierte Seele. Er ist jedoch nicht weiter entwickelt als du, nur in einem anderen Zustand, und er kann sich sehr gut an seine eigenen Ängste aus seinem letzten Leben erinnern.

Verstehe also, dass *Lumentume*, derjenige, mit dem du einen so innigen und intimen Kontakt pflegst, nur einen anderen Aggregatzustand hat als du und weniger Angst um sein Leben, denn er hat kein Leben. Aber alles andere ist sehr ähnlich wie bei dir, und weil er einsam ist, braucht er dich, und weil du auf einer gewissen Ebene einsam bist, brauchst du ihn. Dies ist sehr verständlich, und es ist sehr schön.

Doch wenn du länger mit diesem Kontakt glücklich sein willst, ohne dein Selbstwertgefühl ganz an den Nagel zu hängen, ein Gefühl nämlich, dass du ganz unabhängig von diesen medialen Phänomenen, von all diesen Sehnsüchten und Schmeicheleien durch ein Astralwesen, einen Wert hast, den dir weder *Lumentume* noch sonst irgendjemand im Kosmos, in der Welt und auf der Erde nehmen oder geben kann, dann wirst du begreifen, warum wir diese sanften, leisen und liebevollen Warnungen an dich aussprechen. Wir sprechen von einer anderen Ebene her als *Lumentume*, wir sind keine Astralwesen, so wie *Lumentume* ein Wesen in der astralen Welt ist, das mit dir Kontakt pflegt. Wir sind eine kausale Energieballung, kausale Lehrer. Als solche lehren wir dich: Es ist wichtig, dass du ganz unabhängig wirst von ihm und unabhängig von deiner Fähigkeit, Kontakt zu ihm herzustellen. Auch unabhängig, dieses möchten wir zum Abschluss dieser Rede sagen, von der Wertschätzung, die andere Menschen für dich hegen. Du solltest eine eigene Empfindung für deinen Wert entwickeln, denn das ist das eigentliche Ziel deiner Kontakte mit den jenseitigen Welten. Du hast eine unendliche Sehnsucht, von deinen Mitmenschen wertgeschätzt zu werden, und wenn du auch nur den geringsten Verdacht hast oder die kleinste Angst entwickelst, dass man dich ablehnen könnte, bricht bereits dein ganzes psychisches Immunsystem zusammen.

Aber es ist gut, dass du dies spürst. Mit *Lumentume* hast du es noch nicht erlebt, weil er kein Mensch ist und sozusagen von seiner astralen Warte aus immer großzügig und verständnisvoll sein kann. Aber auch ein astrales Wesen hat Grenzen! Wenn du nämlich den Kontakt mit ihm kappen würdest, einfach weil er dich ermüdet oder dir zu viel wird oder du anderes zu tun hast, würde dich *Lumentume* in ganz anderer Weise unter Druck setzen, weil dadurch seine Angst geschürt würde, seine Angst, sich nicht mitteilen zu können mit dem, was ihm so wichtig ist. Seine Angst, von dir nicht uneingeschränkt geliebt zu werden.

Lumentume, dein Seelenzwilling, braucht dich, weil du so bist, wie du bist, mit Schwächen und Grenzen. Und nur wenn du darauf bestehst, dass du alle Fehler dieser Welt machen darfst und trotzdem einen Anspruch darauf hast, geliebt zu werden in deiner Menschlichkeit, dann wirst du dieser besonderen, außergewöhnlichen und beglückenden Beziehung zu deinem Seelenzwilling gerecht. Versuche nicht, zu gefallen, sondern versuche, *nicht* zu gefallen! Dadurch kannst du deine Dualseele zu einer noch viel größeren, einer überirdischen Liebe herausfordern.

Ewige Freunde:
eine seelische Beziehung auf der Inspirationsebene

Ewige Freunde sind füreinander *inspirativ*. Diese Beziehung beruht vor allem auf den Energien 1 und 6. Ihre Merkmale sind Trost und Einfühlung, Hilfe und Mitmenschlichkeit, Sanftheit und Vergebung, Barmherzigkeit und Unterstützung. Sie dienen sich gegenseitig, ohne zu fragen, ob der andere es »verdient« hat. Die Kommunikation ist eher emotional, über das Herz; das Reden steht nicht im Vordergrund. Ewige Freunde lieben sich scheinbar ganz ohne Grund. Daher achten sie auch gegenseitig darauf, dass ihre emotionale Entwicklung nicht zu kurz kommt. Genau das ist ihre Aufgabe aneinander. Sie fühlen einander, auch über Kontinente hinweg, und können intuitiv sogar Brücken in nichtphysische Dimensionen schlagen. Ist einer von ihnen gerade nicht am Leben, werden sie sich kaum über verbale Botschaften verständigen, sondern sich eher im Traum oder auf andere Weise Trost schicken, indem sie Gefühle klären helfen und Nähe wie auch Geborgenheit vermitteln. Inspiration bedeutet hier: Ich weiß nicht warum, aber mir ist so warm ums Herz.

Über den Ewigen Freund hat jede Seele an der Bedingungslosigkeit von Liebe teil. Das bedeutet allerdings nicht, dass Ewige Freunde nicht auch einmal streiten könnten! Aber sie können nicht umhin, sich bald zu verzeihen und wieder in die Arme zu schließen.

Auch diese Verbindung überdauert alle Zeiten und Leben und steht uns daher immer zur Verfügung. Innerhalb der Seelensippe findet also jedes einzelne Seelenfragment für den gesamten Verlauf seiner langen, anstrengenden Inkarnationsreise eine unablässig liebende Seele, die ihm ewige uneigennützige, reine Freundschaft anbietet – und für die auch es selbst immer da sein wird. Wenn es notwendig und in seelischer Hinsicht sinnvoll ist, begegnet man dem Ewigen Freund in der körperlichen Welt.

Es geht also um reine Zuneigung, um reines Sein. In einer Freundschaft dieser Art wird man geliebt und liebt man – ganz unabhängig von dem, was man darstellt oder tut. In einer solchen Freundschaft wird einem Liebe nicht entzogen, auch wenn man ein Verbrechen begeht oder den Freund einmal tief verletzt. Es ist eine Beziehung ohne wesentliche Konflikte. Dennoch bleibt hinzuzufügen, dass Ewige Freunde, wenn sie gerade einen menschlichen Körper bewohnen und sich darin begegnen, natürlich auch nur Menschen mit Eigenschaften, Fehlern und Ängsten sind.

In der ewigen Freundschaft handelt es sich weder primär darum, etwas gemeinsam zu tun, noch geht es um prinzipielle Auseinandersetzung. Gemeinsames Wachstum vollzieht sich dadurch, dass man einander einfach weiter liebt, unter welchen Umständen auch immer, ganz ohne Begründung und Rechtfertigung, dass man auf diese Weise Vertrauen in die Liebesfähigkeit entwickelt, die in einem selbst und im Mitmenschen schlummert. Durch den Ewigen Freund erfährt jede Seele einen Hauch jener göttlichen Liebe, nach der alle streben.

Auf seelischer Ebene gibt es eine besonders tröstliche Form der unauflöslichen und unauslöschlichen Zusammengehörigkeit. Wenn wir jetzt erklären, worum es sich handelt, so können wir diese besondere Beziehung, die von Anbeginn gültig bleibt, als eine ewige Freundschaft bezeichnen.

Seelenfamilien sind einander auf verschiedenen Ebenen und in unterschiedlichen Beziehungen zugeordnet. Sie berühren sich, sie sind miteinander in Kontakt, sie gehören zu gemeinsamen Organisationseinheiten, zu Sippen und Stämmen. Und innerhalb dieser immer größer werdenden seelischen Gemeinschaften, die sowohl innerhalb eines Inkarnationszyklus als auch außerhalb dieses Zyklus bestehen bleiben, ist jeder individuellen Seele, solange sie vereinzelt ist, eine andere Seele zugesellt, mit der sie eine unverbrüchliche Freundschaft verbindet und eine Gemeinsamkeit, die frei ist von Konflikten. Darin unterscheidet sich die ewige Freundschaft sowohl von den Beziehungen, die zwischen Seelengeschwistern entstehen und vergehen, als auch von der ebenfalls ewig bestehenden Verbindung zwischen Seelenzwillingen. Aber wenn wir einen Vergleich anbieten sollten, würden wir diese ewige Freundschaft am ehesten mit der Seelenzwillingschaft vergleichen wollen. Seelenzwillinge allerdings fordern sich in jeder Begegnung und auch außerhalb ihrer Körperlichkeit stets aufs Äußerste heraus. Sie fordern alles voneinander. Sie kennen weder Scham noch Grenzen, und sie sind bereit, sich im Namen der Liebe unendlich wehzutun, um einander wohl zu tun. Dies gilt für die Ewigen Freunde nicht.

Ewige Freundschaft dient dazu, jeder Einzelseele eine Möglichkeit zu geben, sich von den unerbittlichen Herausforderungen der Existenz auch einmal auszuruhen und bei einer anderen Seele im Kosmos Geborgenheit zu finden, eine Liebe, die niemals entzogen wird, die nicht in Frage gestellt werden kann und die jenseits aller Kleinlichkeiten liegt.

Und wie es unter Freunden oft üblich ist, beschäftigen sie sich mit gemeinsamen Interessen, mit Hobbys oder mit Freuden, die ihnen etwas Verbindendes anbieten, ohne dass es eigentlich dieses Verbindenden bedarf, denn solche Freunde sind ja ohnehin für immer befreundet. Die gemeinsamen Interessen sind nur ein Vorwand, um zusammen zu sein, denn eigentlich geht es um etwas anderes. Doch wenn sie einen Körper bewohnen und inkarniert sind, dann brauchen sie bisweilen auch etwas Greifbares, etwas Nachweisbares, das sie verbindet, damit ihre Gedanken zur Ruhe kommen. Es gibt also eine Brücke aus einer oberflächlichen Gemeinschaftlichkeit der Interessen, wenn seelische Freunde, die wir Ewige Freunde nennen, sich innerhalb einer Inkarnation begegnen.

Ewige Freunde inkarnieren sich niemals innerhalb einer biologisch-irdischen Familie. Sie sind also niemals Bruder und Schwester, Vater und Sohn, Mutter und Tochter oder auch Onkel und Nichte oder Großvater und Enkel. Sie scheuen die Blutsbande nicht deshalb, weil sie ihnen zu große Nähe bescheren würden, sondern weil sie für ihre Beziehung überflüssig sind.

Die unverbrüchliche Zuneigung, die zwischen Ewigen Freunden besteht, bedarf nicht der zusätzlichen Verbindlichkeit und Festigung durch eine Blutsverwandtschaft. Die unmittelbare Freude über ein Wiedersehen außerhalb der Gegebenheiten der physischen Familie, der irdischen Familie, ist umso größer, je zufälliger sie den beiden Freunden erscheint. Stellt euch vor, ihr habt einen Kindheits- und Jugendfreund und ihr begegnet ihm am anderen Ende der Welt in einer Eiswüste, ohne jemals daran gedacht zu haben, dass ihr ihm dort begegnen könntet. Diese Freude ist unbeschreiblich, und sie ist umso größer, je seltener dieses Ereignis eintritt.

Frage: Ich habe als heterosexueller Mann mit einem Mann bei der ersten Begegnung in einer seltsamen Weise eine Verschmelzung über Blickkontakt erlebt, und es scheint ihm ebenso gegangen zu sein. Meine Schlussfolgerung war, es müsste sich um ein Seelenfamilienmitglied handeln. Ist das richtig?

Um einen Seelenbruder handelt es sich nicht, wohl aber hast du das seltene Glück, einem weiteren Gefährten deiner Ewigkeit zu begegnen, einem Wesen, das zu dir in der Beziehung eines ewigen oder wahren Freundes steht. Die Intimität oder Nähe, die du sogleich empfunden hast und die dich und ihn selbstverständlich zunächst verwirrt, lässt sich auf diese immer während Beziehung zurückführen.

Seelische Beziehungen sind nicht weniger komplex als menschliche. Aber es wird doch mit der Zeit und mit unserer Hilfe immer einfacher werden, auch hier eine Differenzierung und Systematik zu entwickeln. Der Augenkontakt gilt als Indiz dafür, dass es sich wirklich um eine seelische Beziehung handelt. Aber der Augenkontakt passiert bei vielen unterschiedlichen seelischen Beziehungen, auch bei karmischen Verstrickungen. Er dient dem Wiedererkennen. Wir möchten daran erinnern, dass karmische Beziehungen mit einer ewigen Freundschaft gar nichts zu tun haben. Es gibt zwar auch hier Vergangenheit, aber es gibt keinerlei unangenehme oder schmerzhafte Faktoren, die eine solch liebevolle Verbindung nachhaltig belasten könnten.

Das bedeutet nicht, dass im inkarnierten Zustand alles immer vollkommen leicht und einfach ist. Auch hier kann sich aufgrund unterschiedlicher Seelenmuster der eine oder andere kleinere Konflikt ergeben, aber gerade dieser bereitet die Herausforderungen vor, die eine ewige Freundschaft in sich birgt, nämlich die Bereitschaft zum Verstehen, Verzeihen und den anderen zu sehen. Der Blickkontakt ist, wie gesagt, für vielerlei seelische Verhältnisse ein Indikator.

Dass sich auch einige Anschauungsweisen und innere Empfindungen dabei überschneiden, ist nur natürlich, denn wie es sich für wahre Freunde geziemt, habt ihr nicht nur im Laufe eurer Existenzen immer wieder einmal physischen Kontakt miteinander, sondern auch ein stetes, sogar in der Astralwelt vorhandenes grundsätzliches gegenseitiges Interesse für das, was euch bewegt.

Zu der Eigenart eines Ewigen Freundes ist zu sagen, dass dieser Freund, den jede Seele besitzt, im System der Seelenfamilien ein Mitglied der Sippe ist – also der sieben eng verwandten Seelenfamilien – und dass ein solcher Freund von Anbeginn der Inkarnationsreise eine Affinität zu deiner Seele besitzt, die auch daraus entsteht, dass er in seiner Seelenfamilie unter anderen Vorzeichen eine doch durchaus ähnliche seelische Arbeit verrichtet. So ist auch dieser Mann, dem du begegnet bist, in seiner Seelenfamilie zuständig für die Frage nach der Wertigkeit von Alt und Neu. Diese gemeinsame Interessenlage trägt auch zu einer Freundschaft bei. Unter sehr verschiedenen Bedingungen erforscht ihr doch grundsätzlich dasselbe.

In jeder Seelenfamilie gibt es Mitglieder, die sich im Rahmen ihrer eigenen Aufgabe um Aspekte von Zeit, von Jetzt und Früher, kümmern. Aber im Wesentlichen liegen M.s Schwerpunkte woanders. Eine Freundschaft ist nicht wie die Beziehung zwischen Ewigen Verbündeten darauf angewiesen, dass beide an derselben Sache gestaltend mitwirken. Unbedingte Zuneigung und bedingungslose Liebe stehen im Mittelpunkt dieser Verbindung. Sie bleiben auch dann bestehen, wenn die aktuellen seelischen oder körperlichen Interessen vollkommen divergieren.

Wichtiger ist jedoch, dass auch Ewige Freunde einen gemeinsamen Fokus bilden. Sie helfen sich gegenseitig, bestimmte existenzielle Aspekte zu begreifen, sie machen sich gegenseitig aufmerksam auf Zusammenhänge, die zu erkennen zum aktuellen Zeitpunkt notwendig ist, und stehen einander zur Verfügung, wenn sie sich brauchen.

Der zentrale Punkt einer solchen ewigen Freundschaft ist die innere Anteilnahme. Es geht also nicht in erster Linie darum, viel gemeinsam zu haben in dem Sinne, dass man dasselbe denkt, tut oder will, sondern um eine grundsätzliche seelische Sympathie, ein Lieben und Verstehenwollen, eine Bereitschaft, sich zu vergeben und zu verzeihen, wenn Schwierigkeiten auftauchen, die Möglichkeit, eine Liebe zu spüren, die keine Voraussetzungen zu erfüllen hat. In dieser Hinsicht unterscheidet sich eine ewige Freundschaft auch noch wesentlich von einer Dualseelenschaft. Denn sie ist befreit von den Herausforderungen und Härten, von den Schmerzen und Auseinandersetzungen, die eine Dualseelenschaft wiederum auf ihre Weise so fruchtbar machen.

Eine ewige Freundschaft enthält auch eine viel größere Freiheit im

Umgang miteinander. Die zwingenden Aspekte einer Dualseelenschaft sind hier nicht vorhanden. Der gesamte Kontakt ist geprägt
von Leichtigkeit und Wärme und Unmittelbarkeit. Eine gewisse Zärtlichkeit zu dieser anderen Seele, die der eigenen bereits von Anbeginn immer nur Zuneigung und Freundschaft gezeigt und in ihr ausgelöst hat, ist in dieser Beziehung unverkennbar. Sie muss sich nicht
in körperlicher Nähe äußern, aber wenn sie es tun kann, ist dies
nicht unangemessen.

Ewige Verbündete:
eine seelische Beziehung auf der Aktionsebene

Zwei Seelen, die sich einen ganzen, etwa zehntausend Jahre
während Inkarnationszyklus lang zusammentun, um etwas
zusammen zu leisten, zu erarbeiten, zu bearbeiten, nennen wir
Ewige Verbündete.

Ewige Verbündete rufen einander zur *Aktion* auf. Ihre Beziehung beruht auf einer Verbindung der Energien 7 und 3. Aktiv
sein heißt, gemeinsam zu handeln, etwas zu bewegen, aufzubauen oder einzureißen. Eine gemeinsame Arbeit zu tun ist das
Anliegen der Verbündeten. Zwei verschiedene Aspekte einer gemeinsamen Arbeit werden bewältigt, jedoch arbeiten die zwei
Verbündeten in der Regel nicht am selben Arbeitsplatz, ja, sie
brauchen sich nicht einmal persönlich zu kennen. Sie können
sich bisweilen auch als sich respektierende Rivalen verstehen.

Doch seelische Arbeit ist nicht als berufliche Beschäftigung
misszuverstehen. Jeder tut eine seelische Arbeit, indem er sich
der Seelenfamilien-Aufgabe, seiner Einfaltungsaufgabe und allgemein seiner eigenen Entfaltung widmet und damit zu einem
größeren Vorhaben das Seine hinzufügt. Bei den Ewigen Verbündeten geht es also darum, im seelischen Sinn zu handeln.
Zwei Seelen wollen gemeinsam etwas tun, etwas erreichen. Dies
ist in erster Linie ein Privileg der materiell-physischen Welt, aber
nicht nur. Die Gesetze von Ursache und Wirkung haben zwar in

den nichtphysischen Welten der Seele keine Geltung, aber auch exkarnierte Seelen können etwas »unternehmen«, zum Beispiel jemandem Hilfe und Einsicht zukommen lassen. Sie können die Schritte und Handlungen von Sterblichen leiten und Situationen energetisch beeinflussen, sofern das Resultat für die inkarnierte Seele gut ist und zu ihrem Wachstum beiträgt.

Jeder von uns hat demnach eine Seele, die uns dabei hilft, die manchmal sehr schwere Lebensarbeit zu bewältigen. Und jeder von uns hilft gleichzeitig dieser einen verbündeten Seele, mit ihren existenziellen Pflichten zurechtzukommen. »Zusammen sind wir stark«, so könnte das Motto der Ewigen Verbündeten lauten. Da es sich um eine Beziehung innerhalb der Seelensippe handelt, geht es dabei besonders auch um die jeweilige Arbeit an der Sippenaufgabe. Darüber hinaus spenden seelische Verbündete sich gegenseitig die Kraft, in belastenden Lebenslagen nicht den Mut zu verlieren. Sie führen und schützen sich gegenseitig auf schwierigen Wegen und setzen sich auch gemeinsam für das Wohl größerer Gemeinschaften ein.

Wir schlagen euch für diese Seelenbeziehung auf der Aktionsebene den Ausdruck Verbündete vor. Verbündete sind sie deshalb, weil diese Seelen stets aus dem engen Verbund der Seelensippe stammen. Und Verbündete sind sie auch, weil durch diese ewige Beziehung auf seelischer Ebene eine fortgesetzte Kameradschaft, Loyalität, Treue und Unterstützung garantiert ist.

Gewiss wäre es zu kurz gegriffen, wenn die Gemeinsamkeiten zweier Verbündeter auf ihr Wirken in der Welt in Form einer Tätigkeit oder beruflichen Orientierung eingegrenzt würden. Viele wirken zusammen, und es sieht nicht nach Arbeit aus. Dennoch ist es seelische Arbeit, die darauf angewiesen ist, dass ein Partner Yang-Anteile, der andere Yin-Anteile einbringt. Und da sich die Begegnungen wiederholen, ist dieser Yin-/Yang-Anteil nicht an die Seelenrolle gebunden, sondern es verhält sich so, dass je nach Matrix und existenziellen Umständen in einem Leben der eine den drängenden, stoßenden, aktiveren Yang-Part übernimmt, der andere den Yin-Part und umgekehrt. Der Yin-Part ist jeweils der ausführende, empfangende – derjenige, der sich bereit erklärt, auch einmal für die gemeinsame Sache zu leiden. Verbündete sind wahrlich Verbündete, und sie wissen um ihr Bündnis im Sinne einer Ahnung. Deshalb entziehen sie sich auch großen Herausforderungen nicht, wenn sie ihnen von ihrem Ewigen Verbündeten angeboten werden.

Da es sich um eine tatkräftige Kameradschaft handelt, hat sie den Sinn und den Zweck, einen Austausch von Erfahrungen innerhalb der Sippe zu ermöglichen, denn der Verbund von sieben Seelenfamilien verfolgt ein den Einzelaufgaben der Familien übergeordnetes Ziel, sodass die einzelnen Aufgaben der verschiedenen Seelenfamilien auf mancherlei Ebenen miteinander verknüpft sind.

Zwei Seelen verknüpfen sich, verbünden sich, um gemeinsam eine bestimmte Aufgabe im Rahmen ihrer Sippe zu bewältigen, wobei der eine Partner eher der passive Helfer und Energiespender, der andere eher der aktive Ausführende ist. Die Rollen wechseln. Der Aktive stellt innerhalb dieser gemeinsamen abgesprochenen Aufgabe etwas Neues zur Verfügung oder fordert den anderen heraus. Der Passive wertet die Arbeit an der seelischen Aufgabe aus, die beide betrifft.

Hat ein Fragment einer Seelenfamilie innerhalb dieser Familie eine bestimmte Aufgabe übernommen, gibt es innerhalb der anderen sechs Seelenfamilien, die die Sippe bilden, eine andere Seele, ein anderes Fragment, das dieselbe Aufgabe aus einem anderen Blickwinkel, mit einer leicht veränderten Perspektive, bedingt durch die Position im Verbund, ebenfalls bearbeitet. Und wie es so ist und wie ihr es auch von der Erde kennt, sind diejenigen, die aus verschiedenen Motivationen oder mit unterschiedlichen Ausgangspositionen an derselben Sache arbeiten, aneinander interessiert. Sie lieben es, sich gegenseitig anzuregen. Sie können sich Fragen stellen, die kein anderer sonst beantworten kann, und sie sind überdies in der Lage, sich spekulativ über weitere Möglichkeiten zu ergänzen, sich auszutauschen. Das stärkt die Verbindung, das macht risikofreudig. Die Gewissheit, dass eine andere Seele weiß, worum es geht, macht sicher. So kommt eine Gemeinschaftlichkeit und ein Gefühl von »in einem Boot sitzen« zustande, und doch steuert der eine, und der andere rudert. Verbündete aktivieren einander, sie regen sich an.

Die Erfahrungen kommen dem Ganzen wieder zugute, denn es ist nicht so, dass jede einzelne Seelenfamilie ohne Kontakte zu den anderen vor sich hin wirkt, sondern viele aus jeder Seelenfamilie pflegen Kontakte zu vielen anderen aus den anderen Familien über eben diese ewigen Beziehungen, durch eben diese Kameradschaften, die dadurch zustande kommen, dass dieselbe Sache aus verschiedenen Perspektiven untersucht wird. Da es bei den Sippen- und Stammesaufgaben immer um das Menschsein und dabei um die Sinnhaftigkeit, die Deutung der menschlichen Existenz geht, kann es nicht ausbleiben, dass eine Seele wie von selbst auf seelische Individuen trifft, die sich mit demselben Thema von ganz anderem Blickwinkel aus und auch mit anderer Motivation beschäftigen. Eine solche Verbindung ist jedoch in der physischen Körperlichkeit keineswegs immer leicht auszumachen. Es kann sich in der materiellen Welt um zwei einander scheinbar feindselig gesinnte Rivalen handeln, die versuchen, sich bei der Bewältigung ihrer Aufgaben gegenseitig zu übertrumpfen, mit ihrem Wissen oder mit ihren Publikationen. Auf seelischer Ebene wirken sie dennoch gemeinsam. Vergesst niemals, dass inkarnierte Seelen einen Charakter haben, und der muss nicht gut sein!

Sollten beide Verbündete inkarniert sein, arbeiten sie vielleicht als Wissenschaftler jeder für sich an der Entwicklung eines neuen Impfstoffs oder als Schriftstellerinnen an der Verbreitung gewisser Aussagen oder Ausdrucksformen oder als Koch und Köchin an der Entwicklung neuer Rezepturen. Das bedeutet nicht, dass sie einander persönlich kennen müssen. Aber es ist in euren Tagen mit eurer hoch entwickelten Kommunikationstechnik wahrscheinlich, dass sie zumin-

dest voneinander gehört haben. In früheren Zeiten war das schwierig. Manche tun sich auch zu konkreten Partnerschaften zusammen
und arbeiten wirklich jeden Tag gemeinsam. Doch die Regel ist es
nicht.

Wer einen Ewigen Verbündeten in der Astralwelt hat, der sich gerade vom irdischen Tun ausruht, hat es leichter, denn dieser wird seinen irdischen Partner bei allen Vorhaben und Plänen unterstützen,
die der gemeinsamen Sache dienen. Ruft also euren Verbündeten
zur Unterstützung herbei, wenn ihr etwas Wichtiges vorhabt! Euer
Verbündeter spendet euch Energie.

Ewige Lehrer, Ewige Schüler:
eine seelische Beziehung auf der Assimilationsebene
Auf der *Assimilationsebene* ist eine vierte Beziehung angesiedelt.
Sie basiert auf der Energie 4, die die Dualität in sich trägt. Es handelt sich um eine Lehrer-Schüler-Beziehung mit wechselnden
Rollen. Es gibt wohl in jedem von uns die Erfahrung, dass man
gewisse gute Einsichten, bestimmte Kritik oder Belehrungen
nicht von jedem annehmen kann, auch wenn sie berechtigt und
wertvoll sind. Aber manchmal begegnet man einem Menschen,
der einem etwas sagt, das man nie vergisst und als sehr kostbar
empfindet, selbst wenn es schmerzt. Eine Lehrerschaft und eine
Schülerschaft in diesem Sinn besteht in einem Austausch von
existenziellen Einsichten: Ich bringe dir etwas über das Leben
bei, das ich begriffen habe; und irgendwann bringst du mir etwas
bei, das du begriffen hast, wenn du siehst, dass ich dich brauche.

Die Anregung, Belehrung, die Prägung auch, die ein inkarnierter
Mensch von seinem Ewigen Lehrer erhalten kann, verweist diese Beziehung auf die Assimilationsebene deshalb, weil es sich um das
Spenden von Gelerntem handelt, von Erfahrungen, die für eine seelische Entfaltung notwendig sind.

Ewige Lehrer und Schüler spenden sich gegenseitig Erfahrungen, die die Bewältigung von Entfaltungsaufgaben, Seelenfamilien-Aufgaben, zwischenmenschlichen Beziehungen jeglicher Art, betreffen, aber auch in allgemeiner Form das, was mit Lebensbewältigung bezeichnet werden kann. Die Erfordernisse auf dem Weg der seelischen Evolution jedoch stehen im Mittelpunkt dieser ewigen Beziehung.

Wie es sich grundsätzlich auf der Assimilationsebene verhält, ist das Lernen vom Lehren und das Lehren vom Lernen nicht zu trennen. So ist auch in dieser seelischen Beziehung zwischen Ewigen Lehrern im steten Wechsel jeweils der eine der Lehrer des anderen, der andere der Schüler des einen. Und jeder lernt, indem er lehrt. Die Inhalte der Erfahrungen, die zwischen Ewigen Lehrern gemacht werden, beziehen sich nur in seltenen Fällen auf Dinge, die auch in anderer Weise gelernt werden können. Es geht nicht um irdische Gelehrsamkeit, nicht um ein Wissen, das aus den Erfahrungen des Alltags bezogen wird, und auch nicht um Sach- oder Fachwissen, um Fertigkeiten und Fähigkeiten, die im Bereich des Arbeitslebens, der Haushaltsführung angesiedelt oder der Erforschung technischer oder naturwissenschaftlicher Zusammenhänge gewidmet sind.

Ein Ewiger Lehrer lehrt, wenn er sich in der Position des Lehrers befindet, seinen Schüler Essenzielles. Er vermittelt lebensverändernde Einsichten, bringt mit den geeigneten Mitteln und allen ihm zur Verfügung stehenden Methoden etwas bei, das als notwendige Voraussetzung für eine anstehende Bewältigung seelischer Aufgaben betrachtet werden kann.

Und da es sich stets um Beziehungen auf Gegenseitigkeit handelt, muss sich der Ewige Lehrer mit seinem Ewigen Schüler auf eine gemeinsame Ebene begeben und sich in die zu bewältigende existenzielle Situation hineinbegeben. Er kann nur aus ureigener Erfahrung etwas weitergeben. Dies bedeutet jedoch nicht, dass diese Situation gemeinsam oder simultan erlebt werden muss.

Wie auch bei anderen ewigen Beziehungen ist es nicht die Regel, sondern die Ausnahme, dass sich die entsprechenden Seelen im inkarnierten Zustand als Menschen begegnen. Nur selten also wird ein Mensch direkt von seinem Ewigen Lehrer in dessen physischer Präsenz lernen. Sinnvoller kann dies auf Distanz geschehen, und es ist häufiger der Fall als das Erleben unmittelbarer Präsenz. Sehr häufig geschieht es, dass derjenige von den zwei Partnern in dieser Beziehung, dessen Seele nicht eingekörpert ist, einen größeren Einfluss nehmen kann auf die Einsichts- und Lernfähigkeit seines aktuellen Schülers, und zwar über Träume, Ideen, Einfälle oder Inspirationen.

Etwas Wesentliches zu begreifen ist die Aufgabe des Schülers. Etwas Wesentliches begreiflich zu machen ist die Aufgabe des Lehrers. Und der Lehrer lernt an der Art und Weise, wie er das von ihm selbst Begriffene verständlich machen kann; der Schüler lernt, sich einer Einsicht zu öffnen und sie auf seine Art und Weise umzusetzen.

Wir sagten, dass der Wechsel der Positionen sich rhythmisch und regelmäßig vollzieht. Es wird selten oder nie geschehen, dass eine Seele in zwei aufeinander folgenden Inkarnationen die Rolle des Schülers oder des Lehrers übernimmt. Häufiger ist es sogar, dass einer punktuellen Belehrung oder Umprägung von einer Seite innerhalb weniger Monate oder Jahre eine Instruktion von der anderen Seite folgt. Da es sich um eine enge seelische Beziehung handelt, befinden sich die entsprechend verbundenen Seelen in einem unablässigen Austausch der Energien, und dieses Lernen durch Einsicht, durch ein Begreifen der Zusammenhänge und der Kausalwirkung ist nicht auf die physische Ebene beschränkt.

So kann zum Beispiel ein Mensch, der eine wesentliche Einsicht unabhängig von seinem Ewigen Lehrer gewinnt, diese unmittelbar auch an diesen weitergeben, selbst wenn der in der Schülerposition Befindliche in dieser Zeit nicht inkarniert ist, und ihm dadurch helfen, auch in der astralen Bewusstseinswelt seine Erkenntnis zu bereichern und zu fördern.

Die Möglichkeit, von einer seelischen Entfaltungsstufe auf die nächste überzuwechseln, ist nicht zuletzt bereichert durch das Einwirken des Ewigen Lehrers. Jedoch sind auch die drei anderen ewigen Beziehungen an solchen energetischen Phänomenen des Wachstums und des Wandels beteiligt. Historische Beispiele für eine solche Beziehung können wir euch nicht nennen, denn die wechselseitige Beeinflussung im Sinne von Förderung von seelischen Erkenntnissen eignet sich nicht für dauerhafte irdische Verbindungen. Das Lernen ist umso nachhaltiger und erschütternder in seiner Wirkung, als es unerwartet geschieht, unvorbereitet, ohne die Abwehr, die sich in der Regel aus einer vermeintlichen intimen Kenntnis der anderen Person ergibt, von der es schwer ist, etwas im Sinne eines seelischen Lernimpulses anzunehmen, da dem Lernenden die Fehler und Schattenseiten des Lehrers in einer langjährigen Verbindung allzu sehr bekannt sind.

Seelische Ewige Lehrer sind also im Allgemeinen weder verwandt noch befreundet. Sie sind selten Kollegen, die sich gut kennen, selten auch aus demselben sozialen Umfeld, das ein Lernen der Art, wie wir es beschreiben, durch allzu viel Gemeinsamkeit und Vertrautheit behindern könnte. Das Plötzliche und nicht selten Schmerzhafte, oft aber auch Beglückende an einer seelischen Einsicht, die aus dem Nichts zu kommen scheint, aber wie ein Blitz der Erkenntnis auf das Wesen des Menschen wirkt, es verändert bis in die tiefsten Tiefen – richtungweisend, liebesfördernd, unvergesslich –, entsteht vor allem dann, wenn diese Lehre von einem Menschen oder einem nichtinkarnierten Wesen erteilt wird, von der sie nicht erwartet wird. Ein seelischer Lehrer durchbricht alle Gewohnheiten, alle vorgefassten Meinungen und Erwartungen. Er schlägt eine Bresche in verfestigte Gedankenstrukturen, in Dogmen jeglicher Art, in Lebenstheorien. Er zeigt auf, dass anderes möglich ist, dass Dinge, Menschen und Verhältnisse aus umgekehrter Perspektive betrachtet werden können. Er lehrt – und der Schüler lernt –, dass Entwicklung und Wandel nicht über Wiederholung und Fixierung zu erlangen sind, sondern mit Hilfe jener Offenheit, die durch eine Überraschung erzeugt werden kann.

Auf der Ebene der Seelenrolle gibt es nur zufällige Entsprechungen. Sie müssen nicht gleich sein. Die Seelenalter hingegen liegen nahe beieinander, manchmal sind sie gleich. Denn nur dann kann man sich auf seelischer Ebene gegenseitig fördern und instruieren und sich im Rahmen der Entfaltungsaufgaben aufmerksam machen auf noch Fehlendes, wenn man die Erfahrung der Entfaltungsaufgaben teilt und weiß, worum es geht. Es gibt keine vorbestimmten Positionen in der Seelenfamilie für die als Ewige Schüler und Lehrer vereinten Seelen.

Typisch für diese Seelenbeziehung sind: Distanz und Ernsthaftigkeit, Strenge und Unausweichlichkeit.

Plötzlichkeit, Heftigkeit und eine Explosivität – sowohl im Sinne einer zeitlich begrenzten Erfahrung als auch im Sinne einer nachhaltigen Erschütterung – sind die bezeichnenden Kriterien für diese Verbindung.

Frage: Kenne ich meinen Ewigen Lehrer? Hat er an einem bestimmten Wendepunkt meines Lebens eine Rolle gespielt?

Dein Ewiger Lehrer ist zurzeit inkarniert als die Frau, in deren Wohnung du seinerzeit ein wichtiges Buch entdeckt hast. Du hast sie nur zwei Mal gesehen, und die Begegnung mit ihr ist nun schon fast zwanzig Jahre her. Und doch hat sie damals mit ihrer unerwarteten Aufforderung, sie zu besuchen, die Keimzelle für deine Entwicklung seither gespendet. Wie du siehst, muss eine solche Beziehung nicht vertieft oder fortgeführt werden, um eine lang anhaltende Nachwirkung in deinem gesamten Wesen zu bewirken. Sie hat dir eine Einsicht vermittelt, die dein Leben revolutioniert hat. Du wirst sie niemals vergessen.

Ich habe das nicht als Lehre empfunden, sondern als jemand, der mir etwas vermittelt. Die Lehre kam durch die Bücher. Ich merke, dass ich hier meine Vorstellung von einem Lehrer verändern muss. Es wurde ja nichts inhaltlich vermittelt. Sie war nur eine Brückenbauerin zu diesem Buch.

Wir möchten es dir mit einem Beispiel illustrieren. Wenn ein Geografielehrer einen Lehrvortrag über die Struktur des europäischen Kontinents halten will, muss er weder Europa erfunden noch alle geografischen Lehrbücher selbst geschrieben haben. Es genügt, wenn er mit seinem Zeigestab auf die Umrisse zeigt, um seinen Schülern etwas Wesentliches begreifbar zu machen. So hat diese Frau unbewusst mit ihrem inneren Zeigefinger auf dieses Buch gezeigt. Du hast es bei ihr gefunden. Wie auch in allen anderen seelischen Zusammenhängen läuft in den Beziehungen zwischen Ewigen Lehrern und Ewigen Schülern das meiste nicht auf kognitiver Ebene, sondern unbewusst ab. Wesentlich ist, dass man sich etwas beibringt, etwas nahe bringt, das ohne den anderen schwierig zu erkennen wäre, und dies zu einer Zeit, wo es gebraucht wird.

※ ※ ※

Vier ewige Beziehungen also tragen jede Seele. Es sind Verbindungen, die unkündbar sind und alle Leben überdauern: Dualseele, Ewiger Verbündeter, Ewiger Freund, Ewiger Lehrer und Ewiger Schüler. Hinzu kommen unsere Seelengeschwister. Es gibt also viele Seelen, die mit der eigenen Seele untrennbar verknüpft sind und auf die man sich verlassen kann, ganz gleich, wie schwierig das Leben sich gestaltet. Mit diesen Informationen können wir nun besser begreifen, was die Quelle meint, wenn sie sagt: *Ihr seid nicht allein.*

Die Vertrauensleistung allerdings, die erforderlich ist, um diese Wahrheit an uns heranzulassen, muss jeder von uns selbst aufbringen. Als Säugling-Seele trauern wir der verlorenen Einheit des astralen Seins mit unseren Seelengeschwistern nach. Als Kind-Seele und Junge Seele lassen wir diese astrale Erinnerung an die Ganzheit hinter uns, stellen uns der fragmentierten Wirklichkeit des Inkarnationsweges und erlangen schließlich eine Autonomie im körperlich-materiellen Bereich. Dieser seelische

Zustand spiegelt sich in der Mehrheit unserer heutigen westlichen Gesellschaft. Aber die Reifen und Alten Seelen, deren Anteil kontinuierlich wächst, fangen an, nach innen zu schauen und sich wieder an die Ganzheit zu erinnern. Sie wollen den möglichen Trost einer Rückbindung bewusster in Anspruch nehmen. Für ihre durch viele Leben sensibilisierte Energiestruktur wird die Existenz der Seele eine innerlich wahrgenommene Realität. Sie bedarf keiner »wissenschaftlichen« Begründung, damit man ihren Trost und ihre Hilfe in Anspruch nehmen kann.

3

Kommunikation mit der Seelenfamilie

Gott wirkt die Zeit nicht nur im Kosmos,
sondern auch im Innersten der Seele. So ist die
Gegenwart eigentlich eine seelische Erfahrung.
Die Vergangenheit ist ein Erinnerungsbild der Seele,
und die Zukunft lebt nur in unseren seelischen
Erwartungen. Die gewöhnliche Zeit dagegen ist ohne
Sinn und einfach nur vergänglich. Sie verschwindet,
wenn die Seele mit dem Absoluten eins wird.

Augustinus

Aktive Kommunikation

Wie können Sie Verbindung zu Ihrer eigenen Seele und zu der
Seelenfamilie, deren Fragment sie darstellt, aufnehmen?

Das Wissen über die seelischen Welten nutzt uns nur wenig,
wenn wir es nicht auch praktisch anwenden können. Erst wenn
wir diesen Kontakt mit allen Fasern unseres Wesens spüren und
ihn auch sinnlich (zum Beispiel akustisch, motorisch, emotional,
körperlich) erfahren, vermögen wir ihn in unser Leben tatsächlich zu integrieren. Erst dann kann er uns selbstverständlich werden. Die Quelle fordert uns allerdings auf: *Erinnert euch nicht
nur in Zeiten großer Not daran, dass ihr eine Seele habt, die über
euch wacht und eure Geschicke lenkt!* Auch in guten Zeiten oder

im normalen Alltag ist der Dialog mit der Seele und der Seelenfamilie hilfreich. Geteiltes Leid ist halbes Leid, geteilte Freude ist doppelte Freude.

Es gibt eine Reihe von Techniken, die hier zur Anwendung kommen können. Und sie alle funktionieren – besonders zu Übungszwecken – besser, wenn nicht die Angst unsere Kommunikation und unsere Fragen bestimmt. Natürlich hat man in Zeiten der Bedrängnis immer Angst, ist verwickelt, hört nur, was man hören will. Durch innere Anspannung werden Botschaften jedoch oft unklar oder angstvoll eingefärbt. Das ist nicht der Fall, wenn man in guten Zeiten entspannt und fröhlich den Dialog mit der eigenen Seele oder der Seelenfamilie aufnimmt. Sind Sie erst einmal daran gewöhnt, wie selbstverständlich mit Ihrer Seele zu reden, wird sie Ihnen auch in schwierigen Zeiten leichter als vertraute Freundin zur Seite stehen.

Dies kann geschehen, indem man an seine Frage intensiv denkt und die gedachte Antwort in sich aufnimmt. Doch besser ist es, die Frage laut zu stellen oder das Problem mit deutlich hörbarer Stimme zu schildern, anschließend auch die »gehörte« Antwort laut auszusprechen und auch möglichst bald aufzuschreiben. Dadurch werden bestimmte Hirnzonen aktiviert, die den späteren Kontakt erleichtern.

Solches ist ungewohnt. In unserer Kultur gilt als bedenklich oder pathologisch, mit Nichtanwesenden laut zu sprechen und Stimmen zu hören. Doch machen Sie sich darüber keine Gedanken, sondern sorgen Sie für ein ungestörtes Umfeld, in dem Sie solche Seelen-Selbstgespräche führen können, einfach, weil es Ihnen gut tut.

Für viele Menschen, die gern einen Stift in der Hand halten, bietet sich eine zweite Methode an: das mediale Schreiben. Es ist eine äußerst praktische und leicht auszuführende Technik. Dabei sollte man ebenfalls nicht mit hoch brisanten Fragen anfangen. Wenn Sie einen Menschen neu kennen lernen, werden Sie beim ersten Treffen auch nicht gleich aufs Ganze gehen und schwierige Probleme direkt ansprechen. Sie lassen der Beziehung Zeit, sich zu entwickeln. Ebenso sollten Sie mit der bewussten Beziehung zu Ihrer Seele verfahren. Sie haben ihr vielleicht lange nicht so recht zugehört. Gewöhnen Sie sich erst an diese neue Form des authentischen Kontakts.

Gönnen Sie sich eine ruhige Stunde, in der Sie weder von der Türklingel noch vom Telefon, noch von anderen Menschen in der Wohnung gestört werden. Setzen Sie sich mit Stift und Papier, am besten mit großen Blättern (DIN A3), an einen Tisch. Entspannen Sie sich mit einer zarten Musik, wiegen Sie Ihren Oberkörper ein wenig hin und her, lockern Sie die Nackenmuskulatur und Ihre Handgelenke. Schließen Sie dabei Ihre Augen halb oder ganz, und beginnen Sie damit, Ihre Frage erst zu überdenken und dann kurz und knapp zu notieren. Die Augen bleiben dabei geschlossen. Legen Sie den Stift hin. Atmen Sie einige Male tief durch, und spüren Sie, wie nah Ihre Seele Ihnen ist – es gibt nichts Intimeres!

Dann machen Sie drei Mal eine Anrufung mit deutlich hörbarer Stimme: »Ich rufe dich, meine Seele (oder Seelenfamilie), und bitte dich: Gib mir Antwort!«

Als Nächstes warten Sie, aber nicht länger als eine Minute. Dann beginnen Sie, sorgfältig jeden einzelnen Gedanken, der Ihnen durch den Kopf geht, jedes einzelne Bild, das vor Ihrem inneren Auge erscheint, aufzuschreiben. Dabei ist es völlig irrelevant, ob das »von Ihnen« stammt oder sonst wo her, aus der Zeitung, aus dem letzten Film, den Sie im Kino sahen, aus dem Büroklatsch. Beurteilen Sie in diesem Zustand das Aufgeschriebene nicht; die Auswertung erfolgt erst später. Schreiben Sie etwa fünf bis zehn Minuten ohne jegliche gedankliche Kritik und Zensur.

Nun zählen Sie laut von zehn bis null, recken sich, trinken ein großes Glas kaltes Wasser und gehen einen Augenblick im Raum umher. Bitte tun Sie das wirklich! Erst dann ist der Moment gekommen, das Geschriebene zu lesen. Einiges davon werden Sie als trivial, anderes hingegen als »nicht von mir« empfinden, manches sogar als recht merkwürdig, einiges hingegen als denkwürdig. Vielleicht wird die Ausdrucksweise plötzlich ungewohnt, oder der Text enthält einen Hinweis, der überraschend und sinnvoll ist. Schreiben Sie die Ihnen wertvoll erscheinenden Passagen in Schönschrift in ein hübsches Heft.

An dieser Stelle möchten wir den Bericht einer Teilnehmerin an einem unserer Kurse einfügen, der zeigt, dass wirklich Unerwartetes eintreten kann. Die Seelenfamilie wählt erfahrungsgemäß stets genau die Form, die Bildlichkeit und die Inhalte, die für eine bestimmte Person einen ganz bestimmten Zweck erreichen sollen. Die Seelenrolle der Teilnehmerin ist »Künstler«. Zur Zeit der Niederschrift war sie schon seit Wochen traurig und auch gesundheitlich belastet.

»Ich hatte die Augen geschlossen und schrieb: Ich bitte um einen Kontakt zu meinem seelischen Ratgeber.

Nach einiger Zeit sah ich ein helles, wirbelndes Licht, das allmählich Form annahm. Und dann konnte ich ihn ganz deutlich sehen: Er war etwa 15 cm groß, trug ein typisches Harlekinkostüm mit Pluderhosen. Der Stoff hatte ein Rautenmuster in Weiß, Gelb, Blau und Rot. An den Gelenken war weißer Stoff mit Schellen dran. Er war ständig in Bewegung – außer er sagte etwas Ernsthafteres. Dann hielt er inne und beugte sich immer ein bisschen vor. Jetzt schrieb ich auf, was er rief:

›Zickezacke, Zickezacke, Hühnerhaufen… Ich bin klein, mein Herz ist rein, soll niemand drin wohnen als Gott allein. Lass dich fallen, fallen, fallen, du bist nicht allein, mein kleines Schwein. Übe fein, übe fein! Weine, weine, meine Kleine, es ist gut – habe Mut! Hab dich lieb, hab dich lieb. Fahr in die Berge, mach mal Pause, hab dich lieb, und sing ein Lied. Geh nach Hause, geh nach Hause, schlafe viel, und sing ein Lied.‹

138

Varda forderte uns nun auf, die Seelenfamilie um Rat bei einem kleinen Problem zu bitten. Ich wollte gerade anfangen, es zu schildern, da stellte sich der kleine Kerl vor mich hin, Hände in den Hüften, und sagte:

›Du hattest schon dein Geschenk – pack es aus, kleine Maus! Hiebe Triebe, ars vivendi, schwebe auf Wolken.‹

Ich fragte: ›Seid ihr noch da?‹ Antwort: ›Aber jaaaa!‹

›Lasst mich bitte nicht allein!‹ Antwort: ›Aber neiiin, aber nein! Winke winke, meine Flinke! – Ende.‹

Hinterher war ich erst mal sehr enttäuscht, weil ich sicher war, bei mir habe das mediale Schreiben nicht funktioniert. Ich mochte meinen Text vor lauter Scham über den Unsinn zuerst nicht einmal in der anschließenden Runde vorlesen. Mir war zum Heulen zumute. Da fiel mir ein, was der Harlekin gesagt hatte, und ich konnte endlich weinen. Die ganze Anspannung von Wochen löste sich auf. Meine Seelenfamilie hat mir mit dem witzigen kleinen Kerl ein wunderbares Geschenk gemacht. Vor allem hat sie mich damit mächtig aufgeheitert!

Eine Woche später ging ich zu meinem Arzt. Im Treppenhaus traf mich fast der Schlag, denn in der Eingangshalle hatte bisher immer ein großer Läufer gelegen, der plötzlich weg war, und darunter war ein etwa zwei Meter großer Harlekin aus Mosaiksteinen zum Vorschein gekommen, der sich vor mir verneigte! Mir blieb glatt die Luft weg. Erst kamen wieder die Tränen, dann musste ich laut lachen.«

Das war eine »Künstler«-Antwort für eine »Künstler«-Seele. Offensichtlich antworteten ihr bei dieser Gelegenheit die »Künstler« aus ihrer Seelenfamilie oder ihre »Künstler«-Seele selbst antwortete in Gestalt eines imaginären Harlekins.

Eine andere Teilnehmerin schrieb einen poetischen Text nieder:

Ich bin dein Funke
Das was sprüht und lacht
Das Aufgehen deines Herzens
Eine Cascata von Diamanten
Ich bin in den Rehaugen
Im bunten Laub des Herbstes
In der Stille der einsamen Wege
Gesäumt von Tannen
Du hörst mich im Vogelsang
Du fühlst mich, wenn du die Federn
Der Bergfinken berührst
Ich fange dich auf
Und liebkose dich
Halte im Dunkeln deine Hand
Du hörst mich am besten
In der Stille
Wenn der Regen rauscht
Wenn der Bach plätschert
Aber auch im Sturm
Bin ich bei dir
Nimm meine Hand

Verbindung knüpfen

Fragen Sie Ihre Seele nicht um Rat, wenn Sie diesen Rat nicht ernsthaft bedenken wollen. Denn dann reagiert sie verständlicherweise nach einiger Zeit »gekränkt« und zieht sich aus dem direkten sprachlichen Kontakt zurück. Sie wird nun versuchen, auf andere Weise auf Ihren Körper und die mit ihm verbundene Psyche einzuwirken. Natürlich bleibt Ihnen die Freiheit Ihrer Entscheidung immer erhalten.

Auch der Pendel, mit einer Buchstabenskala verbunden, kann

übrigens gute Dienste leisten, wenn Sie gewohnt sind zu pendeln und sich auf die empfangenen Informationen im Allgemeinen verlassen können. Malen Sie alle Buchstaben des Alphabets auf ein Blatt. Schreiben Sie dann alle Buchstaben, denen sich das Pendel nähert, auf, und rekonstruieren Sie anschließend im vollen Wachzustand den Text, indem Sie einzelne Wörter bilden und die Interpunktion einsetzen.

Für das Pendeln und das mediale Schreiben für sich selbst braucht man gar nicht besonders medial begabt zu sein. Ein wenig Entspannung und etwas Vertrauen darauf, dass die eigene Seele oder die Seelenfamilie nur sehnsüchtig darauf wartet, sich einmal deutlich in Ihrem Geist und in Ihrem Herzen artikulieren zu können, das genügt. Solide mediale Ausbildung und Arbeit sind erst vonnöten, wenn man für andere Leute Botschaften abfragt. Dann allerdings ist es wirklich wichtig, verantwortlich zu arbeiten und sich seiner eigenen Grenzen bewusst zu sein.

Nicht nur über die Sprache können sich Seelenfamilien mitteilen, sondern auch über zahlreiche andere Impulse: Musik, Berührung, Malerei, Bewegung. Nicht jeder ist sprachbegabt oder ausdrucksstark. Selbst von Geburt an taubstumme Menschen, Komapatienten oder Hirngeschädigte stehen über alle möglichen Kanäle mit ihrer Seelenfamilie in Verbindung, um hilfreiche, tröstliche Impulse oder Inspirationen zu empfangen. Die Durchsage für eine Frau, die eine Massagepraxis leitet, illustriert, wie Seele und Seelenfamilie sich auch über die sensible Berührung der Hände und über die achtsamen Bewegungen des Körpers mitteilen können.

Frage: Wenn ihr vorschlagt, ein Mensch solle sich an seine Seelenfamilie wenden, an welchen Teil richtet er sich? Ich nenne einmal, was ich als Teile bezeichne: Da sind die inkarnierten Mitglieder, dann die gerade nicht Inkarnierten in der Astralwelt und drittens die sich gar nicht mehr Inkarnierenden. Könnt ihr mir erläutern, was eigentlich Kontakt zur Seelenfamilie heißt, wenn man diese drei Aspekte berücksichtigt?

Stelle dir vor, du schreibst einen Brief an eine befreundete Familie. Diesen Brief kannst du so abfassen, dass er an alle gerichtet ist, an alle Grüße ausrichtet, allgemein von deinem Befinden berichtet und nach ihrem Befinden Erkundigungen einzieht. Ein solcher Brief, der sich an mehrere Personen wendet, die möglicherweise auch nicht gleichzeitig an einem Ort weilen, wird notgedrungen unpersönlicher, weniger zielgerichtet und weniger spezifisch ausfallen.

Solltest du jedoch mit einem dieser Familienmitglieder besonders intim befreundet sein und nur an dieses dich mit einigen Überlegungen, Fragen, Reflexionen oder Berichten wenden, wird der Brief schon sehr viel persönlicher ausfallen, und sollte er beantwortet werden, wird die Antwort ebenfalls auf deinen besonderen Brief mit deinem besonderen Anliegen antworten.

Das ist der erste Unterschied. Wenn man sich aus Angst, nicht genügend »gereinigte« Hilfe zu erhalten, stets nur an die nicht mehr im Inkarnationsprozess befindlichen Seelen, das heißt an die Schutzwesen, an das so genannte höhere Selbst oder an die seelischen Führer wendet, kann dies zur Folge haben, dass die Seelen das Anliegen weiterleiten müssen, denn es ist immer und überall wichtig, Bitten und Fragen an diejenigen zu richten, die für Hilfe und Antwort am meisten zuständig sind. Wenn ihr zum Beispiel eine neue Adresse habt, meldet ihr sie dem Einwohnermeldeamt, nicht dem Bundespräsidialamt.

Gewiss mag es auch Anliegen geben, die in dem einen oder anderen Bereich deutlich und unterscheidbar angesiedelt sind. Wer ein finanzielles Problem hat, sollte lieber die anderen inkarnierten Geschwister um Hilfe und Beistand bitten. Wer hingegen ein psychisches Problem hat – zum Beispiel mit Traumata, die durch Menschen verursacht wurden, die längst gestorben sind –, für den ist es wesentlich sinnvoller, sich an die nichtinkarnierten Seelengeschwister in der

Astralwelt zu wenden. Denn sie können mit der verstorbenen Person in Kontakt treten. Geht es hingegen um spirituellen oder seelischen Beistand – wobei wir »seelisch« wirklich als seelisch verstehen und nicht als psychisch –, ist es sinnvoll, sich an die Seelengeschwister der Astralwelt zu wenden, die ihren Weg bereits zu Ende gegangen sind.

Wir möchten jedoch noch auf weitere Differenzierungen hinweisen. Es ist oft sehr sinnvoll und wird bereits praktiziert, sich an diejenigen Seelenrollen in der Seelenfamilie zu wenden, die für die jeweilige Frage oder das spezifische Problem am deutlichsten zuständig sind. Für ein Kommunikationsproblem wird man sich an die »Weisen« in der eigenen Familie wenden, für ein Aggressionsproblem eher an die »Krieger« als an die »Priester«. Es darf dennoch davon ausgegangen werden, dass alle Seelengeschwister – ganz gleich, wie ihr existenzieller Zustand oder ihre Grundenergie ist – so miteinander vernetzt und auch so mit dem Fragenden verbunden sind, dass der Informationsaustausch ohne weiteres stattfindet und die Fragen an die zuständige Stelle weitergeleitet werden. Dies klingt ein wenig nüchtern und profan, aber so ist es. Es handelt sich um ein energetisches Internet, zu dem all jene Zugang haben und beitragen, die in der beschriebenen seelisch-energetischen Weise zusammengehören.

Dass dieses Netzwerk aus Information und Liebe auch noch mit anderen Seelenfamilien in Verbindung steht und, falls notwendig, die Bitte um Hilfe auch dorthin übermittelt wird, versteht sich von selbst. Doch das Prinzip der Eleganz, das heißt des geringst nötigen energetischen Aufwandes für den höchst möglichen und höchst sinnvollen Effekt, gilt auch hier wie überall in den seelischen Welten.

Frage: Gibt es Übungen, mit denen ich meine medialen Fähigkeiten schulen kann?

Du hast immer Verbindung zu deinen Seelengeschwistern, und sie schicken dir nicht nur guten Rat, sondern auch viel feinstoffliche Energie. Deine Frage betrifft eine direkte verbale Verbindung, die dir selbst zugute kommen soll. Wir empfehlen dir, weil du wenig gewohnt bist, auf deine inneren Stimmen zu hören, mit einigen kleinen Übungen zu beginnen. Sie sollten am Anfang nicht länger als fünf Minuten dauern und im Sitzen vollzogen werden. Setze dich also hin zu einem Zeitpunkt, wo du diese fünf Minuten wirklich in Ruhe und Stille verbringen kannst – vielleicht in einem Zimmer, vielleicht auch im Freien, auf der Erde. Schließe die Augen, falte die Hände, öffne die Knie, und verdrehe deine Augäpfel so weit nach oben, dass du das Gefühl entwickelst, in das Innere deines Kopfes zu schauen. Das ist am Anfang etwas anstrengend; du brauchst es nur so lange aushalten, bis die Augen von selbst wieder nach unten in ihre normale Stellung gehen oder anfangen zu schmerzen. Dann versuche es noch einmal, aber insgesamt nicht länger als fünf Minuten. Und wenn du das acht bis zehn Mal geübt hast, über einige Wochen hinweg, dann bitte während dieser Übung darum, dass dir eine Frage beantwortet wird, die du schon längere Zeit mit dir herumträgst. Falls du nicht gleich beim ersten Mal die Antwort vernehmen kannst, gibt nicht auf. Aber überanstrenge dich nicht.

Später, wenn du darin erfahrener bist, Antworten zu empfangen, kannst du es auch vor dem Schlafengehen im Liegen oder morgens beim Aufwachen versuchen oder wenn du dich zwischendurch einmal hingelegt hast. Doch musst du immer darauf achten, dass du in diesen Zeiten nicht gestört wirst. Denn deine Seele könnte erschrecken, weil sie gerade nicht in ihrem gewohnten Verbindungszustand mit deinem Körper ist, sondern sich in Regionen bewegt, die ihr ungewohnt sind.

Du kannst später auch mit anderen Menschen zusammen Meditationsübungen machen, die dich in einen Zustand der Ruhe und Entspannung versetzen und in denen du Fantasiereisen unternimmst, die dich ebenfalls mit deinen Seelengeschwistern in Verbindung bringen. Beide Methoden sind geeignet. Es gibt auch Kassetten, die dich dazu anleiten können, du hast vielleicht schon davon gehört. Du kannst sie dir besorgen und zusammen mit einer Freundin eine solche Reise machen und hinterher mit ihr darüber sprechen. Schreibe anschließend immer auf, was du erfahren hast.

Frage: Meine inneren Stimmen sind laut und kräftig, ich mag aber nur selten auf sie hören oder ihnen folgen. Ich bin skeptisch. Woher kommen sie? Mit welcher Methode kann ich sie besser hören lernen?

Du bist aus dem Kern deiner Natur heraus sehr eng verbunden mit einer wahrhaft aufrichtigen Instanz in dir, die direkten Zugang zum göttlichen Prinzip besitzt. Du bist mit ihr auf eine Weise verbunden, dass du jederzeit Hilfe und Trost von dort bekommen kannst – aber nicht nur Hilfe und Trost, sondern auch Inspirationen. Deine Seelenfamilie sendet sie dir. Inspirationen unterscheiden sich von Intuitionen, die du allein aus dir selbst und deiner seelischen Erfahrung aus vielen Leben beziehst. Inspirationen hingegen stammen zu einem Teil von Menschen, die du in früheren Leben gekannt hast und die jetzt zu dem Zeitpunkt, da wir sprechen, nicht auf der Erde leben, also diejenigen Seelengeschwister, die sich in der astralen Welt aufhalten zwischen ihren Leben, die jedoch mit dir in einem telepathischen Kontakt stehen. Andere wiederum haben mit ihren irdischen Leben bereits abgeschlossen und vermitteln dir noch klarere Impulse. Sie geben dir eine Führung, auf die du dich noch mehr verlassen kannst, und sie übermitteln dir diese Führung ebenfalls auf telepathischem Weg.

Doch musst du eines verstehen. Du bist ein Mensch, der zwischen seinen intellektuellen Kräften und seinen emotionalen Kräften eine starke Spaltung erlebt. Diejenigen, die zu dir sprechen, sprechen meistens nicht in Worten und geben dir auch nicht primär Gedanken ein, die du logisch entschlüsseln kannst. Vielmehr sprechen sie am wirksamsten zu deinen Emotionen, zu deinem Herzen, und erreichen dich gerade dann, wenn du dich zum Beispiel in einem gefühlsmäßigen Aufruhr befindest. Da du aber immer klare Worte erwartest, kannst du die anderen Signale, die oft viel wichtiger sind, nicht recht erkennen. Aber ihnen kannst du mehr vertrauen. Denn die Angst macht viele Worte, und meistens hörst du sie am lautesten.

Die Namen der Seele

In einer öffentlichen Veranstaltung wählten wir aus einer Reihe von beschriebenen Zetteln eine Frage an die Quelle aus, die uns besonders interessant zu sein schien. Es stellte sich heraus, dass sie von einer Zwölfjährigen gestellt worden war. Sie wollte wissen: Kann ich mit meiner Seele reden?

Die Quelle antwortete ihr in einer zärtlich-kindgemäßen Weise:

Wir sind dir dankbar, dass du diese Frage stellst. Sie ist wichtig und von großer Bedeutung für die allermeisten Menschen. Und wir sind sehr verwundert, dass noch niemand bei all den vielen Gelegenheiten, die es bislang gegeben hat, auf den Gedanken gekommen ist, sie zu stellen.

Ja, du kannst mit deiner Seele reden. Jeder Mensch kann mit seiner Seele reden. Aber ihr Menschen lebt neben eurer Seele her wie neben einem altvertrauten und schon nicht mehr recht interessanten Ehepartner, mit dem es zwar viel Gemeinsames gibt, dem man aber gar nicht mehr viel zu sagen hat.

So lebt ihr mit eurer Seele! Und wenn wir euch helfen könnten, wieder in einen aufrichtigen Dialog mit ihr einzutreten, wenn wir euch dabei behilflich sein könnten, einen neuartigen Kontakt mit ihr zu schließen, dann würdet ihr, ganz wie von einem alten Ehepartner, von eurer Seele eine Menge Neues erfahren – etwas, das man nur erfährt, wenn man auch fragt.

Das erste Mittel, die allererste und wichtigste Methode, um mit der eigenen Seele einen Dialog zu beginnen, ist, diese Seele als ein intimes Du zu betrachten, als eine Instanz, die in dir und außerhalb von dir zugleich existiert. Und wenn du dir vorstellst, dass deine Seele für dich ein Du ist, eine Freundin, ein Freund, ein sehr vertrauter Gesprächspartner, dann wirst du sicher auch das Bedürfnis spüren, dieser deiner Seele einen Namen zu geben. Zu einem Du gehört auch ein Name.

Wenn du also mit deiner Seele sprechen möchtest, dann gib ihr einen Namen! Du kannst dich, um diesen Namen zu finden, in irgendeine Entspannungssituation begeben. Du kannst dich ins Bett legen und die Augen schließen, du kannst in der Badewanne liegen oder auf einer Wiese. Es gehört nichts anderes dazu, als dass du deine Fantasie schweifen lässt, nach einer Lautfolge suchst, nach Konsonanten und Vokalen, die dir sympathisch sind, die sich für dich gut, vertraut und liebevoll anfühlen. Und ganz gleich, ob dieser Name ein Name ist, der in deiner Sprache und deiner Kultur bekannt oder ganz fremdländisch klingt – wenn er sich für dich richtig anfühlt, dann benutze ihn. Es kann dann sein, dass in dir nach einiger Zeit ein neuer Impuls entsteht, dass sozusagen deine Seele, wie es manchmal eine gute Freundin tut, dir meldet: Bitte nenne mich nicht so, nenne mich anders. Zum Beispiel: Wenn du deine Seele Ursula nennen wolltest, mag sie dir mitteilen: Ich möchte gern Ulla oder Ulli, Uschi oder Ursi oder ähnlich genannt werden. Darauf kannst du dann Rücksicht nehmen.

Wenn du mit deiner Seele sprechen willst, dann sprich mit ihr, wie du mit deiner besten Freundin vertrauensvoll reden würdest. Du kannst mit ihr alles besprechen. Es gibt keine Grenzen, es gibt keine Hindernisse, es gibt keine Tabus. In dieser Hinsicht unterscheidet sich deine Seele, deine beste Freundin, von deiner Mutter, deinem Vater, deinen Lehrern, deinen Geschwistern, deinem Pfarrer, wem auch immer. Denn deine Seele ist für dich keinerlei Respektsperson! Du brauchst vor ihr keine Angst zu haben. Sie wird dich weder loben noch strafen. Sie ist an dir interessiert, und du bist an ihr interessiert, weil ihr sozusagen aus einem Stamm seid, weil ihr so viel gemeinsam habt. Natürlich haben deine Seele und dein Ich verschiedene Blickwinkel, wenn sie bestimmte Dinge, Ereignisse oder Gefühle betrachten.

Nun fragst du: Wie kann ich mit meiner Seele reden, was kann ich ihr sagen? Und darauf haben wir dir schon eine Antwort gegeben. Aber du fragst auch indirekt: Was kann sie denn zu *mir* sagen? Wenn du einmal deine Freundschaften betrachtest, die Mädchen und die Jungen, mit denen du eine gewisse Vertrautheit, eine Selbstverständlichkeit des Umgangs verspürst, so wirst du auch bereits erfahren haben, dass es nicht genügt, immer nur etwas zu erzählen. Man muss auch zuhören können. Um also zu hören, was deine Seele dir zu sagen hat, musst du still werden. Dies kann für ein paar Minuten, für Stunden und manchmal – vielleicht erst wenn du älter bist – auch für Tage geschehen. Wenn du also hören möchtest, was deine Seele zu dir zu sprechen hat, was sie dir und nur dir allein mitteilen möchte, dann schaffe eine Situation, in der du sie hören kannst.

Das bedeutet: Du darfst in dieser Zeit nichts anderes hören, keine Musik, keine Gespräche, ja möglichst nicht einmal deine eigenen fest gefügten Gedanken. Ziehe dich zurück, und dann warte, ob sie sich meldet. Eine einfachere Methode jedoch ist es, deiner Seele eine Frage zu stellen. Aber wie in jeder guten Beziehung musst du auch hier davon ausgehen: Wenn du eine Frage stellst, solltest du bereit sein, auch die Antwort zu hören, selbst wenn sie dir im Augenblick nicht eindeutig angenehm erscheint.

Hast du also Probleme, einen Kummer, eine Freude, drücke alles aus. Hast du eine Frage, dann stelle sie mit lauter Stimme – dies ist sehr wichtig! – an deine Seele. Und benutze immer den Namen, den du für sie gefunden hast. So wie du am Telefon deine beste Freundin anrufen würdest, kannst du deine Seele anrufen und ihr eine Frage stellen. Und manchmal wirst du erleben, dass auch diese deine Seelenfreundin zum Hörer greift und sich bei dir meldet. Aber das setzt bereits einen gewissen intimen Kontakt, eine echte Freundschaft voraus.

Lade deine Seele zu dir ein. Kümmere dich um sie. Verwöhne sie. Zeige ihr, dass du mit ihr befreundet sein möchtest. Wenn du in späteren Jahren einen noch innigeren und intimeren Austausch wünschst, ist es sehr hilfreich und wahrscheinlich auch notwendig, dass du dich für längere Zeit aus dem Trubel deines Alltags zurückziehst. Du kannst, wenn du es möchtest, eine bestimmte Meditationsmethode pflegen. Du kannst dich – wie es früher viele Menschen taten – in eine Art moderne Einsiedelei zurückziehen, ganz allein einen Spaziergang machen. Oder du kannst dich auf eine Skihütte zurückziehen und ein paar Tage mit niemandem reden. Du kannst allein eine Reise machen und vermeiden, mit allzu vielen Menschen einen allzu oberflächlichen Kontakt zu pflegen. Du kannst dich auch in dein Zimmer zurückziehen und einige Tage nicht aus dem Haus gehen, keine Musik hören, einfach mit dir allein sein.

Dies ist nicht ganz einfach, aber es lohnt sich zuweilen, diesen Zustand herbeizuführen – der nicht immer angenehm ist –, um seiner Seele die Gelegenheit zu geben, auch Dinge zu sagen und mitzuteilen, die einiges an Auseinandersetzung hervorrufen. Denn gute Freunde müssen das eine oder andere Mal miteinander streiten, sonst ist es keine echte Freundschaft.

Deine Seele will manchmal etwas, das du mit deinem bewussten Ich nicht möchtest. Und manchmal möchtest du etwas, das deine Seele nicht möchte. Dies muss ausgehandelt werden. Sprich also ganz normal, und sprich mit lauter Stimme. Wir sagten schon, dass dies sehr wichtig ist. Nun mögen dich andere Menschen für ein wenig merkwürdig halten, wenn du mit einem Wesen sprichst, das für andere nicht sichtbar ist. Wir raten dir, dies zunächst nur dann zu machen, wenn keine anderen Menschen in der Nähe sind. Denn sonst gerätst du möglicherweise in Schwierigkeiten. Sprich mit lauter Stimme, genauso als wolltest du telefonieren. Nur dann kommt wirklich etwas aus dir heraus. Gedanken allein genügen nicht.

Wir sagten anfangs: Wie schade, dass so wenige Menschen diesen ganz normalen, freundschaftlichen Kontakt mit ihrer Seele pflegen. Viele denken an ihre Seele. Viele kümmern sich auch um ihre Seele und pflegen sie, aber sie reden nicht mit ihr. Die allerbeste und einfachste Methode ist, Dinge wirklich auszusprechen. Ihr seid Menschen, ihr habt einen Körper, ihr habt Stimmbänder – und auszudrücken, wirklich zu artikulieren, ist eure beste, einfachste und Energie sparendste Methode, um euch verständlich zu machen. Warum solltet ihr diese einfachen Mittel nicht auch anwenden, um mit eurer Seele zu reden? Versucht es nur einmal, und seht, welche schönen Kontakte, welche hilfreichen und liebevollen Begegnungen dadurch zustande kommen. Versucht es doch einmal!

Man kann also der eigenen Seele einen Namen geben, sollte sich aber bewusst bleiben, dass sie eigentlich keinen Namen besitzt. Dennoch – wir sind Menschen, und Namen sind für uns von elementarer Bedeutung. Wir brauchen sie, um ein Gegenüber zu identifizieren und um unsere Seele und auch unsere Seelenfamilie rufen zu können.

Frage: Ich hörte von einem Medium, mein Seelenname sei *Nolam*. Die Frau konnte jedoch nicht sagen, was das Wort bedeutet.

Keinen Namen kennt die Seele. Wohl aber haben Menschen Namen. *Nolam* müsste eigentlich *Nullam* heißen: »Die, die keine ist«. Weder das eine noch der oder die andere. Wer keinen Namen hat, kann alle Namen tragen. *Nullam* ist die passende Bezeichnung für jede Seele, die schon viele Namen angenommen hat und auch noch einige weitere erhalten wird. Zwischen den Leben aber ist sie namenlos. Sie ist weder die alte noch die zukünftige Person. Sie ist gar keine Person. Du bist jetzt, wer du bist, und trägst deinen Eigennamen. Verlässt du dieses Leben, bist du wieder *Nullam*.

Frage: Kann man auch eine ganze Seelenfamilie mit einem Namen rufen?

Die dreisilbige Lautfolge *Tru-ri-a*, die wir euch als Antwort für eure Seelenfamilie übermitteln, ist eher ein Appellativ als ein Name. Ihr könnt eure Familie mittels dieser Lautfolge rufen und identifizieren. Sie besagt zunächst, dass diese Seelenfamilie nicht aus zwei oder vier, sondern aus drei Seelenrollen zusammengesetzt ist. Alle derzeit inkarnierten Seelengeschwister sprechen oder verstehen eine Sprache, die Resonanzböden bildet für den symbolischen Gehalt dieser Laute und ihrer Schwingungsmuster. Und wer immer von den Seelengeschwistern diese Laute ausspricht, ruft damit die Gesamtheit der Familienmitglieder auf den Plan. Unmittelbar stehen dadurch alle ihre Energien zur Verfügung, so weit sie verwertet werden können und so weit es ihrer bedarf.

Darüber hinaus kennzeichnet *Truria* eine dem gemeinsamen Wollen entsprechende Aufgabe: die Entdeckung und Verkündung von Wahrheiten. Die Aufgabe lautet: Eine subjektive Wahrheit so zu verkünden, als sei sie eine objektive, jedoch im vollen Bewusstsein, dass sie subjektiv ist.

Truria bezeichnet alle Aspekte individueller Wahrheit. Es sind gemeint: Aufrichtigkeit, Selbstbetrug, Authentizität und Loyalität, Notlüge, die Angst, entlarvt zu werden, die Furcht, das Erkannte zu enthüllen, die Not, die durch eine Neuordnung der Werte entsteht, und vieles mehr.

Truria also ist als Name ein Gebilde von großer Komplexität. Die Aufgabe besteht für jedes Mitglied dieser Seelenfamilie darin, sich selbst treu zu bleiben, auch in der Entdeckung der eigenen Irrtümer.

Frage: Habe ich einen Schutzengel?

Du hast mehr als einen Schutzengel, du hast eine ganze Schutzmacht, die aus deinen Seelengeschwistern, aus wahrhaft brüderlichen Kräften besteht. Sie stehen dir zur Seite, um dich zu lenken, wohin du selbst willst. Das, was du Schutzengel nennst, ist kein Engel, sondern die geballte Kraft all deiner Seelengeschwister, die ihre Reise durch die irdische Seinswelt bereits abgeschlossen haben. Sie sind dazu da, dir Schutz zu gewähren, und wachsen selbst daran weiter.

Es gibt einen Namen, den du für sie benutzen kannst: *Vatubai*. Es handelt sich um die lautmalerische Bezeichnung einer Gruppe von Seelen, die mit dir eng verwandt und verbunden sind. Wenn du die Silbenfolge *Vatubai* bewusst als etwas wahrhaft Persönliches auf der Seelenebene begreifst und diese Silben mit ihren Lauten innerlich oder äußerlich aussprichst, wenn du sie als ein überaus individuelles Mantra betrachtest, dann kannst du diejenigen zu dir rufen, die dich leiten und behüten – ohne dich vor allem zu bewahren, damit auch du noch eine Entscheidungsfreiheit besitzt.

Frage: Ich bin Julia getauft, und in Indien wurde mir der Name Devadasi gegeben. Hat meine Seele auch noch einen Namen?

Du besitzt schon zwei Namen. Wir wollen diese zwei durch einen dritten ergänzen, einen Namen, dessen Dimensionen du erst mit der Zeit erfühlen und erkunden wirst. Dieser dritte Name lautet *Aspasia*. Das Wort entspricht dem Stand deiner augenblicklichen Entfaltung. Es gibt dir Konturen und eine Rückbindung an eine alte Tradition, in der du dich wieder finden kannst mit neuen Aufgaben, mit Eigenschaften, die sich dir schrittweise enthüllen werden. Er ist wie ein Seelenname, doch deine Seele hat gleichzeitig keinen Namen und viele Namen, je nachdem, ob sie inkarniert ist oder in der Astralwelt weilt. *Aspasia* ist nicht nur ein Name, der bereits in deiner Kultur einen Klang und eine Geschichte besitzt, sondern auch eine Lautfolge, über die du mit den Schwingungen deiner Seelenfamilie Kontakt aufnehmen kannst. Wenn du dir also der *Aspasia* in dir bewusst wirst und sie rufst und damit dich selbst rufst, werden sich dir Tore öffnen, und Schleier deines Bewusstseins werden gelüftet, die dich durch ihre Existenz schon lange verwundern. Denn du ahnst, dass sich noch Neues enthüllen kann. Du siehst jedoch jetzt nur den Schleier und die verschlossene Tür. *Aspasia* wird dir vieles öffnen. Darum vertraue auf die Magie der Laute und der Namen. Rufe, was gerufen werden kann. Anderes wird stumm bleiben, aber das, was du rufen kannst, wird dir antworten.

Frage: Wie kann ich zu meinem höheren Selbst oder meinem Geistführer Kontakt bekommen? Ich denke, dass ich seinen Namen schon kenne.

Wenn du seinen Namen kennst, dann ist es auch recht, dass du ihn benutzt und die Instanz, die damit gemeint ist, rufst. Ein Name ist ein Energieträger. Eine bestimmte Abfolge von Lauten erzeugt eine ganz bestimmte Schwingung, die wiederum Resonanz erzeugt im Bereich des Nichtmateriellen. Aber du hast diesen Namen noch nicht ganz richtig gehört und noch nicht ganz richtig verstanden. Deshalb raten wir dir, ihn auszusprechen und ein wenig mit ihm zu spielen: ihn zu variieren, die Vokale oder Konsonanten auszutauschen und dich in einem entspannten Zustand mit diesem Namen zu beschäftigen, bis dir die richtige, korrekte Schwingung eingegeben wird. Verlasse dich darauf, dass nicht nur du die Sehnsucht nach Kontakt spürst, sondern auch diejenigen, die dich erreichen wollen.

Du stellst damit von dir etwas zur Verfügung und erreichst dadurch den rechten Resonanzpegel. Darüber hinaus ist es ratsam, wenn du dich diesen Übungen, dieser Entspannung und diesem Wunsch zu bestimmten Zeiten und an bestimmten Orten widmest. Denn es bedarf der Ruhe, einer angstfreien Zone, einer Ungestörtheit, damit die ersten Kontakte wirklich zustande kommen und auch klar und deutlich wahrzunehmen sind.

Wenn du aber einmal den bestimmten Schwingungszustand gespürt und integriert hast, dann wird es dir sehr leicht fallen, immer auf dieselbe Schwingungsebene zurückzugehen. Ein Ruf, eine Idee oder ein Gedanke wird genügen, und ihr seid beisammen. Dein höheres Selbst ist ja ein Teil von dir, also bist du auch ein Teil von ihm. Was du als höheres Selbst bezeichnest, nennen wir die Seelenfamilie, besonders aber die nichtinkarnierten Geschwister und Verwandten auf seelischer Ebene. Und so wie du mit deiner biologischen Familie durch Blutsbande verknüpft bist, die du nicht fördern, aber auch nicht leugnen kannst, so bist du auch mit deiner seelischen Verwandtschaft aufs Engste verbunden. Und diese Präsenz steht dir immer zur Verfügung.

Ob du sie stets wahrnimmst und erkennst, ist eine andere Sache. Aber gerade danach fragst du ja, und wir geben dir die Antwort. Erstens: Glaube daran, dass es möglich ist. Solange du nicht davon überzeugt bist, wird es dir schwer fallen, die für dich bestimmten Schwingungen zu identifizieren. Zweitens: Stelle einen Raum, eine Zeit zur Verfügung für diese Kontakte. Und drittens: Rufe die, die du sehen, spüren, schmecken oder riechen möchtest, seien es nun körperlose Wesen oder lebendige Menschen. Dann kommen auch keine anderen. Kurz gesagt: Die Voraussetzungen für einen echten Kontakt sind *Vertrauen*, *Entspannung* und *gute Absicht*.

Ein Name besitzt durch seine Lautfolge eine akustische Frequenz, die wir als Menschen über die Kraft unserer Stimme wie einen Suchstrahl einsetzen können. Für Varda persönlich ist es also ein wesentlicher Unterschied, ob sie sich an *Holun*, ihre Seele, wendet oder an *Truria*, ihre Seelenfamilie. Denn auch Letztere hat einen Namen bekommen, der, nach Auskunft der Quelle, durch seine Assoziationen und seine Lautfolge eine bestimmte Schwingung erzeugt, eine Frequenz, die man nutzen kann, um einen bewussten Kontakt herzustellen. Es gibt jedoch noch andere Möglichkeiten, um die Frequenz der eigenen Seelenfamilie zu ermitteln.

Frage: Wie kann ich die Frequenz meiner Seelenfamilie innerlich spüren?

Du möchtest wissen, wie du diese Frequenz spüren kannst. Aber noch wichtiger ist es für dich, eine Technik zu erlernen – wenn man es denn Technik nennen kann –, wie du diese Frequenz eindeutig identifizieren kannst.

Wir geben dir einige Hinweise, die auch für alle anderen Menschen gültig sind. Zunächst einmal ist der erste Lernschritt, die Energien der einzelnen Essenzen, die an deiner Seelenfamilie Anteil haben, genau zu erfassen. Dazu kannst du deine eigene Seelenmatrix zu Hilfe nehmen. Deine eigene Frequenz als »Künstler« (Energie 2) kennst du gut. Die »Priester«-Frequenz (Energie 6) kennst du auch sehr gut, da dein Entwicklungsziel »Beschleunigen« diese Energie darstellt. Die »Heiler«-Frequenz (Energie 1) ist dir weniger bekannt, da du mit »Heilern« aus persönlichen Gründen gewisse Schwierigkeiten hast. Es wäre aber gut, wenn du deine Angstfrequenz, das heißt dein Hauptmerkmal »Selbstverleugnung«, einmal abtasten würdest auf die energetischen Anteile der Energie 1.

Werde dir also der unterschiedlichen Seelenrollen-Frequenzen bewusst. Dann bekommst du einen Gesamteindruck von der Schwingung deiner Familie, weil sie sich aus diesen drei Frequenzen zusammensetzt. Sie bildet einen Dreiklang, der eine bestimmte Melodie hat.

Wir könnten auch sagen: Es handelt sich mehr noch um einen Kanon als um einen Dreiklang. Einen Kanon, der von verschiedenen Stimmen gesungen wird, auf dem sich Texte und Melodien vermischen. Und doch singt ihr alle dasselbe Lied. Die Stimmen sind verschieden moduliert. Der Kanon ist unverwechselbar.

Jede Seelenfamilie hat nicht nur einen Namen, sondern auch eine solche Erkennungsmelodie. Und diese Melodie zu hören ist ein besonderes Vergnügen für diejenigen, die sie kennen und wieder erkennen. Wir haben an anderer Stelle gesagt, dass eine Seelenfamilie sich miteinander verständigt, so wie ein Bienenvolk oder ein Ameisenvolk. Man erkennt sich an bestimmten Merkmalen: ein unterschwelliger Duft, eine volkeigene Schwingung, eine Frequenz, die sich in einer für Menschen nicht hörbaren Melodie ausdrückt.

Für dich wird es einfacher sein, wenn du die Kanonsegmente, die eine deiner Seelenschwestern singt, als erste identifizierst. Das bedeutet, sie in ihrer Unterschiedlichkeit zu dir zu erfassen und ihr einen Ton zu geben. Sodann schwinge dich auf den dir bekannten Seelenbruder ein, und gib ihm ebenfalls einen Ton. Das sollte nicht nur ein innerer Ton sein, sondern auch ein äußerer Ton, den du mit deinen Stimmbändern artikulierst. Anschließend eiche deinen Klangkörper auf diese Schwingung, auf diesen Ton wie eine Stimmgabel, und vertraue darauf, dass du im Anschluss daran das absolute Gehör für die Frequenzen zweier Seelenrollen in deiner Seelenfamilie entwickelt hast. Deine eigenen kennst du ja.

Wenn du dann einen Menschen triffst, von dem du vermutest, dass er zu deiner Familie gehören könnte, miss ihn an dieser imaginären Stimmgabel, die dir zur Verfügung steht. Und wenn deine Resonanz und sein Ton zueinander passen und einen einzigen Ton ergeben, der sich zu den anderen harmonisch verhält, dann kannst du fast gewiss sein: Es handelt sich um einen Angehörigen deiner Seelenfamilie.

Die Stimmgabel liegt bei »Künstlern« im Kehlkopf-Chakra. Andere Essenzen haben ihre Stimmgabel in der jeweils dem Archetyp zugeordneten Zentrierung und dem dazu passenden Chakra. Das bedeutet: der »Weise« hat sie in dem spirituellen Zentrum, der »Priester« im ekstatischen, der »König« im motorischen usw. Wenn also der »König« sich darauf verlässt, dass sein Kraft-Chakra im Oberbauch die Schwingungen der Seelenfamilien-Mitglieder empfängt, wenn bei einer Begegnung in seinem ganzen Wesen vieles in Bewegung kommt, was vorher statisch verharrte, kann er sicher sein, dass er ein Mitglied seiner Seelenfamilie getroffen hat.

Anrufung und Resonanz

Der Kontakt mit der eigenen Seele oder der Seelenfamilie, die ja so untrennbar miteinander verbunden sind wie Mutter und Kind durch ihren genetischen Code, erfolgt durch einen bewussten Akt: die Anrufung. Im Kontext der Religionen nennt man diese Anrufung Gebet oder Zwiesprache mit Gott. Auch das Erflehen von Fürbitte durch einen Heiligen oder Bodhisattva ist eine Form der Anrufung. Erfolgt eine solche Anrufung mit voller Kraft und Überzeugung, mit der zur Verfügung stehenden Energie, aus Vertrauen und guter Absicht, bringt sie eine Resonanz hervor. Mit der Anrufung aus vollem Herzen erzeugt der Mensch ein Feld, das wiederum den angerufenen seelischen Kräften die Möglichkeit verschafft, sich über Resonanz bemerkbar zu machen, sich Gehör zu verschaffen oder – in Ausnahmefällen – sogar sich zu manifestieren.

»Klopfet an, so wird euch aufgetan!« heißt es im Neuen Testament. Das entspricht auch unserer Erfahrung mit den Instanzen der seelischen Welten. Und das Klopfen sollte nicht allzu zaghaft und leise sein. Im Gegenteil: Je lauter der Mensch seine Stimme erhebt, umso deutlich wird er vernommen, und umso klarer ist die Antwort – in Worten, in Bildern oder in ganz anderer, oft überraschender Form. Man darf nur nicht von vornherein feste Erwartungen hegen oder »vorschreiben«, wie die Antwort beschaffen sein soll oder auf welchem Weg sie uns zu erreichen hat.

Denken Sie an Ihren Fernseher: Sie empfangen immer genau den Sender, den Sie eingeschaltet haben. Sie gehen mit der Taste Ihrer Fernbedienung auf eine bestimmte Frequenz, und schon kommen Bild und Ton eines ganz bestimmten Senders. Genauso verhält es sich mit Seele, Seelenfamilie oder mit einer kausalen Quelle: Sie empfangen die Frequenz, die Sie angerufen haben, vorausgesetzt, Sie haben sie zuvor identifiziert und sich darauf »eingestellt«. Dann haben Sie die Gewähr, dass tatsächlich Ihre Seelenfamilie antwortet, wenn Sie sie rufen. Vergessen Sie auch eines nicht: Selbst wenn Ihre verstandesgeprägte Erziehung Ihnen ausgeredet hat, dass es »so etwas« geben kann – Ihr Inneres, Ihr Unbewusstes ist an das seelische System angeschaltet. Nichts ist wirklich verloren gegangen. Und wenn der Sender zu leise eingestellt ist, »drehen Sie einfach am Knopf« und stellen ihn lauter.

Eine Anrufung liegt dann vor, wenn ein Mensch in bewusster und ritueller Weise einen verbalen Kontakt zu einer unsichtbaren inneren oder äußeren Instanz herstellt. Gewiss gibt es auch innere Anrufungen, aber wirksamer ist es, wenn Sie Ihre Stimme einsetzen und diese Invokation »aus voller Brust« vornehmen. Sagen Sie also, bevor Sie einen entsprechenden Kontakt herstellen, drei Mal laut:

»Meine liebe Seele (beziehungsweise den entsprechenden Namen nennen), ich rufe dich!«

Oder: »Meine Seelengeschwister, ich rufe euch!«

Oder: »Liebe Priester aus meiner Seelenfamilie, sprecht zu mir!«

Oder: »Ihr Schutzwesen aus meiner Seelenfamilie, bitte gebt mir einen Rat!«

Die Seelenfamilie will und muss helfen, so weit es ihr möglich und es für das Ganze sinnvoll ist. Diese Hilfe jedoch ins Bewusstsein dringen zu lassen durch eine entsprechende Bitte, eine Appellation, eine Anrufung oder eine Anfrage ist ein gesonderter Vorgang. Die Hilfe ist dadurch, dass ein bilateraler, wissentlicher und beabsichtigter Bewusstseinskontakt stattfindet, deutlicher und stärker.

Basis des Ganzen ist das energetische Resonanzprinzip. Wenn sich ein Mensch bewusst an seine Seelenfamilie wendet und mit energetischer Ladung – besonders auch mit seinem Willen und seiner Stimme – eine Bitte äußert oder eine Frage stellt, wird die damit erzeugte Energie von der Gesamtheit seiner Seelenfamilie empfangen und kann ein entsprechend starkes Echo hervorbringen. Wer nur flüstert, wird ein Flüstern zurückbekommen. Wer ruft, bekommt eine laute Antwort. Wer nur denkt, bekommt eine rein gedachte und als Seelenfamilien-Botschaft selten identifizierbare Anregung.

Widerstände

In unseren Seelenfamilien-Seminaren lehren wir seit 1998, als wir auf Anraten der Quelle den Strukturplan erweiterten, auch den praktischen Umgang mit der Seele und der Seelenfamilie. In jedem Seminar finden meditative Übungen statt, die den Teilnehmern erlauben, in einer Gruppe, im geborgenen Umfeld und unter Anleitung sich mit diesen Aspekten ihres Selbst zu verbinden und direkt Fragen an ihre Seele zu stellen, wie es uns die Quelle gelehrt hat.

In diesem Zusammenhang erkundigte sich Varda: Wie kann ich das als Übung anbieten, wenn ich so wenig eigene innere Erfahrung damit habe?

Wir sind mit dir einer Meinung, dass es nicht richtig ist, Menschen in eine Erfahrung hineinzuführen, die dir selbst nicht oder nur wenig geläufig ist. Wir können dir deshalb – und nicht nur wegen des neu gestalteten Seelenfamilien-Seminars – nur eindringlichst empfehlen, dir diese Erfahrungen zu gönnen und zunutze zu machen. Du könntest zum Beispiel aufschlussreiche Impulse und wohl tuende Hilfe erfahren, wenn du – anstatt dich selbst mit Gedanken und Ängsten allzu lange zu quälen – dich zu bestimmten Fragen ruhig hinsetzt und über deinen personalen Bereich ein wenig hinausgehst. Nichts anderes brauchst du zu tun, als dir die verschiedenen Seelenrollen deiner Seelenfamilie zu vergewärtigen. Dann kannst du entweder von dir aus und aktiv eine dieser Seelenrollen, die dir geeignet und passend erscheint, anrufen (zum Beispiel: »Ihr Künstler in meiner Seelenfamilie, ich rufe euch!«), das Problem, so wie es dir präsent ist, vortragen und dann mit geschlossenen Augen einige Minuten möglichst leer und ruhig warten, was dir an Antwort zuteil wird. Oder du kannst warten, um zu sehen, wer sich meldet. Vergiss nie, dass sie du sind und du sie!

Insofern kann es, auch wenn du anschließend auf ihren kognitiv erfassten Rat nicht eingehst, keine Entscheidung geben, die die Seelenfamilie ausschließt. Es ist nur äußerst hilfreich, die Dinge, die dir deine Entscheidung erleichtern, auch in den kognitiven Bereich hineinzuholen. Varda nimmt das, was ihr an Hilfe, Unterstützung und Geschenken zuteil werden könnte aus der Fülle und der Großzügigkeit der an ihr und ihrer Aktualisierung Interessierten, nicht genügend in Anspruch. Wenn wir sagen: Ihr seid nicht so allein, wie ihr euch fühlt!, dann bedeutet dies, dass ihr es euch zu einer unnötigen Angewohnheit gemacht habt, eure Fragmentierung stärker zu empfinden als eure Zugehörigkeit zum Ganzen.

Eine alte Gewohnheit ist dies, von der ihr aus jahrtausendealter Erfahrung glaubt, dass sie unbedingt zum Menschsein gehört. Dies ist zwar nicht falsch, aber es ist für Seelen in eurem Entfaltungszustand auch nicht mehr richtig. Ihr seid selbstverständlich fragmentiert und bleibt es auch. Doch die Realität eurer Verbundenheit dringt jetzt von Tag zu Tag, von Leben zu Leben deutlicher in euer Bewusstsein. Und diesen Anteil nur theoretisch zu erfassen oder ganz zu ignorieren, entspricht nicht eurem Sein, nicht eurem Interesse und – wenn wir es so sagen dürfen – auch nicht eurem Auftrag.

Der Wunsch nach Autonomie ist verständlich, und doch ist die Autonomie, die ihr zu praktizieren versucht, indem ihr auf den Rat und die Hilfe der euch Zugehörigen verzichtet, illusorisch. Jene müssen sich, wenn ihr sie nicht bewusst hören könnt oder wollt, auf andere Weise bemerkbar machen und euch auf andere Weise lenken oder beeinflussen. Dies ist aber ein Rückgriff auf Kommunikationsformen aus früheren Zeiten, sozusagen ein Einsatz von Buschtrommeln, wo doch Telefonleitungen längst gelegt sind.

Die Barriere besteht in der irrigen Vorstellung, dass, wenn du bewusst und kognitiv auf das lauschst, was deine Seelenfamilie dir als Erleichterung zuteil werden lassen möchte, du in eine größere Abhängigkeit gerätst, als wenn du nichts davon weißt. Deine Angst besteht vor allem in der Furcht vor dem Ausführenmüssen von Anregungen und Vorschlägen, die dir von transpersonaler Seite gemacht werden. Du verstehst aber die Unterstützung der Seelenfamilie in diesem Fall nicht richtig. Der Schlüssel ist – wie wir immer und immer wiederholen möchten – die tiefe Einsicht, dass du in diesem Fall nur einen Teil deines eigenen Selbst um Rat fragst und nicht eine Instanz, wie wir es sind, die ganz außerhalb deines Selbst existiert. In der Tat ist es schwierig, unseren kausalen Beratungen etwas entgegenzusetzen. Wir haben dafür Verständnis, dass sich in euch hin und wieder etwas sträubt, uns zu fragen, denn mit einer Instanz Kontakt zu halten, die – von euch aus gesehen – immer Recht hat, ist für einen Menschen sowohl beglückend als auch ermüdend und irritierend.

Ihr habt es leichter, wenn ihr nicht die Seelenfamilie als solche, also als ein kaum zu begreifendes Konglomerat von Abstraktionen anruft, sondern einzelne Instanzen, zum Beispiel die nichtinkarnierten Wesen oder die »Priester«, die bereits mit ihrem Inkarnationszyklus abgeschlossen haben, oder die »Könige«, die jetzt gerade in anderen Erdteilen oder in anderen Kulturen eures Planeten inkarniert sind. Ihr wisst, welche Möglichkeiten existieren. Ihr könnt also differenzieren und das nutzen, was euch zur Verfügung steht.

Wer könnte zuständig sein, wer könnte kompetent sein für dieses oder jenes Anliegen? Auf diese Frage kommt es an. Und wenn ihr damit erst einmal ein wenig Übung habt, dann könnt ihr damit so selbstverständlich umgehen, als ob ihr in einem Ratgeberbuch oder einem Lexikon nachschlagt.

Die Quelle wird nicht müde, uns immer wieder zu ermuntern und aufzufordern, die Verbindung mit unserer Seele oder Seelenfamilie aufzunehmen. Sie drückt ihr Bedauern darüber aus, dass Menschen in unserer westlichen Kultur wegen ihrer Angst, für »Spinner« gehalten zu werden, diese natürliche Möglichkeit, mit sich selbst und mit der Göttlichkeit in ihnen in Berührung zu treten, nicht oder nur selten nutzen. Der eigenen Seele einen Namen zu geben, kann dabei, wie wir bereits hörten, sehr sinnvoll sein. Denn ein solcher Name verleiht dem zunächst formlosen Gebilde der eigenen Seele Gestalt.

Vardas Schwester, ebenfalls ein begabtes Medium, ermittelte schon sehr früh während unserer medialen Tätigkeit für Vardas Seele einen Namen, mit dem sie zunächst nicht viel anzufangen vermochte. Sie war ein wenig misstrauisch, konnte sich unter diesem Namen nichts vorstellen. Das änderte sich, als sie ihre Quelle dazu befragte:

Für meine eigene Seele wurde der Name *Holun* gechannelt. Haben Seelen denn einen Namen? Heißt meine Seele wirklich so? Und was bedeutet dieser Name?

Seelen heißen nicht, sie können aber benannt und angerufen werden. Auf die von uns beschriebene Weise kannst du den ewigen Teil von dir zum Sprechen bringen. Wir werden dir einen Traum senden, in dem ein Name vorkommt, der dir mehr zusagen wird als *Holun*.
Holun ist zusammengesetzt aus *Hol* = ganz und *un* = eins. Nicht übel, aber vielleicht doch ein wenig abstrakt für eine alte Freundin!
Du bist auf dem besten Weg, ein recht frommer Mensch zu werden. Zur Frömmigkeit gehört nun einmal auch das Gebet. Als Expertin zum Thema Seele solltest du zu deiner Seele beten, denn sie ist dein göttlicher Aspekt. Beten bedeutet, wie wir schon früher sagten: sich öffnen, in Berührung kommen, weich und empfänglich werden für Weisungen und Trost aus nichtmenschlichen Dimensionen.

Wenn du also deine Seele anrufst, so tue dies mit lauter Stimme und offenem Herzen. Und dann warte in Stille auf Antwort, ohne dich unter Druck zu setzen. Schildere mit lauter Stimme dein Problem oder deinen Fall. Und dann warte auf ein Zeichen. Auch das Däumeln kannst du einsetzen oder die Karten. Aber direkter ist der Weg über die innere Wahrheit.

Du predigst vielen zu Recht, dass ihre Seele nicht gegen sie agieren oder wirken kann und will. Aber du selbst hast bislang nur sehr selten, nur dann, wenn es unausweichlich war, die Probe aufs Exempel gemacht. Nun versuche es doch über uns!

Wir, die Quelle, sind natürlich nicht deine Seele, wohl aber deine Freunde. Wir können als Mediator wirken und gewiss auch eine Kontrolle über die Kommunikation ausüben, die dir Sicherheit gibt, ähnlich wie ein jeder Familientherapeut Angehörige, die den bewussten, geraden menschlichen Kontakt miteinander verloren haben, wieder miteinander ins Gespräch bringen kann.

Wenn du erst einmal erkannt hast, wie fruchtbar diese Kolloquien sind, werden sie dir bald unentbehrlich erscheinen. Entspannung und Vertrauen bedingen sich. Deshalb sorge für Entspannung auf allen Ebenen, damit du uns hören kannst und auch die Wünsche und Sehnsüchte deiner Seele. Es geht doch nicht an, dass du dich von anderen, zum Beispiel den Seminarteilnehmern, darin einfach überholen lässt! Sie wenden schon lange an, was du weißt, und du stehst daneben, anstatt ihnen mit gutem Beispiel voranzugehen.

Es wird Sie als Leser vielleicht verblüffen zu hören, dass ausgerechnet Varda als Medium zum bewussten Kontakt mit ihrer Seele aufgefordert werden muss. Sie meint dazu:

»Ich gestehe, dass ich keine besonders große Sehnsucht nach ›offizieller‹ verbaler Beratung durch meine eigene mediale Tätigkeit habe. Es kommt mir so widersinnig vor, mir über meine eigene Stimme klugen Rat anhören zu müssen! Meine Intuition funktioniert im Allgemeinen gut, ich fühle mich unablässig inspi-

*riert, es wird mir eher schon zu viel. Ohnehin bin ich ja schon
so häufig in Trance, und eine gewisse Autonomie, was meine Le-
bensführung betrifft, sowie auch das ›Recht, meine Fehler zu machen‹, scheinen mir persönlich wichtig zu sein. Die Quelle sagte
mir übrigens auch bereits am Anfang unserer gemeinsamen Arbeit: ›Finde deine eigenen Antworten!‹ Ich neige aufgrund meiner Persönlichkeit (Hauptmerkmal ›Starrsinn‹) allerdings ganz
allgemein dazu, viel zu selten um Hilfe zu bitten. Aber vielleicht
bilde ich mir auch ein, meine eigene Seele könnte mir niemals so
guten Rat geben wie die ›superkluge‹ Quelle, an deren überra-
gende Beraterqualität ich in meinem Alltag als professionelles
Medium gewöhnt worden bin. Doch wenn ich ganz ehrlich bin,
sind mir jene wenigen Aussagen, die mich während der vergangenen Jahre kurz, bündig und höchst prägnant von meiner eigenen Seele erreichten, in der Tat unvergesslich und in höchstem
Maße hilfreich gewesen.«*

Es folgen zwei Fragen, mit denen Varda sich an die Quelle gewandt hat:

Ich esse zu viel, meistens aus Stress und Nachlässigkeit. Ich habe
mehr Hunger, als mir gut tut. Was ratet ihr mir?

Wenn du dich an uns nährst, was du wirklich viel zu selten tust,
brauchst du wahrscheinlich weniger Essen. Anstatt vor dem Fernseher zu dösen, könntest du mit uns Kontakt aufnehmen. Wir haben dir
viel Gutes und Wichtiges zu sagen. Lass uns reden. Natürlich kannst
du auch Fragen stellen. Das eine sollte sich aus dem anderen ergeben. Es ist Zeit, dass du uns persönlich in Anspruch nimmst. Wir glauben, dass du inzwischen genug Vertrauen in unsere Existenz und in
unsere Fähigkeiten und Lauterkeit geschöpft hast, um uns auch selber zuzuhören. Sei getröstet, und nutze deine Einsamkeit. Irgendwann wirst du wieder weniger Muße für solche Unterhaltungen mit

uns haben. Es darf nicht immer um große Dinge gehen und um Publikationen. Du bist uns wichtig als Trägerin unserer Botschaft und als Mensch, als diejenige, die sich uns zur Verfügung stellt und dafür auch unsere Liebe in Anspruch nehmen soll.

Du willst immer so normal sein wie die anderen. Aber das geht so nicht. Besonders wenn du medial arbeitest, musst du ganz wenig und ganz leicht essen. Du magst das natürlich nicht gern hören. Aber wenn du uns schon fragst: So ist es.

Deine Angst vor Kontrolle durch andere ist zu groß. Um ihr zu entkommen, schadest du dir oft selbst. Du verzichtest auf unseren Rat, ohne dich zu fragen, ob das gut oder schlecht für dich ist. Du hast eine Scheu, dein Geschick in die Hände einer höheren Macht zu legen – oder zumindest, es bewusst zu tun. Denn tief in dir ist eine Instanz, die nichts Schöneres kennt, als sich rückhaltlos anzuvertrauen.

Ich möchte ein Geburtstagsgeschenk von euch!

Wunderbar, dass du jetzt endlich, an deinem fünfzigsten Geburtstag, bereit bist, etwas zu fordern und auch anzunehmen! Sei getrost und gewiss, dass wir nicht mit unserer Liebe zu dir geizen. Es ist nicht nötig, dass du fleißig oder brav bist, um von uns geliebt zu werden. Und du brauchst dich auch nicht aufzuopfern. Wir möchten dich auffordern, gerade eben nur das Notwendigste zu arbeiten, um deinen Lebensunterhalt zu gewährleisten. Dann hast du genügend Zeit und Muße für alles, was Spaß und Laune macht.

Wir sind sehr angetan von der Idee, dass du einen Roman schreiben willst, und du sollst wissen, dass wir dir immer dann mit Inspirationen zur Seite stehen werden, wenn du es wünschst. Probiere doch einmal aus, ein Kapitel auf Band zu sprechen, es mit geschlossenen Augen zu diktieren. Es wäre einen Versuch wert. Du brauchst dafür nicht besonders tief in Trance zu gehen und uns zu rufen. Deine Fantasie genügt. Sie wird reichlich sprudeln und dir Bilder schenken. Du darfst dir dafür auch an einem ganz normalen Arbeitstag Zeit nehmen. Du brauchst diese Zeit nicht von der übrigen Arbeit zu stehlen, sie gehört doch dir! Dass du mit deiner Arbeit und mit dem Ergebnis deiner Tage glücklich und zufrieden bist – darauf kommt es an! Verzichte einige Zeit aufs Zeitunglesen, dann hast du schon eine Stunde gewonnen. Stehe regelmäßig um sieben Uhr auf. Es ist ganz leicht, und du wirst umso besser abends einschlafen.

Die Quelle ist ein kausaler Lehrer. Ihre Aussagen unterscheiden sich trotz ihres praktischen Charakters im allgemeinen Ton ganz wesentlich von den Mitteilungen von Vardas Seelenfamilie. Diese bekommt sie hauptsächlich, während sie in den Seminaren die Teilnehmer anleitet, mit Mitgliedern ihrer Seelenfamilien in Verbindung zu treten. Vardas eigene Seelenfamilie mit Namen *Truria* besteht aus »Weisen«, »Priestern« und »Königen«. (Von *Truria* ist noch an anderer Stelle die Rede, siehe Kapitel 6). Da Varda selbst »Priester« ist, hat sie zu den anderen »Priestern«, ob verkörpert oder nicht, guten Kontakt. Auch die gesprächigen, mitteilsamen »Weisen« spürt sie häufig in sich, besonders wenn sie schreibt oder Vorträge hält. Nur mit den »Königen« in sich konnte sie sich nicht so recht anfreunden. Also rief sie eines Tages: »Ihr Könige aus meiner Seelenfamilie, sprecht zu mir!« Und dann kam sofort eine Antwort – würdevoll, gemessen, knapp und direkt: *Trage unsere Krone. Sie ist keine Märtyrerkrone und auch keine Dornenkrone!*

Als Varda das hörte, richtete sich ihr Rücken auf, ihre Schultern strafften sich, und sie trug plötzlich den Kopf so erhoben wie eine Königin. Ihr gesamtes Wesen nahm Haltung an. Für sie hatten die zwei kurzen Sätze vielschichtige und weit reichende Bedeutung. Denn diese Worte haben ihr einen Großteil ihrer Angst genommen, als Übermittlerin der Seelenlehre angefeindet zu werden, von der Gesellschaft belächelt oder stigmatisiert zu werden, für ihre Lebensarbeit von einer höhnischen Medienöffentlichkeit »ans Kreuz genagelt« oder »zum Märtyrer gemacht«

zu werden. Seither trägt sie die Aufgabe, sich der Quelle als Medium zur Verfügung zu stellen, nicht mehr wie eine Last oder gar schamvoll, sondern mit einer gewissen königlichen Haltung, mit Stolz und Würde. Und diese Würde schenkt ihr innere Freiheit. Man wird die Tragweite der zwei kurzen Sätze noch besser verstehen, wenn man die Angststruktur von Vardas Seelenmatrix betrachtet: Sie ist ein »starrsinniger Märtyrer«, ihr ängstlicher Leitsatz lautet: »Wer weiß, was alles passieren könnte, auf jeden Fall bestimmt etwas Leidvolles!«

Die Formulierung »Trage unsere Krone!« weist zwar einen deutlichen Aufforderungscharakter auf, sie enthält auch einen Rat und einen vielschichtigen Hinweis, aber es fehlt alles Erläuternde, Belehrende. Es ist also für Varda ein großer Unterschied, ob sie sich an die Quelle wendet oder an ihre Seelenfamilie. Und ihre Seele (diese Erfahrung haben auch viele andere Menschen bereits gemacht) redet oft noch knapper zu ihr. Sie sagt: »Fahr nach China!« oder »Misch dich nicht ein!« oder »Iss besser nichts nach acht!« Keine Erklärung, keine Rechtfertigung, keine Allgemeingültigkeit. Seele und Seelenfamilie reden so nur zur eigenen Person. Sie reden in eigener Sache.

In diesem Zusammenhang stellte sich folgende allgemeine Frage: Macht es einen Unterschied, ob ich mit meiner eigenen Seele oder mit meiner Seelenfamilie einen Kontakt aufnehme?

Der Kontakt mit der eigenen Seele ist intimer und privater. Der Kontakt mit der Seelenfamilie hat größere und allgemeiner gültige Dimensionen. Wir möchten dies mit einem Vergleich und einem Bild erläutern.

Ein Gespräch mit der eigenen Seele ist wie ein Selbstgespräch oder ein Tagebucheintrag, der Kontakt mit der Seelenfamilie hingegen wie eine Diskussion am grünen Tisch oder das öffentliche Erörtern eines größeren und umfänglicheren Problems, zu dem Experten eingeladen werden und die entsprechenden Interessenten, die gemeinsam eine Lösung suchen sollen.

Die eigene Seele ist die Essenz, die einen Menschen lebendig macht, seine persönliche Lebenskraft, sein überzeitlicher und sein ewiger Aspekt. Es handelt sich hierbei um etwas Individuelles. Die Seelenfamilie hat überindividuelle, also auch öffentliche Aspekte. Der Kontakt mit ihr betrifft immer andere inkarnierte oder nichtinkarnierte Wesen simultan.

Frage: Kann ich das selbst steuern? Oder entscheiden diese Instanzen, ob und wie und wann sie Kontakt mit mir aufnehmen?

Es gibt durchaus Möglichkeiten, dies zu steuern. Aber zuweilen kommen auch beabsichtigte oder unbeabsichtigte Fehlschaltungen zustande. Stelle dir vor, du sprichst mit dir selbst in einem Raum, ohne zu wissen, dass eine Leitung geschaltet ist, mittels derer dein Selbstgespräch von anderen, dir wohlwollenden und innerlich Beteiligten mitgehört wird.

So kann es passieren, dass sich andere Instanzen zuschalten. Aber in der Regel ist es gut, deutlich zu unterscheiden und sich energetisch zu vergewissern, mit wem der Kontakt hergestellt wird. Im Übrigen ist die eigene Seele ein Teil der Seelenfamilie und nicht grundsätzlich von ihr zu trennen. Erkennen kann man an der Antwort, wer der Empfänger der Anfrage gewesen ist. Die Seelenfamilie antwortet in aller Regel in der Wir-Form, die eigene Seele in der Ich-Form.

Mit welchen Problemen könnt ihr euch an eure Seele wenden, und mit welchen an die Seelenfamilie? Grundsätzlich möchten wir zum Ausdruck bringen, dass die eigene Seele und auch die Seelenfamilie nicht in erster Linie und nicht ausschließlich zum Lösen von Problemen existieren. Es wäre sonst so, als würde die eigene Existenz nur ein einziges großes und kaum aus eigener Kraft lösbares Problem darstellen. Aber dies ist nicht so. Die Gespräche mit der eigenen

Seele sollten alle möglichen Bereiche der privaten Erfahrung betreffen. Es handelt sich um einen Austausch von Freud und Leid, von Leichtigkeit und Schwere, von Kummer und Freude.

Die Seelenfamilie kann für eine Reihe von Schwierigkeiten um Rat und Hilfe gebeten werden. In der Regel sind diese Schwierigkeiten größer und betreffen weiterreichende Aspekte der eigenen Existenz sowie auch den Kontakt zu anderen Menschen.

Die Seelenfamilie ist wie ein Gremium, und das Problem, die Anfrage, die Schwierigkeit wird weitergeleitet an den am höchsten Kompetenten in diesem Gremium. Dies kann eine zurzeit inkarnierte oder nichtinkarnierte Einheit, eine Seelenschwester oder ein Seelenbruder dieser Familie sein. Die Frage, die Problematik, kann auch einer großen Gruppe, zum Beispiel allen »Heilern« oder allen »Weisen« in der Seelenfamilie vorgelegt werden. Und es ist in aller Regel leicht und angemessen, diese ganze Gruppe mit ihrer Energie um Unterstützung zu bitten.

Wesentlich ist nur, niemals aus den Augen zu verlieren, dass die Seelenfamilie nicht dazu da ist, das Problem zu lösen. Der jeweilig Fragende oder sich in Schwierigkeiten Befindende ist der Exponent dieser Seelenfamilie. Er ist auf der Erde, um für diese Seelenfamilie Erfahrungen zu machen und zu sammeln. Er verfügt über ihre Unterstützung, aber das Erleben ist ihm gänzlich überlassen. Und auch das Erleben von Fehlschlägen gehört durchaus zu der notwendigen Erfahrung, die eine Seelenfamilie machen will.

Die Seele und die Seelenfamilie sind also weder »Mädchen für alles«, noch fühlen sie sich aufgefordert, einen Menschen vor allen Schwierigkeiten und Problemen zu bewahren. Das ist nicht die Aufgabe der seelischen Welten, sondern für eine Unterstützung dessen zu sorgen, was während einer Inkarnation notwendig und angemessen ist.

Wie könnt ihr nun feststellen, ob ihr wirklich Kontakt gefunden habt, oder ob ihr es euch nur einbildet? Wenn es sich um einen authentischen Kontakt mit seelischen Instanzen handelt und eine wie auch immer geartete Antwort oder ein Hinweis empfangen wurde, stellt sich unmittelbar nach dem Empfang ein Empfinden von Klarheit, Leichtigkeit, Entspannung und Entlastung ein. Ein Gefühl wie ein Aha-Erlebnis, eine Einsicht, die auf tiefen Widerhall stößt, so als habe man schon immer gewusst, wo die Lösung liegt, und nur noch nicht die Bereitschaft gefunden, diese Erkenntnis zu akzeptieren. Alles ist immer schon vorhanden, denn der Inkarnierte ist Teil des Gesamtanliegens einer Seelenfamilie und kann zwar sein kognitives Bewusstsein davon abtrennen, nicht aber die anderen Bewusstseinsanteile.

Klarheit, Entspannung, eine gewisse Freude und ein neuer Impuls, etwas zu tun, zu verändern oder sein zu lassen, sind die Kriterien für einen authentischen Kontakt.

Viele Menschen werden beim Gedanken an telepathische oder mediale Kontakte oder bei der Vorstellung, »mit der Geisterwelt« zu reden, von diffusen Ängsten und Vorurteilen geplagt. Eine der häufigsten Befürchtungen ist, dass »ja jeder reinkommen kann, wenn ich mich dafür öffne«. Diese Angst ist nicht wirklich begründet. Gewiss gibt es astrale Wesen, die sich – selten genug – einzuschmuggeln versuchen. Aber es genügt, sie eindeutig wegzuschicken, wie wir der Durchsage auf folgende Frage entnehmen können.

Ist die in esoterischen Kreisen weit verbreitete Technik, sich vor der Begegnung mit Astralphänomenen mit Licht zu umgeben oder seine Schutzengel zu rufen, sinnvoll? Welche Gefahr besteht, wenn ich meine Seelenfamilie rufe?

Nicht selten haben Menschen Angst vor Fremdkontakten und fürchten die Begegnung mit Astralwesen. Die eigene Seele und die eigene Seelenfamilie sind jedoch keineswegs fremd. Der Dialog mit ihnen ist daher nicht mit einem Astralkontakt der herkömmlichen Art zu verwechseln. Bei Letzterem kann es allerdings durchaus einmal passieren, dass man eine Frequenz für eine unangenehme Energie frei macht oder sich für einen Verstorbenen, einen Geist, öffnet, mit dem man gar nicht reden möchte. Es ist jedoch kaum gravierender, als einen Radiosender einzuschalten, der uninteressant ist. Gefährlich ist es nicht. Man kann ihn wieder ausschalten. Nur höchst selten kommt es zu astralen Besetzungen. Eine echte Besessenheit kann durch das, was wir euch lehren wollen, niemals ausgelöst werden.

Oft genügt es, unerwünschten Besuchern strikt die Tür zu weisen. Die menschliche Stimme ist machtvoller als jegliche mentale Anstrengung, die dazu dient, einen Lichtkreis zu bilden oder andere magische Praktiken anzuwenden.

Wenn ihr euch klarmacht, dass Astralprojektionen oder niedrig schwingende Geister oft noch viel ängstlicher, vor allem aber viel gehorsamer oder sogar höriger sind als ihr, dann erkennt ihr, dass ihr sie mit einem Befehl, einer barschen Anweisung oder auch mit einer herrscherlichen Geste in ihre Schranken weisen könnt.

Wichtig ist, dass ihr die Hilfsmittel zu Rate zieht und benutzt, die euch als Menschen ganz normal und instinktiv zur Verfügung stehen: die Stimme, die Bewegung, die Ausdrucksweise. Das bedeutet: Wenn jemand euch bedrängt, dann könnt ihr rufen: Verschwinde! Wenn jemand euch würgt, könnt ihr ihn von euch wegschieben und nach ihm treten! Die Vorstellung allerdings, unter Aufbietung aller letzten Kräfte einen Gegenzauber finden zu müssen, um den Angriffen zu wehren, ist nicht völlig falsch, aber sie gleicht dem Versuch, durch Versprengen von Weihwasser die Kakerlaken aus dem Keller vertreiben zu wollen.

Kakerlaken brauchen Gift oder müssen zertreten werden, anders ist ihnen nicht beizukommen. Allenfalls könnt ihr eine Schlange oder Ratten aussetzen, die sie fressen, aber die werden euch dann selbst wieder gefährlich. Nutzt also das, was euch als Menschen gegeben ist und wozu euer Instinkt euch drängt. Niedere Astralwesen sind nur Schatten. Sie können euch nicht wirklich gefährlich werden oder euch bedrohen. Was bedrohlich sein kann, ist einzig eure Angst vor ihnen.

Es ist verständlich, dass die Begegnung mit einem inkarnierten Angehörigen der eigenen Seelenfamilie eine große Sehnsucht auslöst, einen Wunsch nach mehr Kontakt, nach Gültigkeit und Unvergänglichkeit. Man möchte den Augenblick, der eigentlich ein Hinabfallen in die Zeitlosigkeit ist, festhalten. Doch das Leben erlaubt dies nur selten. Da Seelengeschwister über den ganzen Planeten verstreut sein können, begegnen sie einem Menschen zuweilen auf Reisen, und dort oft gerade unter unerwarteten Umständen. So erging es einer Freundin, die fragte:

War der Taxifahrer in Marrakesch, in dessen Gegenwart eine so überwältigend liebevolle Atmosphäre herrschte, obwohl die Begegnung nur zehn Minuten dauerte, ein Seelenbruder von mir? Wenn ja, was soll ich jetzt tun? Müsste ich wieder dorthin, um ihn aufzusuchen? Oder war die Begegnung komplett?

Vollkommen, vollkommen! Vergiss nie das Empfinden. Du wirst es selten in so reiner Form erleben können. Das sind die Sekunden, Minuten und selten Stunden, die es wert sind, erinnert zu werden. Du kannst dich jetzt jederzeit, wenn du es wünscht oder brauchst, in dieses Taxi zurückversetzen, wenn du die Augen schließt. Du kannst diesen Menschen jederzeit rufen, wenn du seinen Namen kennst, und damit rufst du die ganze Familie, die ganze ureigene Seelenschwingung.

Sei dir gewiss, dass du eine exakte Frequenz ermittelt hast durch diese Begegnung. Da war keine gegenseitige Verpflichtung, da war nichts, was der eine geben oder der andere nehmen musste, noch nicht einmal gegenseitige Geschenke, sondern da war eine Präsenz wie ein Halten der Hände, Berühren der Herzen, Versinken in der weichen Musik des Gleichklangs. Diese Begegnung sei dir ein

Schlüssel, um dir Zugang zu verschaffen zu den Reichen der Gemeinsamkeit und um alle irdische Einsamkeit ein für alle Mal auszuschließen.

Dass du versuchst, erneut nach Marokko zu fahren, um ihn zu suchen, um Kontakt herzustellen, ist nicht nötig. Der Kontakt besteht.

Passive Kommunikation

Bislang haben wir lediglich davon gesprochen, wie ein Mensch aktiv, bewusst und mit einer klaren Intention und Fragestellung einen Kontakt zu seiner Seele oder seiner Seelenfamilie herstellen kann. Doch es wäre bestürzend, wenn nur jene in innere Verbindung zu ihrem göttlichen Anteil treten könnten, die in irgendeiner Weise durchlässig, bewusst, meditativ oder gar medial begabt sind. Jeder kommuniziert, weil er lebt. Jeder tut es unbewusst – im Schlaf, im Traum, bei der Arbeit, in Extremsituationen, beim Sex.

Weil Sie eine Seele haben, sind Sie mit Ihrem gesamten Wesen immerzu, ohne Pause mit Ihrer Seelenfamilie und deren Anliegen verbunden. Denn die Seele ist Teil der Seelenfamilie. Sie können daher mit Fug und Recht von sich behaupten: Ich bin ein Fragment meiner Seelenfamilie, einer ihrer Abgesandten, ihr inkarnierter Botschafter. Meine Familie hat mich auf die Erde geschickt, damit ich bestimmte Aufgaben für sie als Ganzheit erlebe. Um das zu ermöglichen, müssen alle Seelengeschwister, zu denen ich gehöre, in jedem Augenblick meiner irdischen Existenz miteinander kommunizieren können. Ich mit ihnen, sie mit mir. Wir bilden ein energetisches Kommunikationssystem.

Frage: Was ist ein aktiver Zugang im Gegensatz zu einem passiven?

Der passive Zugang ist so zu verstehen, dass die Seele als energetisches Phänomen und übergeordnete Instanz des personalen Selbst stets Zugang zu diesem größeren Ganzen hat, so wie es auch unabänderlich und omnipräsent ist, dass ein Mensch die Gene seiner Vorfahren in sich trägt. Ein aktiver Zugang jedoch kann Neues erschließen.

Wenn ein Mensch sich mit seinen Vorfahren beschäftigt, nicht nur unbewusst deren Gene in sich trägt, sondern sich bewusst mit den Lebensläufen, den Fotografien und Charakteren seiner Ahnen beschäftigt, mit ihrem Erleben, ihrer Geschichte und ihrer Herkunft, wird er Anderes und Neues erfahren und das, was sie ihm gegeben haben, auf eine bewusste Art und Weise für sich fruchtbar machen. Aber an seiner grundsätzlichen genetischen Verbundenheit ändert das nichts.

In diesem Sinne verstehen wir auch den Unterschied zwischen passivem Zugang und aktivem Zugang. Der aktive Zugang setzt eine bewusste und beabsichtigte Handlung voraus, eine Öffnung, ein Wissenwollen, ein Suchen, ein Anfragen. Dadurch wird Fassbareres, Konkreteres, Begreifbareres ermöglicht. Nur der lebende Mensch kann eine aktive Interaktion mit der Energie anderer Seelengeschwister im inkarnierten und nichtinkarnierten Zustand sowie mit den jeweilig individuellen und kollektiven Vergangenheiten aufnehmen. Die Seelenfamilie kann energetisch bewirken, der inkarnierte Mensch hingegen kann handeln. Jede Frage, jeder Kontaktimpuls, ist in diesem Sinne als Handlung zu verstehen.

Frage: Ich hatte schon oft den Eindruck, dass Kulturen, die speziell den Ahnenkult pflegen und sich mit ihren Ahnen beschäftigen, in Wirklichkeit auf diese Weise Kontakt mit ihrer Seelenfamilie machen. Ist das richtig?

Es ist nicht falsch, aber auch nicht ganz richtig. Dadurch, dass ein Mensch sich an seine Ahnen wendet, sie verehrt und anruft, erzeugt er eine besondere, vertrauensvolle Energie. Diese Energie findet einen Widerhall auch in der eigenen Seelenfamilie. Selbst wenn der verehrende, anbetende Mensch sich dessen nicht bewusst ist, meint er stets nicht nur seine leiblichen Ahnen, sondern auch seine seelischen Vorläufer und Gefährten. Unter seelischen Vorläufern verstehen wir die eigenen früheren Inkarnationen als Ahnen der seelischen Identität, und als seelische Gefährten bezeichnen wir die Seelen der anderen Seelengeschwister, die ebenfalls eine Vielzahl personaler, verkörperter Seelen-Ahnen im Hintergrund ihrer Erfahrungsgeschichte wissen.

Auf all dies kann sich ein Mensch beziehen, wenn er dem Ahnenkult huldigt und seine rituellen Handlungen verrichtet. Es gestattet einen Zugang zu einer breit gefächerten dualen Vergangenheit. Deine Frage war insofern berechtigt und deine Vermutung richtig, als ein solcher Ahnenverehrer ohne sonderliche Anstrengung durch die Bereitstellung seiner inneren Wünsche und energetischen Öffnungen die Hilfe seiner seelischen Ahnen in Anspruch nimmt. Der bewusste, aktive Anteil richtet sich an die leiblichen Ahnen, und diese sind ebenso eine Realität. Der unbewusste, passive Anteil richtet sich an die Seelenfamilie, die Seelensippe, den Seelenstamm. Es ist also weder ein »Entweder–oder« noch ein »in Wirklichkeit«, sondern beides.

* * *

Von verschiedenen Methoden, die einer gezielten Kontaktaufnahme dienen, haben Sie bereits gelesen. Wenden wir uns nun der Seelenfamilie selbst zu. Sie hat unserem persönlichen Willen übergeordnete Anliegen, Wünsche, Notwendigkeiten und Informationen, die sie uns in einem ununterbrochenen Kommunikationsstrom übermitteln muss. Dazu verfügt sie sowohl über subtile als auch über massive Möglichkeiten, um uns zu erreichen: über unser Unbewusstes, über Träume, Visionen und Erscheinungen, während der Meditation, in Entspannungssituationen, in höchster Angst, über die Begegnung mit verkörperten Seelengeschwistern.

Man kann davon ausgehen, dass eine Beseelung exakt so lange anhält, wie ein menschlicher Körper lebendig ist. Während einer gesamten – kurzen oder langen – Lebensspanne weilt also die Seele in einem Menschen und manifestiert sich dort in erster Linie mittels psychischer Gegebenheiten. Seelische Komponenten, insbesondere auch das Seelenmuster, müssen durch das energetische Nadelöhr der Psyche hindurch, um im materiellen Bereich aktiv und wirksam zu werden. Und doch ist Seele keinesfalls identisch mit Psyche.

In einer der frühesten und für das Verständnis der Seelenlehre bedeutendsten Durchsagen (siehe *Welten der Seele,* S. 31–45) erläuterte uns die Quelle den Unterschied: Psyche ist vergänglich. Sie entsteht und vergeht mit dem Körper. In jedem einzelnen Leben entwickelt die inkarnierte Seele im Körper eines Menschen eine neue Psyche. Diese ist ein damit untrennbar verknüpftes, den Lebensumständen sich anpassendes, nichtmaterielles »Angstverdauungsorgan«. Die Psyche kann überdies mehr oder weniger gesund sein und ist an die jeweilige Inkarnation gebunden.

Die Seele hingegen ist die alle Einzelleben überdauernde Kernidentität menschlicher Existenz. Sie ist der ewige Aspekt. Sie überbrückt Zeit und Raum. Je nachdem, ob sie einen Körper beseelt oder in einer körperlosen Existenzform weilt, widmet sie sich unterschiedlichen Aufgaben, ohne ihre Identität zu verlieren. Sie ist immer gesund. Trotz ihrer vereinzelten materiellen Erscheinungsformen bleibt sie Fragment eines größeren Ganzen, der Seelenfamilie. Seele wird sowohl in bewussten als auch in unbewussten Anteilen der Psyche manifest. Die Seele ist der göttliche Funke, der dem Menschen Leben schenkt. Seelische Bedürfnisse und Anliegen setzen sich gegenüber psychischen durch.

Das seelische Unbewusste

Das psychische Unbewusste wird seit vielen Jahren erforscht. Die Arbeit von Psychiatern, Psychotherapeuten und Psychologen hat hier eine große Anzahl von Theorien hervorgebracht und eine Reihe wichtiger Gesetzmäßigkeiten entdeckt. Die Erkenntnisse der Wissenschaft über die Mechanismen der Psyche, über ihre Erkrankungen und deren Behandlungsmöglichkeiten sind aus unserem westlichen Menschenverständnis nicht mehr wegzudenken. Psyche und Seele werden jedoch in der Regel als identisch verstanden, die Bezeichnungen synonym benutzt.

Aus der Einsicht heraus, dass viele Menschen die Verbindung zu ihrer Seele verloren glauben oder nicht mehr spüren können, vermittelt die Quelle uns tiefe Erkenntnisse und schenkt uns in ungeahnter Klarheit ein neues Verständnis der seelischen Welten, ihrer Bedeutung, ihrer Organisationsformen und ihrer Anliegen. Und dies geschieht nicht in Form eines neuen Glaubensinhalts mit den entsprechenden Dogmen, sondern als überprüfbare Arbeitshypothese. Hier geht es nicht um eine neue Religion, sondern um eine Theorie der Seele, aus der heraus auf neue Weise verständlich wird, wie Religionen entstehen, wie sie wirken und warum sie zeitgebunden sind.

Das seelische Unbewusste steht im Gegensatz zum psychischen Unbewussten für Vertrauen, innere Führung, Sinn stiftende Geborgenheit in der Existenz. Es ist im eigentlichen Sinn eine religiöse Instanz, denn es bindet uns (zurück) an eine transzendente Dimension, in der wir als beseelte Wesen unsere Heimat haben. Über das seelische Unbewusste haben wir nicht nur

Zugang zum überreichlichen Erfahrungsschatz vergangener eigener Existenzen in Zeit und Raum, sondern auch – in höchstem Maß – zu unserem menschlichen Kollektiv, zum archetypischen Bereich unseres Bewusstseins. Darüber hinaus verbindet es uns mit einem allgemeineren, höheren Wollen, mit dem Willen Gottes.

Über das seelische Unbewusste kommunizieren Seele, Seelenfamilie, Seelensippe und Seelenstamm mit jedem von uns, denn wir sind ihre manifesten, in die Welt der Materie entsandten und mit bestimmten Forschungsaufgaben betrauten irdischen Botschafter. Bereits C. G. Jung spürte, dass es sich bei dem, was er ahnungsvoll als das kollektive Unbewusste erfasste und benannte, um ein ungewöhnliches »Wesen« handelt, das niemals mit einer eindimensionalen Instanz gleichzusetzen wäre.

Die Begrifflichkeit, die sich um die Seele rankt, hat ihren traditionellen Platz in der Philosophie, Theologie und Religionswissenschaft sowie in der Psychologie. Doch gerade aus diesen Wissensbereichen ist die Vorstellung einer unvergänglichen Seele, einer transzendenten Instanz, die vom göttlichen Ganzen gelenkt und geleitet wird und ihm dient, heutzutage weitgehend verschwunden. Wer über die Seele spricht, läuft Gefahr, als frömmelnder Schwärmer, als individualistischer Fantast, als altmodisch und unaufgeklärt angesehen zu werden. Themen wie Sinnhaftigkeit, Fügung, Transzendenz, die mit der unsterblichen Seele in unserem Sinne zu tun haben könnten, diskutiert man als Wissenschaftler möglichst nicht, denn man muss befürchten, von seinen Kollegen angegriffen und ausgegrenzt zu werden, wenn man darüber schreibt.

Die traditionellen Vorstellungen vom Jenseits, auf dem Straf- und Sühnekonzept der Religionen basierend, gelten weiten Teilen der Bevölkerung jedoch kaum noch als verbindlich. Wenn wir Theologen nach einer Definition von Seele gefragt haben, erhielten wir meistens nebelhafte oder ausweichende Antworten.

Und in der Tat wollen und vermögen viele Europäer des 21. Jahrhunderts ihre Seele nicht mehr nur als einen schuldbeladenen, dem Höllenfeuer auf alle Ewigkeit überantworteten, zu reinigenden, von Gott zu strafenden und überdies völlig unbegreiflichen Kern der Persönlichkeit ansehen. Dies entspricht nicht mehr ihrer inneren Erfahrung. Es entsteht also ein spirituelles Vakuum, eine Not. Wie aber können moderne Erklärungen aussehen?

Hier setzt die Quelle mit ihrer Seelenlehre an. Sie tut es, um uns zu helfen, aber auch aus einem eigenen Entwicklungsbedürfnis heraus:

Wir müssen bewirken, was wir bewirken. Wir haben keine Wahl. Ihr seid es, die wählen könnt. Ihr lebt in einem dualen Zusammenhang, den wir bereits hinter uns gelassen haben. Ihr könnt lieben oder nicht lieben, erkennen oder nicht erkennen. Diese Möglichkeit ist uns verschlossen.

Die seelischen Anliegen unserer Seelenfamilie verwirklichen sich über uns. Und ebenso wie das psychische Unbewusste, meistens aus Angst und oft zu unserem Nachteil, uns Dinge tun oder sagen lässt, ohne dass wir gleich bemerken, wer uns regiert, lässt uns auch das seelische Unbewusste handeln und wirken, Verbindungen eingehen und Werke in die Welt setzen, ohne dass wir uns darüber vollkommen im Klaren sind. Wir empfangen Aufträge und tun unser Werk als Mandatsträger übergeordneter seelischer Instanzen. Um dies zu verstehen, ist es hilfreich, zwischen Bewusstheit und Bewusstsein zu unterscheiden:

Bewusstheit ist die energetische Hülle aller Phänomene. Nun habt ihr gelernt, diese Bewusstheit in verschiedene Formen von Bewusstsein zu unterteilen. Ihr habt vernommen von einem Tagesbewusstsein, von einem entgrenzten Bewusstsein, von einem Traumbewusstsein, von dem Unterbewussten oder Unbewussten und auch von einem Überbewussten oder Überbewusstsein. Diese Terminologie spiegelt Versuche wider, das große und unbegreifbare Phänomen von Bewusstheit beschreibbar und begreifbar zu machen.

Es ist jedoch irrig anzunehmen, dass das Überbewusstsein etwas Wichtigeres oder Großartigeres sei als das Tagesbewusstsein. Es ist auch nicht korrekt, zu der Schlussfolgerung zu gelangen, dass das Unbewusste – individuell oder kollektiv – eine größere Wichtigkeit besitzt als das, was euch in den meisten Fällen ins kognitive Bewusstsein dringt. Alle diese Bereiche haben ihre Funktionen. Um das Bild weiterhin zu benutzen, sagen wir: Wer von euch kann wirklich ohne Magen, ohne Herz oder ohne Gehirn leben? Und wenn die Haut fehlt, wer kann so existieren? Wir wollen dies nicht lange ausführen. Es wird euch unmittelbar einsichtig sein.

Wenn ihr also irgendetwas in euer Bewusstsein dringen lasst, dann habt ihr Teil an dem Ganzen. Ihr seid bewusst. Wenn ihr träumt, seid ihr bewusst. Wenn ihr scheinbar unbewusst agiert oder reagiert, bleibt ihr trotzdem Teil der großen Bewusstheit. Denn in der Tat: Es ist wichtig, dass nicht alles kognitiv bewusst geschieht. Von der Warte der seelischen Bedingungen und Notwendigkeiten her betrachtet, wäre euer Leben auf dem Planeten Erde in euren Körpern nicht möglich, wenn ihr mehr Bewusstsein hättet und ständig an die große Bewusstheit bewusst angeschlossen wäret. All die zwingenden seelischen Notwendigkeiten könnten nicht mehr erfüllt werden, wenn ihr Zugang zum großen Ganzen zu jeglicher Zeit besäßet.

Die Seelenlehre der Quelle bietet neue Möglichkeiten, Zugang zu erweiterten Dimensionen des Bewusstseins zu erlangen. Sie besagt unter anderem, dass jeder ohne Ausnahme über sein seelisches Unbewusstes Zugang zu einem umfassenden Wissen besitzt. Wir alle sind Teil eines unermesslichen Energiefeldes, das aus den drei interagierenden seelischen Welten und dem in ihnen stattfindenden Informationsaustausch besteht. Ein lebender

Mensch ist davon ein Teil und hat daran Anteil. Alle Seelenwesen bilden ein großes Netzwerk.

Über das seelische Unbewusste vermitteln uns die »zuständigen Stellen«, was sie für wichtig und nötig halten. *Wir geben, was gebraucht wird, nicht mehr und nicht weniger*, sagte uns die Quelle. Dasselbe gilt für die Seelenfamilie, deren Anliegen wir als Menschen ja im Irdischen vertreten. Sie wird uns über die Kanäle des Unbewussten immer genau jene Impulse, Inspirationen und Informationen zukommen lassen, die gebraucht werden.

Da es sich um Bewegungen im persönlichen und kollektiven Unbewussten der Seele handelt, können wir allenfalls die Resultate solcher inneren Führung erkennen. In der Rückschau scheint sich alles sinnhaft zu fügen. Die Gründe jedoch, das Warum und Wozu der Schicksalhaftigkeit unseres Daseins, bleiben uns in aller Regel verborgen. Und das ist gut so.

Denn die Versuchung, mit Willen und Verstand einzugreifen, zu fördern, zu verhindern, zu manipulieren, Unangenehmes zu vermeiden, Angenehmes zu erstreben, wäre schier unwiderstehlich. Es ist gut und sinnhaft, dass nichts als ein ahnungsvoller Hauch der kosmischen, unsere Geschicke lenkenden Bewusstheit unser kognitives Bewusstsein zu streifen vermag – erschaudern wir doch vor Ergriffenheit schon bei der geringsten Erkenntnis überindividueller Fügung. Das Numinose macht uns Angst und erweckt zugleich eine unergründliche Sehnsucht.

Mensch sein heißt – bei aller Freiheit –, mit diesen Grenzen leben zu lernen. Mensch sein heißt, in Demut zu begreifen: Man kann nicht alles wissen. Man kann fast gar nichts kontrollieren. Menschliche Reife bedeutet, solche Begrenztheit als einen Teil der irdischen Wirklichkeit anzuerkennen, anstatt mit ihr zu hadern.

Frage: Ich habe noch nie bewusst erlebt, dass ich Seelengeschwistern energetisch geholfen hätte. Mir ist diese Vorstellung, dass sich Seelengeschwister auch im Körper helfen können, ohne sich persönlich zu kennen, ein wenig fremd. Läuft das, wie wir Menschen sagen, unbewusst ab? Wie habe ich mir das vorzustellen?

Du kannst davon ausgehen, dass du mit jedem Atemzug körperliche, physische, das heißt irdische Erfahrungen machst. Diese Erfahrungen werden in einem Reservoir gespeichert. Zu diesem Reservoir haben zunächst einmal alle deine Seelengeschwister Zugang. Es wäre nicht sinnvoll, sollte dieser Zugang in jedem Fall bewusst vollzogen werden. Auch du profitierst unablässig von allen Erfahrungen, die deine Seelengeschwister machen, sofern sie im Augenblick inkarniert sind.

Ideen, Gedanken, Impulse und Entscheidungen sind weder im eigentlichen Sinne abhängig von der Energie der Seelenfamilie, noch werden sie von ihr gesteuert. Es wäre also nicht korrekt zu denken oder zu sagen: »Meine Seelenfamilie will…« Nein, das Mitglied dieser Seelenfamilie will mit seinem eigenen Willen, und da es nicht getrennt ist von seiner Familie, kann dieser Wille durchaus dem Wollen der Seelenfamilie entsprechen. Da-raus zwei Instanzen zu machen, die separate Willensäußerungen haben können, wäre absurd. Es ist nicht möglich, dass der eine Teil will oder nicht will und der andere das Gegenteil. Es gibt auch keinen eigentlichen Konsensus, der nur denkbar ist, wenn zwei individuelle Freiheiten zu einer Einigung kommen. Die Seelenfamilie ist und bleibt ein seelisches Ganzes, ebenso wie ein körperlicher Organismus, und als Organismus ist die Seelenfamilie auch am besten zu verstehen. Dabei muss das Herz, das pumpt, sein Blut nicht um Erlaubnis bitten, es durchfließen lassen zu dürfen. Das endokrine System muss sich nicht mühselig abstimmen mit den anderen körperlichen Systemen. Es ist ein Ganzes. Aber selbstverständlich kann es passieren, dass Störungen auftreten, Störungen besonders in der Interaktion oder im Informationsfluss zwischen den einzelnen Systemen. Und hier setzen wir wieder an, um euch die Möglichkeiten zu und die Bereicherung durch einen bewusst herbeigeführten Informationsaustausch nahe zu bringen.

Es ist wichtig, dass wir die Menschen immer wieder deutlich darauf hinweisen, dass sie mit ihrer Seelenfamilie eins sind – »in Verbindung stehen« wäre falsch ausgedrückt. Dass sie eins sind, ganz gleich, ob sie davon jemals gehört haben oder nicht. Das, was aber in ihnen eins ist, beschreibbar zu machen, zu erkunden, mit kognitiven Methoden zu betrachten und zu erklären, ist eine Hilfe. Der Energie- und Informationsfluss kann verbessert werden, aber nur in Teilaspekten. Im Wesentlichen vollzieht er sich ohne Zutun des kognitiven Bewusstseins.

Telepathie

Die allgemeinste und am meisten verbreitete passive Kontaktaufnahme zwischen einer Seelenfamilie und einem ihrer inkarnierten Seelenfragmente geschieht über das, was man Telepathie nennt. Im Allgemeinen versteht man darunter eine Gedankenverbindung zwischen zwei weit voneinander entfernten Menschen. Auch zwischen einem Haustier und seinem Besitzer soll es solche Gedankenübertragungen geben. Liebende sagen im selben Augenblick dasselbe. Für manche, die solches oft erleben, ist die Vorstellung von Telepathie etwas so Vertrautes, dass sie gar nicht begreifen können, wie jemand nicht davon überzeugt sein kann. Sie sind empfindsam und empfänglich für die mentalen Felder, die ein ihnen vertrauter, wenn auch vielleicht seit längerem aus dem Gedächtnis entschwundener Mensch aussendet. Oder sie wundern sich keineswegs, wenn sie etwa Folgendes erleben. Eine Frau berichtete:

»Neulich stöberte ich in alten Adressbüchern, als ich auf den Namen einer Schulfreundin stieß, von der ich leider seit ihrer Verheiratung vor sechs Jahren nichts mehr gehört hatte. Ich nahm mir vor, sie bald einmal anzurufen und dachte sehr intensiv an schöne Zeiten, die wir miteinander verbracht hatten. Es dauerte keine vierundzwanzig Stunden, bis das Telefon klingelte

und ich ihre Stimme hörte. Sie sagte: ›Gestern habe ich so sehr an dich gedacht, da habe ich mir mal deine Nummer von der Auskunft geben lassen…‹«

Für Seelengeschwister ist es ein Leichtes, miteinander telepathisch zu kommunizieren, sich Informationen zu »überspielen«. Ja, es ist die einfachste, gängigste und Energie sparendste Form der Impulsübermittlung. Im Allgemeinen bemerken wir sie gar nicht. Wir unterscheiden nicht zwischen den Denkinhalten unseres kleinen Selbst und unseres großen Selbst.

Nur wenn wir einem Seelenbruder oder einer Seelenschwester bereits einmal im Körper begegnet sind, kann Telepathie konkretere Formen annehmen. Vielleicht vergießt man gerade bittere Tränen wegen irgendeines Kummers, als ausgerechnet jene Frau an der Tür klingelt, mit der man vor ein paar Jahren auf Teneriffa eine so unvergesslich intensive Begegnung hatte. »Ich fuhr auf Geschäftsreise mit dem Zug nach Hannover«, erzählt die Besucherin, »und als ich mich Kassel näherte, dachte ich an Sie, weil Sie doch da wohnen. Und plötzlich bekam ich das Gefühl, dass es Ihnen vielleicht nicht gut geht. Da bin ich einfach ausgestiegen. Darf ich reinkommen?«

Vektoren und Begegnungen

Im Zusammenhang mit seelischen Kontakten muss auch das Phänomen der Vektoren erörtert werden. Seelische Vektoren sind Energiebahnen, die so eingerichtet werden können, dass sie sich mit anderen Vektoren kreuzen, um Seelengeschwister oder andere seelische Verwandte miteinander in Kontakt zu bringen. Dies geschieht unter besonderen Umständen, die von den Betroffenen selbst in vollem Bewusstsein nicht hätten geplant oder angestrebt werden können.

Meist führt eine unerwartete, oft auch scheinbar unglückliche Verkettung von Umständen zu einem bedeutsamen Kreuzen der Lebenswege. Zum Beispiel bricht man sich den Arm auf einem Spaziergang, den man eigentlich nur gemacht hat, weil der Friseurtermin ausgefallen ist, und trifft in der Notaufnahme der Klinik die Mutter eines kleinen Jungen mit einer Kopfverletzung, die dann zu einer lebenslangen, engen Freundin wird. Oder der Freund des Vaters einer Bekannten, die man im Kaufhaus trifft, weil man einen Schuhabsatz reparieren lassen muss, der wenige Meter vor dem Eingang im Pflaster stecken geblieben ist, vermittelt einem einen Job, als man gerade darüber nachdenkt, den bisherigen Arbeitsplatz zu kündigen, weil man dort gemobbt wird.

Gewiss nicht in jedem Fall, aber doch sehr häufig ist die Reihung der Zufälle so ungewöhnlich und auffällig, dass die Seelenfamilie das Ganze arrangiert zu haben scheint. Man sollte sich allerdings davor hüten zu glauben, die Vektoren würden immer nur zu angenehmen oder »guten« Ergebnissen führen. Die Seelenfamilie ist ja dafür da, für das Notwendige zu sorgen. Um das zu bewerkstelligen, ist ihr jedes Mittel recht. Sie vermag die Schicksalsfäden so zu ordnen, dass man auch jenseits der eigenen bewussten Absichten und Pläne auf Wege, an Orte und zu Situationen gelenkt wird, die das Notwendige – ob angenehm oder nicht – erst ermöglichen. Denn die Seelenfamilie braucht, um ihre Anliegen zu verwirklichen, irdische menschliche Helfer und Helfershelfer. Und die findet sie überall mittels telepathischer Impulsübertragung. So entsteht die Empfindung, dass man geführt wird. Nur ist die Macht, die die Geschicke des Einzelnen führt, keine höhere (im Sinne einer spirituellen Hierarchie), wie so oft angenommen wird, sondern eine innere Macht.

Ähnlich wie Vektoren werden bestimmte ganz besondere Begegnungen von seelischen Kräften »arrangiert«, damit sich ihre Anliegen und komplexen Aufgaben in die Wirklichkeit umsetzen können. Denn Seelenfamilien-Aufgaben bleiben niemals nur abstrakt im Gedanklichen. Sie müssen konkrete Gestalt annehmen und zu verwertbaren Lebenserfahrungen führen. Jede solche Aufgabe ist ein Forschungsunternehmen.

Nicht wenige Seelen treffen im entkörperten Zustand miteinander ein Abkommen, etwas Gemeinsames zu bearbeiten oder in eine blutsverwandtschaftliche Beziehung zu treten oder auch karmische Belange aneinander auszutragen. Da aber die sechs Milliarden Menschen auf unserem Planeten weit verstreut leben, ist die Kontaktaufnahme im Körper aus vielerlei Gründen nicht immer einfach. In unserem Zeitalter der Kommunikation wird sie jedoch unkomplizierter als je zuvor. Dazu werden bestimmte »Settings« nötig, um seelisch unverzichtbare Begegnungen herbeizuführen. Ist eine solche Begegnung erfolgt, merken es beide Beteiligte an der Intensität der Schwingung zwischen ihnen.

Träume

Seit Jahrtausenden werden Träume gedeutet. Sind sie bedeutungsvoll oder unwichtig? Wir können nur vermuten, warum der Mensch träumt. Allerdings hat man festgestellt, dass jeder Mensch schnell psychisch erkrankt, wenn er am Träumen gehindert wird. Schlafmittel, die die Traumtätigkeit unterbinden, sollte man also meiden.

Unsere Hypothese lautet: Wenn die Seelenfamilie mit dem von ihr entsandten physischen Fragment über längere Zeit während der Traumphasen keine Verbindung mehr herstellen kann, wird der Lebensfaden schnell dünn und droht zu reißen. Diese überlebenswichtige Kommunikation muss intakt sein, damit wir uns wohl fühlen, damit wir »bei uns sind«, damit wir gesund und lebendig bleiben. Wir müssen träumen, damit wir trotz physischer Dichte vom Allganzen energetisch erreichbar bleiben.

Will unsere Seelenfamilie uns Zeichen geben, die über ihr ständiges Wirken im unbewussten Bereich hinausführen, sendet sie uns bedeutsame Träume, die erinnert werden können. Dadurch tritt die Botschaft oder Information aus dem Dunkel des Unbewussten in das mehr oder weniger helle Licht des Bewusstseins, je nachdem, wie deutlich sich der Schläfer an den Trauminhalt erinnern kann. Solche Seelenträume sind im Unterschied zu psychologisch aufschlussreichem Traummaterial von einer Traumqualität, die jedem Träumer sofort als etwas Besonderes auffällt. Sie sind jedoch nicht zu verwechseln mit prophetischen Wahr- oder Klarträumen oder mit so genannten Erinnerungsträumen, in denen uns die Kindheit in intensivem, oft gloriosem Licht erscheint und die ebenfalls sehr schön sein können.

Wir hörten vor Jahren, dass es in jedem von uns nicht nur eine einzige innere Instanz oder innere Stimme gibt, sondern einen ganzen Chor, ein Gremium, das aus vielen Beratern besteht. Sie sagen uns Dinge, die wir anschließend in ihrem Wert bewusst überprüfen können (vgl. *Welten der Seele*, S. 165-173). Die Seelenfamilie ist eine dieser Stimmen. Sie sendet viele Träume, die im Gemüt nachhallen und wesentliche Botschaften für die Einsicht und den Lebensweg des Träumers enthalten.

Doch es gibt noch einen besonderen Traumtyp, der von einer Reihe charakteristischer Merkmale gekennzeichnet ist: den so genannten Seelenfamilientraum. Hier präsentiert die Seelenfamilie sich selbst und gibt sich als Instanz zu erkennen. Dazu werden die unterschiedlichsten Bildfolgen eingesetzt.

- *Niemals handelt es sich bei diesem speziellen Traumtyp um Angst- oder Albträume. Die Seelenfamilie schickt stets nur Trost, Geborgenheit, Wärme, Zeichenhaftigkeit. Und manchmal sogar Lob oder Dankbarkeit. Die Stimmung ist meistens heiter und gelöst, trotz der ernst zu nehmenden Bedeutung.*
- *Seelenfamilienträume handeln immer von »Vielen«. Viele Gestalten, viele Menschen, viele Symbole tauchen auf. Die Viel-*

heit ist ein klassisches Kennzeichen für das Familiengefühl: Du bist nicht allein. Viele dir Gleiche sind da. Eine Seminarteilnehmerin schilderte uns, dass sie im Traum ein Klavier sah, auf dem unzählige Hände gleichzeitig eine wunderbar tröstliche und erhebende Melodie spielten.

- *Beim Aufwachen ist der Träumer von einem unerklärlichen Glücksgefühl erfüllt. Er fühlt sich erholt und ausgeruht, als habe er sich einer nächtlichen Regenerationskur unterzogen. Auch Träume von der Seelenfamilie, die nicht ins Tagesbewusstsein dringen, hinterlassen dieses Glücksgefühl.*
- *Die Intensität von Seelenfamilienträumen ist so erheblich, dass man sie lange nicht oder nie vergisst. Oft spürt man das dringende Bedürfnis, jemandem freudestrahlend den Trauminhalt zu erzählen oder ihn aufzuschreiben, um ihn zu bewahren.*
- *Bisweilen erscheinen dem Träumer auch Verstorbene, die ihm lieb waren, oder weise Symbolgestalten (ein alter Mann, ein Rabe, eine Eule, eine Schildkröte, eine Götterstatue usw.), die ihm eine wie auch immer geartete Botschaft überbringen.*
- *Träume, in denen verstorbene oder an anderen Orten des Planeten inkarnierte Seelengeschwister in der Funktion von Boten (auch in Symbolgestalt) auftauchen, bleiben als bedeutsam und erhellend im Gedächtnis. Sie übermitteln meistens eine Lebensweisheit oder zeigen dem Träumer die Lösung eines Problems auf. (»Am nächsten Morgen wusste ich, was ich zu tun hatte, nachdem ich die Sache wochenlang mit mir herumgeschleppt hatte.«)*

Es ist nicht immer leicht, zwischen Träumen, die von der Seele, der Seelenfamilie oder gar aus der kausalen Ebene kommen, zu unterscheiden. Es gibt aber auch Träume, in denen kausale Lehrer wie unsere Quelle, die ja auch eine Seelenfamilie ist, ihre Botschaften übermitteln. Sie wirken lebensverändernd. Einige Beispiele sollen das Gesagte illustrieren.

Zunächst der Traumbericht einer Psychotherapeutin, der die »Vielheit« und die Atmosphäre eines typischen Seelenfamilientraums illustriert:

»Folgendes träumte mir, kurz nachdem ich zum ersten Mal von der Quelle gelesen hatte. Von einer Seelenfamilie wusste ich zu diesem Zeitpunkt noch nichts: Ich steige zusammen mit vielen anderen singend und lachend gleichzeitig eine Wendeltreppe nach oben. Wir singen gemeinsam eine Mozart-Arie. Ich genieße die wunderbar leichte, heitere Atmosphäre. Nach diesem Traum bin ich aufgewacht mit dem Gefühl, in meinem ganzen Leben noch niemals etwas so Schönes geträumt zu haben.«

Eine andere Therapeutin, eine »Weise«, deren Seelenfamilie in der Mehrzahl aus »Priestern« sowie aus »Weisen« und »Künstlern« besteht, hatte einen Unfall. Im Krankenhaus träumte ihr:

»Kurz vor Beginn einer großen Veranstaltung sehe ich mich in einem großen Saal, dicht gefüllt mit Menschen, die schon sitzen, gerade ihren Platz einnehmen oder ihn noch suchen. Ich bin wohl allein gekommen und schlängle mich langsam durch die Menge, um zu schauen, ob Bekannte oder Freunde da sind. Ich lasse meinen Blick schweifen, und plötzlich bleibt er an dem Präsidenten der Veranstaltung, der schon auf dem Podium hantiert, hängen. Es ist ein spontanes glückliches, wissendes Erkennen. Ich eile direkt auf ihn zu, strahle ihn an und sage: ›Du bist doch auch ein Weiser!‹ – ›Ja‹, erwidert er, hoch erfreut darüber, von seinesgleichen erkannt worden zu sein. Selig halten wir uns in den Armen. Dann tauschen wir uns noch kurz aus, was wir beruflich machen und wie wir jeweils unsere ›Weisen‹-Rolle in diesem Leben verwirklichen.

Ich wandere dann noch weiter durch die Menge, nach Bekannten und Freunden Ausschau haltend, und ich treffe zu meiner übergroßen Freude noch auf drei oder vier ›Weise‹, die ich spontan als solche erkenne und begeistert frage: ›Und du bist doch auch ein Weiser!‹ Und dann immer wieder die glückliche, innige Umarmung und ein kurzer, intensiver wesentlicher Seelenaustausch.«

Es folgt der Traum einer Frau (»Heiler«-Seele), die sich ein wenig gegen den bewussten Kontakt mit den »Kriegern« in ihrer Seelenfamilie sträubt:

»Ich befinde mich im Turmzimmer einer Burg. Eine weibliche und eine männliche Person sind bei mir. Wir sind hier anscheinend zu Hause, da ich im Schlafanzug bin. Es läutet, und ich weiß, dass man mich sprechen möchte. Ich suche meinen Morgenmantel, kann ihn aber nicht finden. Da trete ich im Schlafanzug an das offene Fenster und sehe eine Schar von etwa dreißig Personen, heftig diskutierende Ausländer, das heißt mir Fremde, den Burghügel heraufkommen. Leicht bedroht denke ich: ›Oh, das sind aber viele!‹ Gleichzeitig sehe ich eine Musikkapelle heraufziehen, die zu einem Festzelt marschiert. Ich denke: ›Die werden laut spielen und die Auseinandersetzung zwischen mir und den Fremden nicht hören, sodass mir niemand zur Hilfe kommen kann.‹ Ich schließe erschreckt das Fenster. Vor der Scheibe ist jetzt ein schwarzes Rollo. Ich bin aber neugierig und ziehe es etwas zur Seite, um alles beobachten zu können.

Beim Aufwachen kommt mir der Gedanke: Warum gehe ich ihnen nicht entgegen? Vielleicht wollen sie ja nur bei mir wohnen? Die vielen Zimmer der Burg sind ja alle leer!«

Es folgt ein Seelenfamilientraum, den Varda im November 1998, kurz vor dem Erscheinen ihres Romans *Die Seele der Papaya* hatte. Die Vielheit drückt sich hier in den zahlreichen Blüten aus. Dazu muss gesagt werden, dass Varda 1984 auf eine erfolgreiche akademische Karriere auf dem Gebiet der Mittelalterkunde verzichtet hatte, um sich ihrer medialen Begabung zu widmen:

»Ich ging mit einem befreundeten Professor durch den großen,

baumbestandenen Park eines Universitäts-College in Oxford. Wir kamen zu einem spätmittelalterlichen Gebäude mit einem verschlossenen Tor. Da ich dort am nächsten Tag einen Vortrag halten sollte und ich mich schon einmal umschauen wollte, hatten wir eigentlich vor zu klingeln. Links vom Tor sah ich das steinerne Halbrelief eines Ritters in vollem Harnisch, gepanzert von oben bis unten in Eisen. Jahr für Jahr hatte ihm die Königin ein neues Stück für seine Rüstung geschenkt. Nichts Menschliches war mehr von ihm zu sehen. ›So will ich nicht sein!‹ dachte ich und wandte mich plötzlich entschlossen ab. Ich bat meinen Kollegen, mit mir im Park spazieren zu gehen.

Es gab viele große, aber entlaubte Bäume, einige alte Nadelbäume, winterliches Busch- und Strauchwerk und große Rasenflächen. Seit Generationen schmückten die Bäume diesen Park und schenkten ihm eine vollkommene Harmonie. Da entdeckte ich in der Ferne einen etwa fünf Meter hohen, breit ausladenden, über und über mit Blüten bedeckten Baum. Ich trat näher. Die weißen Blüten, groß wie Schmetterlinge, saßen zu Tausenden auf den Zweigen. So viele Blüten! Blätter gab es nicht. Ich war außer mir vor Erstaunen und Freude. ›Oh‹, rief ich, ›ist das eine Magnolie? Aber wir haben doch November! Solch ein Baum kann doch nicht im Winter blühen?‹ – ›Nein, dieser Baum heißt Ficus religiosa, es ist ein Bodhi-Baum, ein Baum der Erkenntnis‹, entgegnete mein Begleiter. ›Und der blüht auch im Winter.‹

Ich erwachte ganz verzückt und mit dem beglückenden Satz auf den Lippen: Mein Lebensbaum trägt jetzt im November (= spät im Leben) seine Blüten. Ich bin erblüht.«

Die folgenden Traumbeispiele wurden uns von Seminarteilnehmerinnen erzählt. Das erste schildert den zunehmend erfolgreichen Versuch, die Botschaft der Seelenfamilie aus dem Unbewussten ins Bewusstsein zu heben.

»Abends beim Einschlafen, in der Phase zwischen Wachen und

Schlaf fiel mir irgendwann auf, dass ich nicht meine eigenen Ge-
danken dachte. Es war mir weder möglich, mich auf den Inhalt
zu konzentrieren, noch ihn zu steuern. Im Bewusstsein zu behal-
ten, was mir da durch den Kopf ging, war auch nicht möglich.
Dennoch bin ich mir ganz sicher, dass nicht ich es war, die da ge-
dacht hat.

Am nächsten Abend habe ich mir zwei Fragen aufgeschrieben:
Welche Ziele habe ich? Worauf konzentriert sich meine Leiden-
schaftlichkeit? Kurz darauf ging ich zu Bett und hatte dann fol-
gendes Erlebnis:

Ich bekam im Schlaf beschrieben, wohin mein Weg mich führt,
und nähere Informationen über diesen Weg. Auch hier ging es
mir wieder so, dass ich mich kaum an mehr erinnern kann als an
meine Gefühle und mein interessiertes Lauschen. Im Laufe der
Nacht entschwanden die Inhalte langsam aus meinem Bewusst-
sein. Diejenigen, die mir die Informationen geschickt hatten,
müssen das wohl gemerkt haben. Sie riefen mir nach: ›Der siebte
Weg! Du bist auf dem siebten Weg!‹ Das riefen sie so laut, dass
ich davon erwachte. Ich hatte Herzklopfen und war freudig er-
regt. Es war noch dunkel, aber ich konnte lange nicht wieder ein-
schlafen. Zu sehr hatte ich das Gefühl, etwas Wichtiges erfahren
zu haben. Den ganzen folgenden Tag hat mich das nicht in Ruhe
gelassen. Ich rief eine Freundin an, die mir die Durchsage der
Quelle zu dem siebten Weg der Seele vorlas. Es war wie eine Ant-
wort auf meine am Vorabend gestellten Fragen.

Wenig später hatte ich wieder eine Schlafbegegnung, nur
wurde ich diesmal nicht direkt geweckt. Ich hatte mir Gedanken
gemacht, dass es doch sinnvoll und hilfreich sein müsste, wenn
mir das, was mir mitgeteilt wird, auch im Bewusstsein bleiben
würde, wenn ich es aufschreiben und nachher lesen könnte. Im
Traum dann sagten ›sie‹ mir, wenn ich es zuließe, sei dies möglich.
Mir ist noch nicht ganz klar, wie dieses Erlauben aussehen
könnte, aber ich bin zuversichtlich.«

Das nächste Beispiel beschreibt den Wachtraum einer Frau, die am Seelenfamilien-Seminar teilnahm und dort erfuhr, dass ihre Seelenfamilie aus »Gelehrten«, »Kriegern« und »Weisen« bestehe. Sie selbst ist eine »Weise«. Zunächst hatte die Information eher theoretischen Wert für sie. Die einzelnen energetischen Anteile konnte sie in sich selbst nicht spüren. Das alles soll in mir sein? zweifelte sie. Die »Gelehrten« fand sie langweilig, die »Krieger« machten ihr Angst. Dies änderte sich nach dem folgenden Tagtraum-Erlebnis, das sie uns in einem Brief beschrieb.

»Ich schlendere im Traum einen breiten Bootssteg entlang, der weit ins Wasser hineinreicht. Überall sitzen lässig gut aussehende Männer, einige lassen die Beine ins Wasser baumeln. Alle tragen eine Brille, eine Sonnenbrille, und alle haben die Ärmel ihrer weißen Hemden und ebenfalls ihre weißen Hosenbeine aufgekrempelt. Einige haben ein aufgeschlagenes Buch vor sich, andere diskutieren angeregt. Ich erkenne die ›Gelehrten‹ aus meiner Seelenfamilie, sie sehen fantastisch aus, zum Verlieben, wie Cary Grant in verschiedenen Altersstufen.

Meine Augen blicken zum Wasser. Da gleiten sanft einige Boote heran. In ihnen stehen ›Krieger‹. Im ersten Boot hoch aufgerichtete, große, schlanke Indianer mit markanten Gesichtszügen, im nächsten etwas kleinere, stämmige Samurais mit schwarzer Rüstung, stolz und breitbeinig, das Schwert vor sich aufgestellt. Weiter hinten sehe ich römische Legionäre. Alle wirken ernst und kommen näher. Aber auf einmal entledigen sie sich ihrer Waffen, springen kopfüber ins Wasser, lachen, toben, tauchen unter und spritzen sich gegenseitig nass. Nun entdecken sie mich auf dem Steg und fordern mich auf, mich zu ihnen zu gesellen. Kopfüber springe ich ins Wasser, albere und pruste mit ihnen herum. Am Ufer erblicke ich ein paar ›Krieger‹, die Wache halten und uns beschützen. Als ich auf den Steg zurückklettere, legen die ›Gelehrten‹ ihre Bücher aus der Hand. Galant fordert mich einer nach dem anderen zum Tanz auf. Im Hintergrund spielt Musik. Ich lasse mich selig in ihre Arme fallen und führen.

Plötzlich werde ich unruhig: Wo sind denn meine ›Weisen‹? Ich lasse meine Blicke schweifen. Da entdecke ich sie und nähere mich ihnen. Ein paar alte Männer sitzen still und würdevoll in Korbsesseln. Ihr Haar ist weiß, die Bärte reichen bis auf die Brust. Sie streichen mit den Händen darüber. Ihre Gesichter sind voller Falten, aber die Augen lachen verschmitzt und lebendig. Zu ihren Füßen hocken und knien Kinder verschiedener Altersstufen, sie haben Märchenbücher mit bunten Bildern vor sich liegen. Ich hocke mich zu den Kindern auf die Erde, und während wir der Erzählung eines alten ›Weisen‹ lauschen, halte ich zwei Blondschöpfe im Arm.

Vor Glückseligkeit bin ich dermaßen überwältigt, dass ich aufspringe und auf dem Bootssteg Pirouetten drehe, während im Hintergrund die Musik spielt. Trunken vor Glück gehe ich ans Ufer. Zwei ›Krieger‹ begleiten mich dorthin und verlassen mich dann. Ich drehe mich noch einmal um. Alle sind aufgestanden, winken mir zu und rufen: ›Wir lieben dich! Wir sind immer für dich da! Mach's gut!‹

Noch beim Aufwachen durchfuhr mich ein heißer Strom von Liebe. Dieses Traumbild behalte ich für immer in meinem Herzen.«

Visionen

Visionen sind selten. Es ist verständlich, dass seelische Kräfte nur dann die ungeheure Energie aufbringen, sich in optisch sichtbarer oder fast materieller Gestalt zu zeigen, wenn es im Interesse des Ganzen dringend notwendig ist. Denn eine Vision zu kreieren, die ihren Zweck erfüllt, ist für die Seelenfamilie anscheinend besonders aufwendig und anstrengend. Auch Verstorbene zeigen sich ja nur selten in optisch wahrnehmbarer Form. Viel häufiger sind so genannte Präsenzen oder andere Zeichen.

Es ist gewiss kein Zufall, dass alle drei Beispiele, die im Folgenden aufgeführt werden, unter Umständen der höchsten persönlichen Not passierten. Krankheit, Todesangst, Grenzgeschehen zwischen Leben und Tod sind gewiss keine zwingenden Voraussetzungen für eine Vision. Und doch stellen sie die besondere Offenheit her, die einen Menschen für das völlig Unerwartete empfänglich machen kann.

Meistens behalten Menschen, die ein Erlebnis der visionären Art haben, dieses für sich, denn sie trauen sich nicht, so etwas »Verrücktes« jemandem anzuvertrauen. Das ist sehr schade, denn das allgemeine Vertrauen auf die fürsorglichen, tröstlichen und anteilnehmenden Kräfte der Seelenfamilie, zu der jeder Mensch gehört, würde gewiss steigen, wenn man Berichte wie die folgenden nicht automatisch für Halluzinationen oder Hirngespinste halten würde. Die Betroffenen waren sich völlig sicher, dass das, was sie erlebt hatten, nicht einfach nur Einbildung gewesen ist.

Das erste Beispiel zeigt, dass die alte Dame dort, wo ihr Bewusstsein sich während ihres Komas aufgehalten hat, gute Freunde hatte – Wesen, die ganz und gar an ihrem Wohlsein interessiert waren. Die beiden Schleiergestalten stehen vielleicht für die Alternativen in dieser Nacht: entweder zu sterben oder weiterzuleben. Sie tanzten und weinten zugleich, eine merkwürdige Mischung aus Freude und Trauer. Aber vergessen wir nicht, dass das Sterben an sich für eine Seele oder für die ihr zugehörige Seelenfamilie kein besonders tragisches Ereignis ist. Es ist nur dann traurig, wenn jemand das Zeitliche segnet, ohne die Aufgaben der Seelenfamilie, um deretwillen die Einzelseele ja in die Körperlichkeit entsandt worden war, ganz erfüllt zu haben. In der Tat hatte die alte Dame nach dieser Vision noch einiges vor. Sie verbrachte drei gute, wichtige Jahre voll innerem Wachstum und erlebte eine psychische Befreiung, die sie selbst und ihre Familie in Erstaunen versetzte. Ihre lebenslange Angst vor dem Tod war seit der Vision wie weggeblasen.

»*Als ich eine schwere Gürtelrose bekam, war ich vierundachtzig. Meine zwei Töchter halfen mir, die Krankheit zu überwinden, sodass ich heute wieder gesund bin. Ich habe damals eine ganze Nacht lang im Koma gelegen und war eigentlich schon tot. Ich konnte meine Augen nicht mehr aufmachen. Beide Töchter sah ich neben meinem Bett stehen, die eine in schwarze, die andere in weiße Schleier gehüllt, und sie führten merkwürdige Tänze auf, die ich etwas albern fand. Ich dachte mir trotzdem: ›Ach Gott, wie schön, das habe ich nun bald überstanden! Der Wunsch, dass meine Kinder bei meinem Tod zugegen sind, ist nun in Erfüllung gegangen.‹ Andererseits versuchte ich immer, meine großen Zehen unter der Decke zu bewegen, damit sie sahen, dass ich noch gar nicht ganz tot war. Ich sah sie ja weinen, in schwarze und weiße Schleier gehüllt, und sie taten mir Leid. Sie behaupteten später, sie hätten gar keine Schleier angehabt. Ich habe es ihnen aber nicht gleich geglaubt. Ich hatte sie doch deutlich vor mir gesehen.*

Ich selbst lag auf einer Bahre, ebenfalls in schwarze Tücher gehüllt. Ich war nicht ganz tot; mein Geist hat noch gelebt. Ich war da, und ich war nicht da. Ich stand vielleicht schon vor dem schwarzen Tor; ich weiß es nicht. Auch jetzt, zwei Jahre später, sehe ich ganz genau die schwarzen Tücher, sehe die Bahre und wie ich darauf liege und versuche, noch ein Lebenszeichen von mir zu geben, und es nicht kann. Ich hatte aber keine Angst und war völlig schmerzlos. Ich hatte nicht mehr das Gefühl, auf der Erde zu sein. Das war ein Zustand, den man gar nicht beschreiben kann.

Als ich wieder ganz auf der Erde war, war ich erstaunt. Am nächsten Morgen habe ich mich beklagt: ›Warum habt ihr meinen Sarg mit schwarzem Satin ausgeschlagen? Das ist doch gar nicht mehr üblich, man nimmt doch jetzt immer weißen Satin.‹

Meine Töchter haben gelacht. Sie merkten, dass ich auf dem Weg der Besserung war. Später haben sie mir erzählt, dass meine erste Lebensäußerung nach dem Koma ein Lied gewesen ist. Ich bin am Morgen zu mir gekommen und habe ganz fröhlich gesungen: ›Ein Freund, ein guter Freund, das ist das Schönste, was es gibt auf der Welt!‹«

Beim folgenden Beispiel handelt es sich um eine Erscheinung aus der Astralwelt, also um die sichtbare Manifestation einer vertrauten verstorbenen Person. Das schließt nicht aus, dass diese Erscheinung die Funktion und den Auftrag hat, Träger einer trostreichen Botschaft zu sein, die die Seelenfamilie der »schauenden« Person, in diesem Fall der kranken alten Frau, übermitteln will. Dafür spricht die Tatsache, dass kein Gesicht zu erkennen war und keine Handlung vollzogen wurde. Die Mitteilung bezog sich zunächst ausschließlich auf das besondere Kleid. Es ist nämlich allgemein zu beobachten (und das gilt auch für besondere Traumbilder), dass Erscheinungen, die einzig und allein eine bestimmte Botschaft vermitteln sollen, sich in ein visionäres Gewand »kleiden«. Dieses muss dem Empfänger vertraut sein, in sein Weltbild passen, von ihm zu entschlüsseln sein, und es darf ihm keine Angst machen. Es soll rundum positive Assoziationen auslösen. Denn nur wenn die Erscheinung Trost statt Furcht vermittelt, ist der Empfänger geneigt, ihrer Botschaft zu lauschen und auf sie zu hören.

»Jeder Mensch macht sich wohl Gedanken über das Jenseits. Ich war immer sehr im Zweifel. Doch vor zwei Jahren, ich war schon über achtzig, erfuhr ich bei einer Routineuntersuchung, dass ich Brustkrebs hatte. Ich war sehr erschüttert, weil meine Schwester Jahrzehnte zuvor an einem Brustkrebs elend zugrunde gegangen war. Ich hatte nur einen sehr kleinen Tumor, war im Übrigen ganz munter und frisch. Sollte ich mich operieren lassen? Am Morgen wartete ich im Krankenhaus auf den Arzt, um mit

ihm zu diskutieren. Die Tür zum Flur stand offen, ich hörte die Visite nebenan. Es war ein heller Sonnentag, und mein Einzelzimmer war voller Sonne und Licht. Und während ich auf dem Bett saß, hatte ich plötzlich eine ganz merkwürdige Erscheinung. Die Luft teilte sich, aus dem Boden kam eine durchsichtig-wabernde, gelatineartige Masse, und ich sah, wie oben unter der Decke, lebensgroß, von der einen Seite auf die andere Seite des Zimmers eine Gestalt schwebte, durchsichtig, aber deutlich. Es war ein durchscheinendes Wesen, und in Sekundenschnelle schwebte es von der einen Seite des Zimmers auf die andere. Die Erscheinung hatte ein Kleid an, das war wie aus Chiffon, grünlich und braun-beige. Ich war im ersten Augenblick völlig perplex, denn ich konnte mir das überhaupt nicht erklären und dachte: ›Nanu, was ist denn das?‹ Dann dachte ich: ›Was kann das denn nun gewesen sein?‹ Ich überlegte und überlegte: ›Könnte es die Jungfrau Maria sein? Aber die ist doch immer in Rot und Blau, also kann sie es nicht sein, und außerdem bin ich nicht katholisch. Vielleicht ein Engel?‹

Ich sah weder Gesicht noch Kopf und auch keine Arme und Beine, aber es war eine weibliche Gestalt in einem wunderschönen Schleier, der grün und beige-braun gezeichnet war. Und das am helllichten Tag, wo man weder träumt, noch irgendwie offen ist für irgendwelche spirituellen Sachen! Und ich schon gar nicht! Was konnte das gewesen sein?

Und dann plötzlich, am Abend, als ich auf dem Weg ins Bad war, fiel es mir wie Schuppen von den Augen. Diese Gestalt hatte ja ein Kleid von meiner Schwester an! Die hatte nämlich als junges Mädchen ein ganz wundervolles Kleid aus grünem Chiffon, der mit braunen Blättern gezeichnet war, ein teures Modellkleid. Da wusste ich plötzlich ganz genau: Das ist ja meine Schwester gewesen! Ich hatte das Gefühl, dass sie mir durch diese Vision sagen will: ›Lass dich operieren. Denk daran, wie ich gelitten habe, weil ich zu spät operiert worden bin.‹

Die Erscheinung hat natürlich in mir eine Revolution ausgelöst, denn ich glaubte ja bis dahin nicht an ein Leben nach dem Tod. Ich war mir völlig sicher: So was gibt es nicht! Aber nachdem ich das erlebt habe, kann ich nicht mehr unsicher sein. Ich sehe alles noch genau vor mir. Die Erinnerung ist nicht verblasst.«

Das dritte Beispiel unterscheidet sich von den zwei vorangehenden dadurch, dass hier die geschaute Wesenheit als lebendiger, ganz normaler Mensch aus Fleisch und Blut erlebt wurde. Sie sprach und handelte in einer bestimmten Rolle. Die Erscheinung erfolgte nach einer sehr kraftvollen, vehementen, absolut authentischen »Anrufung« der Seelenfamilie selbst, während in den anderen zwei Berichten die Vorstellung einer Seelenfamilie im Bewusstsein der Erlebenden keinerlei Rolle spielte.

»Ich war schon wochenlang im Krankenhaus mit einer schweren Infektion, doch mein Zustand wurde immer schlimmer. Ich war äußerst schwach und völlig abgemagert, hatte sehr hohes Fieber. Ärztliche Maßnahmen halfen nichts. Alle bereiteten sich darauf vor, dass ich sterben würde. Und ich selbst war auch gewillt zu gehen. Als alter Esoteriker hatte ich mich schon seit vielen Jahren mit dem Thema Tod beschäftigt, mit dem Übergang, mit Nahtod-Erlebnissen. Ich wusste, Sterben ist gar nicht schlimm, und glaubte fest an meine Wiedergeburt. Mit meinem Leben war ich zufrieden. Ich hatte sechsundsechzig Jahre ganz ordentlich hinter mich gebracht. Mir war friedlich und zuversichtlich zumute.

Als der Tag immer näher rückte und ich spürte, dass mein Leben nur noch an einem Spinnwebfaden hing, bekam ich trotz allem eine bodenlose Angst, auf die ich in keiner Weise vorbereitet war. Hatte ich nicht immer geglaubt, ich wüsste alles, was ein Mensch übers Sterben wissen kann? Aber dieser Furcht erregende tiefschwarze Abgrund, dieses formlose Loch in meinem Dasein,

diese seltsame Formlosigkeit vom absoluten Nichts waren so ganz
anders als die Sphärenmusik, die freundlichen Begleiter, das glei-
ßende Licht! Angesichts dieser Tatsache wurde die Angst immer
größer, und mein Fieber stieg auf über vierzig Grad. Ein anderer
Teil von mir war hingegen glasklar und beobachtete das Ganze.

Ich litt und litt, konnte nichts zu mir nehmen, mich nicht auf-
richten, kaum sprechen. Da wusste ich: Heute ist es wohl so weit.
Ich erinnerte mich an meine Seelenfamilie, von der ich über die
Quelle gehört hatte. Bald würde ich mit ihr vereint werden. Ich
betrachtete sie schon lange als Teil meiner Realität und hatte oft
zuvor in einem andächtigen, ehrfürchtigen Ton mit ihr geredet.
Meine Seelenrolle ist ja auch ›Priester‹.

Doch an diesem Abend packte mich unerwartet eine ungeheu-
ere Wut. Teilweise in Gedanken und teilweise mit gestöhnten
Worten machte ich mir Luft: ›Ihr blöden Typen, könnt ihr euch
nicht endlich mal entscheiden, was ihr von mir wollt? Soll ich nun
hier oder drüben sein? Mit oder ohne Körper? Das ist doch keine
Art, mich hier so leiden zu lassen! Ich finde das unerhört, dass ihr
mit mir so umgeht! Verdammt noch mal! Hört endlich auf! Ent-
scheidet euch! Mir ist alles recht, nur nicht dies lange Dahinsie-
chen, die Schmerzen, das Fieber!‹ Nach diesem Anfall gab ich auf
und verfiel in einen Dämmerzustand.

Nach einigen Stunden, es war wohl mitten in der Nacht, kam
ein junger blonder Arzt zu mir ins Zimmer. Er ergriff meine
Hand, hielt sie lange fest und kontrollierte meinen Puls. Dann
bat er mich, die Augen zu öffnen und schaute mich richtig lieb an.
Er hatte schöne, leuchtend blaue Augen. Er redete mir freundlich
zu, machte mir Mut und sagte: ›Ich bin sicher, es wird Ihnen mor-
gen schon viel besser gehen.‹ Ich fühlte mich bei ihm geborgen
und getröstet.

In der Frühe kam die Schwester zum Fiebermessen. Ich war
fast fieberfrei und hatte sogar Appetit. Ich erkundigte mich nach
dem jungen Arzt, nur um zu hören: ›So jemanden haben wir hier

nicht.‹ – ›Vielleicht war es ein Pfleger?‹ – ›Das kann nicht sein, nachts waren nur Schwestern und Frau Dr. X auf der Station.‹

Ich fragte auch später noch anderes Personal und die Ärzteschaft, aber meinen jungen blonden Doktor mit den blauen Augen hatte niemand je gesehen. Es gab ihn einfach nicht.

Ich nehme daher an, dass ich eine Vision hatte oder gar, dass meine Seelenfamilie jemanden in materialisierter Form zu mir abgesandt hat. Tatsache ist, dass es mir von Stund an besser ging und ich heute noch, Jahre später, ganz gut beisammen bin.«

Was man aus diese Erzählung lernen kann: Auf die Intensität und Aufrichtigkeit der Kommunikation kommt es beim passiven Kontakt mit der Seelenfamilie an. »Nur dass ich so wütend war, hat diese starke Energie erzeugt, stark genug, um eine Erscheinung hervorzurufen«, berichtete der Betroffene. »Pseudoheiliges Getue hätte das sicherlich nicht bewirkt.«

Und alle drei Fallgeschichten machen auf unterschiedliche Weise deutlich, dass niemand eine Erscheinung herbeizwingen kann – weder durch starke Willenskraft noch durch Meditation oder Gebet. Im Gegenteil, der Überraschungseffekt, der mit dem völlig Unerwarteten der Erscheinung verbunden ist, scheint einen Großteil der Wirkung auszumachen. Andererseits sind auch hier wieder Entspannung und im Nachhinein Vertrauen als Voraussetzung für das visionäre Geschehen zu erkennen.

Schutzwesen

Jede Seelenfamilie besteht aus drei Arten von Seelengeschwistern. Die ersten beseelen wie wir gerade auf der Erde einen Körper. Die zweiten ruhen sich zwischenzeitlich in der Astralwelt von einer Inkarnation aus und planen die nächste. Die dritten – allerdings nur sofern die Seelenfamilie in der Zeit »alt« genug geworden ist – bestehen aus jenen, die bereits alle notwendigen Leben hinter sich gebracht haben und daher über ein Maximum an Liebe und Erkenntnis innerhalb der astralen Bewusstseinsformen verfügen.

Diese Letzteren sind ihren Seelengeschwistern ebenso verbunden wie diese mit ihnen. Da sie niemals mehr einen menschlichen Körper bewohnen werden, haben sie auch die physischen Angstformen (»Ich könnte sterben!«) und die körperlichen Triebe (Hunger, Sexualität, Aggression usw.) hinter sich gelassen, wissen aber sehr wohl noch um sie. Sie sind, wie man gern sagt, abgeklärt. Auch die Angst vor Trennung und Verlust haben sie endgültig überwunden. Sie weilen zwar noch nicht in der kausalen Bewusstseinswelt und verfügen als seelische Fragmente auch noch über eine gewisse Individualität, aber jedes von ihnen blickt auf eine so große Anzahl ehemaliger Persönlichkeiten, auf eine in sich vollständige Reihe von Ichs zurück, dass die Identifikation mit einem bestimmten Ich oder einer besonderen Persönlichkeit nicht mehr gegeben ist.

Das hat zur Folge, dass der Rat, der Trost, die innere Führung, die uns unsere Seelenanteile auf diesem dritten Territorium der Astralwelt geben können, besonders liebevoll und weise sind. Die von allem Irdischen entlastete Schwingungsqualität empfinden wir nahezu als göttlich oder engelhaft. Und so haben Menschen seit Jahrtausenden das Gefühl, von einem Schutzengel behütet zu werden, wenn sie spüren, dass die seelischen Kräfte ihrer eigenen Seelenfamilie über ihnen wachen und sie aus schwierigen, oft schier aussichtslosen, gefährlichen Situationen »retten«. Und andere geraten in eine Glaubenskrise, wenn sie feststellen müssen, dass bestimmte Menschen, gerade auch unschuldige Kinder, gar keinen Schutzengel zu haben scheinen, denn sie sterben unter tragischen Umständen oder werden misshandelt.

Gewiss gibt es für so etwas viele Gründe, auch seelische. In *Weisheit der Seele* wurden einige davon erörtert. Doch an dieser

Stelle sei gesagt, dass die eigene Seelenfamilie vor allem eine energetische Interessengemeinschaft darstellt. Liegt es im übergeordneten Interesse, dass ein Mensch Gefahren für Leib und Leben heil übersteht, wird er noch nicht sterben. Besteht dieses seelische Interesse nicht, ist also ein Weiterleben im Hinblick auf das Ganze nicht sinnerfüllt, wird der Mensch in seine Seelenfamilie »heimgeholt«.

Frage: Wenn ich euch zuhöre und an traditionelle Religiosität denke, in der die Menschen von Erfahrungen der Kommunikation mit Gott und den Engeln berichten, so scheint mir, dass diese Kontakte – nach eurem System jedenfalls – im Grunde Kontakte mit der eigenen Seelenfamilie sind. Kann man das so sagen?

Wir möchten es ein wenig anders ausdrücken. Bewusst erlebte, greifbare und erlebbare Berührungen mit der Seelenfamilie sind Kontakte mit dem göttlichen Prinzip. Wir haben zuvor bereits von energetischen Sparmaßnahmen gesprochen, und sie gelten auch hier. Gegeben wird stets, was gebraucht wird. Wenn ein Mensch inbrünstig zu Gott betet, wird stets diejenige göttliche Instanz ihm antworten, die auf dieses Gebet hin zu ihm in Resonanz tritt – wie auch immer die Antwort ausfallen mag.

Dies kann die Seelenfamilie sein, jedoch können auch ganz andere seelische oder außerseelische Instanzen antworten, sofern sie sich angesprochen wissen. Wir wiederholen: Nicht der Kontakt mit Gott ist eigentlich ein Kontakt mit der Seelenfamilie oder gar »nur« ein Kontakt mit der Seelenfamilie. Vielmehr ist die Kommunikation mit der eigenen Seelenfamilie, der bewusste oder unbewusste Kontakt mit der eigenen Seele, der Seelenfamilie oder den darüber hinausreichenden seelischen Instanzen immer auch eine Kommunion mit dem göttlichen Aspekt der eigenen Existenz und insofern eine Begegnung mit Gott. Gott ist Einheit. Aber Gott ist auch vielfältig und nicht zu trennen von seinen mannigfaltigen Manifestationen.

4

Seelenfamilien-Aufgaben

Was ist der Mensch, dass du seiner gedenkst,
und des Menschen Kind, dass du dich seiner annimmst?
Du hast ihn wenig niedriger gemacht denn Gott,
und mit Ehre und Schmuck hast du ihn gekrönt.
Du hast ihn zum Herrn gemacht
über deiner Hände Werk;
alles hast du unter seine Füße getan.
König David, 8. Psalm, Vers 5–7

Ein Beitrag zum Allganzen

Jede Seelenfamilie wird nicht nur durch eine gemeinsame, unverwechselbare Energiestruktur zusammengehalten, sondern auch durch eine Sinnstruktur. Sie äußert sich darin, dass die bei der Erstinkarnation bereits vorhandenen und im Laufe der existenziellen Kollektivgeschichte zusätzlich hervorgebrachten Energien sich auf eine bestimmte Aufgabe konzentrieren. Sie hält die Energie der Seelenfamilie wie eine geistige Membran zusammen.

Diese Aufgabe stellt den Beitrag der Seelenfamilie zum Allganzen dar. Aufgaben, so wie sie uns von der Quelle beschrieben wurden, enthüllen sich bei näherer Betrachtung als Forschungsvorhaben in Raum und Zeit. Jede einzelne Aufgabe richtet sich während des Inkarnationszyklus auf die Erforschung einer bestimmten Facette des Menschseins.

So wie in früheren Jahrhunderten eurer Zeitrechnung bestimmte Familien bestimmte Berufe pflegten und ihre Energien einsetzten, um innerhalb dieser Berufssparten eine gewisse Vollkommenheit und eine Geschicklichkeit zu erreichen, die sie und ihre Produkte unverwechselbar machten, sei es nun eine Familie von Juristen oder eine Familie von Goldschmieden, so kennen auch die vielen unterschiedlich zusammengesetzten Seelenfamilien ihre Spezialgebiete sehr genau und arbeiten über alle Inkarnationen darauf hin, sich auf den ihnen gemäßen Aufgabengebieten zu vervollkommnen und eine immer größere Geschicklichkeit darin zu erlangen, sie auszuführen und zu bewältigen.

Die Betrachtungsweise der Quelle geht stets vom Seelischen aus. Vorgegeben ist für alle Seelen unserer Art ein präzise strukturierter Inkarnationszyklus mit fünf Seelenaltern von jeweils sieben Stufen. Diesen fünfunddreißig Stufen sind fünfunddreißig Entfaltungsaufgaben zugeordnet, die wir alle im Laufe von etwa zehntausend Jahren bewältigen. Sie bauen aufeinander auf und können nur nacheinander erfüllt werden (vgl. *Weisheit der Seele*, S. 40ff.).

Diese Entfaltungsaufgaben dürfen nicht mit den Aufgaben der Seelenfamilie verwechselt werden. Häufig werden wir gefragt: Was ist denn meine Lebensaufgabe? Diese Frage ist in allgemeiner Form nicht zu beantworten. Die Lebensaufgabe setzt sich aus mehreren verschiedenen Teilaufgaben zusammen. Dazu gehört für jeden von uns, sozusagen als Pflicht, zum Beispiel das Seelenmuster und darin speziell das Entwicklungsziel, außerdem die Entfaltungsaufgabe und die oben genannte Seelenfamilien-Aufgabe. Das gilt für alle Seelen gleichermaßen. Hinzu kommen für jeden individuell, sozusagen als Kür, noch spezifische Herausforderungen, zum Beispiel das Auflösen einer karmischen Bindung, das Weiterführen einer alten seelischen Beziehung, das Einhalten von Verabredungen und vieles mehr.

Menschsein bedeutet nun, diese seelisch-strukturellen Vorgaben in einem Säugetierkörper auf dem Planeten Erde zu erleben und zu gestalten. Es handelt sich also um ein sehr spezifisches Forschungsvorhaben, das sich von denen anderer Seelenvölker auf anderen Planeten unterscheidet. Menschen gibt es nur auf der Erde. Seelen unserer Art aber gibt es im ganzen Universum in verschiedenen Materialisationsformen.

Die Grundfrage ist und bleibt also: Was bedeutet es, ein Mensch zu sein? Was ist Menschsein im Vergleich zu einer Existenz als körperloses Astralwesen? Welche Erfahrungsmöglichkeiten bietet ein in spezifischer Weise beseelter Säugetierkörper? Von welcher Absicht wird seine Existenz getragen?

Es ist verständlich, dass der praktische »Arbeitsanteil« in Bezug auf die Seelenfamilien-Aufgabe ausschließlich während des jeweiligen Erdenlebens der Familienmitglieder geleistet und erfahren werden kann. Die zurzeit nicht inkarnierten Seelengeschwister unterstützen auf die ihnen mögliche Weise die Ausführung der Experimente und die Auswertung der gemachten Erfahrungen.

Die Aufgaben einer Seelenfamilie beschränken sich nicht – wie ihr vielleicht glaubt – auf das Erreichen von Zielen, die dem inneren Wachstum dienen. Da die Seele eines jeden dieser Familienmitglieder in einem menschlichen Körper wohnt, ermuntert sie den Körper und die ihm innewohnende Vernunft, die mentalen und die psychischen Kräfte in fest definierter Weise tätig werden zu lassen und den betreffenden Menschen in seinen vielen aufeinander folgenden Inkarnationen zu einer Erfüllung zu veranlassen, die durchaus auch in den Bereichen von Aktivität, Produktivität und Kreativität ihren Ausdruck findet.

Dabei ist es ganz gleich, ob diese Produktivität und Kreativität zum Beispiel in der Elternschaft gesucht wird oder im Verfassen von Predigten, im Bau von Häusern oder im Komponieren von Musik. Die

Arbeit auf dem Feld ist nicht weniger wertvoll und sinnvoll als die Regierung eines großen Volkes.

Wenn wir Menschen des Westens, und besonders wir Deutsche, das Wort Aufgabe hören, denken wir meist unwillkürlich an Schule, an Noten, an Belohnung, Erfolg und Versagen, ja sogar an Sitzenbleiben, Nachsitzen, Strafarbeiten und Ohrfeigen. Aufgabenstellungen, wie wir sie im Allgemeinen kennen, sind mit Disziplin, Fleiß, Pflichterfüllung und Mühe, nicht selten auch mit lustlosem Widerwillen verbunden. Sie zu bearbeiten ist anstrengend. Betreffen sie den Beruf, werden wir gegebenenfalls befördert oder gefeuert, sofern wir unsere Aufgaben gut oder schlecht bewältigt haben. Aus diesem Grund können wir uns kaum noch vorstellen, dass es auch ganz anders sein kann.

Die Bearbeitung einer Seelenfamilien-Aufgabe bedeutet gewiss immer wieder auch Anstrengung, Ehrgeiz und Frustration. Dabei spielen jedoch Belohnung oder Bestrafung durch seelische Instanzen keine Rolle. Es ist befriedigend, sich seiner Aufgabe zu stellen, und unbefriedigend, sich ihr nicht zu widmen. Erfüllt man diese Aufgabe, stellt sich ein eigentümliches Glücksgefühl ein. Die Arbeit an dieser seelischen Aufgabe macht Freude, spendet tiefe Befriedigung, fällt eher leicht als schwer und stiftet existenziellen Sinn. Wer sich mit ihr beschäftigt, spürt Erfüllung.

Und das gilt allgemein für seelische Aufgaben aller Art. Für eine Seele gibt es im Übrigen auch noch andere Freuden und Pflichten. So kann die Forschungsarbeit der Seelenfamilie einmal einen größeren und dann auch wieder einen weniger wichtigen Platz im Leben des einzelnen Menschen einnehmen. Sie muss sich einpassen in andere Aufgaben. Steht zum Beispiel eine kräftezehrende karmische Beziehung im Vordergrund, tritt die Seelenfamilien-Aufgabe notwendigerweise zurück.

Wir geben hier zwei Beispiele zur Verdeutlichung. Im ersten Fall besteht die Seelenfamilien-Aufgabe darin, Menschen, die nach einem intensiven spirituellen Erlebnis in die Angst abgestürzt sind, aufzufangen und wieder aufzurichten. Der konkrete Hinweis an die Seminarteilnehmerin war: *Solch eine Situation wird zwei oder drei Mal in deinem Leben auf dich zukommen. Mehr ist nicht nötig.* Dies ist ein Beispiel für eine Seelenfamilien-Aufgabe, die nur einen geringen Teil der Lebenszeit in Anspruch nimmt.

Eine andere Familie beschäftigt sich mit den Übergängen zwischen der astralen und der physischen Welt, also mit Geburt und Tod. Die Teilnehmerin ist von Beruf Hebamme. In diesem extremen Fall beschäftigt sie sich also praktisch fast jeden Tag mit ihrer Seelenfamilien-Aufgabe.

Das eine ist nicht besser als das andere. Es geht darum, was in den jeweiligen Lebensplan passt.

Frage: Wer verteilt eigentlich diese Aufgaben, wer bestimmt die Themen?

Seelenfamilien sind wie alle Wesen und Wesenheiten der seelischen Existenzwelten Teil des Allganzen. Sie sind Teil und haben daran teil. Ihre ebenso umfassenden wie differenzierten Aufgaben werden von niemandem bestimmt, denn dort gibt es nur ein Wollen, das alle und alles mit einbezieht. Die Aufgaben erwachsen aus einer absichtslosen Absicht, aus einer in sich selbst angelegten Notwendigkeit. Alles, was ist, existiert und entfaltet sich aus einem universellen Sinnzusammenhang heraus, der jedoch weit entfernt von jeder Kausalität und linearen Zweckbestimmung ist. Die Aufgaben der Seelenfamilien entstehen jedoch aus einem – untrennbar vom Inkarnationsweg selbst in ihnen angelegten – Bedürfnis heraus, die Möglichkeiten der Entfaltung von Liebe und Erkenntnis unter bestimmten festgelegten Bedingungen zu erkunden und zu erforschen.

Die Aufgabe einer Seelenfamilie wird zwar zu Beginn in groben Zügen festgelegt, es handelt sich aber um eine Seelenarbeit, die sich im Laufe der Jahrtausende während Entwicklung immer neu gestaltet und neu definiert. Sie wird flexibel gehandhabt und erhält, abhängig von Zeit und Raum, neue Formen und Inhalte. Das Grundgesetz der Differenzierung gilt auch hier. Die Bedürfnisse und die Seelenstruktur des inkarnierten seelischen Individuums gestalten die Aufgabe in jedem Leben mit. Sie passt sich den veränderlichen Verhältnissen, der Entwicklung und dem Entfaltungsweg der Einzelseele an, ohne den Rahmen der ursprünglich gestellten umfassenden und grundsätzlichen Aufgabe, die den Charakter eines globalen Forschungsprojekts besitzt, zu verlassen.

Frage: Wenn ich diesen Durchsagen zu den Aufgaben der Familie zuhöre, stelle ich fest, dass sie Erfahrungen betreffen, die viele Menschen sowieso machen, einfach als Teil ihres Menschseins. Warum ist es nötig – seelisch gesprochen –, zusätzlich noch Seelenfamilien-Aufgaben zu haben?

Alle Themen sämtlicher Seelenfamilien-Aufgaben betreffen etwas Urmenschliches: Situationen, Erfahrungen, Schmerzen und Freuden, die alle Menschen im Laufe ihres Inkarnationszyklus einmal kennen lernen und mit denen sie sich auseinander setzen müssen. Wenn sich jedoch eine Seelenfamilie über einen langen Zeitraum und an vielen Orten der Erde gezielt und konzentriert mit einem kleinen Teilaspekt allgemein menschlicher Erfahrung immer und immer wieder beschäftigt, sich auseinander setzt, erfährt und erlebt, gewinnt dies eine Tiefe und Breite und eine Fülle, die das Verständnis und die Liebe zwischen den Menschen in einer Weise fördert, wie es durch ein vereinzeltes, kurzfristiges Erleben im Laufe eines Inkarnationszyklus nicht möglich ist. Die Spezialisierung von Seelenfamilien auf einzelne Bereiche und Aspekte menschlicher, irdischer Erfahrung gewährleistet, dass solche Erfahrung in all ihren Tiefen ausgelotet wird, anstatt angstvoll beiseite geschoben zu werden. Ein vereinzeltes, punktuelles Erlebnis dieser Art im Laufe vieler Inkarnationen gerät in

Vergessenheit, wird verdrängt. Wenn sich jedoch tausend Seelen in vielen Inkarnationen mit dieser Forschungsaufgabe beschäftigen, gelangen sie zu einer Bewusstheit und zu einer Feinheit des Durchdringens und Begreifens von Menschlichkeit, die in anderer Weise nicht möglich wäre. Vom seelischen Individuum aus betrachtet handelt es sich bei der Bearbeitung einer Seelenfamilien-Aufgabe um eine unbewusste Schwerpunktbildung, die jedoch keineswegs nur Pflicht und Schmerz ist, sondern ebenso auch Freude, Lust und Reichtum.

Frage: Ruht die Arbeit nach Beendigung eines Lebens?

Im Gegenteil! In der astralen Welt wird nicht nur geruht, geplant und ausgewertet, sondern die Seelenfamilien, deren Angehörige sich zum Teil dort und zum Teil auf dem Planeten Erde aufhalten, verfolgen unablässig weiter ihre Erkenntnisziele, ihre Aufgaben und ihre Vorhaben. Sie unterstützen jene mit intensiver Anteilnahme, die sich gerade in menschlicher Gestalt verwirklichen. Die gemeinsame Arbeit wird in der astralen Welt weitergeführt, wenn auch auf andere Weise, als in einem eingekörperten Zustand. Das Zusammenwirken, die Zusammenarbeit zwischen den eingekörperten Seelengeschwistern und den entkörperten Mitgliedern einer Seelenfamilie wird nicht unterbrochen durch den Wechsel der Dimension und der existenziellen Dichte.

Frage: Das würde also heißen, dass die Seelenfamilien-Aufgabe und das Lernen auch für die Nichtinkarnierten in der Astralwelt weitergeht?

Nur die Eingekörperten lernen. Ihre entkörperten Seelengeschwister hingegen lenken und bewirken das, was die Eingekörperten tun wollen, sollen und müssen, um die Gesamtaufgaben weiter zu fördern. Sie führen zusammen, sie arrangieren und trennen. Sie tun, was immer getan werden muss. Was von den Eingekörperten nicht erbracht werden kann, wird von den entkörperten Seelengeschwistern bewirkt oder eingefädelt. Auch das ist Arbeit, aber es ist kein Akt des Lernens, sondern eher wie ein instinktives Reagieren im Schlaf auf irgendeine Form der Störung. Oft spürt ihr zum Beispiel nachts im Schlaf einen Harndrang, aber es ist nicht nötig, lange zu planen und darüber nachzudenken, ob man nun aufstehen soll, um Wasser zu lassen. Das ist ein Akt, der wie von selbst geschieht, und der Ruheschlaf geht sofort weiter, wenn er vollzogen ist.

Der Erholungs- und Heilprozess der Seelen, die soeben aus einem anstrengenden Leben und einem oft angstvollen Tod in die astrale Heimat zurückgekehrt sind, vergleichbar einem erfrischenden Schlaf, ist keineswegs zugleich ein Prozess der Nichtbewusstheit. So wie ihr im Schlaf oder auch in anderen tiefen Ruhepausen oft mehr Bewusstheit für das Eigentliche, Wahre und Echte entwickelt, so erfährt die exkorporierte Seele – befreit von den Beschränkungen und Ängsten des Körpers um sein Überleben und bereichert auch durch die Einsicht und den Überblick – eine erweiterte Dimension des Erkennens, so wie ihr im Traum oft Zusammenhänge erkennt, die euch im Wachbewusstsein oder während ihr handelt, nicht klar werden.

Die Existenz auf der Ebene, die ihr astral nennt, durchläuft außerdem verschiedene Phasen. Die erste Phase nach dem physischen Tod ist durch eine größere Instinktivität und Schläfrigkeit gekennzeichnet als die zweite oder die dritte. Die zweite ist dem langsamen Erwachen und dem Überprüfen, Klären, Verstehen, Verdauen gewidmet. Die dritte erst beschäftigt sich erneut mit Planung, Vorausschau, Beratung durch andere Seelen. Auch alles, was mit Reue und Schuld, Abschied nehmen von Reue und Schuld, Wunsch nach Wiedergutmachung, neuer Hoffnung zu tun hat, gehört in die dritte Phase. Die Arbeit der gesamten Seelenfamilie geht parallel dazu weiter.

Jede einzelne Seelenfamilie trägt mit jeder einzelnen Erfahrung aller ihrer Inkarnationen dazu bei, das Wissen über die Möglichkeiten irdischen Seins zu erweitern. Ihre Aufgaben sind einerseits oft extrem spezialisiert – zum Wohle aller. Andererseits ist ihr Inhalt so weit gefasst, dass sie mit wechselnden Formen der Ausführung zu jeder Zeit und an jedem Ort einer Menschwerdung auf unserem Planeten bewältigt werden können. Das ist deshalb wichtig, weil ja der Inkarnationszyklus einer Menschenseele, bezogen auf den Zeit-Raum-Zusammenhang, etwa zehntausend Jahre dauert. Da wird begreiflich, dass ein Mensch der Jungsteinzeit exakt dieselbe Aufgabe erfüllen können muss wie seine dereinst im Computerzeitalter inkarnierte Seele. Es ist also nicht übertrieben zu behaupten, dass die gemeinsame Aufgabe zeit- und raumübergreifend formuliert sein muss, um ihre Gültigkeit zu erhalten, und zugleich einen Teilaspekt von Leben beschreiben muss, den es immer und überall gibt.

Frage: Gibt es überhaupt das Risiko, dass uns Wünsche, Ideen und Ziele einfallen, die außerhalb dieses größeren Rahmens liegen? Können wir gegen die göttlichen Ziele und die Pläne unserer Seele verstoßen?

Langfristig existiert das Risiko nicht, da eine Abweichung früher oder später unvermeidlich die Korrektur der Einsicht nach sich zieht. Aus unserer Sicht sind gerade solche Versuche gute Gelegenheiten, Neues zu lernen über die Natur des Menschen, über die Natur des Universums, über die Gesetze, denen eure Existenz unterliegt.

Wenn also in manchen Kreisen und unter der Last mancher Weltanschauung die seelisch-spirituelle Verantwortlichkeit einen hohen ideologischen Wert bekommt und einigen Seelen Verantwortlichkeit abgesprochen wird oder von anderen in hohem Maße übernommen zu werden scheint, ist dies ein rührender Trugschluss, den wir nicht verachten oder geißeln wollen, der jedoch an den Gesetzmäßigkeiten der Lebendigkeit und besonders am dritten Gesetz der Lebendigkeit (vgl. *Weisheit der Seele*, S. 57ff.), der unausweichlichen Notwendigkeit zu handeln und zu entscheiden, vorbeizugehen versucht.

Frage: Ist mit Verantwortung vor allem Selbstverantwortung gemeint?

Selbstverantwortung und Fremdverantwortung sind nicht voneinander trennbar. Die Trennung erfolgt nur aufgrund mentaler Konzepte. Wenn ein Mensch scheinbar keine Selbstverantwortung oder Fremdverantwortung übernehmen mag, ist dies eine Frage seiner Einstellung, nicht aber seiner Realität. Es ist seine subjektive Wirklichkeit, nicht seine objektive Realität, die sich darin ausdrückt. Wenn eine Mutter zum Beispiel ihre Kinder vernachlässigt und keine Verantwortung für die Wesen übernehmen mag, die sie auf die Welt gesetzt hat, so handelt es sich im subjektiven, juristischen oder ideologischen Zusammenhang und aus der Sichtweise der beteiligten eingekörperten Seelenfragmente allerdings um eine Verantwortungslosigkeit. Unter existenzieller Betrachtungsweise kann ihr scheinbar unverantwortliches Handeln oder Nichthandeln jedoch anders zu verstehen sein. Es mag sich um eine Absprache, eine Hilfestellung oder sogar manchmal um einen Akt der liebevollen Unterstützung handeln.

Die Aufgaben im Rahmen der Seelensippe

Wie bereits erklärt, ordnen sich jeweils sieben Seelenfamilien einer Sippe zu. Innerhalb der Sippe gilt nun für diese sieben Seelenfamilien dasselbe schon bekannte Ordnungsprinzip der sieben Grundenergien. Auch Seelenfamilien-Aufgaben besitzen ihre eigene Energieausrichtung. Es gibt also, entsprechend den sieben energetischen Grundprinzipien, sieben spezifische Aufgaben (siehe Kasten, S. 214).

Energie 5 kommunikative Aufgaben	**Energie 2** gestaltende Aufgaben
Energie 6 tröstende Aufgaben	**Energie 1** unterstützende Aufgaben
Energie 7 führende Aufgaben	**Energie 3** kämpferische Aufgaben
Energie 4 beobachtende und lehrende Aufgaben	

Jede Seelensippe ist auf diese Weise durchstrukturiert. Die Aufgabenstellung ist ganz unabhängig von der Charakteristik der Seelenrollen, aus denen die Seelenfamilie zusammengesetzt ist.

Hier möchten wir, um Verwirrung vorzubeugen, noch einmal eine grundsätzliche Erläuterung einfügen. Die seelischen Welten werden gebildet aus den sieben Grundenergien. Und gleichzeitig kennen diese Welten viele verschiedene Ebenen. Um die Aufgaben der Seelenfamilie zu verstehen, muss man also immer die beteiligten Energien und die betreffende Ebene unterscheiden. Auf der Ebene der Seelenrollen kann eine Familie beispielsweise aus drei Energien von »Heilern« (1), »Kriegern« (3) und »Königen« (7) zusammengesetzt sein. Und die Aufgabe der Familie wird sich energetisch an dieser Kombination ausrichten, also eine starke Aktionsbetonung durch »Könige« und »Krieger« haben.

Gleichzeitig – und das ist zu Anfang ein wenig schwierig zu verstehen – hat diese Familie auf der »nächsthöheren« Ebene der Seelensippe sowohl eine bestimmte Position als auch eine bestimmte Aufgabe innerhalb der sieben einander zugehörigen Seelenfamilien. Zum Beispiel die Position 5. Die Position in der Seelensippe ergibt sich jeweils aus der Energie der Aufgabe im Rahmen der Seelensippe; bei dieser Seelenfamilie ist es eine *kommunikative* Aufgabe, etwa mit Würde (»Könige«) dafür zu kämpfen (»Krieger«), dass Menschen heilsam (»Heiler«) miteinander kommunizieren lernen.

Die Interaktion der sieben universellen Grundenergien wird zunehmend komplexer und für uns Menschen mental immer schwieriger zu verstehen. Dennoch kann man die unterschiedlichen Energie- und Wirkungsebenen bis zu einem gewissen Grad in der Wirklichkeit nachvollziehen.

Wir erinnern hier an die gemeinsame Seelenfamilien-Aufgabe von Lady Diana und Mutter Teresa. Es ging dabei um das Thema Hilflosigkeit, ein Thema der Energie 1, da die »Heiler« in der Überzahl waren. Viele Seelenfamilien beschäftigen sich mit Hilflosigkeit. Diese spezielle Seelenfamilie gestaltet ihr Anliegen jedoch, wie die Quelle sagt, *offen und mutig*. Das ist eine kriegerische Art des Umgehens mit dem Thema Hilflosigkeit. Innerhalb der Sippe, auf der nächsthöheren Ebene der seelischen Energiestruktur, nimmt die Familie daher die Position 3 ein. Ebenso wäre es denkbar, dass eine andere Familie ebenfalls das Thema Hilflosigkeit bearbeitet, aber innerhalb der Sippe die künstlerische Position 2 einnimmt. Dies würde bedeuten, dass sie das Thema Hilflosigkeit unter dem besonderen Aspekt der Originalität und des Einfallsreichtums gestaltet.

Die Familie hat also eine Aufgabe, doch ebenso wird die Sippe von einer gemeinsamen Aufgabe zusammengehalten, die die sieben Seelenfamilien-Aufgaben umfasst. Daher muss die gemeinsame Aufgabe notwendigerweise allgemeiner und abstrakter sein.

Und auch jeder Stamm, der sieben Sippen in sich birgt, wird wiederum von einer gemeinsamen, noch abstrakteren Aufgabe geprägt, die alle Aufgaben der sieben Sippen und der neunundvierzig einzelnen Familien wie eine Membran umhüllt. Hierzu mehr in Kapitel 6.

An dieser Stelle haben wir die seelische Organisation von der Einzelseele bis hin zum Stamm betrachtet und aufgefächert. Von der seelischen Ganzheit her gesehen geht der Weg jedoch vom Umfassenden ins Vereinzelte, das heißt vom Seelenstamm zur fragmentierten Individualseele, die aus dem Ganzen in das Leben heraustritt.

Beispiele für die Arbeit von Seelenfamilien

Durch eine Reihe von Beispielen für Seelenfamilien-Aufgaben wird es dem Leser leichter fallen zu erkennen, wie solche Aufgaben inhaltlich und formal aussehen und welche Bandbreite und welchen Umfang sie einnehmen können. Es handelt sich hier um Durchsagen für einzelne Teilnehmer unserer Seelenfamilien-Seminare.

Eine Besonderheit der hier abgedruckten Durchsagen wird dabei hilfreich sein: In den Jahren 1995/96 haben wir in den Seelenfamilien-Seminaren damit experimentiert, uns von der Quelle – zusätzlich zu der persönlichen Botschaft an den Teilnehmer – eine uns allen bekannte historische Persönlichkeit nennen zu lassen, die die Familienaufgabe auf ihre Weise bearbeitet hat. Diese Beispiele dienen dazu, die Realität einer konkreten Anwendung und Durchführung der Seelenfamilien-Aufgabe zu illustrieren.

In späteren Jahren haben wir dieses Verfahren wieder eingestellt, weil es für Varda als Medium eine übermäßige Anstrengung bedeutete, auch noch Namen zu empfangen. Im Rahmen der Gruppe zusätzlich in die personale Existenz eines anderen, oft längst verstorbenen Menschen einzudringen erfordert einen komplizierten Wechsel der medialen »Sendestationen«.

Hinzu kommt, dass nicht jede Seelenfamilie Persönlichkeiten hervorgebracht hat, die uns heute im Westen namentlich bekannt sind und daher einen Anschauungswert mit Lehrcharakter besitzen. Daher musste ab und zu ein Seminarteilnehmer hinnehmen, dass ihm oder ihr keine Berühmtheit aus der eigenen Seelenfamilie genannt werden konnte.

Nach zehnjähriger Arbeit mit diesen Seminaren liegen uns mehr als siebenhundert entsprechende Durchsagen vor. Eine größere Anzahl davon wurde bereits in *Weisheit der Seele* (S. 243–297) veröffentlicht, allerdings unter einem anderen Ordnungsprinzip, denn dort sollten sie die sieben möglichen Grundenergien der Durchführung illustrieren. Die Durchsagen im vorliegenden Buch verfolgen ein anderes Anliegen. Über die Nennung eines bekannten Repräsentanten der beschriebenen Seelenfamilie erhält man die Möglichkeit, eine zeit- und raumübergreifende Aufgabe, die für etwa einhunderttausend Einzelleben gültig sein muss, mit einem Individuum in seiner bestimmten Zeit-Raum-Sphäre verbunden zu sehen. Durch die Namensnennung erfährt man sowohl den Wirklichkeits- als auch den Wirkungsgrad der Aufgaben.

Zu Beginn der einzelnen Durchsagen werden Informationen zur prozentualen Verteilung der energetischen Anteile innerhalb der Seelenfamilie gegeben. Sie sollen das Entstehen der Aufgabe begreiflich machen. Für das energetische Potenzial und die konkrete Wirkung einer Seelenfamilie ist die Verteilung der Seelenrollen von entscheidender Bedeutung. Es macht bereits einen Unterschied, ob in einer Familie 55 oder 56 Prozent »Heiler«-Kraft und dementsprechend 23 Prozent oder nur 22 Prozent einer anderen Energie (zum Beispiel »Künstler«-Kraft) vorhanden sind.

Die Seelenfamilie ist jeweils aus mindestens zwei und höchstens vier verschiedenen Seelenrollen zusammengesetzt. Jene

Rolle, deren Repräsentanten in der Überzahl sind, bestimmt automatisch die allgemeine Zielrichtung der Aufgabe. Sind also »Krieger« in der Mehrzahl, wird die Aufgabe immer primär kämpferische, verteidigende, schützende, engagierte Ziele entwickeln. Jene Rollen, die in der Minderzahl sind, bestimmen die Aspekte der Durchführung. Sie fügen Nuancen hinzu und setzen Akzente. Eine kriegerisch-kämpferische Aufgabe kann sich gemeinsam mit »Heilern« und »Weisen« zum Beispiel auf die Verteidigung Sinn stiftender Erkrankungen konzentrieren, wie dies im Beispiel »Heilwerden durch Krankheit« (S. 231) beschrieben ist.

Emotionale Gerechtigkeit
Künstler (34 Prozent), Heiler (33 Prozent), Gelehrte (33 Prozent)

Deine Seelenfamilie will das Thema weltlicher Gerechtigkeit erforschen. Menschen brauchen Gesetze, die ihr Zusammenleben regeln. Doch kann ein Gesetz, und sei es noch so klug erdacht, dem Individuum und seinen Motivationen nur selten gerecht werden. Allein schon die prozentuale Aufteilung der Energien in deiner Seelenfamilie zeigt, dass etwas, das gerecht gemeint ist, nicht immer ganz gerecht sein kann.

Die zentrale Beschäftigung mit der Thematik der weltlichen Gerechtigkeit beschränkt sich bei euch auf einen wichtigen Teilaspekt: Ihr wollt trotz der Starrheit der Gesetze dem Menschen, der Gerechtigkeit sucht oder gegen die Gerechtigkeit verstoßen hat, auch noch emotional gerecht werden. Ein anschauliches Beispiel findest du in dem salomonischen Urteil, das die Kunst der emotionalen Einfühlung des Richters in den Vordergrund stellt und dadurch die beiden streitenden Mütter daran hindert, dem Kind wehzutun oder sein Leben zu zerstören.

Die »Heiler« in deiner Familie wollen Leben bewahren. Die originellen »Künstler« vertrauen auf ihre Intuition, damit Leben bewahrt werden kann, und die »Gelehrten« steuern ihre wohltuende Neutralität bei. Sie besitzen die Fähigkeit, sich nicht emotional verwickeln zu lassen, sich nicht parteiisch zu geben, und bieten so den »Heilern« einen wesentlichen Ausgleich für deren Bereitschaft, sich von der einen oder anderen Partei einnehmen zu lassen.

Wie kannst du in diesem Leben dazu beitragen, die größere Aufgabe deiner Familie zu bewältigen? Die »Künstler« sind das Zünglein an der Waage. Sie sind bereit, sich nicht nur der Intuition zu öffnen, sondern diese Intuition auch zu äußern: das Geschaute, den neuen Einfall, die geistreiche Wendung auch in Worte zu fassen und sie so einzusetzen, dass wie durch einen unerwarteten Kunstgriff Klarheit in eine verworrene Situation eintritt. In deinem Leben darfst du stets auf die gelehrten Eigenschaften der Neutralität und die »Heiler«-Eigenschaften der wahren Hilfe zurückgreifen. Beide Möglichkeiten stehen dir als »Künstler« immer zur Verfügung.

In dieser Inkarnation bist du als nunmehr Alte Seele aufgerufen, in deinem Umfeld auf feine, sensible, hoch empfindliche, leicht kränkbare Menschen zu achten, von denen du spürst, dass sie von einer wenig einfühlsamen, groben Umgebung ungerecht und falsch behandelt werden, in erster Linie ältere Kinder und junge Erwachsene. Es geht für dich nicht darum, erzieherisch einzugreifen, dich mit diesen Jugendlichen auseinander zu setzen oder dich gar mit ihren Eltern anzulegen. Dein Beitrag ist schon in vollkommener Weise erfüllt, wenn du deinen seelischen Schützlingen, die eine Ungerechtigkeit erlitten haben, Verständnissignale gibst – einen Blick, ein Lächeln, eine Bewegung der Hand oder eine Berührung, einen Brief, eine Einladung, dich zu besuchen, irgendein Signal, das ihnen zu verstehen gibt: Du verstehst. Nicht zu viel, nicht zu wenig, nicht zu früh, nicht zu spät, das ist die Kunst.

Du bist ein »Künstler« auf dem »Weg der Berührung«. Lasse dich anrühren von einem nicht allen sichtbaren Unbehagen oder einem seelischen Mangelzustand, den du durch deine Fähigkeit, dich berühren zu lassen, verwandeln kannst. Und natürlich kannst du auch eingreifend tätig werden.

Ein bekanntes Mitglied deiner Seelenfamilie war *Friedrich Smetana,* ebenfalls »Künstler«. Er hat sehr gelitten unter den subtilen und manifesten Ungerechtigkeiten, die den Menschen in seiner Heimat zugefügt wurden, und er hat eine Möglichkeit gefunden, eine Musik zu komponieren, die diese Ungerechtigkeiten auf eine ungewöhnliche, besondere Weise ausgleichen konnte – nicht im Äußeren, sondern mit ihrer Wirkung aufs Gemüt. Sein Seelenalter war Alt 2. Dieser Komponist hat nicht komponiert, um bewundert zu werden. Er schrieb seine Musik und ließ sie aufführen, um ein ganz anderes, patriotisches Ziel zu erreichen. Es ging ihm kaum darum, großen Ruhm zu erlangen. Wenn er mit sich allein war, war er manchmal ein wenig stolz auf sich, dass er aus Liebe zu seinem Volk auf internationale Resonanz und reichlichen Geldfluss verzichtet hat.

Kinder Gottes
Priester (49 Prozent), Krieger (28 Prozent), Künstler (22 Prozent)

Diese Familie erforscht die Möglichkeit, fest formulierte, dogmatisch und historisch verankerte Glaubenssätze zu erschüttern. Sie will an den scheinbar schon ewig geglaubten Werten rütteln, sich neuartigen Inspirationen öffnen und dafür kämpfen, dass persönliche spirituelle Erkenntnisse nicht im Sand der privaten Überzeugung versickern. Alle Seelengeschwister aus deiner Familie sind aufgrund ihres hohen priesterlichen Energiepotenzials glühende Verfechter einer Haltung, die sich mit den Glaubensinhalten und Dogmen der Vergangenheit und der etablierten religiösen Gemeinschaften in aller Welt befassen, um sie miteinander zu konfrontieren. Ihr tut dies, indem ihr im persönlichen Kontakt mit einem Menschen, der eine ganz andere Religion oder Konfession vertritt, mit künstlerischem Charme und kriegerischer Vitalität fest darauf besteht, dass ihr als Menschen genauso viel wert seid und es genauso verdient habt, in den Himmel, ins Nirvana oder ins Paradies zu kommen wie alle anderen Bewohner dieser Erde.

Und hier liegt auch deine persönliche Aufgabe in diesem Leben. Du wirst nicht selten mit Angehörigen fremder Kulturen in Berührung kommen, die sich in ihrer religiösen Bindung sehr sicher fühlen und die außerordentlich fest an ihren spirituellen Gewohnheiten und Überzeugungen festhalten. Du brauchst dann nichts weiter zu tun, als dich mit ihnen geistig und seelisch einzulassen. Allein durch dein Anderssein bringst du bei ihnen bislang unumstößliche Überzeugungen ins Wanken. Denn wer dich einmal kennen gelernt hat, kann sich unmöglich vorstellen, dass dir der Himmel verschlossen bleiben könnte.

Zu deiner Seelenfamilie gehört ein deutscher Pfarrer, *Friedrich von Bodelschwingh*, der durch seine familiäre Prägung zunächst fest davon überzeugt war, dass geistig Behinderte, weil sie mit der Lehre der Kirche, mit dem Wort Gottes aus der Bibel und den Predigten der Pfarrer nicht erreicht werden konnten, vom ewigen Seelenheil ausgeschlossen bleiben müssten. Dies war nicht dogmatisch formuliert, wohl aber eine weit verbreitete Vorstellung. Bodelschwingh hat sich im Laufe seines Lebens durch den Kontakt mit den Geisteskranken und anderen Behinderten vom Gegenteil überzeugen lassen und hat dafür gekämpft, dass ihnen der bestmögliche Schutz zuteil wird. Er brachte ihnen eine Achtung entgegen, die aus seiner Erkenntnis abgeleitet wurde, dass es sich auch bei nicht voll arbeitsfähigen Mitgliedern der Gesellschaft um vollgültige Kinder Gottes handelt. Als »Krieger« auf der Stufe Reif 5 hat er Institutionen gegründet, in denen sich scheinbar nutzlose, schutzlose Wesen mit Leben und Schicksal einer liebevollen Pflege und Bewahrung anvertrauen konnten.

Form und Gefühl
Künstler (51 Prozent), Heiler (45 Prozent), Krieger (4 Prozent)

Ihr erforscht eine gesundende und Kraft spendende Fähigkeit des Menschen. Nur ein Mensch kann das, was er fühlt, mit seinen Händen und dem Werk seiner Hände ausdrücken, was ihn bewegt, gestalten und dadurch mitteilbar machen, ohne dass darüber gesprochen werden muss. Deine Familie also hat seit jeher emotional geprägte Objekte hergestellt, sich mit großer Liebe und großer Geduld der präzisen Abbildung von immateriellen Empfindungen und Gefühlen im materiellen Bereich gewidmet. Ganz besonders auf dem Gebiet der Plastik wart ihr zu allen Zeiten diejenigen, die bewegendste Ausdrucksformen gefunden haben, um die Betrachter einer Plastik, einer Statue, einer Figur, ganz gleich in welchem Material, unmittelbar emotional zu erreichen, sodass ihnen warm ums Herz wird und sie nicht wissen, warum. Dass diese Gestaltung von Gefühlen etwas Wesentliches dadurch bewirkt, dass eine plötzliche, oft massive, unbegreifliche, an ein Wunder grenzende Wandlung im Betrachter stattfindet, dafür sind die »Krieger« wie du verantwortlich. Verantwortlich, weil ihr durch eure Energie zu dieser kraftvollen, machtvollen Wandlung beitragt, verantwortlich aber auch dafür, dass ihr eure Autorität geltend macht und eure Vitalkraft dafür einsetzt, dass solche Plastiken diejenigen Menschen erreichen, die gewandelt werden wollen.

Du selber wirst in deiner zweiten Lebenshälfte vor allem deinen Modus »Macht« in solcher Weise einsetzen können. Deine Aufgabe in diesem Leben und in deinem Umfeld besteht darin, die Macht der emotionalen Wandlung durch dein eigenes Vorbild den Menschen begreiflich zu machen. Dieses Vorbild besteht darin, dass du allen Nachdruck auf die Dauer legst, auf das ruhige Fließen von Zeit, auf Besinnlichkeit, auf Muße, gerade bei der Betrachtung von Kunstgegenständen, gerade bei der Aufnahme von emotional anrührenden Objekten. Dazu gehören auch allerlei sakrale Gegenstände, die über die Jahrhunderte Energien und Emotionen gespeichert haben und sie dementsprechend auch an den Betrachter weiterleiten können. Beharre also auf der Muße und der Beschaulichkeit im Sinne einer kontemplativen Grundhaltung. Wenn du später einmal den Impuls verspüren solltest, Menschen zu dieser ganz besonderen Form der averbalen Kunstbetrachtung anzuleiten, zum Beispiel eine Meditationsform zu entwerfen, die geformte, emotional prägende Objekte zum Gegenstand hat, dann folge diesem Impuls.

Ein bekannter Seelenbruder aus deiner Familie ist der Bildhauer *Henry Moore*. Wenn er gekonnt hätte, wie er wollte, dann hätte er Plastiken geschaffen, die so groß wie Häuser oder Berge sind, um in einer gigantischen Weise die Betrachter zu erschüttern. Das hätte seine Werke in die rechte Perspektive gerückt angesichts der überwältigenden, einzigartigen Möglichkeit des Menschen, Ungeformtes in eine aussagefähige, anrührende Form zu bringen. Er hätte gern ganze Granitberge bearbeitet, hat davon geträumt, Jahrhunderte Zeit zu haben, um Landschaften dauerhaft zu verändern, ewige Mahnmale zu schaffen – nicht um den moralischen Zeigefinger zu heben, sondern um Zeitloses durch die Empfindungen der Menschen in bestimmten Gegenden oder Ländern dauerhaft zu prägen. Er hätte gern Wahrzeichen, weithin sichtbare Wahrzeichen hinterlassen, die wie uralte Heiligtümer auch noch nach Jahrzehntausenden und möglicherweise einem neuen Menschengeschlecht sichtbar werden könnten. Aber darin hat er, ein »Künstler« auf der Entfaltungsstufe Reif 7, seine Grenzen erfahren müssen.

Dieser Bildhauer ruft mit seinen wichtigsten und besten Werken stets dazu auf, sich lange Zeit zu nehmen, um seine Werke herumzuspazieren, sie von allen Seiten zu betrachten, sich emotional auf sie einzulassen, denn keine seiner Plastiken spricht vornehmlich den Intellekt an, obgleich viele Leute versuchen, ihn intellektuell zu begreifen. Was jedoch zurückbleibt, ist ein warmes Angerührtsein von Formen und Rundungen, von der Verbindung mit natürlichen Umfeldern, mit Bäumen und Pflanzen, mit all dem, was das Gemüt erfreut und zu einer heilenden Ganzheit von Geformtem und Ungeformtem aufruft.

Blutsverwandtschaft und Individualität
Heiler (71 Prozent), Künstler (24 Prozent), Weise (5 Prozent)

Eure Forschung betrifft das Gebiet der biologischen Familie. Deine Seelenfamilie will erkunden, wie ein Mensch die Verbindung und Verbundenheit durch Blutsverwandtschaft einerseits als ein starkes unzerstörbares Band empfindet, das ihn stützt und schützt, ihn andererseits aber auch unerbittlich in seiner Bewegungsfreiheit beschränkt durch die gemeinschaftlichen Anliegen des Familienverbandes. Und ihr untersucht, wie dieser selbe Mensch, ganz gleich, in welcher Position er sich innerhalb seiner biologischen Familie befindet, trotz starker Bindungen seine Eigenart, seine Individualität, seine Identität pflegen und bewahren kann. Denn die Verbindung von beidem ist ein charakteristisches Merkmal inkarnierter Menschenseelen.

Alle Geschwister deiner Seelenfamilie haben große Erfahrung mit der Schwankungsbreite zwischen dem fast totalen Aufgehen in den Belangen der familiären Gemeinschaft und dem unwilligen scheinbaren Ausscheiden aus diesem Verband, mit der trotzigen Verweigerung, der Rebellion und der Abwehr bis hin zu Hass und Mord. Es geht für euch alle darum, aus den Extremen und den damit verbundenen Erfahrungen eine Synthese zu bilden, um eine glückliche und beglückende Mitte zwischen der Gemeinschaftlichkeit und der Besonderheit eines jeden Menschen zu finden. Ihr alle habt Vergangenheiten, in denen ihr manchmal große Familien besaßet und manchmal sehr kleine. Ihr habt die gesamte Thematik in den Rollen von Eltern, Kindern, Onkeln und Tanten, Großeltern, Cousins und Cousinen durchgespielt. Natürlich spielt jeder Mensch diese Rollen, aber ihr habt sie stets aus einem besonderen, eben aus diesem Blickwinkel eurer Seelenfamilien-Aufgabe erfahren.

Dein eigener Beitrag als »Künstler« auf dem »Weg der Sehnsucht« besteht in diesem Leben darin, eine Mitte zu finden zwischen deinen eigenen Bedürfnissen und den Bedürfnissen jener, die du liebst und die dich lieben. Wisse, für dich gilt: Alles, was du für dich tust, tust du auch für die anderen. Jeder Individuationsschritt, den du selbst vollziehst, kommt der Individuation eines deiner Angehörigen zugute. Jede Freiheit, die du dir nimmst, vergrößert die Freiheit eines deiner Lieben. Du darfst auf deinem Weg gewiss sein, dass damit das Band und der Zusammenhalt eher gestärkt werden, anstatt sich aufzulösen. Deine Ängste jedoch stammen aus früheren Zeiten, als eine Selbstständigkeit oder Rebellion besonders bei einer Frau nicht selten zu Strafe, Ächtung oder Ausschließung aus dem Familienverband geführt hat. Beachte diese Ängste, doch folge ihnen nicht. Sie haben mit deinem jetzigen Leben nichts zu tun.

Bemühe dich um deine Freiräume, und tue es nicht heimlich. Die »Weisen« und »Künstler« in deiner Seelenfamilie sind aufgerufen, über das, was sie bewegt, zu sprechen. Nicht die Heimlichkeit, nicht das Schweigen, nicht die Selbstständigkeit auf Kosten der anderen sei dein Ziel, sondern die Mitteilung, die Begleitung, die Gemeinsamkeit und die Herausforderung, die du für deine Umgebung darstellen kannst. Die »Künstler«, zu denen auch du gehörst, sollen diese Mitteilungen so gestalten, dass sie nicht zu schweren Belastungen führen. Sie entwickeln neue Gedanken und Ideen, um originelle Wendungen in das Familienleben hineinzutragen.

Hedwig Courths-Mahler, deine Seelenschwester, schrieb von der Familie und für die Familie und hat damit ihr persönliches Anliegen verwirklicht, ohne ihre eigene biologische Familie zu vernachlässigen.

Liebenswerte Fehlbarkeit
Priester (60 Prozent), Künstler (28 Prozent), Könige (12 Prozent)

Die Aufgabe dieser Seelenfamilie befasst sich mit der Wirkung eines barmherzigen Verständnisses für menschliche Irrtümer und Schwächen. Wir nennen es die Fähigkeit zu verzeihen. Wenn du dir überlegst, wie ein »König« verzeiht, dann wirst du entdecken, dass er durch das Verzeihen weder seine eigene Würde verliert, noch die Würde jenes Menschen schmälert, dem verziehen wird. Wenn du dann nachdenkst, wie ein »Künstler« verzeiht, wirst du begreifen, dass er anders vorgehen muss. Er wird seine Kraft und seine Stärke darin einsetzen, demjenigen, der einen Irrtum begangen hat oder einen Fehler gemacht hat, sein Schuldgefühl zu erleichtern, und ihm beibringen, über seine eigene Menschlichkeit zu lächeln, sie als spielerische Ausdrucksmöglichkeit eines Menschen zu sehen. Auch »Priester« haben ihre eigene Art zu verzeihen. Sie fühlen sich in denjenigen ein, der wegen seiner eigenen Schuldgefühle wie unerlöst ist, und vermitteln ihm, dass noch andere Instanzen vorhanden sind, die verzeihen können, wenn kein Mitmensch sich dazu in der Lage fühlt. Das große Thema des Verzeihens und die Abstimmung dieses inneren Prozesses auf die Gegebenheiten aller Beteiligten ist das Forschungsgebiet, das deine Familie mit großen und kleinen Schritten abschreitet.

Deine eigene Aufgabe in diesem Leben ordnet sich in dieses große Gefüge mühelos ein. Lerne, dir selbst zu verzeihen, und lerne, darauf zu vertrauen, dass dir verziehen wird. Du hast selbst keine große Mühe, anderen zu verzeihen, denn dieses hast du in der Vergangenheit häufig geübt. Wenn du jetzt diese Kunst auf dich selbst noch ein wenig mehr anwendest, und zwar mit der Kraft und der Fähigkeit deiner eigenen »Künstler«-Energie, wenn du also lernst, deine Fehlbarkeit für etwas Liebenswertes zu halten, für etwas Leichtzunehmendes, sie als eine Qualität des Menschseins zu begreifen, die dich auch fröhlich stimmen kann, und du mehr und mehr diese Aspekte deiner Fehlbarkeit spielerisch betonen kannst, wirst du in hohem Maße den Anliegen deiner Familie gerecht. Das also, was du anderen seit jeher schenkst, kannst du lernen, dir auch selbst zu schenken. Die »Priester« in deiner Familie können dir einen großen Trost spenden, wenn du dich mehr als zuvor auf sie beziehst. Die »Könige« in deiner Familie werden dir behilflich sein, dich daran zu erinnern, dass das Lachen über die eigenen Fehler sich durchaus mit Würde vereinbaren lässt.

Johannes Brahms, ein »Priester«, war einer deiner Seelenge-

schwister. Seine Musik hilft dem Zuhörer, sich getröstet und angenommen zu fühlen.

Als die Seminarteilnehmerin den Namen Brahms hörte, brach sie
spontan in Freudentränen aus. Sie erzählte anschließend, wie sie
als bereits Erwachsene Klavierspielen und Singen gelernt hatte,
nur um sich mit Brahms-Liedern zu befassen. »Andere Kompo-
nisten interessieren mich wenig. Doch wenn ich, ganz für mich
allein, Brahms singe, bin ich in meinem Innersten berührt, und
ich habe das tröstliche Gefühl, ganz bei mir zu sein.«

Heilsame Kunst
Heiler (Mehrzahl), Künstler, Könige

Die »Heiler« verbünden sich mit den »Künstlern« in dem Anliegen,
die Kunst des Heilens mit dem Heilsamen in der Kunst zu verknüpfen. Die »Könige« in eurer Familie sorgen dafür, dass das Kunstvolle
an der Heilkunst zu einem prachtvollen Ausdruck gerät. Vor allem
aber achten sie darauf, dass die heilende Kunst, die ihr alle anwen-
det, nicht zu einer unscheinbaren Sache gerät. Sie wollen, dass eure
Arbeit mit königlicher Verantwortung vollzogen wird und mit einem
Gefühl für optimale Breitenwirkung.

Es gibt viele Möglichkeiten, die Heilsamkeit von Kunst zu den
Menschen zu bringen. Eure und deine ganz spezielle Möglichkeit ist
es, den Menschen zu ihrer ursprünglichen Schönheit zurückzuhelfen.
Jeder Einzelne, der bei dir und den anderen Mitgliedern deiner Familie um Heilung ersucht, sucht vor allem nach seiner individuellen
Schönheit, die er verloren hat, die er nicht finden oder nicht wieder
finden kann ohne Hilfe von Menschen wie dich, die gemeinsam mit
ihm danach suchen. Das bedeutet, dass zum jetzigen Zeitpunkt viele
Geschwister aus deiner Seelenfamilie im Bereich der Mode, der Kos-
metik, der Schmuckherstellung, der Stilberatung, der Figurberatung
usw. tätig sind.

Du hast eine bekannt gewordene Frau unter deinen Seelenge-schwistern, und das ist *Coco Chanel,* die sich gerade um die natür-liche Schönheit jener Frauen bemüht hat, die nicht im gängigen Sinne schön oder hübsch waren, sondern ungewöhnliche Gesichter, ungewöhnliche Figuren und eine außergewöhnliche Originalität auf-wiesen.

Dein eigenes Bedürfnis, dich zu schmücken und andere Menschen mit Schmuck zu beglücken, kommt einerseits von den »Königen« in deiner Familie und andererseits aus deinem großen Wunsch, durch Ästhetik und Stimmigkeit heilsam zu wirken. Zu heilen vermagst du gerade die, die sich aus eigener Kraft nicht schön finden können. Du als »Künstler« auf dem »Weg der Berührung« verhilfst ihnen zu einer neuartigen Wahrnehmung und Wertschätzung ihrer selbst. Alle an-deren Künste, die du im Laufe deiner Inkarnationen erlernt hast und über die du in diesem Leben verfügst und die du auch zum Teil prak-tizierst, münden in das gemeinsame Anliegen, durch Ästhetik und Verschönerung etwas wieder in Ordnung zu bringen, das in Unord-nung geraten war. Du willst Harmonie dort hineinbringen, wo Kon-flikte zwischen Selbstwahrnehmung und Fremdwahrnehmung beste-hen. Wenn du dir deines Auftrags und dabei deiner Unterstützung durch deine Seelengeschwister bewusst wirst, kannst du dich dieser Unterstützung bei Tag und bei Nacht versichern.

Dem Unhörbaren lauschen
Priester (66 Prozent), Heiler (25 Prozent), Gelehrte (11 Pro-zent), Künstler (7 Prozent)

Die komplexe Aufgabe deiner Seelengemeinschaft richtet sich auf den Wunsch, das Zuhören zu einer besonderen Kunst zu entwickeln. Ihr alle untersucht die Zusammenhänge zwischen der tröstlichen Be-reitschaft zu lauschen und der praktischen Hilfe am Mitmenschen, die damit verbunden ist, zu klären. Die Neutralität, die durch das Zu-hören möglich wird, wenn man sich nicht sofort mental oder verbal einbringt, sowie die Kunst der zusätzlichen mentalen Offenheit, die die »Künstler«-Energie bereitstellt, miteinander zu verknüpfen, all diese Möglichkeiten wollt ihr miteinander verweben und in vielerlei Situationen zum Tragen bringen.

Das Hören des scheinbar Unhörbaren, das Zuhören, das Anhören, das Lauschen und die Ausgrenzung von Störfaktoren ist im Besonderen dein eigenes Anliegen. Doch es verbindet sich so unmittelbar und so nahtlos mit der übergeordneten Aufgabe deines seelischen Selbst, dass deine aktuelle Bereitschaft, deiner Seelenfamilie zu dienen, dich ganz erfüllt.

Die Offenheit, die ein anteilnehmendes Zuhören, das geschieht, ohne die Kritikfähigkeit zu unterbinden, mit sich bringt, hat zu tun mit deiner Geschichte. Du hast schmerzhafte Erfahrungen gemacht mit der Unmöglichkeit, dir Gehör zu verschaffen. Es gab in diesem und in anderen Leben vielerlei Situationen, in denen du entweder nicht richtig sprechen konntest oder nicht gehört wurdest, wenn du auch geschrien hast. Und so bist du in diesem Leben in der Lage, aufgrund deiner vielen Erfahrungen den stummen Schrei mancher Mitmenschen zu hören, das Nichtgesagte zu vernehmen, den Unter- und Obertönen zu lauschen.

Damit du dein eigenes Unhörbares vernehmen kannst, dazu hat deine »Priester«-Seele den »Weg der Stille« gewählt. Er schenkt dir die Möglichkeit, deiner Familie einen besonderen Dienst zu erweisen. Doch um diese Stille zu hören, musst du dich sehr zurücknehmen und dich oft mehr schonen, als dir und deinen Vorstellungen von dir lieb ist. Achte darauf, was mit deiner Fähigkeit, das Nichthörbare zu hören, geschieht, wenn du überlastet bist mit Tönen, die dich nichts angehen, die dir nichts geben und die du auch nicht hören willst.

Ein Mensch aus deiner Seelenfamilie, der ebenfalls den »Weg der Stille« beschritt, ist die »Gelehrte« *Helen Keller*, deren Körper blind und taubstumm war und deren Seele auf der Stufe Alt 6 eine vollständige Reiz-Isolation gewählt hat, um sich selbst besser hören und sehen zu können.

Verantwortung, Macht und Hilflosigkeit
Könige (Mehrzahl), Priester, Weise

Die »Könige« sind so zahlreich, dass sie die Aufgabe der Familie prägen. »Priester« und »Weise« tragen das Ihre dadurch bei, dass sie ein grundlegendes spirituelles Anliegen und eine ausgeprägte Kontaktbereitschaft zu der Sehnsucht nach grundlegender Verantwortlichkeit hinzufügen.

Wir wollen dir die Aufgabe deiner Seelenfamilie und deiner selbst folgendermaßen beschreiben: Ihr alle wollt, müsst und sollt in fast jedem Leben eine Führungsposition in irgendeiner Gemeinschaft übernehmen. Und diese Führung beschäftigt sich mit der Macht, die der Verantwortliche über den Hilflosen hat. Das bedeutet, dass ihr alle in jedem Leben auf die eine oder andere Weise mit Hilflosigkeit konfrontiert werdet. Ihr müsst menschliche Macht passiv oder aktiv mit allen den Facetten erkunden, die in Verantwortlichkeit und Verantwortungslosigkeit stecken. Dazu gehört auch die Erfahrung von der Macht des Wortes (das geht die »Weisen« etwas an) und von der Macht, die das Geheimnis birgt (das betrifft die »Priester«). Die »Könige« in eurer Familie drängen »Priester« und »Weise« immer wieder dazu, das rechte Verhältnis zu finden zwischen dem, was der Hilflose wissen und erfahren muss, und dem, was zurückgehalten werden sollte, um ihm zu helfen.

Ein Weiteres betrifft das Wirken deiner Seelenfamilie. Es handelt sich um die Macht des Schicksals und die Macht der Gnade. Beide können nur vertrauensvoll zugelassen werden. Man kann sie nicht durch noch so verantwortliches Handeln ins Leben rufen.

Dein eigenes Anliegen im Zusammenhang dieser übergeordneten Aufgabe ist es zum einen, eine verantwortliche Position anzustreben, die dir ein Maximum an Einflussnahme, sprich Macht, zuteilt. Zum anderen solltest du in dieser Position deine eigene Hilflosigkeit achten und lieben lernen und auch alle Hilflosigkeit derer, über die du Macht hast oder haben könntest, achten und respektieren.

Deine Aufgabe ist es in diesem Zusammenhang außerdem, mit dem einen oder anderen Machtwort dafür zu sorgen, dass solchen Menschen, die vorübergehende Hilflosigkeit für ihr Wachstum dringend benötigen, nicht vorschnell oder gewaltsam geholfen wird. Achte darauf, dass alles sanft und nach dem Bedürfnis der Hilflosen geschieht, nicht indem sie überrollt werden, sondern indem sie an den Prozessen, die in ihnen ablaufen, bewusst und aktiv beteiligt werden, so weit es möglich oder nötig ist.

Ein »König« aus deiner Seelenfamilie ist der Gründer der Heilsarmee, *William Booth*. Er setzte seine Hilflosigkeit angesichts der hilflosen Alkoholiker und ihrer Familien vorbildlich in eine verantwortliche Führung um und sprach so manches Machtwort, auch über das Gebet.

Heilwerden durch Krankheit
Krieger (41 Prozent), Heiler (38 Prozent), Weise (21 Prozent)

»Krieger«, »Heiler« und »Weise« sind vereint in dem Bemühen, Menschen den Wert von körperlichen Erkrankungen als Hilfe zur folgerichtigen Entwicklung nahe zu bringen. Darüber hinaus geht es allen Mitgliedern deiner Familie darum, das Unwohlsein als solches von seinem Stigma des Negativen zu befreien. Ihr alle habt euch immer wieder von neuem mutig bereit gefunden, euch im Rahmen dieses Experimentes allen möglichen körperlichen Zuständen des Unwohlseins auszusetzen, um zu erkunden, was daran hilfreich sei.

Die »Krieger« in eurer Familie haben sich erfolgreich dagegen gewehrt, geheilt zu werden, bevor sie den vollen Ertrag ihrer Erkrankung geerntet hatten. Die »Weisen« haben das Ihrige dazu beigetragen, indem sie darauf bestanden, dass gerade in Zeiten des Rückzugs und oft auch des Haders das innere Zwiegespräch eines Menschen mit sich selbst und auch das Zwiegespräch mit den Mächten des Schicksals eine neue Qualität bekommt. Man könnte das Verfahren einen Dialog der unangenehmen Seite der Erkrankung mit der angenehmen nennen.

Dein eigener Beitrag zur Forschung deiner Seelenfamilie als »Heiler« liegt darin, bei dir selbst und im Rahmen deines näheren Umfeldes genau zu beobachten, welches Heil im Unheil liegt. Welche Möglichkeiten der Erneuerung sind im scheinbar Zerbrochenen geborgen? Und des Weiteren ist es dein Beitrag, keine Anstrengung zu scheuen, alle Menschen, von denen du weißt, dass sie das eine oder andere körperlich Schmerzhafte erlitten haben, nicht speziell im psychischen, sondern gerade im körperlichen Bereich, zu befragen. Welche Lehre, welche Einsicht, welche Reife haben sie daraus bezogen? Auch du selbst kannst dich mit großem Profit befragen, was deine einzelnen körperlichen Phasen des Nicht-heil-Seins zu deiner Entfaltung beigetragen haben. Nicht das Heilen also ist in diesem Leben deine besondere Aufgabe, sondern ertragen zu lernen, dass nicht alles geheilt werden kann und sollte.

Eine bekannte Persönlichkeit aus deiner Seelenfamilie wollen wir dir nennen. Es handelt sich um einen Arzt und Forscher, der sich im Selbstversuch einige Mittel und Gifte zugeführt hat, sich also in gewisser Weise krank gemacht hat, um dann nicht nur selbst in neuer Weise zu gesunden, sondern auch um diese Gesundung als ein besonderes Prinzip der Erkenntnis an seine Mitmenschen weiterzugeben Wir sprechen von *Samuel Hahnemann,* einem Menschen, der das Prinzip der Erstverschlimmerung entdeckt hat und dadurch eine ganz neue Einsicht in den Prozess von Erkrankung und Gesundung gewinnen konnte.

Hahnemann war ein »Heiler« auf dem »Weg des Wissens« auf der Entfaltungsstufe Reif 7. Obgleich er bis zum Ende seines Lebens hoffte, mit seinen homöopathischen Mitteln und mit den neu entdeckten Prinzipien alle Krankheiten heilen zu können, musste er sich doch schon zu seinen Lebzeiten eingestehen und einsehen, dass dies nicht möglich ist. Denn er erkannte: Manche Menschen sind krank, weil sie krank sein müssen, weil es ihnen gut tut, krank zu sein. Sie müssen so lange krank sein, wie dieser wohltätige Aspekt ihrer Krankheit der Seele zugute kommt. Dies hat Hahnemann früh eingesehen, mochte es jedoch nicht endgültig zugeben, da er fürchtete, seine Entdeckung dadurch zu schmälern, dass er diese Erkenntnis anderen mitteilte.

Leben, als sei man unsterblich
Krieger (46 Prozent), Weise (29 Prozent), Priester (25 Prozent)

Es geht aufgrund dieser Zusammensetzung deiner Seelenfamilie um eine Thematik, die auf dem Gebiet der spirituellen Tröstung Veränderungen bewirken will. Alle damit verbundenen Vorhaben werden von Seelengruppen gestaltet, nicht von Individuen. Ihr konzentriert euch auf die Auseinandersetzung des Menschen mit seiner Vergänglichkeit.

Du weißt, dass alle Menschen mehr oder weniger bewusst um ihr Leben fürchten und auch fürchten müssen, denn Leben ist ein sehr delikates Phänomen. Es kann in jeder Sekunde auf die eine oder andere Weise abrupt beendet werden. Dennoch muss der Mensch, jeder Mensch, gleichzeitig so leben, als sei er unsterblich. Denn täte er es nicht, könnte er nicht planen, nichts für die Zukunft bewirken, nichts wollen und nichts erschaffen, was ihn überdauert. Mit dieser Dualität der Erfahrung seid ihr besonders beschäftigt, und zwar so, dass Gruppen von Seelengeschwistern, wenn sie auch nicht immer in persönlichem, privatem Kontakt miteinander stehen, sich alle mit dem Thema Sterblichkeit und Vergänglichkeit befassen. Das Ziel dieser Seelenarbeit ist, die Einstellung des Menschen zu seiner Vergänglichkeit in einer Weise zu beeinflussen, dass dieser sich der von uns beschriebenen Dualität, in der er qua Mensch steht, immer deutlicher bewusst wird.

Du hast als Person in diesem Leben zweierlei Aufgaben, die du in mehr oder weniger bewusstem Wechsel und in mehr oder weniger langen Rhythmen bearbeiten kannst. Einerseits ist es deine Aufgabe, Menschen darauf hinzuweisen, dass sie in ihrer aktuellen Form nicht für die Ewigkeit bestimmt sind, und dies kann und wird zu Begegnungen führen, die zwar immer intensiv, aber nicht immer nur freudig sind. Andererseits ist es ebenso deine Aufgabe, Menschen darauf hinzuweisen, dass jeder Einzelne von ihnen Unvergängliches schaffen kann, im Kleinen wie im Großen. Es muss nicht immer etwas Bedeutsames sein. Für die Bewältigung der ersten Aufgabe ist es gut, dass du dich mit zwei oder drei gleich gesinnten Menschen zusammentust und im Rahmen deiner Möglichkeiten eine Bereitschaft erzeugst, diese Thematik zu verbreiten. Du kannst eine Arbeitsgruppe bilden oder Vorträge halten oder in einer anderen Form das, was dich an dieser Thematik interessiert oder bewegt, mitteilen.

Eine bekannte Persönlichkeit aus deiner Seelenfamilie war *Itzhak Rabin*. Stets war er sich vollkommen im Klaren darüber, schon als Kind und junger Mann, dass sein Leben von einem Moment auf den anderen vorbei sein könnte. Gleichzeitig gab ihm dieses Bewusstsein eine besondere Kraft und die Möglichkeit, so sehr im Moment zu leben, als könne dieser Augenblick nie vergehen. Trotz seiner Angst vor dem plötzlichen Ende hat er sich nicht gescheut, Bleibendes anzustreben. Sein Seelenalter war Reif 7, seine Essenz »Krieger«.

Willenskraft und die Energiezentren
Krieger (60 Prozent), Gelehrte (34 Prozent), Heiler (6 Prozent)

»Gelehrte« und »Heiler« unterstützen die »Krieger« in einem Vorhaben, das sich folgendermaßen beschreiben lässt:

Willenskraft ist eine Verbindung zwischen der Aktivität des Stirn-Chakras und des Solarplexus. Eure Familie ist damit beschäftigt, erstens die Wirkung von Willenskraft von der reinen Machtausübung zu unterscheiden; zweitens herauszufinden, wie weit diese Kraft bei Menschen entwickelt werden kann; drittens die Grenzen dieser Willenskraft zu erkunden, aber auch herauszufinden, mit welchen anderen Energien sie verbunden werden muss, um das Optimum an Wirkung zu erreichen. Die »Heiler« also tun ein wenig von der Herz-Chakra-Energie hinzu, und die »Gelehrten« verbinden das Ganze mit dem Basis-Chakra, mit der Bereitschaft also, unabhängig von der Willenskraft für das reine Dasein, das Überleben, das Existieren zu kämpfen, ohne den Fluss der anderen Energiezentren zu behindern.

Eure Familie erkundet einen wesentlichen Bestandteil menschlichen Seins: die Absichtsbildung, die bewusste Zielrichtung. All dies ist den »Kriegern« außerordentlich gemäß. Die Vorstellungskraft, die sich auf etwas Entferntes richten kann, um es erreichen zu können, und eben die Verbindung all dieser zukunftsgerichteten Energien mit der Willenskraft unterscheidet den Menschen von anderen Wesen. Ihr wisst aus vielen erlebten Situationen, dass ein fester Wille oft zum Ziel führt, wo andere Energien nicht mehr helfen, und dass ohne eine wirkliche Bereitschaft, eine Absicht oder eine Willensbekundung der inneren Person, gar nichts geschehen kann. Ihr wisst ebenfalls, dass Willenskraft vieles verhindern kann. Willenskraft ist auch Widerstand. All dies ist wiederum eine Domäne der »Krieger«. Nun soll aber für euch und eure Familie als Ergebnis dieses intensiven Studiums der Willenskraft vor allem eine Hilfe entwickelt werden. Die »Heiler« in eurer Familie dringen darauf, dass die vollzogene Forschung hilfreich eingesetzt wird und als eine Verständnishilfe für die Menschen dient.

Für dich persönlich geht es in diesem Leben vor allem darum, mehr zu wollen, deine Willenskraft von Resignation und Beschränkungen mentaler Art zu befreien. Nach und nach muss dies geschehen – nicht gewaltsam und nicht auf einmal –, um dir deiner ungeheuren Möglichkeiten bewusst zu werden, wie man aus Absichten Wirklichkeit machen kann. Du kannst dies in dein Leben integrieren und trainieren, wenn du immer bewusster und immer absichtlicher eine Brücke zwischen deinem dritten Auge und deinem Kraft-Chakra, dem Solarplexus, bildest. Es handelt sich in der Tat um eine Verbindung zwischen der Energie 5 und der Energie 7, der »Weisen«-Kraft und der »König«-Kraft. Weise Vorausschau und die Aktivität, die dazu

dienen soll, diese Vorausschau in einen Wirklichkeitsaspekt überzuleiten, das ist deine Domäne im Großen wie im Kleinen, in der Gestaltung deines Alltags wie in der Gestaltung deines Lebens und auch
des Lebens anderer. Wichtig ist, wie wir eingangs sagten, auch für
dich persönlich, dass du die Willenskraft von der Machtausübung
unterscheidest, bei dir und auch bei anderen.

Ein Mensch, der zu deiner Seelenfamilie gehört, ist der Begründer
der Rebirthing-Bewegung, *Leonard Orr,* der nicht nur seinen Auftrag
als »Heiler« in seine Lebensarbeit mit eingebracht hat, sondern auch
einen Seitenaspekt dieser Rückkehr zu den Wurzeln, nämlich die
Neuorientierung eines Menschen über seine Willenskraft zu dem,
wozu er geboren und kreiert wurde. Das Seelenalter von Orr ist
Alt 3.

Machtvolle Einflussnahme
Krieger (35 Prozent), Heiler (31 Prozent), Künstler (22 Prozent),
Könige (12 Prozent)

Die Aufgabe deiner Seelenfamilie ist zu fast gleichen Teilen einigend
und heilend, belebend, aktiv bewirkend und kämpfend und auch
noch höchst originell. Es geht euch allen von Anbeginn eurer Zeit
darum, zu dem, was Menschen gern für sich beanspruchen – persönliche Macht um des Ruhmes willen, selbstherrlicher Despotismus,
Herrschaft aus eigennützigen, destruktiven Motiven heraus –, ein
Gegenmodell zu schaffen. Ihr wollt Führung und Verantwortlichkeit
im Rahmen von Gemeinschaften für solche Gemeinschaften erproben. Und die Aufgabe ist deshalb verantwortungsvoll und schwierig,
weil so viele Impulse in Menschenseelen, die nur auf der Erde und
im inkarnierten Zustand das Phänomen des Individualismus erfahren
können, sich gegen eure Vorstellungen richten. Die »Krieger« unter
euch bestimmen die Aufgabe insofern, als es sich um ein kollektives
Anliegen handelt, ein Anliegen, das nur von vielen für viele sinnvoll
gestaltet werden kann.

Dein eigener Beitrag zu diesem Vorhaben liegt für dich als »Künstler« auf dem »Weg der Kraft« darin, subtile und originelle Wege zu finden, wie du dies bereits seit Tausenden von Jahren tust, um deinen Einfluss geltend zu machen. Du kannst Nischen suchen und Möglichkeiten erschaffen, in denen euer Familienanliegen zum Tragen kommet. Deshalb hat dir niemals viel daran gelegen, eine Führungsposition zu bekleiden, die dich vollkommen allein an die Spitze eines Stammes, eines Volkes oder Staates stellt. Du warst in den meisten Leben, die hinter dir liegen, ein Mann des Hintergrunds oder eine Frau, die ihren Einfluss einsetzt, um jenen, die letztlich die großen Geschicke bestimmen, die eine oder andere neuartige Idee zu vermitteln oder einzuflüstern. Und obgleich du es dir heute kaum vorstellen kannst, warst du zum Beispiel einst am Hofe eines persischen Großkönigs ein beliebter Hofnarr und auch die Konkubine eines großen Pharaos, die ihn nicht nur mit ihren erotischen Künsten beglückte, sondern auch mit ihrer Klugheit und einfühlenden Beratung begeisterte. Dass du jetzt oder in deinen früheren Inkarnationen diese Möglichkeiten oft auch ein wenig in diesem Sinne für dich fruchtbar gemacht hast, sei dir von dir selbst verziehen.

Eine bekannte Persönlichkeit, die die Aufgabe deiner Seelenfamilie wesentlich vorangebracht hat, war *Eleanor Roosevelt*. Obgleich sie einige Jahre lang die mächtigste und einflussreichste Person in den Vereinigten Staaten war, ging es ihr doch nicht darum, selbst Präsident zu werden. Sie hat niemals bedauert, dass ihr diese Möglichkeit verschlossen blieb. Aber sie machte all ihren Einfluss geltend, um das zu erreichen, was ihr im Rahmen ihrer Möglichkeiten für das Gemeinwesen sinnvoll erschien. Ihr Seelenalter war Reif 5. Ihre Seelenrolle war »Krieger«.

Trost für die Verstoßenen
Heiler (62 Prozent), Könige und Krieger

Eure Familie befasst sich mit einem Phänomen, das nur im inkarnierten Zustand erfahrbar ist, nämlich die Möglichkeit von Verlorengehen, Verirrung, Ausgesetztwerden, Verstoßenwerden. Euer Thema ist Isolation als Folge zwischenmenschlicher Willkür. Ihr untersucht, wie Menschen mit den Folgen fertig werden.

Eure Familie bietet über die »Heiler«-Kraft, die sehr stark ist, Beistand und Hilfe an. Diese Hilfe vollzieht sich nicht immer in Form einer tatsächlichen Errettung, sondern oft in Form einer inspirativen und dadurch kreativen Selbstbesinnung des verlassenen Menschen. Die »Krieger« und »Könige« in eurer Familie stellen sich sehr häufig in der passiven Rolle für das Ausgesetztwerden und Verlassenwerden zur Verfügung, denn sie gebieten über Vitalkräfte, die es ermöglichen, aus eigener Kraft eine ausweglos erscheinende Situation zum Guten zu wenden.

Dein eigener Anteil an der Bearbeitung dieser Aufgabe und Erfahrung liegt darin, dass du dich in irgendeiner Form – und sei es über Anteilnahme und Lektüre – mit Menschen beschäftigst, die sich in einer solchen wie von uns beschriebenen Situation befinden. Die Bandbreite erstreckt sich von einem vor der Klosterpforte ausgesetzten Neugeborenen bis hin zu einer verwirrten alten Frau, die nicht mehr weiß, wer sie ist, und nicht in ihr Altenheim zurückfindet. Aber auch ein Forscher, der sich auf seinen Streifzügen im Urwald, in der Wüste oder im Eismeer verloren glaubt, darf dein Mitgefühl erwecken. Was also immer mit dieser Thematik zu tun hat, kann dich auf die eine oder andere Weise interessieren, und nichts anderes ist von dir gefragt als dein Mitgefühl mit einer solchen Situation der emotionalen Verzweiflung und ein Interesse an den neuen Kräften, die gerade daraus entstehen können, dass sich jemand am Ende seiner Kräfte wähnt. Du bist ein »Heiler« auf dem »Weg der Berührung«. Deshalb ist es für dich wichtig, dich von solchen Situationen anrühren und berühren zu lassen. Du kannst diese Möglichkeit auch in einer Weise gestalten, dass du anderen Menschen von solchen Vorkommnissen erzählst und ihre Herzen anrührst.

Eine bekannte Persönlichkeit aus deiner Seelenfamilie ist *David Livingstone*. Er war eine Junge Seele auf der siebten Stufe, die während einer Phase der verzweifelten Einsamkeit und in einer vollkommen ausweglos erscheinenden Situation die Hilfe ihrer Seelenfamilie in sehr konkreter, an ein Wunder grenzender Form erfahren konnte. Eine Gruppe von »Heilern« aus Livingstones Seelenfamilie, die zu dieser Zeit nicht inkarniert war, sandte einem einzelnen inkarnierten »Heiler« einen Impuls mit dem Auftrag, sich auf die Suche zu machen nach diesem versprengten Mitglied der Familie. Dieser Seelenbruder (Henry Morton Stanley) wusste nicht einmal, wo in der Weite Afrikas er suchen sollte. Er folgte unter anderem einer Traumerscheinung, ohne auf diesen Traum bewusst sehr viel zu geben. Seine Schritte lenkte er so, wie sie für ihn von seinen Seelengeschwistern gelenkt wurden.

Spielerische Erziehung

Weise (38 Prozent), Gelehrte (26 Prozent), Heiler (23 Prozent), Künstler (13 Prozent)

Es geht in dem Bestreben und dem Forschungsvorhaben deiner Seelenfamilie um Erziehung, besonders aber um Einsicht statt Disziplin und Kopfwissen. Erziehung hat deine Familie bereits seit Jahrtausenden untersucht mit der Kommunikationsfähigkeit der »Weisen«, der Spielbereitschaft der »Künstler«, der Neugier der »Gelehrten« auf das, was es noch zu wissen gibt, und der emotionalen Verankerung von Einsichten im Gemüt durch die »Heiler«. Und des Weiteren ist deine Familie von Anbeginn auf jene Erziehungsformen spezialisiert, die sich weitab vom Elternhaus eines Kindes oder Jugendlichen abspielen, also auf das, was im weitesten Sinne ein Internat genannt werden kann, ganz gleich ob es eine mittelalterliche Knappenschule ist, eine babylonische Militärakademie, eine Missionarsschule in Afrika oder ein Waisenhaus in Japan. Immer dort, wo Kinder ohne den Rückhalt eines Elternhauses lernen müssen, ohne auf emotional vertraute Autoritätspersonen blicken zu können, sind die Mitglieder deiner Seelenfamilie tätig – nicht nur als Lehrer, sondern auch als Schüler, als Diener, als externe Betreuer, in allen Funktionen also, die nötig sind, um einem Kind mehr über das Leben beizubringen, als es intellektuell auf der Schulbank lernen kann.

Deine eigene Aufgabe als Alte Seele ist es, weiterhin im Sinne dieser Erziehung tätig zu bleiben. Doch sind in diesem Leben deine Schüler erwachsen. Dennoch fehlt ihnen oft der entscheidende Einblick, die befreiende Einsicht in die Zusammenhänge, die ihnen zuvor isoliert vermittelt wurden. Sei du also in diesem jetzigen Leben eine Lehrerin in der »Erwachsenenbildung« – nicht im Rahmen einer Institution, sondern im Rahmen privater Gespräche. Du hast die Fähigkeit und die Neigung, bei einem Menschen zu erkennen, was ihm noch fehlt, um eine prägende Einsicht zu erhalten. Du spürst, was er braucht, um eine überraschende Synthese aus all dem herzustellen, was er im Laufe seiner zwanzig, dreißig oder vierzig Lebensjahre an Informationen gesammelt hat. Dein »Künstlerauge« entdeckt das Potenzial in einem noch ungestalteten, von Bewusstheit wenig durchdrungenen Menschenleben, und du wirst in der Lage sein, nicht wenigen Menschen einen Impuls zu übermitteln, jene Dinge, die sie bereits fest eingeordnet hatten und denen sie eine unfruchtbare Wertigkeit zugeschrieben hatten, mit einer unerwarteten Idee über einen neuen Zusammenhang zu bereichern, wie ein kluger und weiser Lehrmeister. Es geht nicht um die Fülle des Wissens, sondern um seine Qualität.

Du bist ein »Künstler« auf dem »Weg des Wissens«. Eine nicht namentlich sonderlich bekannte, aber dennoch durch ihr Werk oder durch ihre Erfindung berühmt gewordene Persönlichkeit ist der Mann, der das Spiel *Monopoly* entwickelt hat, ebenfalls ein »Künstler« mit dem verschmitzten Humor der »Weisen« in seiner Seelenfamilie. Sein Seelenalter war Reif 6. Sein Spiel hat weltweiten Erfolg und war für die Selbsterkenntnis mancher Menschen so fruchtbar, dass es in einigen Ländern strikt verboten wurde. Sein Erfinder war ein großer Lehrmeister für Gefühle und Ängste. Und es ist nicht wichtig, ob die Spieler in jedem Fall wahrnehmen, was in ihnen vorgeht, wenn sie gewinnen oder verlieren, große Reichtümer anhäufen oder abgebrannt dastehen. Wichtig ist das, was in ihnen geschieht. Es geschieht spielerisch, es geschieht mit einer tiefen Weisheit, denn Monopoly spielt genauso, wie das Leben spielt. Es ist oft hilfreich und zeigt die Gesetzmäßigkeiten auf, die von den Ängsten der Menschen in die Wirklichkeit umgesetzt werden.

Nichts ist von Dauer
Gelehrte (57 Prozent), Künstler (20 Prozent), Könige (18 Prozent), Weise (5 Prozent)

Die Aufgabe dieser Familie ist es, die Energien neu zu verteilen, die sich stauen, wenn ein Mensch durch einen Konflikt, eine Krise, einen Verlust oder eine Krankheit in einen energetischen Bereich geraten ist, der ihm nicht gut tut, in dem er sich jedoch gefangen und blockiert fühlt. Von der anderen Seite her betrachtet geht es darum, mutig und weise und mit vielen guten Einfällen der Gewissheit Ausdruck zu verleihen (und diese Gewissheit auch zu vermitteln), dass kein Zustand, kein einziger Zustand, in der Zeit und im Raum jemals von Dauer ist. Alles findet ein Ende, auch die Depression, auch die Ausweglosigkeit, auch das Gefühl, dass keinerlei Möglichkeiten zur Verbesserung des Schicksals mehr bestehen. Alles auf der Erde steht unter dem Gesetz der Polarität. Die »Gelehrten«, zu denen du gehörst, wissen sehr wohl um diese tiefe Wahrheit. Ihr könnt aus eurer neutralen Position heraus alles beobachten und überblicken, was die verwickelten, in der Krise verstrickten, verzweifelten, traurigen oder deprimierten Menschen nicht mehr sehen können.

Aber euer Forschungsvorhaben geht noch weiter und noch tiefer.

Ihr fragt: Wie hängt die Talsohle mit der Spitze des Berges zusammen? Wie weit muss ein Mensch in eine Krise hineingehen, um wirklich den vollen Profit aus dieser Krise ziehen zu können? Wann muss er gebremst werden, anstatt sich noch weiter fallen zu lassen, damit er nicht ganz den Boden unter den Füßen verliert? Ihr beschäftigt euch also mit der Bandbreite von Empfindungen subjektiver Art und seid in der Lage, dieser individuellen Subjektivität wieder einen Hauch von existenzieller Objektivität zu verleihen. Ihr seid die Mut- und Muntermacher aus Gewissheit. Eure jahrtausendealte Erfahrung hat euch schon so viele Situationen, die ausweglos erschienen, durchstehen lassen, und ihr alle wisst auch sehr genau, dass selbst der Tod nur eine Talsohle ist und nicht das Ende. Nicht einmal der Tod ist ausweglos.

Deine persönliche und aktuelle Verbindung mit dieser übergeordneten, elementaren Forschungsaufgabe ist es, die feinen Bewegungen zwischen den Polen der Hoffnung und der Hoffnungslosigkeit zu beobachten. Denn je älter eine Seele wird, umso präziser, feiner und subtiler werden ihre Forschungsgebiete. Beobachte also, wie häufig du während eines einzigen Tages zwischen den Polen schwankst und wie häufig du anderen Menschen Mut und Hoffnung machst, und zwar umso mehr, je weniger Mut du im Augenblick in deinem persönlichen Leben aufzubringen vermagst. Viele kluge und einsichtige Ratschläge, die du anderen gibst, darfst du dir auch selbst geben. Für dich ist es von besonderem Gewinn – und es ist ein vorbildlicher Beitrag zu den Belangen deiner Seelenfamilie –, wenn du dich mit der Polarität und der Dualität allen materialisierten Seins beschäftigst und diese fundamentale, existenzielle Wahrheit so weit in dich und mit dir integrierst, dass du sie wie selbstverständlich nach außen tragen kannst. Das Ja und das Nein, das Auf und das Ab, das Hin und das Her seien dein Forschungsgebiet.

Ein Bruder aus deiner Seelenfamilie war *Sebastian Kneipp*, der sich mit der besonderen Polarität und Dualität von heiß und kalt, von nass und trocken beschäftigt hat. Auch dies ist etwas Elementares.

Es entsprach seinem Seelenalter Jung 7. Er war mehr als eine Generation jünger als du, als er sein großes Werk vollbrachte, und konnte sich seither ausruhen. Er ist immer noch in der astralen Welt. Aber er wird, zurück in der Zeitlichkeit, sehr bald den Anschluss an die Entwicklung seiner Seelengeschwister finden und auf den Stufen Reif 1 bis Reif 3 zu neuen Schwüngen ausholen. Als »König« auf dem »Weg der Kraft« wird seine Seele nicht ruhen können und in inkarnierter Gestalt in hoch verantwortlicher Weise wieder sehr aktiv werden, wenn er sich einmal gründlich von den Strapazen der letzten Inkarnation erholt hat.

* * *

Die angebotene Auswahl an Durchsagen könnte den Eindruck erwecken, als müsse ein Mensch sich immer intensiv und rührig für die Aufgabe einsetzen. Der Stellenwert, den die Bearbeitung einer Seelenfamilien-Aufgabe in einem individuellen Leben einnimmt, kann aber sehr verschieden sein. Manche Menschen befassen sich sehr intensiv und aktiv gestaltend damit, bei anderen genügt es, wenn sie sich wenige Male im Leben mit der entsprechende Thematik beschäftigen. Einige widmen sich der gemeinsamen Aufgabe ein ganzes Leben lang; nichts scheint ihnen wichtiger zu sein. Bei anderen sind das Denken daran, das Lesen und Nachdenken darüber oder von Zeit zu Zeit eine anteilnehmende, prägende Diskussion mit einer tiefen Erkenntnis schon ausreichend. Jüngere Seelen sind oft sehr aktiv in der Bewältigung der Seelenfamilien-Aufgabe, während Reife und besonders Alte Seelen bisweilen gehalten sind, sich nur beobachtend mit der Aufgabe zu beschäftigen.

Nicht immer steht also eine Aufgabenstellung wie die der Seelenfamilie im Vordergrund der seelischen Entwicklung. Andere Lebensaspekte mit seelischem Hintergrund mögen zeitweilig wichtiger sein: die Bearbeitung einer karmischen Bindung, die

Einlösung von Absprachen und Gelöbnissen aus früheren Leben, das Knüpfen neuer seelischer Bande, die Energie, die man der Bewältigung des individuellen Entwicklungsziels, der Bearbeitung der Hauptangst oder der persönlichen Entfaltungsaufgabe widmet. Die Wertigkeit ist also unterschiedlich. Doch die Quelle versichert uns, dass niemand auch nur ein Jahr seines Lebens verbringt, ohne bewusst oder unbewusst simultan an allen seinen seelischen Anliegen tätig zu sein und zu wachsen.

In diesem Zusammenhang ist es entscheidend zu begreifen, dass jede Ausführung und Durchführung passive und aktive Partner benötigt. Mit anderen Worten: Jede Aufgabe benötigt passiv erleidende und aktiv bewirkende Aspekte, um zum Erkenntnisziel zu führen. So wechseln sich bei den einzelnen Mitgliedern der Seelenfamilien die Schwerpunkte ständig ab. Wer das Thema Gerechtigkeit untersucht, muss eines Tages erfahren, wie sich Ungerechtigkeit anfühlt. Wer wissen will, was die willkürliche Ausgrenzung aus der menschlichen Gemeinschaft bedeutet, muss sich abwechselnd auch einmal zur Verfügung stellen, isoliert zu werden oder jemanden zu verstoßen. Wer lernen will, behinderte Menschen als vollgültige Gotteskinder zu lieben, muss von Zeit zu Zeit selbst erleben, wie es ist, behindert zu sein.

Dass die Durchsagen nicht immer explizit auf diesen Aspekt eingehen, liegt daran, dass sie für ganz bestimmte, konkrete Seminarteilnehmer gegeben wurden. Diese Menschen sind im Allgemeinen gesund, berufstätig, aktiv im Leben engagiert. Im Augenblick stehen sie nicht auf der Schattenseite des Lebens. Die Quelle will ihnen neue Perspektiven eröffnen, Mut machen, Lebenssinn stiften.

Es mag auch der Eindruck entstehen, dass das so genannte Böse aus diesen Durchsagen weitgehend ausgeklammert bleibt. Aber wir wissen aus vielen Botschaften, dass es eine seelische Aufgabe sein kann, etwas zu vollbringen, was nach irdischmenschlicher Beurteilung schlecht ist. Das setzt persönliche, irdische Verantwortung und seelische Verantwortlichkeit nicht außer Kraft. Die Seele braucht und sucht Erfahrungen, die sie in der Astralwelt nicht machen kann. Das Eintreten in die Polarität von Gut und Böse ist ein Kennzeichen von Menschsein. Exkarnierte Wesen kennen sie nicht. Menschen aber können im Laufe ihrer vielen Leben nicht umhin, sich schuldig zu machen. Die Opfer/Täter-Dichotomie gehört nun einmal zu unserer Existenz. Böses zu tun ist eine menschliche Notwendigkeit. Das goldene Zeitalter, als alle liebevoll, edel und gerecht waren, hat es nie gegeben, und auch die Zukunft wird es nicht bringen.

Obgleich die seelischen Welten – so weit wir Menschen es beurteilen können – stets Übergeordnetes anstreben, ist es nicht moralisch im irdischen Sinne. Der Mensch macht im Laufe seiner Inkarnationen Fehler; er ist grausam, voller Hass und Habgier, weil seine Seele und damit das Allganze solche Erfahrung brauchen. Aus seelischer Blickrichtung betrachtet kommt es nicht darauf an, wer Täter und wer Opfer ist. Wesentliche Erfahrungen machen beide, und beide wechselnden Rollen sind im Rahmen der Seelenfamilien-Aufgaben nichts anderes als Erfahrungsperspektiven.

Viele der bekannten Persönlichkeiten, die namentlich genannt wurden, haben das Seelenalter Reif 7. Die Erklärung liegt darin, dass die Entfaltungsstufe Reif 7 häufig eine königliche Breitenwirkung und einen erheblichen Wirkungsgrad innerhalb der menschlichen Gemeinschaft voraussetzt und mit sich bringt. Es handelt sich dabei ja um den Höhepunkt und zugleich den Abschluss einer mehr als zweitausendjährigen Erfahrung, eine Reife Seele zu sein und zu haben. Das Motto von Reif 7 lautet: *Möglichkeiten und Grenzen des Wollens erkunden. Ich wende an, was ich gelernt habe.* Eine gewisse Lebensmeisterschaft hat sich eingestellt. Sie will auch innerhalb der menschlichen Gemeinschaft ausgedrückt werden. Im Zyklus der Alten Seele, der nun folgt, beginnt die Seele dann erneut mit existenzieller Verunsicherung, bis sie auf der kriegerischen Stufe Alt 3 noch ein letztes Mal einen notwendigen Höhepunkt tätiger Auseinandersetzung mit der Welt und somit zugleich die Chance zu einer gewissen weltlichen Berühmtheit erhält.

Und letztlich bleibt zu sagen, dass Ruhm und Bekanntheit zwar für inkarnierte Menschen, aber keineswegs für die Seele selbst einen Wert darstellen. Berühmtheit in dem genannten Sinn ist ja lediglich eine Folge seelisch gesteuerter energetischer Breitenwirkung, und sie kommt selten vor. Wir erinnern nochmals daran: Der großen Geschichte unbekannt zu bleiben und kaum Spuren des individuellen Wandels auf Erden zu hinterlassen, das ist die Norm und daher normal.

Oft wurde uns die Frage gestellt: Wer kontrolliert, ob die Aufgaben gut und richtig ausgeführt werden?

Auch hier verhält es sich anders, als wir es aus unserer hierarchisch gegliederten Lern- und Arbeitswelt gewohnt sind. Seelenfamilien-Aufgaben werden nicht von einem Gremium, einem Chef, einem Lehrer oder einem Gott gestellt, sondern *sie stellen sich selbst* aufgrund der vorhandenen Energie. An dieser Stelle sei daran erinnert, dass Seelenfamilien, Seelensippen und Seelenstämme *selbstorganisierende Systeme* darstellen, die weder auf Anordnungen noch auf Befehle angewiesen sind. Zum Vergleich: Auch innerhalb einer Milchstraße oder eines Planetensystems muss nicht jedem einzelnen Stern ausdrücklich von der Natur, von Gott, von irgendjemandem gesagt werden, wie er sich im Verhältnis zu anderen Sternen zu verhalten hat, welche Temperatur auf ihm herrschen soll, welche Schwerkraft er aufweisen muss. Und trotz dieser scheinbaren Verantwortungs- und Weisungsfreiheit läuft alles geordnet ab. Selbstverständlich hat der Mensch in gewissem Umfang eine Willens- und Entscheidungsfreiheit, ein Planet hingegen nicht.

Innerhalb eines Seelenstamms bietet sich eine sinnvolle, gern und lustvoll übernommene Arbeitsteilung an. Aus Liebe zum Ganzen und im Sinne der Bewusstheit des Ganzen widmet sich jede Seelenfamilie dem Forschungsgebiet, für das sie sich aufgrund ihrer energetischen Zusammensetzung am geeignetsten erweist. Im wahrsten Wortsinn findet sie hier ihre Selbst-Verwirklichung.

Da ist auch niemand, der darüber wacht, ob alles ordnungsgemäß erledigt wird. Das aber kann man nur verstehen, wenn man akzeptiert, dass die Vorstellung von Lohn und Strafe eine rein menschlich-irdische Angelegenheit ist, die auf den Grundvorstellungen von irdischer Gerechtigkeit basiert. Eine der wesentlichsten Einsichten, die die Quelle uns schenkt, besteht jedoch darin, dass es dort, wo Liebe und Erkenntnis walten, jenseits von Eden, nichts mehr und nichts weniger als einen Zuwachs an Energie gibt, der durch lernendes Erfahren vollzogen wird. Und seelisches Lernen ist unabhängig von Erfolg oder Versagen. Seelisches Lernen ist weder gut noch schlecht, sondern besitzt eine neutrale Qualität.

Das göttliche Allganze lässt zu, anstatt zu verurteilen. Das gerade macht ja die bedingungslose Liebe und die bedingungsfreie Erkenntnis aus, nach der wir uns sehnen – weil wir sie aus den entkörperten Welten kennen. Gewiss widerspricht dies unserer christlichen Prägung, und ebenso ist es nicht konform mit den Lehren des Islam. Auch der Buddhismus zielt auf eine erhebliche Werkgerechtigkeit ab. Eher noch kommt die Aussage der Quelle den Auffassungen des ursprünglichen Taoismus nahe.

Wenn niemand richtet und straft, könnte das Missverständnis aufkommen, dass dem schlechten Tun des Menschen Tür und Tor geöffnet sind und moralische Anarchie ausbrechen würde, wollte man solch destruktivem Gedankengut huldigen. Doch die Erfahrung zeigt, dass eine Seele unabhängig von einem rächenden, strafenden Gott, brennenden Höllenfeuern und unseligen Reinkarnationsformen wachstumsfördernde Erfahrungen machen kann. Allerdings setzt diese Einsicht eine beachtliche personale Verantwortungsbereitschaft voraus. Wenn nicht nur das Gute, sondern auch das Böse dazu beiträgt, dass göttliche Liebe und Erkenntnis sich entfalten können, sind uns als Menschen erst im eigentlichen Sinn Würde und Freiheit verliehen. Denn wir sind eingekörperte Seelen, nicht Marionetten des Schicksals. Unsere Seelen ruhen im Allganzen. Die Seele ist es, die beabsichtigt, umfassende Erfahrungen der Menschlichkeit zu machen, und da kann das Böse weder von der Täterseite noch von der Opferseite ausgespart werden. Das ist eine der neuen Sichtweisen, die uns die Quelle lehrt. Sie zeigt uns, wie wir unsere irdischen Verhältnisse immer wieder einmal auch aus der Perspektive der seelischen Existenzwelten betrachten können.

5

Die Binnenstruktur der Seelenfamilie

Sprich: Gott ist einer
Ein ewig Reiner
Hat nicht gezeugt
Und ihn gezeugt hat keiner
Und nicht ihm gleich ist einer.
Koran, Sure 112

Gestaltung, Umgestaltung
Des ewigen Sinnes
Ewige Unterhaltung.
J. W. v. Goethe, Faust II

Ausschüttung und Zufallsverteilung

Die sieben Grundprinzipien mit ihren sieben verschiedenen Energien prägen die gesamte immaterielle und materielle Welt der Erfahrung und des Seins.

Die umfassende Idee von Wachstum und Entfaltung ist getränkt von dem Wunsch, das Essenzielle, absolut Einmalige eines jeden Seelenfragments zu verbinden mit der Möglichkeit, alle wesentlichen Erfahrungen machen zu können, die nicht nur während eines begrenzten Inkarnationszyklus, sondern während der gesamten unendlich lang erscheinenden Dauer und Existenz der Seele möglich sind.

Deshalb ergänzen und überdecken sich so viele Einzelsysteme, die miteinander in Beziehung treten und auf verschiedenen Ebenen ein und derselben Existenz wirksam werden.

Wenn wir die Einbettung des Fragments in die Seelenfamilie, die Einbettung der Seelenfamilie in die Sippe, die Einbettung der Sippe in den nächsthöheren Verband, den Stamm, betrachten, wird klar, dass die Freiheit der Entfaltung für die Einzelseele unbegrenzt ist. Gehen wir den Weg wieder zurück und machen uns sozusagen den Ort des Fragments im Kosmos klar, im Rahmen der eben erwähnten Einbettung in übergreifende Zusammenhänge, ist leicht ersichtlich, dass auf der Ebene des Fragments keine absolute Freiheit bestehen kann. Aus diesem makrokosmischen Blickwinkel sind alle möglichen Gegebenheiten bereits entschieden oder ausgewählt, da das Fragment selbst der energetische Abkömmling, die Konsequenz von Abermillionen von Entscheidungen anderer Entitäten ist.

Nehmen wir jetzt wieder den Blickwinkel des Fragments ein, ändert sich das ganze Bild radikal, denn selbst im Rahmen all dieser Vorgaben hat das Fragment mehr Freiheiten, als es jemals in der Lage ist, zu begreifen, zu überblicken oder auszuführen. Aus dieser menschlichen Perspektive sind die Wahlmöglichkeiten wieder nahezu unbegrenzt.

Bisher haben wir erörtert, wie sich die einzelne Seelenfamilie in größere seelische Zusammenhänge einordnet. Je sieben Seelenfamilien bilden eine Sippe, je sieben Sippen bilden einen Stamm. Die Stämme bilden keine weiteren Siebenergruppen, sondern vernetzen sich auf andere Weise, die später noch dargestellt wird. In diesem Kapitel informieren wir den Leser über die Binnenstruktur der Seelenfamilie.

Die Einzelseele wird von der Quelle auch als Fragment bezeichnet. Dies meint, dass sie das Bruchstück einer größeren Einheit ist. Die Seelenfamilie ist die erste Organisationseinheit in den Welten der Seele, und zwar deshalb, weil über die sieben Wege, die in diesem Kapitel weiter unten behandelt werden, alle sieben Grundenergien gleichmäßig in jeder Seelenfamilie verteilt sind.

Die Seelenfamilie wird im Wesentlichen durch zwei Elemente strukturiert: erstens durch die Ausschüttungsreihenfolge und Zufallsverteilung der Seelenrollen, zweitens durch die Sequenzen der sieben Wege. Es gibt noch weitere Strukturelemente, die jedoch weniger zentral sind und daher erst am Ende des Kapitels behandelt werden.

Wir sprechen von Ausschüttung oder auch Ausstreuung. Damit meinen wir nicht, dass es jemanden gibt, der diese Ausschüttung vornimmt. Vielmehr dürft ihr euch den Vorgang so vorstellen wie die Öffnung einer gereiften Samenkapsel, die Tausende von Samen enthält. Sie geht zu einem bestimmten Zeitpunkt auf und verstreut ihre Samen auf die Erde und in den Wind.

Wenn eine Seelenfamilie sich entschieden hat, das Abenteuer der Inkarnation auf dem Planeten Erde zu wagen, und sie die Reife erreicht hat, die damit verbundenen Aufgaben bewältigen zu können, öffnet sie sich wie eine Samenkapsel. Aus der ursprünglichen Einheit wird die Vielheit. Und jedes Samenkorn enthält das Wachstumsprogramm der ganzen Seelenfamilie.

Nun kann es sich als Fragment eines größeren Ganzen verselbstständigen. Es kann sich abtrennen und seine eigenen Wege gehen, ohne die Identität und die Zugehörigkeit zum Ganzen zu verlieren. Der Vergleich mit der Pflanzenwelt wird euch auch insofern helfen, als ihr erkannt habt, dass die unendliche Flora eures Planeten in verschiedene große und kleine Gruppen, Familien und Einheiten eingeteilt werden kann. Es ist aber nicht denkbar, dass eine Pflanze nur in einem einzigen Exemplar existiert und als solches allein das Wagnis ihrer Existenz durchleben muss.

Jede einzelne vegetabile Erscheinung eures Planeten ist mit den anderen auf vielfältige Weise vernetzt. Und jede Pflanzenfamilie steht wiederum in Beziehung zu einem größeren Verband von physischen Erscheinungen. In gleicher Weise seid auch ihr vernetzt, nicht nur mit den Geschwistern eurer Seelenfamilie, sondern auch mit größeren und weiteren Verbänden, die nicht nur im inkarnierten Zustand mit euch in Verbindung stehen. Energetisch verbunden seid ihr mit allen inkarnierenden, mit allen noch nicht inkarnierenden und allen nicht mehr inkarnierenden Seelen. Ihr wirkt auf einer vertikalen und auf einer horizontalen Ebene mit so vielen anderen Seelen zusammen, wie ihr es euch mental kaum vorstellen könnt.

In der astralen Existenzwelt warten viele Seelenstämme auf eine Möglichkeit, sich einem Inkarnationszyklus auf der Erde oder an anderen Orten hinzugeben. Niemand gebietet es ihnen. Sie gehorchen eigenen Impulsen, einem inneren Wollen, einer größeren Notwendigkeit. Die Quelle weist darauf hin, dass der gemeinsame Beginn eines Weges, der mit dem Eintritt in die körperliche Welt von Ursache und Wirkung beginnt, von niemandem angeordnet wird. Und grundsätzlich ist dieser von ultimativer Freiwilligkeit geprägte Schritt kein Akt der Schuld, keine Bestrafung, kein Abfallen von Gott, kein Sündenfall, keine Verstoßung aus dem Paradies. Er ist ein Akt des Mutes.

Die Seelenlehre der Quelle beruht im Wesentlichen darauf, dass jede Inkarnation aus der Liebe des großen Allganzen, des göttlichen Prinzips, und des kleinen Fragments, der Seele, zu sich selbst vollzogen wird. Diese Liebe wird ergänzt von einem Wunsch nach Erkenntnis. Getragen von der Sehnsucht nach Erkenntnis macht sich die Seele auf, in die beschwerliche Welt der Physis einzudringen. Dort wird sie einzigartige Erfahrungen machen und die Liebe und Erkenntnis auf allen Ebenen kosmischer Existenz anreichern. Die Quelle hat einmal gesagt, dass seelische Energien in ihrem Kern den Willen und Wunsch zur Entfaltung und Entwicklung tragen. Der irdische Inkarnationsweg ist der Entfaltungsweg, den Seelen unserer Art beschreiten. Er vollzieht sich dadurch, dass sie Körper bewohnen.

Dieser Inkarnationsweg hat einen Anfang und ein Ende in der Zeit. Der Anfang ist gemeinsam, das Ende ist individuell verschieden. Das heißt, die Angehörigen einer Seelenfamilie und der ihnen zugehörigen größeren Verbände inkarnieren sich etwa gleichzeitig zum ersten Mal. Die Einzelseelen entwickeln sich verschieden schnell, wobei es keinen Wert an sich darstellt, sich schnell zu entfalten. Vielmehr werden einerseits Seelen benötigt, die schnell auf dem dritten Territorium der astralen Welt ankommen, weil sie ihren Inkarnationszyklus abgeschlossen haben, denn von dort können sie ihren Seelengeschwistern als so genannte Schutzwesen in neuer Weise behilflich sein. Die Seelenfamilie benötigt aber auch Mitglieder, die sich langsam durch den Zyklus bewegen, denn die letzten im Körper verbleibenden Mitglieder haben, durch die Unterstützung vieler auf dem dritten Territorium, die Möglichkeit, besonders anspruchsvolle Aspekte ihrer Seelenfamilien-Aufgabe zu erfüllen. Man ist kein besserer Mensch, wenn man sich schnell entwickelt, und man dient dadurch seiner Familie nicht besser.

Man könnte nun denken, dass sich neue Seelen kontinuierlich inkarnieren. Dies ist aber nicht so. Die Quelle teilt uns mit, dass etwa alle zweitausend Jahre ein geballter neuer Schub einsetzt, eine Inkarnationswelle die Erde erreicht. Immer wieder kommen neue Säugling-Seelen in die Welt der Menschen. Dadurch überschneiden und überlagern sich die Inkarnationswellen, und es entsteht der falsche Eindruck, dass die Menschheit über die Jahrtausende in ihrer moralischen Entwicklung gar nicht »weiterkommt«. Denn man beobachtet, dass aus den »Fehlern der Geschichte« wenig gelernt wird. Hier liegt allerdings ein Missverständnis vor. Auch was das körperliche Lebensalter betrifft, existieren ja Kinder, Junge und Alte zugleich nebeneinander und miteinander. Jedes Kind muss aber seine eigenen Erfahrungen machen. Es nutzt nicht viel, wenn der Großvater sagt: »Meine Erfahrung ist, dass man das anders machen sollte.« Einzelne Individuen altern, nicht ganze Völker. Dies gilt für die Seele ebenso wie für den Körper. Allerdings gilt auch, dass sich die Schwerpunkte verschieben können. Die Deutschen haben prozentual mehr körperlich alte Menschen als jemals zuvor, während in Ägypten die große Mehrheit der Bevölkerung unter dreißig ist. Genauso ballen sich Menschen vergleichbaren Seelenalters zu bestimmten Zeiten in bestimmten geografischen Räumen.

Je günstiger die Lebensbedingungen auf der Erde sind, umso mehr Seelen können sich bei verkürzten Astralaufenthalten hier verwirklichen. Jetzt, zu Beginn des dritten Jahrtausends unserer Zeitrechnung, ist dies der Fall. Noch niemals im Laufe ihrer Geschichte hat die Erde so vielen Menschen Nahrung, Obdach, Lebensraum geschenkt. Noch niemals sahen so viele Seelen gleichzeitig die Möglichkeit, ihren Inkarnationsplan in die Tat umzusetzen. Dass die Erde zurzeit so stark bevölkert ist, erklärt sich nicht nur daraus, dass beim letzten Inkarnationsschub so viele neue Säugling-Seelen hinzugekommen sind, sondern auch dadurch, dass der Planet mehr Überlebensmöglichkeiten bietet als jemals zuvor, auch wenn diese nicht modernen mitteleuropäischen Vorstellungen entsprechen.

Daher kann man auch sagen, dass die Mehrheit der inkarnierten Seelen etwa alle zweitausend Jahre von einem Seelenalter in das nächste übergeht. So gingen die Menschen im Mittelmeerraum um die Zeitenwende vom Kind-Seelen-Stadium in den Zyklus der Jungen Seelen über und benötigten daher eine Jung-Seelen-Religion. Daher gab es über einige Jahrhunderte hinweg eine verunsichernde Übergangszeit vom Kind-Seelen-Polytheismus zum Jung-Seelen-Monotheismus. Eine ähnliche Übergangszeit erleben wir heute – zweitausend Jahre später – in Mitteleuropa, nämlich den Übergang vom Stadium der Jungen Seele zu dem der Reifen Seele und damit einen verunsichernden Übergang vom strikten Monotheismus zu einer mehr persönlich geprägten, individuellen Spiritualität.

Mit dem Übertritt aus einer Dimension von Nichtzeit und Nichtraum in die irdische Zeit-Raum-Dualität ergibt sich notwendigerweise eine Reihenfolge – je nachdem, in welchem Augenblick sich eine bislang niemals inkarnierte Seele zum ersten Mal mit einem menschlichen Körper verbindet. Dadurch fixiert sich die Ausschüttungsreihenfolge als Teil der Seelenfamilienstruktur, die über den gesamten Inkarnationsweg einer Seelenfamilie als konstantes Strukturelement erhalten bleibt. Dies bedeutet jedoch nicht, dass die Mitglieder einer Seelenfamilie sich auch während ihres Entfaltungsweges stets in dieser zeitlichen Reihenfolge inkarnieren müssen. Wir bezeichnen diese Reihenfolge mit Zahlen zwischen 1 und etwa 1000, je nachdem, wie viele Seelen die Seelenfamilie enthält.

Da wir selbst bereits eine gewisse Anzahl unserer inkarnierten Seelengeschwister kennen, glauben wir aus eigener Erfahrung sagen zu können, dass sich mit denen, die eine Ausschüttungsnummer haben, die der unseren nahe ist, automatisch eine größere Intimität einstellt als mit jemandem, dessen Zahl weiter entfernt liegt. Seelen, die eine numerische Nähe aufweisen, stehen sich demnach energetisch näher als solche, die durch die Abfolge der Ausschüttung weit auseinander liegen. Nummer 12 empfindet eine engere Beziehung zu Nummer 26 als zu Nummer 534.

Es ist leicht einsichtig, dass durch die zufällige Reihenfolge der Erstinkarnationen eine ebenso zufällige Verteilung der Seelenrollen eintritt. Dieses erste Strukturelement der Seelenfamilie ist also vom Zufall gekennzeichnet. Da der Zufall bei jeder Seelenfamilie anders aussieht, ist dieses Strukturelement jeweils individuell verschieden. Zufall kreiert also Individualität. Wie wir sehen werden, folgt das zweite Strukturprinzip, das der jeweiligen Wege, dem Prinzip der Notwendigkeit und ist in allen Seelenfamilien gleich. Individualität entsteht natürlich auch dadurch, dass in jeder Seelenfamilie eine andere Zusammensetzung der Seelenrollen in Verbindung mit jeweils verschiedenen prozentualen Anteilen vorliegt. Jeweils zwei, drei oder vier Rollen verteilen sich am »Rückgrat« der Ausschüttung.

Die Sequenzen der Wege

Die Ausschüttungsreihenfolge ist zusätzlich gegliedert in Sequenzen von jeweils sieben Einzelseelen. Eine Sequenz beginnt mit der ersten Seele und endet bei der siebten, beginnt wieder mit der achten und endet bei der vierzehnten usw. Jede Seelenfamilie enthält eine bestimmte Anzahl von Siebenersequenzen. Jede Sequenz enthält sieben unterschiedliche Wege. Diese Wege sind eine der vielen Ausprägungen der sieben Grundenergien, vergleichbar den sieben Seelenrollen.

Also müsste eine Beschreibung der überdauernden Aspekte einer Einzelseele folgendermaßen lauten: ein »Priester« mit der Ausschüttungsnummer 15 auf dem Weg 1. Wir nennen diesen Aspekt »überdauernd«, weil er für alle Inkarnationen gleichermaßen gilt, wohingegen das Seelenmuster, die Matrix, sich in jedem Leben verändert. Genauso wie die Seelenrolle jedem von uns eine ewige, stabile Identität schenkt, gibt auch der Weg jeder Seele eine verlässliche Ausrichtung von ewiger Gültigkeit. Die Verbindung von erstens der *Seelenrolle* und zweitens dem *Weg* macht die seelische Kernidentität jedes menschlichen Individuums aus.

Stellen Sie sich eine beliebige Seelenfamilie vor, die aus den Vertretern dreier Seelenrollen besteht: »Gelehrte« (Energie 4), »Priester« (Energie 6) und »Könige« (Energie 7). Bei der Ausschüttung dieser Seelenfamilie besteht nun zum Beispiel die erste Sequenz aus zwei »Priestern«, fünf »Gelehrten« und zwei »Königen«. Die zweite Sequenz besteht zum Beispiel aus vier »Gelehrten«, zwei »Priestern« und drei »Königen«. Die dritte Sequenz besteht aus sechs »Gelehrten« und einem »Priester« usw.

Aus welchen Seelenrollen die jeweilige Sequenz zusammengesetzt ist, folgt demnach dem Zufall als Prinzip. Dennoch ist auch diese Abfolge wiederum in eine Ordnung eingebunden. Denn die numerische Position, die jede Seele durch ihre Ausschüttungsreihenfolge innerhalb der Sequenz einnimmt, entspricht einer Normalverteilung. Zur Einzigartigkeit einer jeden Seelenfamilie tritt daher ein kollektives, alle Familien einendes und verbindendes Element. Denn alle Seelenfamilien sind nach Siebenersequenzen strukturiert. In allen Sequenzen folgt die Zusammensetzung der Seelenrollen dem Chaos- oder Zufallsprinzip, die Abfolge der Ausschüttung und der Sequenzen jedoch der Normalverteilung oder dem Ordnungsprinzip. Diese Struktur ist also dual konstruiert. Die Siebenersequenzen bewirken, dass jede Seelenfamilie in sich energetisch komplett ist – die erste Organisationseinheit der seelischen Welten.

In unserem Beispiel besitzt der erste »Priester« in der ersten Sequenz aufgrund der Ausschüttungsreihenfolge die prägende Energie 1 (also eine zusätzliche »Heiler«-Energie). Der zweite »Priester« hat jedoch die Energie 2 (also eine »Künstler«-Energie). Der erste »Gelehrte«, auf Position 3 in der Ausschüttungsreihenfolge, hat eine »Krieger«-Energie (3), der zweite »Gelehrte« auf Position 4 eine »Gelehrten«-Energie (4), der dritte »Gelehrte« auf Position 5 eine »Weisen«-Energie (5). Der erste »König« auf Position 6 besitzt eine »Priester«-Energie (6), der zweite »König« auf Position 7 eine zusätzliche »König«-Energie (7). Die Auswirkungen dieser sieben Kräfte nennen wir die sieben Wege der Seele.

Die sieben Wege der Seele

Die Siebenersequenzen bilden den Hauptaspekt der Binnenstruktur in jeder Seelenfamilie. Es gibt sieben Wege:

Weg der Sehnsucht (5)	**Weg des Wissens** (2)
Expressionsebene	
Weg der Stille (6)	**Weg der Berührung** (1)
Inspirationsebene	
Weg der Suche (7)	**Weg der Kraft** (3)
Aktionsebene	
Weg der Form (4)	
Assimilationsebene	

Ihr fragt nach der inneren Struktur einer jeden Seelenfamilie und nach den Funktionen, die diese Struktur als Ganzes und in ihren Teilaspekten besitzt. Wir haben andernorts und zu anderer Zeit schon angedeutet (*Archetypen der Seele*, S. 37–41) dass innerhalb der Seelenfamilie die Energiezahl 7 und ihre stetige Abfolge in Sequenzen eine bedeutsame Rolle spielen. Weil nun keine Seelenfamilie alle sieben essenziellen Seelenrollen enthält, tritt die Struktur der sie-

ben Wege zu den zwei, drei oder selten vier Essenzen, die eine Seelenfamilie bilden. So wird es möglich, dass ein »Krieger« aufgrund
seiner Position innerhalb der Seelenfamilie den Weg der Stille beschreiten kann oder ein »Priester« den Weg des Wissens, ein »König« den Weg der Berührung, ein »Weiser« den Weg der Kraft.

Aber eines ist Weg und Seelenrolle gemeinsam: Die sieben Wege
entsprechen ebenfalls in ihren Prinzipien den Charakteristika der sieben Grundenergien.

So ist ein jeder von euch innerhalb seiner Seelenfamilie nicht nur
geprägt durch seine essenzielle Seelenrolle und die damit verbundenen, an ihn verwiesenen Aufgaben, die er auf seine ganz eigene
und mit Selbstverantwortung gefüllte Art erledigt, sondern auch
durch die weitere Prägung seiner Position im Gefüge seines Ganzen,
die seinen Weg bestimmt.

Die Wege sind als solche sowohl im inkarnierten, materialisierten
Zustand einer Seele als auch im exkarnierten, immateriellen Zustand
gültig. Das bedeutet, dass eine Seele ihren Weg beschreitet und
seine besondere Qualität in ihrem Energiemuster beibehält, auch
während sie auf der astralen Ebene weilt – entweder zwischen den
einzelnen Inkarnationen oder im Anschluss an ihre letzte Manifestation auf eurer Erde. Es bedeutet zugleich, dass die Plus- und Minus-
pole der Wege nur im inkarnierten Zustand ihre Dynamik entfalten.
Im nichtkörperlichen Bereich gibt es sie nicht. Der Minuspol ist stets
ein Ausdruck einer Angst, den Pluspol nicht genügend oder befriedigend leben zu können. Er stellt den Versuch dar, einen Ersatz für
das Angestrebte zu bieten. Wie die übrigen Pole innerhalb eines
Seelenmusters trägt das Schwingungsfeld zwischen den beiden Polen eines Weges zur Lebendigkeit und damit sowohl zur individuellen Vitalität als auch zur notwendigen Herausbildung des Ich eines
Menschen bei. Und wie bei allen anderen Polen eines Seelenmusters ist es ein Irrtum zu glauben, die Berührung mit dem Minuspol vermeiden zu können oder dieses Meiden als ein Ziel der Entwicklung
anstreben zu sollen.

Eine Einzelseele, die in ihrer existenziellen Qualität absolut einmalig ist und deren Einmaligkeit durch eine Reihe unterschiedlicher Faktoren gewährleistet bleibt, geht einen Weg, der einerseits schon von Milliarden anderer Seelen beschritten wurde, jedoch noch niemals von dieser Seele mit ihrem besonderen Anliegen und ihrer individuellen Erfahrung. Der Weg also wird von vielen beschritten, und doch beschreitet ihn jeder anders. Denn jede Seele macht ihre ureigensten Erfahrungen, während sie einen Entfaltungsschritt vor den anderen setzt.

Ein Weg, wie er in der spezifischen Definition als einer der sieben Wege beschrieben werden kann, hat ein Ziel. Jeder der sieben Wege hat ein eigenes Ziel, doch liegen die Seelenziele nahe beieinander. Der jeweilige Weg verbindet zwei Aspekte einer Erfahrung. Der eine Aspekt ist transzendent und transpersonal, der andere ist immanent und personal. Die Schritte auf einem Weg, zum Beispiel auf dem sechsten Weg, dem Weg der Stille, führen eine inkarnierte Seele über eine immense Anzahl einzelner Stille-Erfahrungen hin zu einem Maximum und Optimum an innerer Stille, wie sie im inkarnierten Zustand erlebt werden kann. Und gleichzeitig ist dieses Maximum und Optimum jener Stille, wie sie erst später im exkarnierten Zustand erfahren wird, so ähnlich, wie es nur irgend möglich ist.

Ein solches Optimum und Maximum zu erreichen ist das Ziel aller Wege. Das Ziel wird unaufhaltsam angestrebt und kann nicht verfehlt werden. Jedoch wird es erst im Augenblick des zeitlichen Endes eines jahrtausendelangen Inkarnationszyklus sichtbar und greifbar. Deshalb sprechen wir von einer Abschluss-Ekstase. Sie schließt durch das Erreichen des Zieles jeden Inkarnationsweg ab.

Wird dieser Endpunkt erreicht, ist die Seele angekommen. Im leiblichen Zustand gibt es keine weiteren Schritte zu tun. Der Weg jedoch ist nicht zu Ende. Das irdische Ziel wurde zwar erreicht. Das transzendente und transpersonale Ziel wird aber jetzt erst sichtbar. Es ist, als ob jemand den Weg in eine bestimmte Stadt sucht und, dort angekommen, erfährt, dass es darin ein neues, lohnendes Ziel gibt, das er suchen und erreichen könnte und das er erst jetzt wünschen kann, da er vorher nichts davon wusste. Der Weg also wird auch nach dem allerletzten Ableben einer Seele weiter beschritten, sei es auf dem dritten Territorium der astralen Welt oder später im Existenzbereich der kausalen Bewusstseinswelt.

Wir sprachen von Ekstase. Denn nach so langer gelebter Zeit das Ziel zu erreichen, es zu erkennen, es zu genießen, erfüllt die Seele in dem Augenblick, in dem sie den letzten ihrer menschlichen Körper loslässt, mit einem Außer-sich-Sein, einer Ekstase also, die wahrhaftig unbeschreiblich ist. Sie bringt eine Freude, eine Erfülltheit und Vollkommenheit mit sich, im Fall des sechsten Weges zum Beispiel ein Gelöstsein und Erlöstsein, das während eines Inkarnationszyklus noch niemals zuvor – in keinem einzigen der möglichen Seinszustände der physischen oder astralen Welt – zugänglich gewesen ist.

Weg 1 – Weg der Berührung
Minuspol: Symbiose – Pluspol: Innigkeit

Die erste und dann jeweils wieder jede erste Seele in der Siebenerabfolge einer Ausschüttung widmet sich dem Weg der Berührung. Das bedeutet, dass sie innerhalb der Seelenfamilie verantwortlich ist für die Verbindung, die Kontakte und die Kommunikation der Mitglieder ihrer Familie untereinander. Und eine solche Seele wird ihren Weg dadurch beschreiten, dass sie sich in den vielfältigen Aspekten von Berührung vervollkommnet. Zärtlichkeit und Innigkeit sind für einen Menschen auf dem ersten Seelenweg überaus wichtig und befriedigend. Damit meinen wir keineswegs nur die Berührung zweier Körper, das Streicheln mit den Händen oder auf der Haut. Auch mit Blicken, mit Gedanken, mit Handlungen und Gefühlen und sogar mit seiner Ausstrahlung kann ein solcher Mensch berühren, rühren und andere zu sich selbst führen.

Die Eins verschmilzt, wann immer ihr die Gelegenheit dazu geboten wird. Denn die Berührungen, von denen wir sprechen, gehen weit über jede Körperlichkeit hinaus. Der Weg der Berührung ist gültig in allen Welten der Seele, von ihrem Entstehen bis zu ihrem Ende. Er überdauert, wie alle anderen Wege, den Zyklus der Inkarnationen und manifestiert sich so lange, bis alle Grenzen zwischen den ehemaligen Individuen, aber auch zwischen den einzelnen Seelenfamilien aufgehoben sind, auf Ebenen, die wir euch hier nicht beschreiben können. Der Weg der Berührung umfasst alle Kontaktmöglichkeiten, die Seelen untereinander kennen.

Eine Seele mit der Struktur der Eins vereint, was auseinander strebt oder auseinander geht – alles, was nicht ohne weiteres zusammenkäme, wenn das Prinzip der Eins nicht für Verbindung sorgen würde. Alle Leben und alle Existenzen der Einserenergie oder Energie 1, des Prinzips der Berührung, sind darauf gerichtet, das Netzwerk, das bereits geknüpft ist, zu stärken, zu verfeinern und manchmal auch zu flicken.

Alle Seelen auf dem Weg 1 stellen sich zur Verfügung, um diejenigen, die sich suchen, zusammenzuführen. Alles, was getrennt ist, soll geeint werden. Sie können dies allein durch ihre Existenz bewirken. Doch wenn zu der unbewussten Wirkung eine aktive Wirksamkeit hinzutritt, ist es nicht von Schaden. Eine Seele, die um ihren Weg innerhalb ihrer Familie weiß, kann segensreiche Arbeit leisten, wenn sie sich ihrer Möglichkeiten, ihrer Wünsche und Sehnsüchte und auch ihrer Aufgaben bewusst ist.

Das Erlebnis einer alle Vorstellungskraft sprengenden, orgasmischen Ergriffenheit schließt den Weg der Berührung ab.

Weg 2 – Weg des Wissens
Minuspol: Wissensgier – Pluspol: Gewissheit

Seelen auf dem Weg des Wissens mit der Position 2 innerhalb der Siebenerstruktur haben sich der Aufgabe verschrieben, im Rahmen ihrer Familie und deren Vorhaben alles Notwendige in Erfahrung zu bringen. Sie schaffen mit den Informationen, die sie suchen und erhalten, die Voraussetzungen, dass die Aufgaben der seelischen Gemeinschaft einerseits in einen übergreifenden Kontext gestellt und andererseits mit einem Bewusstsein von Kontinuität erfüllt werden. Wissen bedeutet in diesem Sinn nicht nur Sach- und Fachwissen, das auch in außerkörperlichen Dimensionen durchaus von Bedeutung ist, sondern vor allem auch das Wissen um die Gesetzmäßigkeiten der Zusammenarbeit innerhalb der einzelnen Essenzen und Wege, aber auch mit den verschwägerten anderen Seelenfamilien, die ja in großen Projektgruppen zusammenwirken können.

So sind die Seelen auf dem Weg des Wissens die Boten und Informanten, die Zuträger von Auskünften zwischen den einzelnen Mitgliedern ihrer eigenen seelischen Familie, aber auch innerhalb des größeren Verbandes von weitläufig verwandten Seelenstrukturen. Seelen mit der Energie 2 sind im Gegensatz zu Seelen auf dem Weg 1, dem Weg der Berührung, in erster Linie darauf orientiert, die seelischen Membranen zu durchstoßen und Verbindungen zu schaffen, die das Bewusstsein einer Vielheit fördern, einer Vielheit, die dennoch den Zielen des Ganzen zugeordnet bleibt. Die Energie 1 will verbinden und Unterschiede auflösen. Energie 2 weiß um die Funktion und die Notwendigkeit von Zweiheit und auch um die Lust an der Unterschiedlichkeit. Zweiheit bedeutet Gleichberechtigung, Austausch in gleichem Maße, ein Wechseln zwischen dem, was gleich ist, und dem, was sich unterscheidet. Vor allem aber will eine Seele auf dem Weg des Wissens die Kräfte des Mentalen stärken. Sie vermittelt zwischen dem Geist des Allganzen und der seelischen Individualität, sei es im fragmentierten Zustand des einzelnen Körpers oder in dem astralen Bereich – oder sogar auch später innerhalb der großen Seelenorganisationen in der kausalen Welt.

Die Gewissheit, dass der Geist des kosmischen Allganzen mit seiner ganzen integrativen Kraft unablässig in allen Räumen, in allen Zeiten und über Raum und Zeit hinaus zur Verfügung steht, gibt den Seelen auf dem Weg des Wissens den Mut, sich auf die Zweiheit einzulassen und somit die schützende Hülle des Vereinten immer wieder zu verlassen. Und diese Seelen sind für ihre Gefährten auch die überzeugendsten Vermittler des liebenden Ganzen, dessen sie ja gewiss sind.

Sie stärken mit ihrer Gewissheit die Verzweifelten; sie führen die Verlorenen in die Heimat zurück; sie sind die Wegweiser in den Landschaften aller Ungewissheit. Sie wissen, weil sie wissen. Ihr Schatz an Möglichkeiten, das unendlich Verschiedene in seiner Vielfalt neu miteinander zu kombinieren, ist unerschöpflich. Diese Fähigkeit, aus den eingeholten Informationen einen Sinnzusammenhang zu stiften und ihn zu übermitteln, prägt alle Seelen auf dem Weg des Wissens. Und sie leisten ihren Beitrag auch auf der Erde als Menschen, die sich aufgerufen fühlen, alles, was die Ziele ihrer Seelenfamilien fördern kann, in Erfahrung zu bringen und weiterzuleiten.

Wir sagten, dass die Wege nicht nur eine Ergänzung der Komponenten einer Seelenfamilie durch eine Erweiterung des Energiespektrums darstellen, sondern vor allem auch eine zusätzliche Dimension in das Gefüge hineinbringen. Durch den Weg wird das holographische Modell komplett und von allen Seiten betrachtbar. Ihr wisst, dass die Seelenrolle des »Künstlers« im Allgemeinen wie ein Kind Informationen aufnimmt und wieder vergisst, mit ihnen spielt und sie verwirft, um sich für Neues zugänglich zu halten, doch kommt dieses Neue auch aus der ungeordneten, fast chaotischen Verschüttelung von Einfällen und bereits Vorhandenem. Der Weg des Wissens mit seiner »künstlerischen« Energie fügt diesem Spektrum eine Dimension von Ausdauer und Nachdrücklichkeit hinzu, eine Ruhe und Festigkeit, die der Energie 2 fehlen würde, wenn sie nur durch die Seelenrolle des »Künstlers« mit ihren unterschiedlichen Aspekten beschrieben würde. Eine Erkenntnis von immenser Leuchtkraft krönt das Ende dieses Weges.

Weg 3 – Weg der Kraft
Minuspol: Kraftmeierei – Pluspol: Potenz

Der Weg der Kraft, den Seelen mit der Energie 3 beschreiten, ist gekennzeichnet durch eine kraftvolle Dynamik und durch eine überaus große Lust an der Bewegung. Das Prinzip der Bewegung ist sowohl aktiv als auch passiv zu verstehen. Seelen mit der Position 3 haben die Aufgabe, innerhalb ihrer Seelenfamilie Anstöße zu geben und ruhende Energien in Bewegung zu bringen. Sie sind diejenigen, die ihre Kraft einsetzen, um ihre Familie zu dynamisieren. Sie verfügen über die stärkste Grundspannung und können andere Seelen mit anderen Wegen damit aufladen.

Wenn eine solche Aufladung nötig wird, sind die Seelen mit der Energie 3, die den Weg der Kraft beschreiten, zur Stelle, um sich zu verströmen, ihren Energieüberschuss abzuleiten und anderen damit zu einer Bewegung zu verhelfen, die aus einem Potenzial, einer Idee, erst reale Verwirklichung machen kann. So sind die Seelen auf dem Weg der Kraft die aktiven Helfer, die stets darauf achten, dass niemand müde wird, dass keine unerwünschte Stagnation eintritt und keines ihrer Seelengeschwister den Mut verliert, auf den eigenen Wegen voranzuschreiten, nur weil es ihnen zum Beispiel im Körper an physischer Kraft gebricht. Und wenn kein Körper vorhanden ist, sind die Seelen mit der Energie 3 stets bereit, die Schwingung ihrer Gefährten zu erhöhen und die Frequenzen so zu regulieren, dass die Gesamtenergie der Familie sich steigern kann.

Der Weg der Kraft ist für die Seelen, die ihn erwählt haben, ein Weg des Austausches von Kraft spendender Energie. Deshalb müssen sie sich gewahr sein, dass sie im Körper und ohne Körper über große Reserven verfügen, die stets abgeleitet werden sollten, um sich zu erneuern. Sie sind die Starken, die Kraftvollen, die Bewegenden, und sie müssen deshalb immer kräftig ihren Energiekörper schütteln und rütteln, damit ihnen aus dem Kosmos neue Energie zufließen kann.

Unter ihnen befinden sich viele, die auf der Erde mit den Händen Energie übertragen und dadurch heilen können, aber auch Musiker, die mit Herz und Hand einem Instrument Töne – und damit Schwingungen – entlocken, die die Seelen ihrer Familie kräftigen und die Menschen zum Tanz bewegen. Eine Seele auf dem Weg der Kraft besitzt jedoch kein sehr spielerisches Temperament. Sie nimmt ihre Aufgabe besonders ernst und konzentriert sich sehr nachhaltig darauf, einer Sache zur Verfügung zu stehen, die einem größeren Ganzen Kraft vermitteln soll. Aber wie das geschieht, steht ihr frei – ob mit Worten, mit Taten, durch Gedanken oder Kontakt. Kraft kann immer und überall gespendet werden. Sie soll nur Freude bereiten. Die Energie des dritten Weges ist stets aufbauend und stärkend. Am Ziel dieses Seelenweges steht eine ekstatische Erleichterung.

Weg 4 – Weg der Form
Minuspol: Pedanterie – Pluspol: Angemessenheit

Der Weg der Form ist der Weg einer Seele, die ihre eigene Existenz in eine Form gießt. Sie entwirft diese Form selbst mit großer Bewusstheit und Bereitschaft zum Verzicht auf Überflüssiges, damit das Wesentliche hervortritt. Sie weiß auch die Welt, die Wirklichkeit mit neuen Formen zu erfüllen. Dabei geht es ihr nicht nur darum, etwas Neues zu gestalten, sondern die Formbarkeit der Wirklichkeit als solche zu entdecken.

Der Weg der Form, die Energie 4, umgreift immer auch die Formlosigkeit. Diese beiden Aspekte des Weges ergänzen sich. Sie bringen es mit sich, dass ein Mensch, der sich diesem Weg mit ganzer Seele widmet, auch eine Auseinandersetzung führen muss mit dem Gewinn und dem Verlust von Form, mit der Auflösung und der Neubildung, mit ihrer Gestaltung und ihrer Zerstörung. Wer den Weg der Form beschreitet, wird sich nicht festhalten können an dem, was er einmal geformt und gestaltet hatte. Die Erinnerung bleibt, das Wissen ist vorhanden, aber die Umgestaltung des bereits Vorhandenen wird den Formenden immer beflügeln, sodass er sich von einer Ruheposition in eine Schwingung bringt und aus der jeweils neu entwickelten Schwingung und Spannung eine wiederum neue Ruhe ableitet.

Der Weg der Form, der vierte Weg, sammelt wie in einem geformten und doch formlos großen Gefäß all die Aspekte von Wirklichkeit, die in eine konkrete, geistige, seelische oder lebendig-körperliche Form gebracht werden können. Und das umfasst neun Zehntel aller Phänomene des Allganzen.

Einem Menschen, der den vierten Weg beschreitet, geht es deshalb um das Erfassen innerweltlicher Realitäten, die in eine neue Form und damit zu einem neuen Verständnis zu bringen er sich anschickt. Da er in all seinen Inkarnationen bereits Geschick entwickelt und Erfahrung darin gesammelt hat, dies zu tun, wird es ihm auch in seinem aktuellen Leben nicht schwer fallen, immer von neuem eine dem Augenblick angemessene Pulsation oder Schwingung und dann einen passenden neuen Ruhepunkt zu finden.

Ein Mensch mit dem Weg der Form hat die Tendenz, an Formen festzuhalten, und übt sich trotzdem ständig darin, in der Wahl seiner Formen flexibel zu bleiben. Die jeweils sich verändernden Inhalte, auch wenn die Veränderungen minimal sind, rufen nach einer neuen Form. Die Formgebung betrifft die Welt der Gedanken und die Welt der Beziehungen, die Lebensgestaltung, die Wohnform, sogar die körperliche Erscheinung, das heißt Gewicht, Gestik, Mimik und Kleidung. Die meisten Menschen gehen mit diesen Neuformungen kaum bewusst und eher verschleppend und nachlässig um. Eine Seele auf dem Weg der Form aber hat stets – auch in jüngerem Seelenalter – ein bewusstes Empfinden und ein drängendes Bedürfnis, die jeweils passende Form in allen Dingen und für alle Dinge zu finden.

Die Energie 4 ist eine rahmende Kraft, die dem Moment eine scheinbare Dauer verleiht. Sie gleicht dem Wunsch, ein schmackhaftes Gericht auf einem Teller ansprechend zu dekorieren in dem Bewusstsein,

dass die Anordnung von Speisen nur dazu dienen soll, das soeben ent-
standene Kunstwerk durch den Verzehr zu zerstören. Wäre aber die
Speise nicht in dieser bestimmten Form angerichtet, hätte sie – auch
wenn viele das nicht wahrhaben wollen – eine andere Wirkung auf
den Gesamtorganismus.

Weg 4 ist kein mentaler, sondern ein pragmatischer, funktioneller,
instinktiver Weg, der nicht vom Nachdenken über die Dinge, sondern vom unmittelbaren Tun und seinem Entstehen und Vergehen geprägt ist. Das Abstrakte verbindet sich hier mit dem Praktischen. Auf
die Anwendung und Durchführung einer Idee kommt es hier an – mit
einer Bewusstheit von der Einsicht, dass diese Durchführung zugleich
die Auflösung in sich trägt. Wir meinen damit nicht grundsätzlich
eine sofortige oder totale Auflösung, sondern oftmals nur eine mini-
male, aber dennoch bewusste Umgestaltung des Vorhandenen. Jeder, der diesen vierten Weg beschreitet, erlebt am Ende ein Erwachen.

Weg 5 – Weg der Sehnsucht
Minuspol: Sorge – Pluspol: Geborgenheit

Dieser Weg zeichnet sich aus durch eine nie versiegende Sehnsucht,
gepaart mit einer Zuversicht, dass die Sehnsucht gestillt werden
wird. Nicht die Suche treibt die Seele mit dieser Energie voran, sondern die Sehnsucht. Sie will nicht finden, sondern genährt werden
und sich geborgen fühlen. Sie bietet Nahrung an und stillt den Hunger der anderen. Das sättigt sie. Sie bemüht sich zu erkunden, welche Nahrung von wem gebraucht wird und wann sie zu verabrei-
chen ist.

Ein Mensch auf dem Weg der Sehnsucht bemüht sich um liebevolle Aufmerksamkeit, hingebungsvolle Achtsamkeit. Eine Seele mit
der Energie 5 wird diese zugewandte Achtsamkeit stets aufbringen,
um im richtigen Moment das Richtige fließen zu lassen. Die Seele,
die diesen Weg beschreitet, horcht unablässig auf die Mitteilungen

der Sehnsucht und Not, die von ihr selbst und von ihren Seelengeschwistern ausgehen. Sie registriert Hunger und Durst in all ihren mannigfaltigen Erscheinungsformen und bemüht sich um Gelegenheiten, die Not zu lindern.

Wir sprechen nicht von einem Weg der Besorgnis, denn Sorge führt zu Gram und zu einer Verringerung der Energiefrequenz. Die Bemühung ist auf ein Stillen der Sehnsucht gerichtet. Sie gibt sich Mühe, ohne dass Mühe zur Last wird.

Eine Seele mit der Energie 5 ist innerhalb ihrer Familie dafür zuständig, dass jene, die aus irgendeinem Grund von der ewig sprudelnden Quelle getrennt sind, Speis und Trank erhalten – notfalls über ein zärtlich angebotenes Säuglingsfläschchen, wenn sie zu verängstigt, zu schwach, zu krank oder zu schüchtern sind, um sich der Quelle in ihrer überwältigenden Fülle zu nähern. So ist eine Seele auf dem Weg der Sehnsucht in der Lage, ihren Seelengeschwistern, aber auch anderen Menschen, denen sie im Laufe ihrer vielen Inkarnationen nahe kommt, Geborgenheit zu spenden.

Diese Geborgenheit wird jedoch auf Kommunikation nicht verzichten können. Dadurch unterscheidet sie sich von der Berührung in Weg 1. Zur Erfahrung eines liebevollen Umsorgtseins ist es notwendig, die Bedürfnisse des Bedürftigen nicht einfach zu erraten, gerade weil es im inkarnierten Zustand dabei allzu häufig zu Projektionen kommt. Die Befragung und Überprüfung muss zweierlei beinhalten: Zum einen ist die innere Erfahrung der eigenen Bedürftigkeit und Befindlichkeit der Gradmesser für die Notwendigkeit eines Einsatzes für den Mitmenschen. In Abwandlung eines Sprichwortes könnte gesagt werden: »Was du willst, dass man dir tu, das füge auch dem anderen zu.« Andererseits wird die wahre Geborgenheit erst dann eintreten, wenn der andere sich wahrgenommen fühlt und in der Äußerungsmöglichkeit seiner Not nicht übergangen wird. So muss jeder, der auf dem Weg der Sehnsucht voranschreitet, lernen, die eigene Sehnsucht nicht gleichzusetzen mit der Sehnsucht seiner Mitmenschen.

Wer weise Gelegenheiten bietet, dass Menschen über ihre Bedürftigkeit, ihre Not und ihre Sehnsüchte sprechen oder sie auf andere Weise mitteilen können, stillt die Sehnsucht am nachhaltigsten und stiftet einen Kontakt, der zu tiefer Befriedigung führt. Das Ziel dieses Weges nennen wir Erfüllung.

Weg 6 – Weg der Stille
Minuspol: Sprachlosigkeit – Pluspol: Schweigen

Wer den Weg der Berührung beschreitet, ist zuständig für alle Formen des Kontakts zwischen den Geschwistern einer Seelenfamilie. Seelen auf dem Weg der Stille beschreiten ebenfalls einen Pfad, der sie in das Reich der Gemeinsamkeiten führt. Sie verbinden sich jedoch in anderer Weise. Sie treten in Berührung ohne Kontakt. Sie vereinen, ohne Zweiheit überwinden zu müssen. Die Stille ist es, die als Brücke dient zwischen dem Selbst und der anderen Seele, zwischen dem Selbst und der Natur, zwischen dem Selbst und dem Leben, zwischen dem Selbst und dem Ganzen.

Während alle anderen Seelenwege tätige und rührige Wege sind, kann der Weg der Stille beschrieben werden als eine Form des Fortschreitens, die ihre Dynamik aus der Statik erhält. Damit meinen wir eine starke Vibration auf der Stelle. Dies erzeugt ein Energiefeld, das sich anders manifestiert und auch andere Auswirkungen hat als ein Energiefeld, das durch Veränderung und Fortbewegung, durch Arbeit, Bemühung, Forschung, Formgebung, Suche oder Verschmelzung entsteht. Stille füllt die Zwischenräume. Sie kleidet alle Lücken aus. Stille fließt, ohne sich bemerkbar zu machen, in alles, was durch Aktion nicht gestaltet werden kann.

Wer den Weg der Stille beschreitet, wird sich im Verlauf seiner unterschiedlichen Existenzformen daran schulen, auf den Klang des Nichtvorhandenen zu horchen. Jede Seele, die diesen Weg gewählt hat, besitzt ein überaus feines Sensorium für das Nichtsagbare und Nichtverwirklichbare – für das, was ist und doch nicht ist. Stille durchdringt alle Membranen, die das Fragment von der Gesamtheit der Seelenfamilie abgrenzen. Und Stille ist auch eine Gleitflüssigkeit, die die vielen hundert Einzelseelen einer Familie, einem Kugellager gleich, unter geringst möglicher Reibung harmonisch miteinander spielen lässt.

Stille besänftigt. Sie glättet und heilt Risse, die sich zwischen einzelnen miteinander in Konflikt stehenden Seelenfragmenten ergeben können. Und wann immer eine Seele auf dem Weg der Stille hinzutritt zu Menschen, die zerquält oder zerstritten sind, übt sie eine wohltuend entspannende und klärende, verbindende Wirkung aus, ohne sich selbst in das konfliktgeladene Gefüge hineinzubegeben.

Als Menschen sind die Seelen, die den sechsten Weg beschreiten, damit beschäftigt, ihre eigene Mitte und persönliche Stille zu suchen, zu finden und zu definieren. Was darunter jeweils zu verstehen ist, kann von Stufe zu Stufe und auch für jede Seelenrolle verschieden sein. Abhängig vom Seelenmuster kann Stille als Anhalten einer Bewegung, als Innehalten im Fluss der Gedanken oder auch als gefüllte akustische Stille gesucht werden. In diesem Sinn hat Zugang zu Stille, wer auf das Plätschern von Wasser horcht. Das Lauschen auf den eigenen Atem, auf das Rauschen der Bäume oder auf den Herzschlag eines geliebten Menschen öffnet ebenso die Tore zum Reich der Stille wie das Hören von Musik. Wer ruhig an einem See sitzt und unwillkürlich eine Qualität von Einkehr erlebt, die ihm im Alltag unbekannt ist, taucht hinab in andere Regionen von Stille, die in ihm selbst sind und ihn mit seiner Seelenfamilie verschmelzen lassen.

Der sechste Weg ist ein priesterlicher Weg, und viele gehen ihn, die sich in der Wahl ihres Seelenmusters auf aktive, handlungsbereite und unruhige Elemente einlassen. Auch Seelen, die es aus einem besonderen Anliegen heraus für notwendig oder günstig erachten, sich während ihrer Inkarnation tätig und rührig und kommunikativ zu manifestieren, kennen diese Stille. Der sechste Weg hält stets eine Verbindung zu Dimensionen offen, die innerhalb des Irdischen und Physischen keineswegs unablässig präsent sind oder leicht zugänglich bleiben. Es sind die Dimensionen des Nichts, der

Abwesenheit und Leere, die unter dem Gesetz der Polarität – auf der Erde ebenso wie im Allganzen – ihren Anspruch auf Wahrnehmung geltend machen. Am Ende dieses Weges kommt es zur Erlösung.

Weg 7 – Weg der Suche
Minuspol: Unrast – Pluspol: Antrieb

Der Weg der Suche ist ein Weg der Verwirrung und der Entwirrung. Wer sucht, wird immer suchen. Und wenn er sich aufs Findenwollen versteift, wird seine Suche stagnieren oder erstarren. Der Weg der Suche ist ein unruhiger Weg, der die Suchenden stets in Bewegung hält. Unruhe und Unzufriedenheit wechseln ständig ab mit Ruhe und Zufriedenheit. Doch kaum versucht der Suchende, sich der Ruhe zu widmen und die Zufriedenheit zu genießen, bricht eine erneute Suche an, und er muss das soeben Gewonnene wieder hinter sich lassen. Es gibt kein Verharren. Nichts bleibt, wie es war. Das, was gefunden schien, geht verloren, und was sicher war, wird unsicher, Klarheit wird zur Verwirrung, Gewissheit zu Ungewissheit, Vernunft zu Unvernunft und umgekehrt.

Innerhalb ihrer Familie ist die Seele auf dem Weg der Suche – dem Weg 7 mit seiner königlichen, ungeduldigen Energiequalität – für einen dynamisierenden, kreativen Antrieb zuständig. Seelen, die unablässig suchen, fordern auch andere auf, sich nicht zufrieden zu geben. Sie ermuntern all ihre Seelengeschwister, nicht eher zu ruhen, als bis das individuelle Ziel und die Aufgabe der Seelenfamilie erreicht sind. Sie treiben an zu Entwicklung und Wachstum und wachen darüber, dass keiner in einem Sumpf selbstgefälliger Scheinzufriedenheit versinkt.

Der Suchende muss und will immer weiter. Doch oft fühlt er sich getrieben und möchte schon angekommen sein – so wie ein Kind, das zu Beginn einer langen Reise die räumliche Vorstellung nicht in den Begriff des Unterwegsseins mit einbringen kann und kurze Zeit nach der Abfahrt schon sagt: »Ich will jetzt da sein.« Der Suchende ist erst da, wenn er angekommen ist. Und er weiß bei all seiner Suche nicht immer, was er sucht, obgleich er davon oft überzeugt ist. Doch machen alle Sucher die schmerzliche Erfahrung, dass sie im Nachhinein sagen müssen: »Ich habe gesucht und gefunden, und dann erst fand ich heraus, dass das Gefundene nicht das Gesuchte war.«

All diese Unruhe, das Getriebensein, die Verwirrung und die Unsicherheit, das stete Streben nach einem Ziel, das kaum erkennbar ist und doch angestrebt werden muss, wird dem Menschen, dessen Seele den Weg der Suche beschreitet, am Ende seiner Tage liebevoll ausgeglichen. Der ewige Sucher wird wahrhaft beglückt durch ein Finden, das so umfassend, so überwältigend, so gleißend hell, so entwirrend ist wie keines der persönlichen Ziele, die er sich jemals bei aller geistigen Anstrengung hätte setzen können.

Es handelt sich hier nicht einfach um das, was ihr euch unter Erleuchtung vorstellt, sondern um eine Enthüllung des angestrebten Ziels, das Allganze in seinen Gesetzmäßigkeiten zu erfassen, die dem Suchenden zuteil wird. Dies kann schon vor dem letzten Leben eintreten, wenn er sowohl bereit ist zu schauen, als auch in der Lage ist, gegen Ende seiner Inkarnationen das letztgültige Gefundenhaben zu ertragen. Denn das Enthüllte, das er schaut, wenn er gefunden hat und zugleich auch gefunden wurde, ist wie ein gleißender Blitz, der den einen erschlägt und den anderen durchzuckt, um ihn unwiderruflich zu verändern und trotzdem am Leben zu lassen, obgleich seine Existenz nie mehr wie vorher sein wird. Am Ende des siebten Weges erlebt die Seele ein ungeheures Erstrahlen.

Die Abschluss-Ekstase

Am Ende unseres ersten Buches *Welten der Seele* war die Rede von spirituellen Suchern. Hier äußerte die Quelle einen Satz, den wir damals noch nicht recht verstanden:

Wenn eine Existenz im Körper mit einer so genannten Erleuchtung ab-geschlossen wird, ist das nur ein Weg unter vielen, der einem von sie-ben Menschentypen – nicht zu verwechseln mit den Seelenrollen – aufgrund seiner unablässigen Bemühungen um ein befreites Bewusst-sein zuteil wird. Andere Menschentypen kennen andere Bemühun-gen, und sie sind nicht weniger wertvoll. (Welten der Seele, S. 279)

Wir erzählen dies, um dem Leser verständlich zu machen, dass sich uns die Lehre von der Seele nur schrittweise enthüllt und in-sofern verschiedene historische Stadien der Durchsagen auch verschiedene Verständnisstadien von uns als deren Übermittlern darstellen. Heute verstehen wir, dass mit den »Menschentypen« die Vertreter der sieben Seelenwege gemeint waren.

In der Tat hat jeder Mensch einen der sieben Wege als zeit-überdauernde energetisch-seelische Grundausstattung und ist insofern ein »Typ«. Der Weg prägt ebenso wie die Seelenrolle Weltsicht und Erfahrung. Ein Mensch auf dem Weg des Wissens beispielsweise wundert sich, dass andere Wissen längst nicht so wichtig und interessant finden wie er. Jemand auf dem Weg der Kraft hält andere leicht für Schwächlinge, da sie nicht so lange durchhalten können und nicht so vital sind wie er.

Die Seele beschreitet unbeirrbar ihren Seelenweg. Eine Seele auf dem Weg der Berührung macht spezifische Erfahrungen mit diesem Weg, eine Seele auf dem Weg des Wissens sammelt auf ihrem Gebiet entsprechende Erfahrungen, ob als »Krieger«, als »Weiser« oder als »Priester«. Dieser Weg wird im Laufe der zahl-reichen Inkarnationen dermaßen selbstverständlich, dass er auch die Weltsicht prägt. Das Sein und Tun, das der eigene Weg einer Seele nahe legt, kommt ihr in inkarniertem Zustand so normal vor, dass sie sich gar nicht vorstellen kann, es sei anders.

Ein weiteres Problem dieser älteren Durchsage aus *Welten der Seele*, das uns erst sehr viel später deutlich wurde, besteht darin, dass wir anfangs mit dem Begriff Erleuchtung zwei völlig verschiedene, voneinander zu trennende Energiephänomene beschrieben haben.

Als Frank dies bemerkte, fragte er: Es gibt ein Phänomen, das wir traditionell Erleuchtung nennen. Und dann gibt es ein Phänomen, das offensichtlich das Ende des Weges im Körper beschreibt und am Schluss der letzten Inkarnation ein spezifisches energetisches Erlebnis kreiert. Was ist der Unterschied?

Das erste könnte mit dem Begriff Bewusstseinsorgasmus beschrieben werden. Manche Alte Seelen jenseits des Seelenalters Alt 3 können ihn erleben. Einige vermögen auch davon zu berichten. Das zweite ist eine Abschluss-Ekstase. Jede Seele erlebt sie am absoluten Ende ihres Entfaltungsweges, also im allerletzten Augenblick des letzten Lebens auf der Stufe Alt 7 oder gar erst nach dem Überwechseln in die astrale Bewusstseinswelt. Davon kann also niemand mehr berichten.

Frage: Ihr habt selbst gesagt, kein Mensch kann davon berichten. Ist es trotzdem sinnvoll, dieses Phänomen mit sieben differenzierten Begriffen zu bezeichnen?

Man kann davon ausgehen, dass jeder, der sich im Stadium der Reifen und Alten Seele befindet und daher bereits über umfassende Erfahrung auf seinem Weg verfügt, eine zunehmend deutliche Ahnung entwickelt von dem, was ihn als endliche Abschluss-Ekstase erwartet. Dies ist in der Tat kaum in Worte zu fassen, und doch gibt es Vorstellungen und Fantasien jenseits von Worten, die nur einen Teil des Erlebbaren formulieren können – nämlich lediglich das Mentale. Die Summe der vergangenen Erfahrungen lässt sich in der Vorstellung potenzieren. Und doch bleibt eine Gewissheit, dass die eigentliche Ekstase das Vorstellbare um ein Vielfaches steigern wird. Sie ist auch ein sensuales Erleben. Zudem muss die Abschluss-Ekstase, die sich auf den Weg der Seele bezieht, noch in Verschmelzung gebracht werden mit der vollkommenen Verwirklichung der Energie der eigenen Seelenrolle. So wird ein »Künstler« auf dem Weg der Stille etwas anderes erfahren als ein »Krieger« auf dem Weg der Stille. Dies im Einzelnen zu beschreiben übersteigt auch unsere Kräfte.

Begriffe für diese letztgültigen Erlebnisformen zu prägen ist keineswegs überflüssig, denn die Fantasie braucht Anhaltspunkte, um sich auf Mögliches freuen zu können. Unsere Versuche, die einzelnen unterschiedlichen Erfahrungsbereiche mit einem Wort zu belegen, sind eine wesentliche Hilfe.

Jeder Weg wird mit einem endgültigen Entgrenzungserlebnis abgeschlossen, meistens zum Ende des letzten Lebens auf der Erde. Die Quelle nennt diesen abschließenden Vorgang, der eintritt, wenn und weil das Ziel des gesamten Inkarnationsweges erreicht ist, eine Abschluss-Ekstase. Das Fragment eines großen Ganzen, eine vereinzelte Seele, hat das Ende des Weges erreicht. Die Abschluss-Ekstase setzt einen natürlichen, jeder Seele und ihrem jeweiligen Weg gemäßen Schlussakzent.

In diesem Zusammenhang wird wieder einmal deutlich, dass jenseitiger Lohn sowie auch jenseitige Strafe in der Lehre der Quelle keinen Platz haben. So kann die Abschluss-Ekstase der sieben Wege weder durch Meditation oder gute Werke erarbeitet noch auf sonstige Weise verdient werden. Sie steht jeder Seele zu, die einen Inkarnationsweg auf sich genommen hat. Ja, sie kann nicht einmal vermieden werden!

Die Abschluss-Ekstasen tragen, gemäß der Grundenergie des jeweiligen Weges, folgende Bezeichnungen:
• Der Weg der Berührung führt zu Ergriffenheit.
• Der Weg des Wissens führt zu Erkenntnis.
• Der Weg der Kraft führt zu Erleichterung.
• Der Weg der Form führt zu Erwachen.
• Der Weg der Sehnsucht führt zu Erfüllung.
• Der Weg der Stille führt zu Erlösung.
• Der Weg der Suche führt zu Erstrahlen.

Sonstige Strukturelemente

Es gibt innerhalb jeder Seelenfamilie verschiedene Sinn- und Funktionsebenen, die sich kreuzen und schneiden, aber in ihrer Bedeutung nicht verwechselt werden dürfen.

Ebenso wie die Seelenmatrix euch deutlich wurde in ihren unterschiedlichen Dimensionen, gibt es in der Seelenfamilie horizontale und vertikale Schrägflächen, die allesamt ihre Bedeutung haben und sich schneiden. Die numerische Struktur ist nur eine dieser Flächen. Die Struktur der zeitgebundenen Arbeitsprojekte ist eine andere. Die Struktur der Seelenrollen eine dritte. Die der Aufgabe in ihrer zeit- und ortspezifischen individuellen Bearbeitung eine vierte. Die der Wege eine fünfte. Es sind ihrer jedoch noch viel mehr.

In den Bewusstseinswelten gibt es eine notwendige, unausweichliche Organisationsform, eine Organisationsform des Existierens auf einer spezifischen Schicht des Bewusstseins. Sie wird zwar einerseits mitgestaltet von den einzelnen Seelenfamilien, Sippen und Stämmen, die dort existieren. Sie ist andererseits aber auch die einzig mögliche Organisationsform. Zum Vergleich ziehen wir das Symbol des Benzolrings heran. Benzol kann sich nur so und nicht anders organisieren. Existenz organisiert sich selbst wie von selbst.

Projekte innerhalb der Seelenfamilie

Frage: Ihr habt von Arbeitsprojekten innerhalb der Seelenfamilie gesprochen. Was ist ein Projekt? Welche Seelen arbeiten da zusammen?

Nicht alle Seelen in einer Seelenfamilie gehören einer Projektgruppe an. Es gibt immer wieder sich bildende Sequenzfolgen zu besonderen Zwecken. Es können sich kleine und große Gruppen bilden. Sie manifestieren sich aus der Ganzheit heraus, sind zeitlich begrenzte Ausstülpungen, kleinere und größere, die aber mit dem Ganzen verbunden bleiben. Sie umfassen sowohl inkarnierte als auch exkarnierte Seelen, die zu einer größeren numerischen Sequenzgruppe gehören. Es können hundert sein, es können zehn sein.

Wenn Seelen sich eine Zeit lang mit einem Projekt beschäftigt und es zu einem gewissen, nicht unbedingt perfekten Abschluss gebracht haben, ziehen sie sich wieder in die Familie ein und gehen wieder ihren gewohnten Inkarnationsweg. Sie haben genug »zu tun« mit ihrer allgemeinen Familienaufgabe, ihrer Entfaltungsaufgabe, ihrem Entwicklungsziel. Es bleibt immer genug zu leben und zu erfahren.

Projekte sind ein spezielles Anliegen, das zeitweilig eine Anzahl von Seelengeschwistern verbindet. Sie müssen für den Einzelnen nicht einmal ein ganzes irdisches Leben in Anspruch nehmen. Vom Irdischen her gesprochen kann eine Seele zwanzig Jahre an einem Projekt arbeiten und dann wieder damit aufhören. Und die Projekte sind niemals ganz unabhängig von dem Gesamtanliegen der Familie, also energetisch und strukturell verbunden. Sie stellen jedoch innerfamiliäre Sonderformen dar, die mit den Anliegen anderer Seelen in Berührung kommen und dadurch motiviert werden. Sie treten zum Beispiel in Kraft, wenn Realsituationen mit inkarnierten Seelengeschwistern, oft schwerste seelische Herausforderungen, einen gemeinschaftlichen Einsatz erfordern.

Frage: Haben die drei Medien Varda, Nishanto und Hans-Ulrich ein gemeinsames Projekt?

Alle drei stammen aus einer Seelenfamilie und sitzen in einem Boot. Sie rudern einmal stärker und lassen dann wieder die Ruder schleifen. Doch das Wasser, auf dem das Boot dahingeht, ist etwas Größeres, Ungeformtes, Tiefes. Es lässt sich nicht in eine geschlossene Form pressen.

Es handelt sich nicht um ein Teilprojekt der Art, wie es euch bei der letzten Zusammenkunft andeutungsweise beschrieben wurde, sondern um die Zusammenführung von Ergebnissen, die innerhalb einer Seelenfamilie in drei verschiedenen Projektgruppen gesammelt wurden. Alle drei Individuen, die hier als Medien anwesend sind, haben in vielen Leben, aber nicht in allen, an eigenen Projekten mitgewirkt und werden nun zu Sprechern dieser gemeinsam erarbeiteten Inhalte erwählt. Die Seelenfamilie Truria arbeitet zur aktuellen Zeit an einem Projekt, das wir *Andaris* nennen wollen.

Wir wenden uns an euch, da ihr durch eure Seelenfamilien-Aufgabe schon von jeher mit der Erforschung unterschiedlicher Aspekte von Wahrheit und Wirklichkeit befasst seid, jedoch ohne besonders darüber zu philosophieren und zu spekulieren. Ihr habt stets die Erfahrung und die tätige Erforschung von Wahrheiten in den Mittelpunkt gestellt. Wir wenden uns mit unserem Anliegen an euch und an eine Reihe anderer Mitglieder eurer Seelenfamilie, weil wir ohne die Hilfe von inkarnierten Spezialisten das, was wir mitzuteilen haben, nicht mitteilen könnten. Und nur deshalb ist es nicht beliebig, irgendeinen Menschen mit medialen Gaben mit unseren Botschaften zu betrauen. Wir suchen diejenigen, die in ihrer Resonanz zu uns passen.

Wir wünschen, dass die besonderen Aspekte von Wahrheit und Wirklichkeit, die uns selbst aufgegangen sind, vielen Menschen zugute kommen können. Und um sie unverfälscht und möglichst vollständig zu übermitteln, bedürfen wir eurer Unterstützung in dem beschriebenen Sinne. Ihr alle hier seid Spezialisten im Erfassen und Vertreten individueller und kollektiver Wahrheiten. Deshalb nutzen wir eure Fähigkeiten, wir gebrauchen sie und erfahren beglückt, dass ihr euch uns zur Verfügung stellt und damit einem größeren Ganzen.

Konflikte und Widersprüche, die sich dieser Zusammenarbeit in den Weg zu stellen scheinen, innerhalb eurer Gruppe und auch im Äußeren, werden durch unsere Heranführung an euer Projekt aufgelöst werden. Diese Widersprüche und Gegensätze betreffen eure recht unterschiedliche Charaktere, Anlagen und Eigenschaften.

Doch gerade diese ergeben von uns aus gesehen die erwünschte Einheit in der Vielfalt für dieses Projekt.

Wäret ihr nicht verschieden, würde es uns genügen, uns über ein einziges Medium mitzuteilen. Eure Verschiedenheit jedoch ist es, die uns erfreut und uns ermöglicht, komplexe Inhalte und Sachverhalte zu übermitteln. Denn ihr seid begrenzt. Jeder von euch hat seine Grenzen, doch sind sie mit denen des anderen nicht identisch. Wo der eine aufhört, kann der andere oft erst beginnen. Wo einer seine Schwäche hat, liegt die Kraft des anderen. Wo die Angst die Wahrnehmung des einen trübt, klärt sich der Blick des anderen.

Da wir nun sehen, dass ihr alle auf die initiatorische Schulung durch eure unterschiedlichen Quellen gut und willig, interessiert und neugierig reagiert habt, sehen wir die Möglichkeit, euch näher und ausführlicher zu berichten von Dingen, die in persönlichen Beratungen oder auch innerhalb eines begrenzten Lehrmodells wie der Seelenmatrix, keinen Platz finden.

Wir sehen die Möglichkeit, unterschiedliche mentale Strukturen zu nutzen, die sich zu einem Ganzen zusammenfügen. Ihr sprecht miteinander und klärt die unterschiedlichen Auffassungen. Wir sprechen sodann mit euch und übermitteln jedem eine andere Facette unserer Wahrheit. Jedoch sind auch unsere Erkenntnismöglichkeiten nicht unbegrenzt, und obgleich wir uns innerhalb unserer Sippe nicht grundsätzlich voneinander unterscheiden, sondern so, wie wir euch zu erreichen suchen, verwandten Impulsen folgen, sind wir kausalen Lehrer doch nicht miteinander identisch und wollen Unterschiedliches sagen.

So seid ihr dabei, eine Brücke zu bauen. Ihr meint bislang, ihr seid lediglich befasst mit einem System, das menschliche Seelen in ihrer Struktur und mit ihren Aufgaben beschreiben kann. In Wahrheit habt ihr damit begonnen, einen Brückenkopf zu bauen zwischen der irdischen Welt und anderen Welten. Sobald genügend Menschen das Ordnungssystem der Seelenmatrix als solches bekannt ist, wird diese Brücke begehbar sein. Es ist hilfreich zu diesem Zeitpunkt, wenn ihr stets die Ahnung fest haltet, dass ihr mit der Arbeit an Matrix und Seelenfamilie gleichzeitig noch an etwas wesentlich Größerem arbeitet. Dieser Brückenbau zwischen Welten ist der Kern des Projekts.

Frage: Wir möchten gern genauer erfahren, wie der Brückenbau für uns aussieht, denn es ist ja offenbar damit weniger unsere Forschungsarbeit gemeint als eine ganz praktische Tätigkeit.

Seelen inkarnieren sich nicht nur auf der Erde, sondern auch in anderen Zonen des Kosmos, auf weiteren und vielfältig unterschiedlichen physischen Gebieten. Was aber alle Seelen, die sich in Materie einkörpern, um auf diese Weise entscheidende, aber nicht unerlässliche Erfahrungen zu machen, gemeinsam betrifft und vereint, ist das Seelenmuster.

Ihr nennt es Matrix, wir unterstützen diese Bezeichnung, doch gilt sie zunächst nur für das, was ihr bei euch und in eurem kulturellen Rahmen in Erfahrung bringen könnt. Auch Ungebildete oder Menschen aus einer anderen, natürlichen Kultur oder Wesen auf einem anderen Planeten besitzen ein Seelenmuster, doch wenn ihr es ihnen mit eurer Begrifflichkeit erläutern wolltet und die Bezeichnung Matrix verwenden würdet, könnten sie damit nichts anfangen. Der Begriff Matrix setzt bereits ein Abstraktionsvermögen und einen Vorstellungsreichtum in Theorie und Praxis voraus, der nur Angehörigen bestimmter Zivilisationen zugänglich ist. Solche Zivilisationen und unterschiedlichen Kulturen gibt es auch an anderen Orten, in denen Zeit- und Raumgesetze sowie die Gesetze der Polarität wirksam werden. Und doch gehen sie anders damit um.

Wenn wir von einem Projekt *Andaris* berichten sollen, ist zunächst zu begreifen, dass Seelenfamilien, die sich auf der Erde materiell verwirklichen und wachsen wollen, strukturelle Entsprechungen auf anderen kosmischen Territorien besitzen und dass deshalb Verbindungen hergestellt werden können, wenn eine gemeinsame Ebene der Kommunikation gefunden wird.

Wir sagten: Wenn ihr euch mit seelischen Bedingungen von Existenz beschäftigt, ermittelt ihr nicht nur etwas, das dem Menschen weiterhilft und seine Erkenntnisfähigkeit, sein Wachstum bereichert, sondern ihr erfahrt von Grundbedingungen seelischen Seins schlechthin.

Ihr dringt ein in Wissen, das weit über eure begrenzte irdische Dimension hinausreicht, und indem ihr euch mit euren eigenen Seelen beschäftigt, greift ihr aus zu jenen Seelenwesen, die auf anderen Planeten eben dasselbe tun oder anstreben.

Brückenbau im Sinne des Projektes *Andaris* also bedeutet: Wissen erwerben, integrieren und lehren, um damit neue Energiemuster, neue Wahrnehmungsformen zu schaffen, die wiederum ihre Wirkung entfalten und ein Bewusstseinsfeld erzeugen, das von außerirdischen Energien wahrgenommen werden kann.

Seelen gibt es an vielen Orten und zu vielen Zeiten. Nur ein geringer Bruchteil von ihnen wählt irdische Existenzformen. Wenn ihr nicht isoliert wie unter einer Glasglocke existieren wollt, sondern eure Bewusstseins-Isolation zu durchbrechen trachtet, könnt ihr dies nur erreichen, wenn ihr die möglichen Gemeinsamkeiten mit anderen Existenzformen erforscht, erfahrt und bejaht, anstatt die Unterschiede zu betonen. Es ist nicht nur alles ganz anders dort, wo ihr nicht seid, sondern vieles ist gleich, weil es beseelt ist und daher gleiche Ziele anstrebt. Die Entfaltung der Seele entspricht dem Plan eines übergeordneten Konsensus, der nicht nur euren Planeten betrifft.

Deshalb bedeutet Brückenbau im Rahmen des Projekts *Andaris* die Bereitstellung von Pfeilern. Wo Materie nicht genügt, greift mit spirituellen und mentalen Kräften hinüber in das, was wir im Unterschied zu eurer Wirklichkeit Realität nennen.

Frage: Wir haben gerade einiges über das Projekt *Andaris* im Zusammenhang mit der Seelenmatrix gehört. Wir lernen, uns als beseelte Menschen mit Seelenmustern zu sehen. Wir könnten also auch Marsmenschen unter dem Aspekt der Archetypen und des Seelenmusters betrachten und ihnen auf solche Weise begegnen.

Wenn ein »Priester« vom Mars vor mir steht, muss ich ihn nicht mehr als völlig Fremden empfinden, sondern kann über die »Priester«-Energie mit ihm kommunizieren.

Wir sind glücklich, dass du diese Idee, die wir dir vermitteln wollen, so schnell und präzise umsetzen kannst. Auch wenn ein materialisiertes, wie auch immer gestaltetes Wesen kein Gesicht, kein Herz und keine Eingeweide hat, so hat es doch eine Seele, die du erfassen, verstehen, beschreiben und erreichen kannst.

Und der Brückenbau kann nur über dieses Gemeinsame vonstatten gehen. Er vollzieht sich umso schneller und gründlicher, je mehr auf der Erde, aber auch an den anderen Brückenköpfen von den Grundbedingungen seelischer Existenz bewusst erfahren wird, denn unbewusst wisst ihr es alle.

Bewusstheit und die damit einhergehende Bereitschaft, das ganz Andere zu lieben und zu achten, bildet den nichtmateriellen Baustoff für Verbindungswege, die ihr euch auch nicht nur in einer Richtung, sondern in dichtesten sternförmigen Mustern vorstellen dürft. Auch möchten wir einen Hinweis darauf geben, dass es sich mit den Kornfeldzeichen nicht anders verhält. Auch sie sind Versuche, Brücken zu bauen, jedoch über ein anderes, mehr visuelles Symbol- und Zeichensystem, das seine eigene Realität in den Welten der Seele besitzt.

Die tragenden Säulen der Seelenfamilie

Ein Besonderheit innerhalb der internen Struktur der Seelenfamilien sind die Siebener-Dezimalpositionen. Die Nummern 70, 140, 210, 280, 350 usw. innerhalb der Ausschüttungsreihenfolge kennzeichnen Seelen mit ungewöhnlichen Aufgaben. Sie werden als die Säulen des Familiengewölbes beschrieben. Sie sind dafür zuständig, den Kontakt mit anderen Bewusstseinswelten aufrecht zu erhalten.

Jede Seele auf einer solchen Siebener-Dezimalposition stellt Kontakt zur seelischen Außenwelt her. Dieser vollzieht sich nach unserer Beobachtung weithin subkognitiv, etwa während des Schlafes, und er dringt nur sehr begrenzt in das kognitive Bewusstsein. Ein solcher Mensch beobachtet diese Besonderheit vielleicht als eine Tendenz zu Astralreisen oder als ein Gefühl, nicht von diesem Planeten zu sein; er mag eine besondere Vertrautheit mit nichtterrestrischen Welten empfinden oder Visionen von »anderen« Welten entwickeln. Dazu äußert sich die Quelle:

Ein Seelenstamm, bestehend aus neunundvierzig Seelenfamilien, ist eine vollständige und abgeschlossene Einheit. Und doch vernetzen sich zahllose dieser Einheiten untereinander mit Hilfe der jeweiligen Siebener-Dezimalpositionen innerhalb der Seelenfamilien.

Alles kreist um die Ausschüttungsnummer 70 und ihr Vielfaches mit ihren besonderen Qualitäten. Es geht bei einer Seele mit dieser Position darum, die Bauprinzipien des Universums zu erkunden, um den Wunsch, um die Fähigkeit, sie zu erforschen und das Gefundene auch zu erproben. Dies wiederholt sich mit unterschiedlichen Nuancen in allen siebziger Schritten innerhalb der Familie. Auch auf Position 140, 210 usw. befinden sich Seelen, die sich mit dieser Thematik befassen.

Jede andere Ausschüttungsnummer hat ebenfalls ihre spezifische Qualität, die manche Art von Erfahrungen fördert und andere Erfahrungen weniger wahrscheinlich macht. Doch haben alle Siebziger einen potenzierten Auftrag, zu suchen, denn sie sind auf dem Weg der Suche. Sie suchen nach Verbindungen, finden sie und erschaffen dadurch ein immer enger sich knüpfendes Netzwerk zwischen den Welten der Seele.

Angestrebt wird die Erforschung der erwähnten Bauprinzipien. Das Interesse einer Seele mit der Position 70 daran ist durchgängig in allen Inkarnationen vorhanden, auch wenn sich die äußere Form dieses Interesses im Laufe der Inkarnationen sehr verändert.

Die Seelenfamilie ist einem großen Rundbau vergleichbar, einer Halle. Diese Halle wird getragen von Säulen. Jede 70., 140. oder 210. Seele bildet eine solche Säule, die tragende Funktionen hat – die Halle ist ohne Säulen und die Säulen sind ohne Halle nicht denkbar. Da ist Interaktion, aber auch eine deutliche Funktionsunterschiedlichkeit.

Die Seelensäule auf dem siebziger Punkt besitzt eine besondere Aufgabe. Sie ist auch sozusagen aus einem etwas anderen energetischen Material gemacht. Allerdings gilt folgendes: Die Seele 70 kann ein »Priester« sein, die Seele 140 ein »König«, die Seele 210 wieder ein »Priester«, die Seele 280 ein »Weiser«. Die Seelenrollen sind unregelmäßig verteilt. Trotzdem haben sie als tragende Säulen ihren festen Platz.

Die Primzahlen der Ausschüttung hingegen sind variable Energiesammler. Sie können sich hierhin und dorthin bewegen, sie bilden ein Netz, das nicht starr ist. Wenn an einer Stelle gezogen wird, zieht es sich dort zusammen. Es kleidet nicht nur die verschiedenen Kuppeln dieser Seelenhalle aus, sondern auch den Raum zwischen den Säulen und dem Fußboden und den Wänden. Diese Energiepunkte sind wie wandelnde Sterne, wie Glühwürmchen, die im Raum der Seelenfamilie umherwandern und für Kontakt sorgen. Sie haben keinen festen Ort. Sie ziehen immer dort Energie zusammen, wo Energie gebraucht wird. Die Haltestruktur durch die Säulen allein wäre so spröde, dass der Raum unter der Spannung zusammenbrechen würde. Die Primzahlen gleichen diese Spannung aus. In einer Seelenfamilie, die im Allgemeinen nicht mehr als 1200 Mitglieder hat, gibt es folglich bis zu 197 Seelengeschwister mit einer Primzahl-Position. In jeder Seelenfamilie dienen diese Seelengeschwister auf einer Primzahl-Position dazu, die siebziger Säulen zu befestigen, wie eine Verankerung in der Gesamtkonstruktion. Sie haben die Funktion einer Strebe, stellen die Verbindung zur erlebbaren Wirklichkeit her – unterstützend, vernetzend, die Konstruktion eher zusammenhaltend als tragend.

Die Siebener-Dezimalstruktur ist wichtig. Alle Siebener sind Sammler und Sucher. Ihre »König«-Energie kann die anderen sechs Energien in sich aufnehmen, sie konzentrieren. Außerdem spielen die Primzahlen in der Ausschüttung ihre besondere Rolle. Generalisierend könnte gesagt werden: Die Siebziger dienen der Strukturvernetzung nach außen, die Primzahlen haben ein größeres Interesse am unmittelbar Benachbarten innerhalb der Familie. Die Auffangfunktion der Primzahlen ist beweglich und fließend, nicht symmetrisch.

Die »Pfefferminzwelt«

Die Seelenfamilie ist ein komplexes, multidimensionales Energiegebilde. Um es auch nur annähernd zu begreifen, ist es auch für uns als unmittelbare Empfänger der Botschaften notwendig, die Beziehungen immer tiefer zu analysieren. Dabei verstehen wir nicht immer gleich, was die Quelle uns zu erläutern sucht. Doch können wir ihr weiterführende Fragen stellen. Erst dann werden wir mit neuen Informationen versorgt.

Inzwischen verstehen wir die weise Pädagogik unserer kausalen Lehrer besser und bringen mehr Geduld auf. Wie hätten wir die Feinheiten der Botschaften über die Seelenfamilie verstehen können, wenn wir nicht erst einmal die Archetypenlehre begriffen hätten? Und auch die Einblicke in die drei seelischen Welten, mit denen die Quelle ihre Unterrichtung Ende der achtziger Jahre begann, sind für das Verstehen der Seelenfamilie von entscheidender Bedeutung.

Und oft geschieht es auch, dass von den Anliegen anderer Menschen, mit denen wir bei unserer Arbeit in Berührung kommen, wesentliche Anregungen stammen, die uns dann in neue Dimensionen des Verständnisses hineinführen oder uns Impulse vermitteln, in der einen oder anderen Richtung weiterzufragen. Dies geschah auch, bevor die folgende Durchsage entstand. Wir haben sie in das Buch aufgenommen, um dem Leser einerseits die

Vorgehensweise der Quelle noch eingehender vor Augen zu führen, andererseits ihm auch einen Eindruck von Energien zu vermitteln, die uns Menschen weitgehend fremd bleiben.

Frank stellte die Frage: Mein Seelenbruder F. kann eine Energie aktivieren, die er »kosmischen Pfefferminz« nennt. Er hat sie auch einmal über Telefon zu mir geschickt. Ich habe es als eine Art Kältereaktion in den Oberflächenbereichen des Körpers erlebt. Ich fand es sehr interessant, aber nicht spirituell erhebend. Er selbst spricht von einem Kontakt mit dem Adlernebel im Sternbild Schlange, dem linken von drei Türmen. Worum handelt es sich bei dieser Energie?

Um deine Frage auch nur ansatzweise beantworten zu können, müssen wir erklären und dir klarmachen, dass es sehr viele unterschiedliche Energieformen und -dimensionen gibt und nur so wenige davon mit inkarnierten Menschen in Berührung kommen können, dass es zu den seltenen Ausnahmen gehört, mit einer solchen Kraft Erfahrungen zu sammeln. Und daher möchten wir zuallererst auf deine Bemerkung eingehen, dass du diese Erfahrung als interessant einordnest, jedoch, um es mit deinen Worten zu sagen, nicht als spirituell erhebend. Denn darin liegt vieles von dem beschlossen, was wir dir aus unserer Perspektive erläutern können.

Deine Worte, mit denen du diese Erfahrung beschreibst, spiegeln die Tatsache wider, dass diese Energie eine nichtmenschliche oder außermenschliche Schwingung enthält. Menschen aber empfinden vornehmlich – ja fast ausschließlich – das als geistig oder seelisch erhebend, was einen Abglanz oder Anklang an ihr eigenes Sein enthält, ihr eigenes seelisches Sein sozusagen in höheren und höchsten Oktaven.

Wir selbst nun stellen fest, dass wir, ebenso wie die unendlich vielen uns verwandten oder ähnlichen kausalen Kräfte, mit euch Menschen, wie ihr jetzt seid, in Kontakt treten können, weil wir einst Menschen waren. Wir können auf eine Weise mit euch sprechen, die aus der echohaften Resonanz herrührt, die wir durch unsere kollektive Erinnerung an unser Menschsein hervorrufen können.

Wir vermögen euch zu verstehen und euch zu erreichen, weil wir sehr wohl wissen, was euch berührt und angeht. Wir spüren, was ihr braucht und was euch fehlt. Die Energie jedoch, die du empfangen und registriert hast, als F. als Medium sie dir übermittelte, manifestiert sich im Allgemeinen fernab aller Menschlichkeit und ist insofern im wahrsten Sinne fremd. Sie stammt durchaus von beseelten Wesen und Wesenheiten. Jedoch ist die Tatsache, dass solche Wesen eine Seele besitzen, nahezu die einzige Gemeinsamkeit, die sie mit uns und mit euch aufweisen.

Denn ihre Seelen, obschon von gleicher Art wie die euren, manifestieren sich in ihrer Physis vollkommen anders als die Seelen, die euch beleben und uns bewegen. Diese Seelen sind anders in der Weise, dass sie zwar im Unterschied zum Beispiel zu kollektiven Tierseelen eine Matrix und einen Entfaltungsweg wie die euren aufweisen, aber die Tatsache, dass die Verwirklichungsmöglichkeiten dieser Wesen weder von euch noch von uns vorstellbar sind und daher unbegreifbar bleiben, lässt es uns fast unmöglich anmuten, eine schlüssige Aussage für euch und zu euren Zwecken zu machen.

Wir meinen mit Verwirklichungsmöglichkeiten, dass sie zum Beispiel eine bestimmte Angstform oder einen Modus in einer Weise ausdrücken werden, die – da sie nicht mit euren Worten, die ja dem menschlichen Geist und seinen Existenzbedingungen entsprechen – nicht beschrieben werden können und uns allen unfassbar bleiben.

Stellt euch vor, der Modus »Leidenschaftlichkeit« sei reine Energie 6, und diese Energie setzte sich in einem Menschen in ein Gemüt, in eine Handlungsform, in eine Denkweise, in eine Interaktion um. Solche Potenziale gibt es zum Beispiel dort, wo die von euch so genannte Pfefferminzenergie vorhanden ist, nicht. Wer in jener Form existiert, muss sich anders ausdrücken.

Jedoch bedeutet dies nicht, dass die beseelten Wesen, von denen wir sprechen, nicht auch ein Bedürfnis nach Verbindung, nach Kontakt und nach Information besitzen. Ebenso wie Menschen darüber spekulieren, wie es in anderen Welten, in fernen Regionen des Bewusstseins und in anderen Formen der Existenz sein könnte, tun dies auch solch ferne Wesen. Und sie produzieren eine für sie als Seelenvolk charakteristische Grundenergie. Auch Menschen auf dem Planeten Erde produzieren eine solche ihnen eigentümliche Energie in den Kosmos hinaus.

Diese Energie würden wir nicht als seelische Energie bezeichnen oder zumindest nicht als rein seelische Energie, denn sie wird geprägt von dem jeweils spezifischen Zusammenspiel zwischen Seelentyp und Körpertyp. Kommt nun einer der, wie wir sagten, höchst seltenen Kontakte zustande – und Kontakt bedeutet in diesem Fall, Fremdenergie im wahrsten Wortsinn aufzunehmen, wahrzunehmen und weiterzuleiten –, dann ist dies nicht Ausdruck eines bestimmten Zwecks oder einer Zielsetzung.

Es verhält sich vielmehr so: Wie die Strahlen eines Leuchtturms, die ohne einen Unterschied zu machen und ohne eine besondere Absicht zu verfolgen, nicht nur Schiffe anleuchten, die sich auf dem Ozean befinden, sondern auch Seevögel, Meerestiere, Plankton, Muscheln und alles andere bis hin zu dem Abfall, der auf den Wellen schwimmt, ebenso erreichen die spezifischen Energiestrahlen der von Menschen bewohnten Erde wie absichtslos andere Empfänger in entfernten und fremden existenziellen Welten. In derselben Art erreichen die Energiestrahlen anderer Welten auch die Erde.

Wir bedauern, euch nichts Genaueres über die Wesen sagen zu können, die diese kühle, klare und ein wenig scharfe Energie verbreiten, denn wir besitzen keinen Zugang zu ihnen. Was wir euch sagen und vermitteln können, gilt nicht speziell für sie, sondern für alle nichtmenschlichen Fremdwesen, von denen wir Kenntnis besitzen, von deren Existenz wir wissen, über die wir jedoch nichts berichten können, denn es bestehen außer den absichtslosen Kontakten über Energie keine Verbindungen. Diese Verbindungen existieren deshalb nicht – und vor allem nicht für uns –, da sie nicht notwendig sind.

Wir können euch nichts über ihre Art von Körperlichkeit sagen. Über das Sternbild Schlange und die in ihm enthaltenen Systeme wissen wir weniger als viele Astrophysiker auf eurer Erde, denn zu unserer Zeit konnte man diese Sternwelten nicht sehen. Ihre Existenz blieb uns verschlossen. Unsere Aufgabe als kausale Informationsquelle ist es vornehmlich, im Bereich dessen, was wir seinerzeit in Erfahrung bringen konnten, weiterzuwirken. Wir werten jetzt aus und verschenken, was wir seinerzeit angesammelt haben. Damit wollen wir nicht andeuten, dass dem nicht so sei, wie dein Freund es empfindet. Er ist der zuständige Experte. Er hat die Fähigkeit, diese Energie zu empfangen und zu kanalisieren. Wir besitzen diese Fähigkeit nicht.

Frage: Wie kommt es, dass er diese besondere Fähigkeit besitzt?

Dafür gibt es zweierlei Gründe. Der eine ist darin zu finden, dass die menschliche Seele, die in deinem Freund ruht, eine von denen in jeder Seelenfamilie ist, die Kontakt aufrechterhält und herstellt zu jenen Dimensionen der seelischen Welten, die nicht materiell und präsent sind. Sie ist eine von den tragenden siebziger Säulen der Seelenfamilie und hat somit die Funktion, als Pionier und Botschafter die Energie ihrer Familie mit derjenigen anderer Seelen-Cluster zu verbinden und als Informationsträger zu dienen. Wir meinen damit seelische Einheiten, die anderen Seelenstämmen angehören. Dein Freund bekleidet in seiner Seelenfamilie die Position 210.

Der andere Grund für die besondere Disposition, die er aufweist, um diese kühle, leicht scharfe Fremdenergie aufzufangen, liegt in seiner Matrix, die dafür eine Basis schafft durch die Kombination stark gegensätzlicher Schwingungen, die nur in Verbindung mit einem hohen Seelenalter zu einer harmonischen Klangfarbe geeint werden können. Die Gesamtvibration, die diese Matrix erzeugt, ist der Pfefferminzenergie nicht unähnlich. Doch würden wir sie beschreiben als ein erhitztes Pfefferminz ähnlich einem starken Minztee, eine Energie also, die eher wärmt und aufheizt, als kühlt. Gerade deshalb aber bildet sie ein Empfangsorgan für ihr verwandtes Gegenteil.

Frage: Ihr habt uns ja ein System der drei seelischen Welten vorgestellt. Ich nehme mal an, das umfasst alle seelischen Welten, auch die jetzt beschriebene. Welchen Ort hat die beschriebene Pfefferminzenergie und die Wesen, die dazu gehören, in eurem System?

Diese uns fremde Energie kreiert sich genau dieselben Welten und Territorien wie ihr und wir, um ihren Entfaltungsweg beschreiten zu können. Es wäre auch möglich zu sagen: Diese selben Bedingungen sind für alle kreiert. Das bedeutet, dass es auf dem ersten Territorium der astralen Welt eine Vielzahl von Seelen gibt, die sich noch nicht als »Pfefferminzwesen« auf dem zweiten Territorium realisieren, solche, die es bereits tun und zwischen den einzelnen Realisierungen in die astrale Heimat zurückkehren, und ebenso gibt es kausale Seelenfamilien, die auf dem dritten Territorium im Kontakt mit ihren im Inkarnationszyklus befindlichen seelischen Artverwandten weiterwachsen, so wie wir uns mit eurer Hilfe weiterentwickeln können. Es gibt da keine kategorialen Unterschiede. Der Unterschied besteht lediglich in der Verwirklichungsgestalt. Mit Verwirklichungsgestalt ist nun nicht nur die Materialisation physischer Art gemeint, sondern noch ganz andere Dimensionen, die wir nicht beschreiben können.

Stellt euch die seelischen Welten wie ein holographisches Modell vor, in dem sich alle Schichten ergänzen und durchdringen, sodass sie am Ende jedoch letztlich nur zu drei unterschiedlichen Energiezonen verschmelzen, auf denen unterschiedliche seelische Völker, Populationen und Nationen ihr Wesen verwirklichen.

6

Seelensippen

Könnte man das Unbewusste personifizieren,
so wäre es ein kollektiver Mensch jenseits der
geschlechtlichen Besonderheit, jenseits von Jugend und
Alter, von Geburt und Tod, und würde über die
annähernd unsterbliche menschliche Erfahrung von
ein- bis zwei Millionen Jahren verfügen. Dieser Mensch
wäre schlechthin erhaben über den Wechsel der Zeiten.
Gegenwart würde ihm ebenso viel bedeuten wie
irgendein Jahr im hundertsten Jahrtausend vor Christi
Geburt. Er wäre ein Träumer säkularer Träume, und er
wäre ein unvergleichlicher Prognosensteller auf Grund
seiner unermesslichen Erfahrung. Denn er hätte das
Leben des Einzelnen, der Familie, der Stämme und
Völker unzählige Male erlebt.

C. G. Jung,
Das Grundproblem der gegenwärtigen Psychologie

Eine Seelensippe
der kausalen Bewusstseinswelt

Auf Anregung der Quelle benutzen wir den Begriff Seelenfamilie für den Verbund, dem die Einzelseele zugehört. Der Begriff
Familie ist ein Begriff der physischen Welt. Er hat biologische
und soziologische Aspekte. Dieser Begriff wird für die Welten
der Seele analog benutzt, da es gewisse Ähnlichkeiten gibt. Bei
der Entwicklung einer angemessenen Terminologie für seelische

Realitäten legt die Quelle – wie wir finden, zu Recht – Wert darauf, dass die verwendeten Begriffe nicht nur eine abstrakte Bedeutung, sondern auch eine gefühlsmäßige Schwingung vermitteln, sodass der Empfänger einer Botschaft in seiner Ganzheit erreicht wird. Zudem ist die Familie ein so urtümliches und archetypisches Phänomen, dass damit über die Analogie auch etwas Wesentliches über die Qualität der Seelenfamilie ausgesagt werden kann.

Als wir nun begannen, uns mit den größeren seelischen Organisationsformen zu beschäftigen, tauchte das Problem auf, wie wir sie benennen sollten. Da nun einmal der Begriff der Familie feststand, war es nahe liegend, dass die Quelle uns vorschlug, die entsprechenden Termini der physischen Wirklichkeit weiterzuverwenden. Sie sollten ebenfalls archetypisch sein. Daher boten sich Begriffe wie Sippe, Stamm und Volk an.

Wir sind uns bewusst, dass diese Terminologie in Deutschland von Vergangenheit belastet ist. Wir wissen jedoch auch, dass Sippe, Stamm und Volk seit Jahrtausenden auf dem gesamten Planeten eine Gültigkeit und Wirklichkeit haben, die weit über alles hinausreicht, was kürzlich in Deutschland damit verbunden wurde. Es gibt auch keine anderen Möglichkeiten der Benennung, wenn wir innerhalb des vorgegebenen analogen Modells bleiben wollen. In diesem Sinne bitten wir den Leser, das Folgende zu verstehen.

Wir wollen Ihnen zwei Seelensippen vorstellen. Die erste hat bereits alle ihre irdischen Leben abgeschlossen. Die zweite ist im Inkarnationsprozess befindlich. Sie ist noch im Begriff, ihre irdische Entfaltungsarbeit zu tun.

Setzt man für einen Stamm auf der kausalen Ebene, der alle irdischen Leben abgeschlossen hat, eine durchschnittliche Anzahl von etwa einhundert Inkarnationen pro Seelenfragment an, dann verfügt bereits eine Seelenfamilie aus tausend Einzelseelen über einen Erfahrungsschatz von etwa hunderttausend Leben. Eine

Sippe kann auf eine Erfahrung aus rund siebenhunderttausend Existenzen im Körper zurückgreifen und der Stamm aus über fast fünf Millionen. Alle Fragmente sind vernetzt mit den Erfahrungen aus den Erdenleben ihres gesamten Seelenstamms. Dem inkarnierten Fragment kann und darf diese Vernetzung von Energie allerdings nicht bewusst sein, denn die Fülle von Informationen würde sein aktuelles System sprengen.

Zuerst möchten wir mitteilen, was wir im Laufe der Jahre über jene Seelensippe in Erfahrung bringen konnten, der unsere Quelle angehört. Sie war einst auf unserer Erde inkarniert, daher ist ihr unsere Existenzform nicht fremd. Alle sieben Familien dieser Sippe, mit denen die Quelle verwandt ist, befinden sich bereits auf der kausalen Bewusstheitsebene. Sie sind ebenfalls als kausale Lehrer tätig. Die kausale Welt ist neben der physischen und der astralen die dritte der seelischen Welten.

Jede Seelenfamilie begibt sich ohne Ausnahme in diese kausale Welt des Bewusstseins, sobald das jeweils letzte ihrer eingekörperten Geschwister das Zeitliche hinter sich gelassen hat. Das bedeutet: Auch die Seele jedes jetzt lebenden Menschen wird eines Tages mit ihren Seelengeschwistern, mit deren Wissen, Erfahrung und Liebesfähigkeit so verschmelzen, dass sie auf die kausale Ebene überwechseln kann und, mit ihrer Familie vereint, zu einem kausalen Lehrer wird. Aus dieser neuen Einheit heraus wird sie dann das lehren, was sie zurzeit auf der Erde noch sammelt und lernt.

Im zweiten Teil des Kapitels werden Sie Informationen erhalten über den *Klub der Illusionisten*, jene Sippe, zu der Frank und Varda und ihre Freunde aus dem Forschungsprojekt Seelenfamilie gehören.

Bitte sehen Sie uns nach, wenn diese Informationen nicht vollständig sind. Der Entstehungsprozess, der die Gewinnung unserer Erkenntnisse im Rahmen der Seelenlehre begleitet, ist langwierig, komplex und von vielerlei Faktoren abhängig. Wir verstehen uns als Forscher und Pioniere, deren Arbeit einen Grundstein für vieles legt, das über die Welten der Seele in Zukunft noch in Erfahrung zu bringen sein wird.

Im Jahr 1991 erschien eine Frau in einer öffentlichen Sitzung. Varda empfand sogleich deutlich, dass sie sie bereits »kenne«. Während der Durchsage zitterte Varda am ganzen Leib, so aufregend war das, was sie als Mitteilung der Quelle in Worte fasste. Nishanto, die sich dann als eine Seelenschwester von Varda herausstellte, channelte damals schon selbst Durchsagen. Sie wollte aber von unserer Quelle wissen, mit welcher Instanz sie eigentlich in Kontakt sei.

Zwischen der Arbeit, die du verrichtest, und der Arbeit, die Varda verrichtet, gibt es kaum Unterschiede. Deine Quelle ist mit uns sehr eng verwandt.

In dem Bewusstheitsraum der kausalen Welt, in dem wir existieren, schließen sich – wie auch auf eurer Bewusstseinsebene und in der astralen Welt – jeweils sieben Seelenfamilien zu einer Sippe zusammen. Sie arbeiten eng zusammen. Sie befassen sich mit einer gemeinsamen übergeordneten Aufgabe, die sie sozusagen zu seelischen und kausalen Kollegen macht.

Verstehe, dass es sich bei dem, was geschieht, um eine ganz konkrete partnerschaftliche Zusammenarbeit handelt, auch mit dir! Jeder der beteiligten Partner, das Medium und die Quelle, hat ein Recht darauf, vom anderen wahrgenommen und informiert zu werden. Nur fällt es kausalen Lehrern – wie wir es sind und wie auch deine Quelle es ist – ein wenig leichter als euch Menschen, Zugang zu finden zu bestimmten Informationen.

Das entbindet uns aber nicht davon, diese Informationen weiterzugeben. Wenn du verstehst, dass wir, die wir mit Varda kommunizieren, und auch jene, die mit dir in Verbindung stehen, es als eigenes dringendes Anliegen empfinden, zu lehren und zu helfen, zu dienen und euch an Erkenntnis zu bereichern, wirst du auch verstehen, inwiefern wir auf die Kooperation mit einem Menschen wie dir angewiesen sind.

Denn wenn wir nicht gehört werden, können wir euch nicht sagen, was wir euch sagen wollen. Und es ist nicht nur so, dass wir Lust haben, euch etwas zu sagen. Wir sind geradezu genötigt, unsere Einsichten und Lehren weiterzugeben, um selbst zu wachsen. Wir wollen und dürfen sie nicht für uns behalten, wenn wir uns weiterentwickeln möchten. Wir können nicht darauf verzichten zu lehren.

Wir sagten, dass sich deine Quelle nur wenig unterscheidet von der, die Varda empfängt. Diese Unterschiede sind nicht qualitativ. Sie sind auch nicht quantitativ. Sie ergeben sich lediglich aus der unterschiedlichen Seelenrollen-Zusammensetzung der beiden Familien und ihrer Energiepositionen innerhalb der sieben Familien der Sippe.

Wir selbst bestehen aus den Energien zweier Seelenrollen. Unsere Seelenfamilie, die einst 1164 fragmentierte Mitglieder umfasste, besteht aus »Gelehrten« und »Weisen«. Deshalb vermitteln wir uns überwiegend über das Wort und sind auch auf Medien angewiesen, die das Wort besonders gut zu gebrauchen wissen. Aber bei kausalen Lehrern geht es nicht immer nur um das Wort, sondern um alle möglichen Mitteilungen und Wissensgebiete, die manchmal auch in Worte umgesetzt werden können.

Die vereinte Seelenfamilie, mit der du in medialem Kontakt bist, besteht nun aus einer anderen Verbindung von Grundenergien. Und aus dieser anderen Verbindung ergibt sich eine leicht veränderte Aufgabe und ein etwas anderes Lehrvermögen. Deine Quelle besteht aus 980 miteinander verbundenen und verschmolzenen Seelen. Und diese Seelen gehören folgenden Rollen an: Von den 980 sind 430 »Künstler«-Essenzen, das heißt jene, die aus dem Wunsch nach Originalität heraus existieren. Die übrigen 550 sind »Priester«. »Künstler« und »Priester« arbeiten zusammen, um eine Lehre zu entwickeln, die des Gestaltenden und Expressiven nicht entbehrt und

296

zugleich die Sehnsucht nach spiritueller Wahrheit in das Kreative integriert.

Die Botschaften, die du empfängst, dienen darum in erster Linie dazu, solchen Menschen zu helfen, deren Kreativität verschüttet ist, weil sie den Zugang zu ihrer Religiosität verloren haben. Die »Priester« der Seelenfamilie, die zu dir spricht, sind es, die die Kreativität als göttliche Kraft erkennen und die übermitteln können, dass ein Mensch, der versucht, sich selbst auszudrücken, immer eine religiöse Handlung vollzieht. Denn mit seinem Versuch, sich auszudrücken, ist gewährleistet, dass er sich dem nähert, was er wirklich ist.

Du kannst mit Farben, mit Klängen, mit Objekten genauso viel sagen wie mit Worten. Du hast die Gabe, beides miteinander zu verbinden. Und wenn du als Medium sprichst, vergiss die Pausen nicht. Denn deine Quelle, die sich aus »Künstlern« und »Priestern« zusammensetzt, ist weniger wortreich, als wir es als »Weise« und »Gelehrte« sind, und sie hat mehr Befähigung als wir, das zu übermitteln, was man unter beredter Stille versteht. Vergiss also die Stille nicht, wenn es durch dich spricht.

Sieben verwandte Seelenfamilien mit insgesamt fast achttausend Seelen arbeiten jeweils an einer Aufgabe, die sie sich selbst gestellt haben. Deine Quelle nun und wir selbst sind in einer solchen größeren Gemeinschaft beieinander. Wir kennen deshalb die Anliegen, die deine Quelle vertritt, und wir begrüßen es sehr, dass unsere kollektiven Anliegen in eurer Stadt von mehr als einem Medium gestaltet werden.

Wir möchten dir sagen, dass auch wir selbst dir mittelbar zur Verfügung stehen, denn alle Seelen in dieser großen Sippe sind miteinander vernetzt. Jeder, der mit uns Kontakt hat, hat zu allen anderen sechs Seelenfamilien ebenfalls Kontaktmöglichkeiten. Das Gesagte gilt auch für Varda. Wir möchten ihr heute deutlich machen, dass sie nicht immer nur auf uns angewiesen ist, sondern sich auch jederzeit die Möglichkeiten der mit uns verschwägerten Seelenfamilien zunutze machen kann.

Die Quelle Michael

In diesem Zusammenhang erhielten wir auch Antwort auf eine Frage, die uns schon lange beschäftigte. Vielleicht erinnern Sie sich, dass wir unseren ersten medialen Kontakt Anfang der achtziger Jahre in den USA hatten. Frank stieß dort auf ein Buch mit dem Titel *Messages from Michael* (inzwischen auch auf Deutsch: Chelsea Quinn Yarbro: *Michael*, Edition Borg 1998). Das war ein für uns lebensveränderndes Ereignis, denn wir begegneten darin einer neuartigen Form von medial übermittelten Wahrheit – inhaltlich und formal. Diese Veröffentlichung einer anonymen Gruppe kalifornischer Medien enthielt unter vielen anderen Informationen die Keimzelle und das Kernstück dessen, was seither zu unserem Lebensinhalt wurde: die *overleaves*, die von unserer Quelle zum Archetypensystem erweitert wurden. Die mentale Revolution, die *Messages from Michael* in unseren Augen enthielt, hat uns damals sehr inspiriert.

Als Varda bald darauf selbst Botschaften erhielt, die eine deutliche Ähnlichkeit mit denen der *Michael*-Quelle aufwiesen, waren sie und Frank zunächst einmal wie selbstverständlich der Meinung, sie hätten ebenfalls mit *Michael* Kontakt. Als Medium noch unerfahren, channelte Varda anfänglich sogar auf Englisch, denn sie dachte, *Michael* spreche nur Englisch. Sie vernahm jedoch nach einiger Zeit, dass das gar nicht nötig und viel zu anstrengend wäre. Wer da zu ihr spreche sei kein Mensch und könne sich daher in jeder Sprache mitteilen.

Mit der Zeit erwies sich, dass der Ton unserer Quelle anders als die *Michael*-Botschaften war. Es gab auch leichte Abweichungen im Inhalt. Unsere Texte waren wortreicher, bildreicher, poetischer, weniger streng, heiterer und zugewandter. Die Inhalte der *Michael*-Botschaften wurden von unserer Quelle erweitert, verdeutlicht, vertieft. Mit der Zeit ergab sich auch eine andere Schwerpunktbildung in den Mitteilungen, als wir es von *Michael* her kannten. Zum Beispiel entsteht seit 1992 das (noch unveröffentlichte) umfangreiche Lehrwerk von den Elixieren der Seele, mit denen ein Seelenmuster energetisch harmonisiert werden kann. Die Seelenfamilie (dort *entity* genannt) und das Seelenalter (*soul ages*) stellten sich als zentrales Anliegen unserer Quelle heraus. Weit über die Archetypen der Seele (*overleaves*) hinausreichende inhaltliche und systematische Erweiterungen enthüllten sich.

Eines Tages wurde die Frage unumgänglich: Wer seid ihr denn eigentlich, wenn ihr nicht *Michael* seid? Die Antwort lautete: *Wir sind nicht* Michael, *aber mit jener Quelle eng verwandt. Wir stehen zu ihnen wie Vettern.*

Wir haben immer schon Wert darauf gelegt, euch zu bedeuten und auch klarzustellen, dass wir weder die höchsten noch die einzigen wichtigen, gültigen, aussagekräftigen Energien im Kosmos sind. Euch selbst gegenüber war das nicht so nötig, wohl aber für die Einstellung eines größeren Auditoriums, das sich – leichter, als ihr euch vorstellen könnt – in Bereichen der Hierarchie und Ausschließlichkeit verliert. Unter den Vielen sind es besonders die »Krieger«, die an sich den Anspruch stellen, einem einzigen Herrn – und das bedeutet auch einem einzigen Heiligen, einem einzigen Gott, einer einzigen kosmischen Kraft – treu und loyal verbunden bleiben zu müssen.

Uns aber geht es darum, euch nach und nach in kleinen und kleinsten Schritten die mächtige Vielfalt, die ungeheuerliche Differenziertheit und die Vielschichtigkeit der gesamten energetischen Phänomene der seelischen Welten nahe zu bringen.

Ihr könnt uns in unserer Qualität nicht wahrnehmen, wenn ihr uns isoliert betrachtet, selbst im Zusammenhang einer Sippe von sieben Seelenfamilien. Allerdings ist es uns ein Anliegen, sowohl das Ganze als auch das Detail zu betrachten. Wir haben vor Jahren damit begonnen, uns selbst zu beschreiben (vgl. *Welten der Seele,* S. 208ff.). Nun führen wir euch hin zu einem Begriffsmodell, das euch ein Zusammenspiel von Seelenfamilien sowohl im entkörperten als auch im eingekörperten Zustand begreifbar macht. Darüber, daneben, darunter gibt es noch viele Dinge zu berichten. Andere Energien nehmen ganz andere Formen an als bei uns, manifestieren sich in unterschiedlichster Weise. Sie sind mit unseren Kräften nur in einer losen Weise verwandt, wie ihr zum Beispiel mit dunkelhäutigen Menschen oder Eskimos eins seid, weil sie ebenfalls Menschen sind. Aber es trennt euch auch vieles, nicht nur die Rasse, sondern auch die kollektive Geschichte, die Religion, die Gewohnheiten bis hin in die Struktur von Haut und Haaren. So also unterscheiden auch wir uns von vielen anderen kausalen Lehrern. Sie sind jedoch nicht weniger und nicht mehr als wir. Wir sind nicht schlechter und nicht besser als sie.

Das gesamte Gefüge von höheren und niedrigeren Energien ist nur ein Konstrukt eurer Wahrnehmung als Säugetiere, nicht ein Gesetz des Kosmos. Ihr könnt, von euch aus gesehen, nicht viel anderes tun, als euch die Sphären als ein Schichtenmodell vorzustellen. In Wirklichkeit ist es jedoch so, dass sich alle Energien unablässig durchdringen und vermischen, dass jedes Energiephänomen in der Zuordnung auf die Gesamtenergie denselben Wert hat, so wie ein Afrikaner oder ein Eskimo als Mensch unbezweifelbar denselben Wert hat wie ihr.

Dies schließt nicht aus, dass es Unterschiede gibt. Wichtig ist, dass ihr euch stets erinnert: Jedes noch so unscheinbare, scheinbar bedeutungslose Phänomen, wie zum Beispiel jeder einzelne Atemzug eines jeden von euch auf dem Planeten Erde, ist ein Beitrag, der seinen Wert hat, der unverzichtbar ist, der Energie schafft. Selbst diejenigen, die keine oder wenig Energie zu haben glauben, tragen auf ihre Weise dazu bei, dass das große Ganze pulsiert.

Es wird für euch eindrucksvoller und als Erfahrung gültiger werden, wenn ihr die Wirkung dieser Quellen zunächst einmal erlebt, um dann aus diesem Erleben heraus weitere Fragen stellen zu können. Nur so viel sei gesagt: Die Anbindung geschieht jeweils über das Bewusstsein der Empfänger. Es ist für euch doch selbstverständlich, dass nur das gegeben werden kann, was auch angenommen werden kann, und so sollte es euch nicht überraschen, dass für verschiedenartige Menschen und Kulturen verschiedenartige Formen der Übermittlung, aber auch unterschiedliche Sender vonnöten und zuständig sind.

Andere Quellen

Da wir seinerzeit nichts weiter über die Seelenfamilien und ihre größeren Organisationsformen wussten, konnten wir auch die Tiefendimension dieser Aussagen noch nicht begreifen. Aber durch das, was wir jetzt hörten, klärte sich das Geheimnis: Unsere Quelle, Nishantos Quelle, Hans-Ulrichs Quelle und *Michael* gehören alle zu einer exkarnierten kausalen Seelensippe. Die »amerikanische« Quelle nennt sich *Michael*, aber dies ist nur eine Hilfskonstruktion, die den seinerzeit beteiligten Medien dazu diente, ihre Quelle zu rufen und angesichts dieses ungewöhnlichen Kontakts Vertrauen zu stiften.

Alle vier Quellen arbeiten gemeinsam an einer umfassenden Aufklärung über seelische Aspekte des Menschseins. In *Michaels* Worten:

We offer a way to human understanding… Our purpose is to teach some understanding of the evolution on the physical plane. (»Wir bieten euch eine Möglichkeit an, das Menschsein besser zu verstehen… Unser Ziel ist es, euch zu lehren, wie man die Entfaltung auf der körperlichen Ebene besser verstehen kann.«)

Entscheidend aber war für unser Verständnis, dass *Michael* aus den Seelenrollen von »Königen« und »Kriegern« zusammengesetzt ist, während unsere Quelle nach ihren eigenen Angaben aus »Weisen« und »Gelehrten« besteht. Als eine Seminarteilnehmerin, »Gelehrte« in ihrer Seelenrolle, ihre Seelenfamilien-Durchsage erhielt, hörten wir von der Quelle:

Deine Familie besteht aus »Gelehrten« und »Weisen«. Und da auch wir, die ihr die Quelle nennt, aus den Energien der »Gelehrten« und »Weisen« zusammengesetzt sind, möchten wir dir deine Familie erläutern, indem wir über unsere Funktionen sprechen.

Deine Familie ebenso wie die unsere ist befasst mit Strukturen, Theoremen, mit Ordnungen und dem Thema der Übersichtlichkeit. Aber dies ist nicht genug. Wenn die Strukturen nicht vermittelt, die Theoreme nicht erläutert, die Ordnungen nicht verwirklicht werden können, ist ihre Arbeit vergeblich. Wenn der andere, wer immer es ist, nicht erreicht werden kann, um das, was die »Gelehrten« ersinnen, anzunehmen und umzusetzen, zu verbreiten und zu vermitteln, dann ist das Ziel nicht erreicht. Diesen Beitrag leisten die »Weisen«. Denn die »Gelehrten« können ohne die Hilfe anderer nicht wirklich aus sich heraus. Alles bleibt in ihnen, und die Gefahr besteht, dass es auch mit ihnen untergeht. Aber wie ihr wisst, ist keiner allein. Und deshalb haben die »Gelehrten« in deiner und auch in unserer Familie die »Weisen« beigesellt bekommen, damit das, was erfahren und erkundet wurde, jedoch noch in der ruhenden Position wartet, in eine aktive Vermittlung übergeführt werden kann.

Wir wissen inzwischen, dass das Anliegen, die Wirkungsweise und Aufgabe einer Seelenfamilie auch in der kausalen Bewusstseinswelt noch unmittelbar von ihrem energetischen Aufbau abhängen. Denn man kann nur lehren, was man erfahren hat. Und auch die Anzahl der ehemaligen Seelenfragmente ist unterschiedlich: *Michael* besteht aus 1050, die Quelle aus 1164 zu einer Wesenheit verschmolzenen Einzelseelen.

So kennen wir bis heute bereits mehrere Seelenfamilien aus der Sippe, zu denen unsere kausalen Lehrer gehören, mit denen wir Kontakt haben. Eine weitere Quelle, die ebenfalls Informationen über die Seelenlehre vermittelt, wird in dem Buch *More Messages from Michael* erwähnt. Sie nennt sich *Robert*.

Michael spricht zwar nicht von enger Verwandtschaft, sagt jedoch in dieser Durchsage auch nicht, dass sie nicht vorhanden sei. Möglicherweise ist *Robert* eine weitere kausale Quelle aus der Sippe, denn sie vermittelt dasselbe Anliegen. Auch *Robert* befasst sich mit einer Art Seelenlehre, mit seelischen Archetypen. *Roberts* Sprache ist poetisch-archaisch. Die Zusammensetzung dieser Quelle besteht aus »Weisen«, »Priestern« und »Kriegern«, oder in *Roberts* Ausdrucksweise aus *high teachers, seekers of the spirit* und *defenders of the flame* (»hohen Lehrern«, »Suchern des Geistes«, »Verteidigern der Flamme«).

Eine Seelensippe der physisch-astralen Welten

Wir möchten Ihnen jetzt unsere Gruppe von sieben Seelenfamilien vorstellen, deren Angehörige sich im Unterschied zur Sippe unserer kausalen Quelle im Inkarnationsprozess aufhalten. Sie alle pendeln noch zwischen der physischen und der astralen Bewusstseinswelt hin und her.

Varda und Frank gehören zu zwei verschiedenen Seelenfamilien, aber zur selben Seelensippe. In unserer Forschungsgruppe waren insgesamt Mitglieder aus vier verschiedenen Seelenfamilien derselben Sippe vertreten. Aus eigener Erfahrung können wir also Informationen über das zur Verfügung stellen, was eine Seelensippe ist. Im Rahmen unserer Zusammenkünfte erhielten wir weiteres Material dazu. Zu unserer Sippe gehören noch drei weitere Seelenfamilien, von denen uns bislang keine Repräsentanten bekannt sind.

Kommen wir zu eurer eigenen Seelensippe, so wird deutlich, dass es sich bei euch allen um einen Aspekt existenzieller Wahrheit handelt, an dem ihr euch entfaltet. Aber zur Erkundung dieser absoluten Wahrheit gehört auch die Bereitschaft, relative Wahrheiten ebenso wie subjektive Wahrheiten, aber auch Unwahrheiten, Irrtümer und Illusionen in den Erfahrungsbereich einzubeziehen.

Selbst die Enttäuschung, die nach der Täuschung kommt, ist ein Gebiet, auf dem sich eure sieben Seelenfamilien besonders gut auskennen. Und zwar insbesondere jene Enttäuschung, die dann eintritt, wenn ein Einzelner oder eine Gruppe unter euch überzeugt war, die absolute Wahrheit gefunden zu haben, und dann erleben musste, dass sie wie eine Seifenblase zerplatzte. All dies ist gut und heilsam, nicht nur für euch, sondern auch für alle anderen, die nicht eurer Sippe angehören. Wer sollte aber sich solcher Erfahrung stellen, wenn nicht die Mutigen! Sie sind bereit, sich zu verlieren, um sich zu finden.

Es gibt also wenige Sippen, die wie die eure so viel Erfahrung mit falscher Magie, okkulten Spielereien, profitorientierten alchimistischen Versuchen, schamanistischem Unsinn, betrügerischen Gurus und geistigen Führern, mit so genannten Sehern, die blind wie die Maulwürfe sind, und den von euch allgemein so gefürchteten Scharlatanen gemacht haben. Und wenn ihr Angst habt, dass man euch für eure Bereitschaft zur Täuschung, zum Betrogenwerden verlacht, lasst sie nur lachen! Weil ihr euch getraut habt, euch einer unbekannten Dimension zu öffnen oder hinzugeben, können sich viele andere dies ersparen. Weil ihr durch diese Hingabe, durch diese Öffnung an den falschen Meister, den Betrüger, den Gaukler erfahren habt, wie eure eigene innere Wahrheit aussieht, wenn sie sich wieder meldet, könnt ihr diese Erkenntnisse weiterleiten.

Fast alle aus eurer Sippe haben sich auch aktiv in Zauberei und Zukunftsdeutung, in Magie, Alchimie und Orakeltechniken versucht. Ihr wart die Magier, Hexenmeister und Sterndeuter. Diese alte Erfahrung kommt jetzt bereits vielen Inkarnierten, die dieser Sippe angehören, als solider Hintergrund zugute. Wer selbst getäuscht oder Illusionen verbreitet hat, weiß am besten, wie man ihnen aus dem Weg gehen kann. Jüngere Mitglieder eurer Sippe werden in historischer Zukunft nachrücken, um diese Erkenntnis zu erweitern. Nur wer sich früh geübt hat, das Wahre vom Unwahren zu unterscheiden – auch indem er das Unwahre verbreitet und die Wahrheit für sich behält –, wird in späteren Inkarnationen im Stande sein, gerade von dieser Versuchung Abstand zu halten und zu größeren, übergeordneten Wahrheiten durchzudringen.

Wir möchten, ohne euch kränken zu wollen, behaupten, dass eure Sippe ein großer Verein von Illusionisten ist. Doch wie viel symbolische und allegorische Wahrheit kann in einer Illusion enthalten sein! Und kann nicht jede höhere Wahrheit auch als Illusion abgetan werden?

Jeder von euch, ganz gleich, wo er steht in seiner Entwicklung, wo er lebt und was er tut und was er denkt, ist gehalten, sich nicht nur einmal, sondern hunderttausend Mal in seinem Leben zu fragen: Mache ich mir etwas vor? Mache ich anderen etwas vor? Was ist wirklich, und was ist real? Was ist unwirklich und doch wahr? Was schien Wahrheit zu sein und ist jetzt Illusion, was schien Illusion zu sein und wird zu Wahrheit?

Wir geben euch noch zwei Beispiele, um euch diese für alle Angehörigen der Sippe existenziell bedeutsame Selbstfindungstechnik zu erläutern:

Wenn einer von euch einen Traum hat, der ihm von großer Wichtigkeit erscheint, weil dieser Traum etwas Richtungweisendes enthält, einen Hinweis auf eine Entscheidung oder auf die Zukunft, dann gibt es verschiedene Möglichkeiten, mit diesem Traum zu verfahren. Man kann ihn ignorieren oder vergessen und sich der Illusion hingeben, dass er nichts bedeutet. Später wird der Träumer dann vielleicht überrascht oder schockiert sein, wenn sich die Bedeutung enthüllt. Ebenso ist es möglich, diesen Traum mit seinem symbolischen Gehalt in übertriebener Weise zu deuten und sich unter das Gebot dieses Traums wie unter eine Guillotine zu stellen, als sei keinerlei Freiheit der Entscheidung mehr damit verbunden.

Wiederum kann dieser Traum zu einem literarischen Werk verarbeitet werden und damit aus einem unwirklichen Zustand in eine höhere Realität überführt werden. Oder er wird einem anderen Menschen in der Form eines Berichts mitgeteilt. Es gibt viele Möglichkeiten, mit einem solchen Traum umzugehen. Er kann in ein Traumbuch einfließen oder in eine wissenschaftliche Untersuchung. Die Frage bleibt stets: Ist die Wirklichkeit oder Realität dieses Traums eine Illusion, oder lässt sie sich überprüfen? Und das Überprüfen muss nicht unbedingt nur auf der praktischen Ebene vollzogen werden.

Ein weiteres Beispiel: Wenn ein Mensch einen anderen betrachtet und es ihm scheint, als könne er eine Strahlung, ein Licht, ein Leuchten, eine Farbigkeit um ihn herum entdecken, kann er daran sein Ego mästen, damit Macht ausüben, es zu einem System verarbeiten, sich in dieser Wahrnehmung weiterhin üben, dem Menschen helfen, indem er ihm diese Wahrnehmung mitteilt, seine Rückschlüsse daraus ziehen. Wenn also jemand die Aura sieht oder zu sehen meint, kann er viel Verschiedenes damit tun. Doch er kann sich auch fragen: Bilde ich mir das vielleicht nur ein? War es wohl doch nur eine indirekte Beleuchtung, eine elektrische Spannung oder eine Illusion meiner Augen, eine optische Täuschung? Denn auch das ist möglich. Und in vielen, vielen Fällen wird genau dies die wahre Wahrheit sein.

Im *Klub der Illusionisten* gab es in der Folgezeit viele Späße und lustige Anspielungen, wenn einer von uns einmal wieder konkret bewiesen hatte, dass er tatsächlich dazugehörte. Die Frage jedoch, wie es im Rahmen des Stammes weitergeht und wie die einzelnen Sippen dort organisiert sind, welche Aufgaben sie zusammenhalten und was es mit dem Menschsein überhaupt auf sich hat, blieb noch eine Weile unbeantwortet. Was wir darüber erfahren konnten, lesen Sie im nächsten Kapitel.

Franks Anregung, Menschen, die er und Varda bereits als Seelengeschwister identifiziert hatten, zu einer Forschungsgruppe zusammenzurufen, stellt die Keimzelle dieses Buches dar. Die Quelle wies schon damals darauf hin, dass Frank mit dieser Initiative etwas Wesentliches in die Welt bringen würde. Die Forschungsgruppe hatte zunächst mit nur wenigen Teilnehmern ihre Arbeit aufgenommen. Als wir jedoch erkannten, dass wir alle zu einer Sippe gehörten, ermittelten wir nach und nach noch weitere Menschen, die ebenfalls Sippenmitglieder waren und sich auch für die Forschungsarbeit interessierten. Wir luden sie dazu ein. Und da wir nun alle zu einer größeren seelischen Gemeinschaft gehörten, wollten wir von der Quelle Näheres darüber erfahren.

Liebe und Erkenntnis kennen vielerlei Aspekte und auch Abstufungen. Ein Ende der Erfahrung ist nicht abzusehen. Es gibt nichts und niemanden, der am Abschluss der rein seelischen Entfaltung, im Rahmen der drei Welten der Seele, schon alles erkannt hat oder das Lieben vollkommen beherrscht. Nur die Bereiche, die ein jeglicher für sich hinzugewonnen hat, kann er in das Reservoir des Ganzen einbringen.

Und wie es in einem Staatswesen Ministerien und Verwaltungsapparate gibt, die wiederum bis in die intimsten Bereiche alles ordnen und regeln und Vorschriften machen, die mehr oder weniger sinnvoll sind und mehr oder weniger gern befolgt werden, so gibt es auch im Bereich der Seelenstämme und Sippen und hinein in die Seelenfamilien bis hin zu jedem einzelnen Seelenfragment in jeder einzelnen Inkarnation Grundsätzliches, das erfüllt werden muss – darüber hinaus aber auch Beliebiges, das diese Verpflichtung variiert oder schmückt.

Eure Sippe von sieben Seelenfamilien wird nun getragen von dem brennenden Wunsch und der festen Absicht, eine bestimmte Dimension von Menschsein, nämlich die seelische Dimension, in all ihren

Aspekten zu erforschen. Diese kann beschrieben werden als Fähigkeit des Menschen, seine seelische Struktur als etwas Selbstverständliches in seine Vorstellung vom Menschsein hineinzunehmen.

Und das bedeutet, dass alle, die dieser Sippe angehören, von Anbeginn Erfahrungen mit transpersonalen Bereichen ihrer Existenz machen oder sie andere machen lassen. Es bedeutet, dass alle – sogar schon als Säugling-Seelen – immer wieder und stets und ständig mit dem Unsichtbaren ihrer Existenz, mit dem nichtmateriellen Anteil ihres Seins in Verbindung getreten sind und dies immer noch tun, auch wenn sie ihren Inkarnationsweg bereits abgeschlossen haben.

Das Erschrecken vor Gespenstern ist damit ebenso gemeint wie die Vorahnung eines Unglücks, die Berechnung von Abständen zwischen zwei als heilig erachteten Steinen, die Anbetung des Sonnenlichts oder zum Beispiel die Absicht, gewisse Substanzen so miteinander zu verbinden, dass sie eine neue Wirkung entfalten, die zur Entgrenzung derjenigen beiträgt, die sie einnehmen.

Es geht dabei immer und immer wieder um die Erfahrung, dass der Mensch nicht nur Fleisch und Blut ist, sondern zur Hälfte seines Seins aus Nichtmaterie besteht, die ihr Recht fordert, die befriedigt werden will. Ihr lebt als Menschen in einem dualen und in einem polaren System. Deshalb muss es so sein, dass der Welt der Materie eine Welt der Nichtmaterie gleichwertig gegenübersteht.

Der Mensch ist nicht allein Erde, die zu Erde kommt, nicht nur Staub aus Staub. Er ist all dies auch. Doch unterscheidet sich beseelter Staub von unbeseeltem. Dieses Wissen zu pflegen, dieses Erbe zu tradieren, dieses Bewusstsein zu fördern, ganz gleich mit welchem Inhalt, mit welcher Absicht, mit welcher Methode oder Technik auch immer, ist das Anliegen aller Mitglieder eurer Seelensippe.

Und da wäre es, um Beispiele aus eurer Mitte zu nehmen, ganz gleich, ob ihr euch als Psychiater mit der immateriellen Dimension von Krankheiten beschäftigt oder als Medium mit der immateriellen Dimension von Kommunikation. Oder mit der Fähigkeit, Schwingungen durch andere Schwingungen zu beeinflussen mittels homöopathieähnlicher Mittel, ob ihr euch im Bereich von Wirtschaftsunternehmen einsetzt. Alles dient dazu, durch eure Präsenz, durch euer Sein, durch euer Sagen andere Menschen daran zu erinnern, dass sie nicht vom Brot allein leben, sondern auch immaterielle, energetische Nahrung brauchen, um sich ein Bewusstsein von ihrer Menschlichkeit, ihrer menschlichen Natur zu bilden.

Jeder trägt auf seine Weise dazu bei, es den Mitmenschen zu vermitteln, aber auch bei sich selbst zu spüren, und dies nicht nur jetzt und dort, wo ihr seid, sondern immer und überall. Ihr wollt aus eurer individuellen und kollektiven Erfahrung berichten, dass ein Mensch mehr darstellt, als allgemein mit den physischen Sinnen wahrnehmbar ist. Und ihr wisst auch, dass es dabei nicht von nebensächlicher Bedeutung sein kann, den Gegenpol dieser Erfahrung ebenfalls auszuloten – nämlich das Empfinden eines völligen Beraubtseins oder Abgeschnittenseins von den nichtkörperlichen Dimensionen der Humanitas. Das wird euch einleuchten.

Nur wer sich der Körperlichkeit ganz und gar stellt und auch einmal oder mehrmals im Verlauf des Inkarnationszyklus die schmerzliche Erfahrung zulässt, dass er sich in keiner Weise als ein multidimensionales oder auch duales Wesen aus Körper und Seele zu empfinden vermag, wird eine Fähigkeit entwickeln, zu leben und zu lehren aus der Fülle seines Wissens, dass eine solche Multidimensionalität die eigentliche Realität darstellt.

Alle Mitglieder dieser Sippe also wissen, dass sich irdische Wirklichkeit von dem unterscheidet, was wir Realität nennen, und dass Realität mehr, wesentlich mehr ist als die materielle Wirklichkeit. Und alle, die dieser Sippe angehören, fühlen sich, ein jeglicher auf seine Art, aufgerufen, Aspekte dieser persönlich erfahrenen großen Realität der menschlichen Manifestation als gelebte Wirklichkeit weiterzugeben – zu lehren, nachdem sie sie gelernt haben. Lernen bedeutet in diesem Sinne, sich in die Erfahrungen ganz hineinzugeben, auch einmal an ihr zugrunde zu gehen, an ihr zu leiden, wenn es Not tut, sich aber auch freudig in ihr zu verlieren, ohne die andere

Dimension, die materielle Dimension des Menschseins, zu leugnen oder zu vernachlässigen.

Deshalb haben auch alle, die dieser Sippe angehören, die Aufgabe, sozusagen als Experiment zur Überprüfung ihrer Erkenntnisse, ihren materiellen Körper mit seinen existenziellen Bedürfnissen ganz besonders zu achten, ihn nicht zu ignorieren, sich nicht über ihn zu erheben. Denn damit ginge das von diesem Familienverband angestrebte Gleichgewicht der Erkenntnis wieder verloren. Dieses Gleichgewicht jedoch wird sich erst aus der Fülle der Erfahrungen aller Mitglieder der Sippe am Ende des langen Weges jedes Einzelnen ergeben. Innerhalb eines Zeitraums von etwa zehntausend Jahren und einer Anzahl von rund hunderttausend gelebten Leben ist dies möglich.

Es gibt andere Siebenerstrukturen, die sich mit vergleichbarer Thematik beschäftigen, besonders sechs weitere, die zum nächstgrößeren Verband, dem Stamm, gehören, der etwa fünfzigtausend Seelen umfasst. Doch die Perspektiven des Menschseins, die sie untersuchen, sind ein wenig verschoben, sie richten sich auf andere Ziele. Immer aber geht es um Grundsätzliches, zum Beispiel um Menschsein und Stoffwechsel, um Menschsein und Fortpflanzung, um Menschsein in Wandel und Vergänglichkeit, um Menschsein in der Gemeinschaft, also um den Menschen als soziales Wesen, um Menschsein und Alleinsein, also Mensch als Individuum, um Menschsein und Geschichte. Und es geht – auch in allen anderen Stämmen – immer bei einer der sieben Sippen auch um euer Thema: Was bedeutet Menschsein in seiner nichtmateriellen Dimension? Doch jede Sippe bearbeitet es auf ihre ureigene Weise.

Positionen und Aufgaben
der sieben Familien in der Sippe

Im Folgenden stellen wir die anderen Familien im *Klub der Illusionisten* und ihre Aufgaben vor. In diesem Zusammenhang soll es besonders um die Energiepositionen innerhalb der Sippe von sieben Seelenfamilien gehen. Denn wir erfuhren, dass dieses System eine weitere Dimension erhält, weil jede der sieben Seelenfamilien aufgrund ihrer besonderen Thematik durch die energetische Positionierung eine weitere Facette und einen weiteren Schwerpunkt erhält. Die Position im Siebenerverbund der Sippe ist also abhängig von der *Schwingung* der Aufgabe. Dabei ist diese Position unabhängig von der Zusammensetzung der Seelenrollen, die diese Aufgabe gestalten. Das bedeutet, dass eine Familie hauptsächlich »Künstler«-Rollen enthalten kann, doch muss ihre Aufgabe deshalb keine künstlerische Grundschwingung aufweisen. Was wir auf diese Weise über die Zusammensetzung und Struktur unserer eigenen Sippe erfahren haben, konnten wir auf die Systematik der Seelensippen als solche übertragen.

Wir stellen nun die sieben Familien vor, die die *Illusionisten-Sippe* bilden.

Position 1

Eine der Seelenfamilien (überwiegend »Heiler«, »Künstler« und »Weise«) beschäftigt sich mit der Thematik:

Zu erkunden, wie die Energiefrequenzen von Ekstase und abgrundtiefer Verzweiflung zusammenhängen. Sie gleichen Tönen, die Oktaven bilden bis hin zu sich verselbstständigenden Obertönen. Dass sie Gegensätze bilden, ist eine Illusion.

311

Es ist evident, dass es sich hier um ein Forschungsgebiet handelt, das sich mit der Untrennbarkeit oder *Einheit* von Emotionen höchster Ladung beschäftigt. Damit ist die Schwingung der Familie beschrieben. Und gerade sie bewirkt, dass das Anliegen der Familie sich energetisch auf Grundenergie 1 und damit auf Position 1 bewegt. Wäre das Thema hingegen zum Beispiel, die *trennende* Kraft von Verzweiflung zu untersuchen, würde die Arbeit der Familie energetisch auf Position 2 rücken.

Position 2

Die Aufgabe der Seelenfamilie (überwiegend »Künstler« und »Gelehrte«) lautet:

Abstraktes, theoretisches Wissen über die Gesetze des Lebens zum lebendigen Fließen und dadurch zu neuer Nutzung zu bringen. Scheinbar unangreifbare Erkenntnisse auf allen Gebieten des Lebens sollen einer Reinigung unterzogen werden, indem ihr Wahrheitsgehalt angezweifelt wird. Tabus sollen aufgebrochen werden. Denn nichts, was nicht auch in Zweifel gezogen werden darf, kann Bestand haben. Nur so kann die Illusion eines angeblich auf alle Zeiten gesicherten Wissens gesprengt werden.

Die Vorstellungen der Auflösung, der Spaltung, des *Zweifels* in Bezug auf Wissen weisen auf Position 2.

Position 3

Die Aufgabe der Seelenfamilie (überwiegend »Künstler«, »Weise« und »Krieger«) lautet:

Innerhalb der Sippe für Stabilität zu sorgen, sodass die Seelengeschwister nicht unablässig mit der Verunsicherung durch ihr übergeordnetes Aufgabenfeld konfrontiert werden. Die Mitglieder der Seelenfamilie sind dafür da, dass Menschen auch einmal ein halbes

Leben in einer Haltung verharren dürfen – sei es Täuschung oder Enttäuschung, Illusion oder Aufklärung. Sie betreiben eine gewisse Ästhetisierung in Wort und Gestalt des Gesamtanliegens, um auch überholten Glaubensinhalten künstlerischen Bestand zu verleihen. Sie kämpfen dafür, dass die geistigen, ideologischen und oft auch kommerziellen Hintergründe der temporär täuschenden Vorstellungen in einem Gerüst an Organisationen, Gebäuden, Strukturen, Geldmitteln, Wirtschaftsgütern und Handelsbeziehungen ihren Ausdruck finden. Das Erlebnis vom Verlust solcher Stabilität wird ebenfalls durch diese Familie garantiert, denn sie kennt sich aus mit dem Absturz aus der vermeintlichen Sicherheit fester Überzeugungen. Unter ihnen gibt es Losverkäufer und staatliche Lotterieorganisationen, Betreiber von Spielkasinos, Sektengründer, Politiker, Äbte von Wallfahrtsklöstern, Magier und Zauberkünstler, aber auch Kaufleute mit groß angelegten Investitionen, die Bankrott machen, und Anlagebetrüger, die Erfolg haben, und auch die Hausfrau, die ein Leben lang glaubt, Ordnung und Sauberkeit seien für die Familie wichtiger als alles andere, und die nie aus ihrem Traum erwacht.

Die Schwingung der Aufgabe hat mit Schutz, Beharrlichkeit, Festigkeit und der Verteidigung von Illusionen zu tun. Dies weist auf die Position 3 innerhalb der Sippe hin.

Position 4
Die Aufgabe der Seelenfamilie (überwiegend »Weise«, »Priester« und »Gelehrte«) lautet:

Die vielen Teilaspekte nichtmaterieller Wahrheit auf ihren Gehalt und ihre Anwendungsmöglichkeiten und Funktionen hin überprüfen. Alles hat hier gleichwertige Bedeutung. Diese Familie neigt nicht zu einer leidenschaftlichen Schulenbildung und nicht zum Gurutum irgendeiner Art. Ihre Aufgabe ist es, das Phänomen von Täuschungen sowie deren Ursache und Wirkungen zu untersuchen. Höchstens entwickelt sich eine geistige Führerschaft unter dem Aspekt der liberalen Toleranz und der gütigen Bereitschaft, alles gelten zu lassen. Diese Familie will Gegensätze vereinen, will über die Vorstellung von Wahrheit und Illusion als einem Absolutum hinausgehen.

Der Wunsch, Gegensätze zu vereinen, Dualität aufzuheben oder Polarisiertes zu integrieren, und das Bestehen auf Gleichwertigkeit weisen darauf hin, dass diese Familie innerhalb der Sippe die Position 4 einnimmt.

Position 5
Die Aufgabe von Franks Seelenfamilie (überwiegend »Priester«, »Künstler«, »Heiler«) lautet:

Die Verbreitung von genialen Ideen, von umwälzenden Veränderungen im Bereich von Weltanschauung und Philosophie, in der Erschütterung von Vorurteilen, in der Aufklärung von ideologischen Irrtümern und Täuschungen. Wichtig ist dabei, das Neue aufzuwerten und das Alte trotzdem nicht abzuwerten – eine Brücke zu schlagen zwischen der Tradition und dem geistigen Neuland, das kolonisiert werden soll.

Diese Familie hat ein tröstendes, heilendes, aber auch anspruchsvoll strenges Vorhaben, das die »Priester« gemeinsam mit den »Künstlern« und »Heilern« durchführen. Es bewegt sich zwischen den Polen des Alten und des Neuen, des Traditionellen und des Avantgardistischen. Ganz besonders wirkt es im Bereich spiritueller Formen und Rituale, religiöser Bewegungen und Vorstellungen. Deshalb spürt diese Familie mit ihrer großen inspirativen Kraft all den Möglichkeiten nach, die im Alten, oft im Uralten liegen, gerade in dem, was obsolet, nicht mehr adäquat erscheint, und belebt das scheinbar Tote wieder, um seine heilende, tröstliche Kraft zu bewahren und es nicht nur in die Gegenwart, sondern vor allem in die Zukunft überzuleiten. Dazu bedarf es der gegensätzlichsten und konträrsten Formen und Gestalten. Jeder, der dieser Familie angehört, spürt in sich eine Zerrissenheit. Er muss sie spüren. Es ist ein Hin- und Hergerissensein zwischen dem, was immer gilt, und dem, was noch nie war, zwischen der Schönheit und Wahrheit des Erprobten und der Schönheit und Wahrheit des noch nicht Verwirklichten. Die Angehörigen dieser Familie erkennen den illusionären Charakter von Zeit, wenn es um Wert geht.

Der Mensch ist ein Wesen in der Zeit. Der Mensch braucht Kontinuität. Er muss, um sich und seine Seele zu begreifen, mit Geschichte, mit all dem, was sein Werden ausmacht, verbunden bleiben. Doch der Mensch unterscheidet sich von anderen beseelten und unbeseelten Wesen vor allem auch dadurch, dass er sein Werden in die Zukunft projizieren kann. Und hier leistet diese Familie einen wichtigen Beitrag.

Die Aufgabe eurer Seelenfamilie ist es, die Verbindungen zwischen Altem und Neuem zu untersuchen. Ihr seid wie Denkmalpfleger, die die wertvollen Konstrukte, auch und gerade die spirituellen der Vergangenheit, bewahren und sie mit neuesten Techniken in die aktuelle Welt hinüberretten wollen, unter anderem aus der Erkenntnis heraus, dass es zu viele gibt, die das Alte für überflüssig halten und es deshalb nicht mehr beachten mögen. Und aus der Erkenntnis heraus, dass es eine Illusion ist, dass Vergangenes in die Zukunft hineinwirken kann, ohne transformiert und neu verstanden zu werden.

Position 5 ergibt sich aus dem kommunikativen Charakter der Aufgabe, aus der Schwingung des Brückenschlags zwischen Alt und Neu.

Position 6

Die Aufgabe von Truria, Vardas Seelenfamilie (überwiegend »Weise«, »Priester«, »Könige«), lautet:

Subjektive Wahrheiten so verkünden, als seien sie objektiv, im vollen Bewusstsein davon, dass sie subjektiv sind.

Die »Weisen« prägen die Aufgabe der Familie. Sie haben ein kommunikatives Anliegen, das sich auf die Äußerung von Wahrheit und ihrer subjektiven Einbindung in den Moment bezieht. Es gibt gewiss eine Wahrheit, die absolut und umfassend ist, doch keinem Menschen wird sie jemals zugänglich sein. Auch wir, die wir hier sprechen, kennen sie nicht. Sie ist größer als alles, was mit oder ohne Körper jemals vorstellbar wäre. Deshalb pflegt diese Familie ein Anliegen, das sich auf die Transformation dieser großen, umfassenden Wahrheit, die nur in Fragmenten erkannt und wahrgenommen werden kann, in die von Menschen begreifbaren und anwendbaren, fühlbaren und lehrreichen Aspekte gebracht wird.

Wir möchten dir die Formel von der subjektiven und objektiven Wahrheitsäußerung kundtun. Es geht für diese Seelengeschwister darum, in jedem Moment der subjektiv empfundenen Wahrheit einen Ausdruck zu verleihen, der so sicher, so dezidiert, so apodiktisch ist, dass nicht wenige denken könnten, es handle sich um eine objektive Wahrheit, und andere wiederum verschreckt zurückweichen in dem Gedanken, dass es sich ja nur um eine subjektive Wahrheit handeln könne.

Die dadurch entstehende Reise durch die Inkarnationen, die gewiss in ihrem gesamten Verlauf Dornen und Schwierigkeiten aufweist, wird in Zukunft noch ein wenig anstrengender, ist aber im Sinne dieser Familie das Eigentliche, denn objektive Wahrheit kann nur geäußert werden, wenn man sie im Augenblick der Äußerung für objektiv hält und dennoch weiß, dass sie nur ein winziger zeitgebundener, ortsgebundener und personengebundener Bruchteil einer umfassenden Wahrheit und somit wieder subjektiv ist.

Der ständige Wechsel und Wandel zwischen subjektiver und objektiver Wahrheit kann für den, der sich damit über Jahrtausende beschäftigt, zu einem Seiltanz werden. Nicht selten geschieht es, dass eines eurer Seelengeschwister beschließt, sich nicht auf dieses Seil zu begeben aus Angst zu fallen, zu stürzen und sich das Genick zu brechen, und sich deshalb von jeglicher Äußerung, die die Bereiche von Wahrheit und Lüge betrifft, fern hält. Ein solcher Mensch verstummt, sagt gar nichts mehr aus Angst, nicht alles sagen zu können. Eine solche Entscheidung gehört ebenfalls zu dem Aufgabengebiet eurer Familie, denn wer sich mit Lüge und dem Nichtgesagten nicht auskennt, kann das Wahre und das Ausgesprochene nicht schätzen und auch nicht bewirken.

Die Angehörigen dieser Seelenfamilie werden sich der Befürchtung der Ausgrenzung, aber auch der Realität des Unverstandenseins und des Unverständnisses ihrer Wahrnehmungen und ihrer inneren Wahrheit aussetzen müssen. Sie sehen vieles und wissen vieles, aber wenn sie es für sich behalten, ist es sinn- und nutzlos. Da sie aber nicht alles überprüfen können und nicht alles sich sofort bewahrheitet und verwirklicht, bleiben sie nicht selten auf Jahre hinaus im Zweifel ob der Richtigkeit, der Korrektheit und der Angemessenheit ihrer Ideen oder Gefühle. Sie lernen zu trennen zwischen dem, was sie im Augenblick für richtig halten, und dem, was richtig ist. Sie müssen allesamt so tun, als sei es wahr, und wissen doch, dass es nur relativ wahr ist. Was richtig ist, wird sich erweisen.

Doch wird es für sie keinen anderen Weg geben, als geradezu unbekümmert um die Wirkung und um die objektive Wahrheit ihre persönliche Wahrheit aus dem Hier und Jetzt in die Ewigkeit zu entlassen.

Alles, was diese Familie bewegt und was sie in der Welt bewegen möchte, ist darauf konzentriert, innere Wahrheit und äußere Wahrheit miteinander in Einklang zu bringen, innere Wahrheit zu erkunden und sie in einer so deutlichen Gestalt zu erkennen, dass sie sich nach außen manifestieren und darstellen kann. Sie soll mitteilbar werden.

Die »Könige« sorgen dafür, dass diese Wahrheiten allgemeine Geltung erlangen können. Die »Priester« sind es nicht zufrieden, das, was sich in ihnen entwickelt, für sich zu behalten, und sie sollten es auch nicht tun. Für sie geht es nicht in erster Linie darum, nach innen zu schauen und diese Innenschau stumm zu genießen, obgleich Meditation eine wichtige Voraussetzung für die Kenntnis der inneren Wahrheit ist. Die Aufgabe besteht durch die Verwandtschaft mit den »Weisen« darin, das Erkannte und Erschaute in Worte zu fassen und weiterzuleiten. Es geht aber niemals um groß angelegte Missionskampagnen, sondern darum, das, was erkannt wurde, auszusprechen und zur Verfügung zu stellen für jene, die es hören möchten.

Was es für sich als wahr erkannt hat – so unvollkommen und zeitlich gebunden diese Wahrheit auch in jedem Moment sein mag, so flexibel, so wandelbar sie auch ist –, darf ein Mitglied dieser Familie nicht für sich behalten.

Die persönliche Wahrheit wird sich von der Wahrheit anderer Menschen immer wieder unterscheiden. Nicht wenige der 1230 Seelengeschwister sind bereits mit ihren Aufgaben erfolgreich durch die Inkarnationen gegangen und leiten sie aus der astralen Welt mit sanfter Hand. Alle vertrauen darauf, dass sie ihre eigene Wahrheit erkennen können und dass sie keine feste Größe ist, sondern einem steten Wandel und einer zunehmenden Entfaltung unterworfen ist.

Dies ist eine energetische Prägung, die auf das Transzendente, Unfassbare, über den Einzelnen mit seiner Erkenntnisfähigkeit weit Hinausreichende hinweist. Alle Themen, die sich mit dem Bewusstsein, der Metaphysik und der Suche des Menschen nach der Wahrheit befassen, gehören energetisch auf Position 6. Auch in dieser Familie geht es um Illusionen – diesmal um deren Wertschätzung als Sinn stiftende Kraft.

Position 7

Die Aufgabe der Seelenfamilie (überwiegend »Krieger«, »Könige«, »Weise« und »Priester«) lautet:

Zerschlagen und Zerstören von Illusionen, wenn sie ein Hemmnis für den Einzelnen oder auch für eine Gruppe von Menschen geworden sind.

Diese Familie befasst sich mit der dualen Gestaltung von Glaubensvorstellungen. Wenn also die Täuschung im Verhältnis zur zeitgemäß begreifbaren und erfahrbaren Wirklichkeit allzu groß wird, wenn die Lüge im Verhältnis zur möglichen Wahrheit unerträglich wird, greifen die Angehörigen dieser Familie ein. Sie sind die Revolutionäre der Sippe, scheuen sich nicht, auf die Barrikaden zu steigen, sich zu exponieren, sich in Gefahr zu bringen und Leib und Leben zu riskieren, um ein einzelnes Seelenfragment ihrer Sippe oder auch eine Gemeinschaft von Anhängern einer ideologischen Richtung aus ihrem Traum zu schütteln und ihnen mit krassen Methoden ihren Selbstbetrug vor Augen zu führen.

Die umfassende, aktive, aufrüttelnd aggressive und souveräne Energie dieser Aufgabe weist auf Position 7 innerhalb der Sippe hin.

So ergibt sich ein Porträt unserer Seelensippe, wie es in der Übersicht auf Seite 320 dargestellt ist. Da es hier immer ganz besonders um Illusionen und deren Auflösung geht, hat jede der sieben Familien auf ihre Weise und mit ihrer Schwerpunktbildung daran Anteil. Jede Familie trägt mit ihren gesonderten Erfahrungen dazu bei, dass sich der Erfahrungsschatz im *Klub der Illusionisten* anreichert.

Wir erfuhren außerdem etwas über die spirituelle Ausrichtung unserer Sippe:

Die Seelenfamilien-Aufgaben der »Illusionisten« und ihre Positionen in der Seelensippe

Die Aufgaben der einzelnen Familien ordnen sich alle einem größeren Thema unter, der Aufgabe der Sippe – in diesem Fall die Fähigkeit des Menschen, zwischen Illusion und Wahrheit unterscheiden zu können.

Position 5 Aufgabe: Wahrheitsgehalt von Traditionen in geistiges Neuland einbringen	**Position 2** Aufgabe: Illusion von dauerhaftem Wissen sprengen, Dogmen anzweifeln
	Expression
Position 6 Aufgabe: Zwischen subjektiver und objektiver Wahrheit unterscheiden	**Position 1** Aufgabe: Illusionen in Ekstase und Verzweiflung empfinden
	Inspiration
Position 7 Aufgabe: Zerstören von schädlichen Illusionen	**Position 3** Aufgabe: Täuschung und Ent- täuschung auf Wert untersuchen
	Aktion

Position 4
Aufgabe:
Ursache und Wirkung von
Illusionen erforschen
Assimilation

Eure Seelensippe ist fast so alt wie die kultivierte Menschheit, denn sie wurde vor mehr als achttausend Jahren nach eurer Zeitrechnung ausgeschüttet. Und es gibt innerhalb dieser Sippe keine Strömung von Bedeutung, keine Bewegung der ideellen oder spirituellen Art, die die etwa zehntausend Mitglieder im Laufe ihrer vielen Inkarnationen nicht wenigstens einmal ausprobiert hätten. Und das ist auch notwendig. Es ist wichtig für das große, alles übergreifende Anliegen. Denn Menschsein bedeutet immer auch, sich der spirituellen Dimension des Menschseins in irgendeiner Weise oder in irgendeiner Form bewusst zu werden.

Wie auch immer dies geschieht, es besitzt seine Gültigkeit. Jedes Ritual, das dieser Bewusstwerdung dient, jede rituelle Handlung, die ein Entgrenzungsangebot enthält, trägt das Ihre dazu bei. Die Aufgabenstellung der einzelnen Seelenfamilien berührt stets die Möglichkeiten einer Erprobung dieser Aufgabe im Rahmen religiöser oder spiritueller Ausprägungen von Inhalten.

Wer Altes und Neues verbinden will (Familie auf Position 5), muss auch im Rahmen der Religionen schauen, dass er Altes mit Neuem verbindet. Wer immer sich im Laufe der Jahrtausende in irgendeiner Weise spirituell heimatlos fühlte, hat vielleicht einen tröstlichen Teil aus dem Hinduismus für sich beibehalten können, etwas Neues im Buddhismus gesucht, etwas Altes im Mahayana-Buddhismus oder etwas Neues im Hinayana-Buddhismus. Etwas Altes im Hinayana, etwas Neues im Zen. So geht es immer, und es ist überall möglich, Altes mit Neuem zu verknüpfen.

Wer nach der Wahrheit sucht, nach der subjektiven und objektiven Wahrheit und ihren inneren Zusammenhängen (Familie auf Position 6), muss sich immer und überall umsehen nach Menschen, die behaupten, diese Wahrheit zu vertreten, und muss sich auch darauf einlassen.

Ebenfalls gibt es auch für die Familie auf Position 1 (Aufgabe: Ekstase und Verzweiflung in ihrem energetischen Zusammenhang erkunden) immer wieder einen Anlass, nach Möglichkeiten der ekstatischen Erfüllung zu suchen, bei allen religiösen Angeboten, die frisch sind, die neu sind, die mit ihrer religiösen Entfaltung noch eine ungeheure Freude verbinden. Deshalb verfallen gerade diese neuen Anhänger, die sich so in den Himmel gehoben fühlten, in das Tal der Verzweiflung, wenn das Gebotene nicht hält, was es versprach.

Die Familie, die sich auf Position 2 bewegt, will vergessenes Wissen aktivieren, das Verkrustete wieder zugänglich machen, wo es noch Leben enthält – und dies auch in Bezug auf den spirituellen Aspekt des Lebens.

Es gibt also keine religiöse Richtung, die über alle Zeiten des Inkarnationszyklus hinweg eine Dominanz an Bedeutung für euren Verbund besessen hätte. Wohl aber ist mit dem Gesagten auch angedeutet, dass ihr alle euch vornehmlich immer gern dem sehr Alten und dem gerade neu Entstehenden zuneigt.

Das, was unveränderlich oder fast unverrückbar bleibt, interessiert euch weniger, es sei denn in seinen Urgründen oder in seiner Erneuerung im Rahmen der Jahrtausende. Sollte also jetzt ein Lehrer kommen, der die Schule des Zarathustra mit neuem Leben erfüllt, würde euch dies interessieren. Jene Zoroaster jedoch, die das Alte weitergeführt haben, interessieren euch weniger. Die Vielfalt ist unendlich, das Spektrum ist bunt. Alle sieben Seelenrollen müssen ihren spezifischen energetischen Widerhall finden. Jede einzelne Seelenmatrix sucht ihre Erfüllung auch in diesem Bereich.

Menschsein ist eine Aufgabe von schier unendlich erscheinender Vielfalt. Menschsein hat viele Aspekte, und all diese Aspekte wollen gelebt, wahrgenommen, erkundet, erfahren, durchdrungen und verstanden werden.

Das Zusammenwirken in der Sippe

Ein ganz wesentlicher Teil aller Erkenntnisse, die unser Verständnis des Phänomens Seelenfamilie erweitert haben, entstammt unserer persönlichen Erfahrung. Von Anbeginn hat die Quelle die pädagogische Auffassung vertreten, dass es sinnlos sei, uns Theorien über die Struktur und Organisation der seelischen Welten zu vermitteln, wenn wir – Varda und Frank – sie nicht praktisch nachvollziehen und am eigenen Leib erfahren könnten.

Wir pflegten also einen intensiven Austausch auf persönlicher Ebene, diskutierten und setzen uns vormittags und nachmittags zu medialen Sitzungen zusammen. Die Gruppe bestand aus den drei Medien Hans-Ulrich, Nishanto und Varda sowie aus Frank und den anderen Fragenden.

In einer medialen Situation sind Fragende besonders hilfreich, die nicht nur etwas wissen wollen, sondern auch in einem Zustand der Entgrenzung mitschwingen können. Dadurch verstärkt sich das Energiefeld, in dem die Botschaften empfangen werden können, um ein Vielfaches.

Mitdenken, mitschwingen, Fragen aus einem tiefen Verständnis heraus stellen und aus einer ganz persönlichen Perspektive diese Fragen entwickeln – das war der entscheidende Beitrag jener Freunde. Unter ihnen war eine Juristin, ein Ingenieur, ein Journalist, ein Manager, eine Therapeutin, ein Arzt, eine Sekretärin, ein Komponist. Frank, der meistens die Koordination übernahm, arbeitete wie immer die Thematik aus. Die Fragenden, die sich während der Sitzungen alle ebenfalls in einem tranceartigen Zustand befanden, bildeten eine Einheit.

Die drei Medien waren und sind befreundet. Es war bereits zwei Jahre zuvor deutlich geworden, dass sie aus ein und derselben Seelenfamilie stammen. Zu dieser Seelenfamilie, von der Quelle mit dem Namen *Truria* bezeichnet, gehören noch drei weitere Mitglieder der Forschungsgruppe. Da wir oft Fragen zu unserer Seelenfamilie stellten, wissen wir natürlich mehr über *Truria* als über die anderen sechs Seelenfamilien aus unserer Sippe.

Frank und zwei seiner Seelenschwestern vertraten eine weitere Seelenfamilie, eine dritte war durch zwei Mitglieder anwesend. Eine vierte war nur durch einen Repräsentanten vertreten. Wie sich herausstellen sollte, gehören alle vier Seelenfamilien einer gemeinsamen Seelensippe, dem *Klub der Illusionisten*, an.

Dass drei miteinander vertraute Medien gemeinsam in Trance gehen, ist eine seltene und kostbare Sache. Wenn sie dies tun, ergibt sich eine atmosphärische Dichte, eine vibrierende Präsenz ihrer miteinander verwandten Quellen, die unvergleichlich ist. Die Texte in diesem Buch, ausschließlich von Varda empfangen, verdanken einer auf diese Art und Weise verdichteten Atmosphäre ihre richtungweisende Qualität.

Die Quelle betonte seinerzeit, dass sie uns bestimmte Einsichten und Erfahrungen nur deshalb zuteil werden lassen kann, weil einer aus der Runde der Fragenden und das Medium in einer jeweils anderen Kombination von Grundschwingungen etwas Neues zulassen konnten. Im Rahmen unserer sieben Forschungswochenenden wurden uns unter anderem die Texte zu den sieben Wegen, zu den vier Gesetzen der Lebendigkeit und darüber hinaus die Informationen über die verschiedenen Organisationseinheiten der Seelenfamilien (Familie, Sippe, Stamm) durchgegeben. Im Folgenden wird nicht das ganze komplexe dialogische Verfahren mit all seinen Zwischenbemerkungen wiedergegeben, sondern ein inhaltlich sinnvoller Zusammenhang.

Zu Beginn des ersten Treffens fragte Nishanto: Was ist Sinn und Ziel unserer Zusammenkunft?

Eure Zusammenkunft hat den Sinn, eine gemeinsame Arbeit zu verwirklichen, die euch alle betrifft, jeden Einzelnen von euch, auch wenn ihr aus verschiedenen Seelenfamilien stammt. Um einen Bei-trag zu einem Vorhaben wie dem unseren zu leisten, ist es nicht not-wendig, aktiv als Medium zu sprechen und die Wahrheit, die wir übermitteln wollen, in ihren verwirklichten Formen in Worte zu fas-sen. Es ist nur notwendig, diese Wahrheit zu empfinden und sie zu leben und mehr von ihr erfahren zu wollen. Jeder, der den inneren Antrieb erspürt, sich an unserer Nahrung zu laben, sich an den Quel-len zu benetzen oder darin zu baden, kann an diesem Vorhaben be-teiligt werden oder dazu beitragen.

Erst die Erforschung der seelischen Bedingungen im Allgemeinen hat euch für unsere gemeinsame Arbeit zusammengeführt. Brücken-bau ist eure Sache.

Möglich wird eine Botschafter- und Brückenbauertätigkeit für jene Mitgestalter des Projektes *Andaris* (vgl. Kap. 5), die ein gehobenes Seelenalter und reiche Erfahrung erlangt haben. Die drei Medien ge-hören dazu.

Von diesen ist der eine mit seinem »Weg der Suche« eine tra-gende Säule dieser Seelenfamilie (mit der Ausschüttungsnummer 70) und macht nächtliche Reisen, die keineswegs auf astrale Kontakte beschränkt sind. Und genauso, wie ihn allzu häufige Ortsverände-rungen auf eurer Erde ermüden und erschöpfen, strapazieren ihn auch diese Reisen zu den übrigen Mitgliedern seiner Brückenbau-zunft nicht selten aufs Äußerste.

Wenn Hans-Ulrich oftmals am Ende seiner physischen Kräfte ist, darf er es sich auch damit erklären, dass ein zu häufiger Klimawech-sel – das bedeutet energetischer Wechsel zwischen unterschiedli-chen Materialisationen – eine anstrengende Sache ist. Gerade des-halb braucht er viel Schonung und sollte sie sich auch gestatten.

Diese Reisen sind jedoch nicht absolut in sein Belieben gestellt. Seine Seele fühlt sich auch dann veranlasst, sie zu unternehmen, wenn sein Selbst, seine Identität, sein Ich, sein Körper sich dagegen sträuben. Er hat auch deshalb sein Entwicklungsziel (»Stillstand«) dementsprechend gewählt, weil es ihm anders gar nicht möglich wäre, sich von den Anstrengungen, die die unterschiedlichen Frequenzbereiche für sein System bedeuten, zu erholen.

Nishanto ist an diesem Projekt zwar mittelbar, aber nicht unmittelbar als Gestaltende beteiligt. Als eine der knapp über fünfzig »Könige« dieser Familie *Truria* übernimmt sie verantwortliche, führende Aufgaben, die solche Kommunikationen unterstützen. Sie sorgt auch über ihren gewählten Weg (»Sehnsucht«), der nicht nur Bemühung, sondern auch Betreuung einschließt, dafür, dass eine Seele wie diejenige, die Hans-Ulrich in sich trägt, den Weg zurück ins irdische Leben findet und einen energetischen Empfang erhält, der dieses Zurückkehren reizvoll und sinnvoll macht.

Ihr dürft euch nächtliche, das heißt unwillkürliche Astralreisen vorstellen wie einen Flug aus einem armen Land in ein von Üppigkeit überquellendes. Der Wunsch, diesen Wohlstand möglichst bald wieder zu verlassen, ist nur gegeben, wenn Anreize existieren. Und ein herzliches Willkommen, ein Sehnen nach der alten Gemeinschaft, das in der Verankerung besteht und weiter gepflegt wird, ist im Sinne einer Unterstützung zu werten.

Das bedeutet auch, obgleich Nishanto nicht mitreist, dass sie gerade an diesem Projekt besonderen Anteil nimmt, es seit Jahrtausenden beobachtet und sich energetisch berichten lässt, denn sie hat als »König« die Aufgabe, die Berichte des Botschafters unter den anderen »Königen« der Seelenfamilie *Truria* zu verbreiten, die wiederum weitere Botschafter zu anderen Projekten in andere Zonen entsenden.

Varda kennt diese Reisetätigkeit ebenfalls nicht aus eigener Anschauung, sondern nur vom Hörensagen. Aber sie stellt Proviant bereit. Denn nur, was als Wahrheit aufbereitet und eingeteilt ist, kann auch transportiert, vermittelt und verteilt werden. Nicht im Rohzustand, sondern genießbar muss die mental-spirituelle Wahrheit verbreitet werden. Mit ihrem »Weg der Berührung« sorgt sie dafür, dass der Kontakt zu den übrigen Mitgliedern der Familie nicht unterbrochen wird und auch sie diese neue Facette von Wahrheit erfahren, sie erproben, anwenden und weiterreichen.

Sie ist darüber hinaus stets damit beschäftigt, die Seelenfamilie zu Versammlungen zusammenzurufen, aus dem Wissen heraus, dass Entscheidendes nur in der Gemeinschaft beschlossen werden kann und auch nur dann Realität erlangt, wenn es von vielen getragen wird.

Sie schlägt den Gong, sie läutet die Glocken, und sie bläst das Alphorn, damit alle, die sich gerufen fühlen, wissen, wohin sie sich wenden können, um ihre Energie in jene Kanäle zu leiten, die bereitstehen, sie aufzunehmen.

Was aber jetzt die hier Anwesenden der gemeinsamen Seelensippe betrifft, möchten wir sagen, dass an alle Mitglieder dieser Sippe und Forschungsgruppe, ob Medien oder nicht, eine Einladung unsererseits ergangen ist, die sehr laut und herzlich ausgesprochen wurde. In eurem Belieben und Ermessen jedoch steht es, diese Einladung anzunehmen oder auszuschlagen. Wer sie nun aber annimmt, erhält von uns reiche Gastgeschenke. Das ist unser Brauch. Wir verstehen uns als Hüter des Hauses, und wer zu uns eintritt, ist unser geliebter Gast.

Diese Arbeit betrifft die Lehre von einer seelischen Wahrheit, die den meisten Menschen verborgen ist, aber äußerst hilfreich für sie sein kann. Jedem von euch werden dabei gemäß seinen Fähigkeiten spezielle Aufgaben zuteil.

Wahrheit ist unermesslich. Sie hat keine Grenzen. Und auch Wirklichkeit unterliegt keinerlei Beschränkungen. Wahrheit und Wirklichkeit, die Seelen in menschlichen Körpern erfahrbar werden, decken keineswegs alle Wahrheiten und alle Wirklichkeiten ab.

Eure Seelen sind mit dem Erforschen von Wahrheiten beschäftigt, die über die individuelle Wahrheit, die persönliche Wirklichkeit hinausgehen – in Dimensionen, die von allgemeiner, aber nicht universeller Gültigkeit sind. So kann euch als Angehörigen dieser Sippe auch eine Aufgabe zuteil werden, die ihrem Interesse ohnehin seit Jahrtausenden entspricht.

7

Seelenstämme und Seelenvölker

Das Wahre ist leicht. Nicht, dass es uns ohne
Bemühung zufiele. Denn eben dieses Leichte und
Einfache zu finden, ist das Schwerste … Die meisten
stellen sich vor, das Wahre müsse schwer seyn, um das
Wahre zu seyn; aber wenn das Wahre gefunden ist,
hat es immer etwas von dem Ei des Columbus an sich.

F. W. Schelling, Philosophie der Offenbarung

Treffen sich zwei Planeten im All.
Na, wie geht's?
Jammert der eine: Ach, ganz schlecht.
Ich hab gerade Homo sapiens.
Sagt der andere: Nun ja, gräme dich nicht.
Hatte ich auch. Geht vorbei!

Seelische Sinnhaftigkeit

Zum Schluss dieses Buches wollen wir versuchen, die Fragen nach dem Sinn des so breit angelegten Unterfangens von Strukturen und Organisationsformen der Seele mit Hilfe der Quelle zu beantworten – so weit es uns zu diesem Zeitpunkt möglich ist.

Zu welchem Sinn und Zweck hat die Beseelung von Erdenwesen stattgefunden? Was soll damit erreicht werden? Wozu gibt es Menschen?

Unsere heutige Gesellschaft betrachtet die Existenz des Menschen primär unter den Aspekten biologisch-evolutionärer, »zufälliger« Entwicklung, nicht aber unter dem Aspekt der seelischen Entfaltung und der Sinnhaftigkeit unseres Daseins. In dieser Sehweise ist der Mensch ein biologisch weiterentwickelter Affe. Aber diese Perspektive hat bei aller Wissenschaftlichkeit ihre interne Problematik. Denn das Genom des Schimpansen ist zu 98,5 Prozent identisch mit dem des heutigen Menschen. Sollten die Unterschiede zwischen Affe und Mensch wirklich in diesem winzigen Anteil liegen? Wie kann es dann sein, dass das Erbgut verschiedener Menschen derselben Rasse ebenfalls bis zu 1,5 Prozent voneinander abweicht?

Und wie kann es sein, dass der Unterschied zwischen zwei äußerlich so ähnlichen Tieren wie Feldmaus und Hausmaus erheblich größer ist als der zwischen Mensch und Schimpanse? Wie ist es möglich, dass die menschliche DNS drei Milliarden Basenpaare umfasst, die des Haushuhns aber vier Milliarden?

Ist es demnach wirklich sinnvoll, den Unterschied zwischen Mensch und Tier im Wesentlichen oder gar ausschließlich biologisch zu begreifen?

Die Quelle leugnet die biologische Grundlage nicht. Im Gegenteil, sie betont immer wieder unsere Körperlichkeit als etwas Ungewöhnliches und Wertvolles. Aber sie erklärt die offensichtlich großen Unterschiede zwischen Menschen und Tieren dadurch, dass es sich um zwei unterschiedliche Formen der Beseelung handelt. Die menschliche Seele nutzt einen Säugetierkörper anders als eine Tierseele.

Das Seelenvolk, dem wir angehören, verwirklicht sich in der Spezies Homo sapiens. Als Menschen der westlichen Hemisphäre sind wir es gewohnt, uns durch jene Errungenschaften zu definieren, die uns im Wesentlichen von den Tieren unterscheiden: geistige Entwicklung und technologischer Fortschritt. Unsere Spezies hat Hochkulturen und Technologien hervorgebracht. Homo sapiens besitzt ein hoch entwickeltes, kreativ arbeitendes, flexibel denkendes Gehirn. Der Mensch hat ein starkes Bedürfnis zu lernen, aber auch zu messen und zu berechnen. Er erfindet Technologien, Musik, Dichtung und bildende Kunst, sucht nach Sinn und Bedeutung, erschafft vielfältige Architekturformen, eine Vielzahl an Sprachen und Schriften. Er entwickelt komplexe mitmenschliche Organisationsformen, strebt allenthalben nach Arbeitsteilung, Differenzierung und Spezialisierung. Vor allem hat er ein reflektives Bewusstsein von seiner geschichtlichen Existenz.

Im Vergleich zu den Tieren sind die animalischen Basisinstinkte beim Menschen geschwächt. Dadurch entsteht ein Freiheitsspielraum der Entscheidung zwischen Liebe und Nichtliebe, Erkenntnis und Nichterkenntnis. Dieses Phänomen ist unserer Ansicht nach nicht nur das Ergebnis eines evolutiv höher entwickelten Gehirns, sondern einer Beseelung, die sich eben dieses Gehirns bedient.

Es ist erstaunlich, was Menschen erreicht und bewirkt, was sie erschaffen und erfunden haben. Doch erscheint es uns wichtig, an dieser Stelle darauf hinzuweisen, dass auch eine Seele, die sich in der Altsteinzeit auf der Erde inkarnierte und vor Zehntausenden von Jahren ihre irdische Entwicklung vollzog, ein absolut vollgültiger Mensch war, der alle von seiner Seele gewollten Entfaltungsaufgaben bewältigen konnte – auch ohne Schulbildung, Hochtechnologie, Fernsehen und Internet.

Als Mensch mag man sich fragen: Wozu macht sich etwas, das wir das göttliche Allganze nennen, eine solche Mühe, einen Inkarnationszyklus zu installieren und mit einer neuartigen Kombination von Seelenart und Tierkörper zu experimentieren?

Aus seelischer Perspektive betrachtet hat der Mensch besondere Ziele und Anliegen, die ihn von anderen beseelten Wesen und von den Tieren unterscheidet. Die Quelle hat das mit den folgenden eindrucksvollen Worten formuliert:

Was den Menschen im seelischen Sinne ausmacht, ist zum einen die Bereitschaft zur Vereinzelung, zum zweiten die Bereitschaft, einen verwundbaren Körper zu bewohnen, zum dritten die Bereitschaft, mit physischem Leben und physischem Tod in Berührung zu kommen, zum vierten der Mut, sich in Karma als Prinzip von Ursache und Wirkung zu verstricken und sich wieder daraus zu lösen. Fünftens, die Begrenztheit von Raum- und Zeitempfinden in Kauf zu nehmen. Sechstens, die Auseinandersetzung mit der Materie aufzunehmen, und siebtens, unablässig Entscheidungen zu treffen.

Es ist aufgrund dieser Aussage anzunehmen, dass es in anderen materiellen Seinsbereichen als der Erde auch Wesen mit Möglichkeiten der seelischen Verwirklichung gibt, die aber zum Beispiel auf einen verwundbaren Körper verzichten, die keine Entscheidungen in unserem Sinne treffen müssen oder gar ein vom unsrigen völlig verschiedenes Raum-Zeit-Verständnis haben.

Der Mensch hat also eine physisch-geistige Dimension seines Seins, die wir relativ leicht erkennen und historisch beschreiben können, und eine zweite, die von innerseelischen Sinnhaftigkeiten und übergeordneten Zielsetzungen geprägt wird und daher nicht ohne weiteres zu erkennen ist. Beides gehört zusammen und macht den gesamten Menschen als komplexe, dual strukturierte Schöpfung des Allganzen aus. Was ist nun aber der Zweck einer solchen körperlich-seelischen Kreatürlichkeit?

Wenn ein Lebensraum wie die Erde beseelt wird mit Seelen eurer Art, so geschieht dies nicht aus einem Impuls, der ziellos oder rein spielerisch wäre, sondern aus einem Interesse zu erfahren, wie sich solche Seelen unter bestimmten grundsätzlich festgelegten existenziellen Bedingungen entfalten können. Deshalb sind bei der Ausschüttung der Stämme und Sippen und der einzelnen Seelenfamilien die Interessen auf das existenzielle So-Sein gerichtet. Die übergreifenden Anliegen und auch die detaillierten Aufgaben ordnen sich diesen Interessen mühelos unter.

Es handelt sich dabei um eine Struktur ähnlich wie bei einem großen Staatsgebilde, wo jeder einzelne Bürger, aber auch jede Familie, jede Organisation, jede Verwaltungsstruktur, jeder Forscher usw. das Seine dazu beiträgt, damit dieses Gemeinwesen existieren und auch florieren kann.

Wenn ihr die Vorstellung eines solchen Staatswesens auf eine symbolische Ebene übertragt und sie strukturell untersucht, werdet ihr verstehen, dass die großen Verbände von Siebenerstrukturen, die Stämme, einen ähnlichen Aufbau aufweisen. Da gibt es eine Legislative und eine Exekutive, vergleichbar mit dem Prinzip des Mentalen und dem Prinzip des Sensualen.

Da will also erkannt werden. Und da will geliebt werden. Geliebt in dem Sinne, dass Empfindungen ausgelöst werden, damit das große Reservoir an liebender Energie, das im Kosmos angesammelt wird, Zuwachs erhält. Denn nicht nur um Erkenntnis geht es, sondern ebenso um Liebe. Es geht nicht nur um Liebe, sondern ebenso um Erkenntnis.

Der Entsprechungsbegriff zu mental heißt sensual und nicht emotional, da Gefühle ohne die Sinne nicht möglich sind. Sensualität als nichtkörperliche Empfindungsmöglichkeit aber existiert weiter auf den astralen und kausalen Bewusstseinsebenen und hält die Fähigkeit der dort existierenden Wesenheiten, Kommunikation über entsprechende Kanäle und Empfangsfrequenzen herzustellen, aufrecht.

So können zum Beispiel zwischen einzelnen Seelenfamilien einer Seelensippe, aber auch zwischen Einzelseelen in der astralen Welt nicht nur mental-telepathische Mitteilungen als Informationen hin- und hergehen, sondern auch die Übermittlungen von Empfindungen wie Liebe, Verständnis, Verzeihen, Ermahnung.

Das Mentale hat eine individuelle, eine kollektive und eine kosmische Dimension. Dies gilt für das Sensuale ebenso. Es kennzeichnet zwei durchgehende, alle Bereiche der Entfaltung betreffende Pfade, die wir auch mit dem Pfad der Erkenntnis und dem Pfad der Liebe bezeichnet haben. Liebe und Erkenntnis, das Sensuale und das Mentale, sind die zwei Keimblätter, die aus dem Allganzen hervorgehen.

Der Mensch sieht das Ganze von seiner Perspektive aus. Das ist menschlich. Aber es ist nur eine Seite der Dualität. Die Quelle stellt uns den Blickwinkel vom Ganzen her zur Verfügung. Dies ist nicht an sich besser, aber es ergänzt und erweitert in idealer Weise die eingeschränkte menschliche Perspektive. Diese übergeordnete Perspektive wollen wir hier einmal versuchsweise einnehmen. Bislang war unsere Argumentation so aufgebaut, dass sie von der kleinsten Manifestation des Seelischen, dem inkarnierten Menschen als Fragment, zu immer weiteren und größeren Organisationseinheiten – der Familie, der Sippe, dem Stamm – fortführte. Jetzt hingegen soll die existenzielle Struktur, deren Teil wir als Menschen sind, einmal »von oben« aufgerollt werden.

Vom Allganzen her gesehen – was immer das sein mag – ist die Welt des Seelischen nur ein Teilbereich. Für diesen Teilbereich in allen seinen Erscheinungsformen benutzen wir nun den Begriff Allseele. Die Allseele gliedert sich in die drei schon bekannten Welten der Seele: physisch, astral, kausal.

Ein Seelenvolk ist eine große Gruppe von Seelen innerhalb der Allseele, die sich gemeinsam entschließt, sich in einer einheitlichen Weise weiterzuentwickeln und damit einen neuen Erfahrungsbereich des Seelischen zu gestalten und zu erschließen. So bilden zum Beispiel alle Seelen, die sich als Menschen auf unserer Erde inkarnieren, ein Seelenvolk. Aber sie sind, wie wir noch sehen werden, nicht das einzige Seelenvolk, das diesen Planeten für seine Entwicklung genutzt hat.

Seelenvölker wiederum gliedern sich in eine riesige Anzahl von Seelenstämmen, und an dieser Stelle binden wir an die schon bekannte Struktur an.

Die Organisation des Seelischen in einer Übersicht:
- *Allganzes*
- *Allseele*
Drei Welten der Seele
- *Seelenvölker*
Je ein gemeinsamer Erfahrungsraum
- *Seelenstämme*
Forschung »Was ist Menschsein?«
- *Seelensippen*
Teilaufgaben im Rahmen der Stammesforschung
- *Seelenfamilien*
Spezialisierungen im Rahmen der Sippenaufgabe
- *Einzelseelen*
Detailaufgaben

Diese Graduierung kann in beiden Richtungen gelesen werden. Die Einzelseele ist Teil und hat Teil an allen ihr strukturell übergeordneten seelischen Verbänden und ist auch Teil des Allganzen. Das Allganze und die Allseele stellen jedoch nichts »Besseres« oder »Höheres« dar. Sie sind nicht hierarchisch gegliedert. Die Ordnungsformen von Familie, Sippe und Stamm sind energetisch vernetzt und bilden mit der Einzelseele ein Ganzes, keine »heilige Herrschaft«, wo der Höhere über den Niedrigeren zu bestimmen hätte. Das Allganze wiederum differenziert sich in nichtseelische und seelische Welten und nährt mit seiner Energie auch jede Einzelseele in inkarnierter oder nichtinkarnierter Gestalt.

Die Allseele umfasst in den drei Welten der Seele alle seelischen Bereiche von allen Seelenfamilien, die je existiert haben oder existieren oder existieren werden. Sie ist nicht identisch mit dem Allganzen, das Seelisches und Außerseelisches umfasst, sondern ist ein System, in dem auf jeder Ordnungsebene Verbindungen hergestellt werden. Dieses System ist auf zunehmende Differenzierungen hin

334

angelegt, sodass das Ganze aus der unendlichen Verästelung und Feinheit des Einzelnen einen Gewinn zieht. Gleichzeitig findet eine gegenseitige Befruchtung und Anreicherung statt.

Die unvorstellbare Vielfalt an Informationen dieser Allseele entsteht durch eine simultan bestehende Vernetzung aller mit allen und mit allem.

Die Seelenstämme machen die sieben Grundthemen, die sich aus den sieben Grundenergien auf natürliche, zwingende Weise ergeben, in anderer Weise als die Familien zu ihrem Anliegen und zu ihrem Interesse. Die großen Forschungsgebiete sind den Seelenfamilien-Aufgaben thematisch übergeordnet.

Es gibt mehr mental ausgerichtete und mehr sensual ausgerichtete Stämme unter ihnen. Gerade durch eine unendliche Differenzierung, die sich mittels der Zusammensetzung der einzelnen Seelenfamilien – also durch die Seelenrollen und die einzelnen Kompositionen der Matrix der betreffenden Fragmente – ergibt, kommt der überwältigende Reichtum an Informationen, an Liebe und Erkenntnis zustande. Euch wird eine weitere Sinnstruktur des Menschseins deutlich, wenn ihr begreift, dass jede einzelne Seele jedes einzelne Quäntchen Erfahrung aus jedem Augenblick ihrer körperlichen Existenz in die großen Reservoire der Bewusstheit einfließen lässt (siehe die Tabelle, S. 334.)

Seelenvölker

Nachdem wir von der Existenz einer Allseele gehört hatten, die sich aus dem Allganzen als Teilbereich beschreiben lässt, stellten wir die Frage:

Wir nehmen an, dass es eine Teilgruppe der Allseele gibt, die sämtliche Seelen umfasst, die sich auf diesem Planeten jemals inkarniert haben, inkarnieren oder inkarnieren werden. Wie kann man diese nennen, und was hat es damit auf sich?

Menschenrassen mögen sich durch bedeutende Charakteristiken voneinander unterscheiden. Nicht unterschieden sind die auf eurem Planeten existierenden Rassen aber durch die Tatsache, dass sie allesamt Menschen sind. So verhält sich auch das Seelenvolk der Menschen zu anderen Seelenvölkern. Das Seelische einigt sie und verbindet sie. Doch sind die Differenzierungen ebenso wichtig und beachtenswert wie das, was vereint.

All jene Seelenvölker, die ihr energetisches Interesse auf den Planeten Erde gerichtet haben, weil sie ahnen oder wissen oder erinnern, dass ihnen dort spezifische, nicht bessere und nicht schlechtere, aber doch ganz besondere Erfahrungen zuteil werden oder wurden, sind geeint durch ein kollektives Bewusstsein von diesen Entwicklungsmöglichkeiten. Und dieses seelische Bewusstsein wird nicht geteilt und kann nicht geteilt werden von dem anderer Seelenvölker und seelischer Gemeinschaften. Sie alle stellen sich, als Menschenvolk oder als anderes nichtmenschliches Seelenvolk, in den jeweiligen Seinszonen des Kosmos ihren ureigenen für sie erwünschten und passenden Erfahrungen.

Im Folgenden geben wir dem Leser das Beispiel eines Seelenvolkes, das sich auf unserem Planeten mit einem Inkarnationsweg verwirklicht hat und dennoch nicht der Spezies Homo sapiens angehörte und auch keine Säugetierkörper besaß. Es ist interessant, dass gerade diese Lebewesen bei uns in den letzten Jahrzehnten auf ein ganz besonderes Interesse stoßen und auch in vielfältiger Weise mythisch dargestellt sowie in Büchern und Filmen virtuell wieder belebt werden.

Frage: Manche Menschen haben den Eindruck, sie hätten schon in Atlantis gelebt, und manche meinen auch, sie kämen von anderen Planeten. Was ist der Hintergrund dieses Eindrucks?

Der Seelenstamm

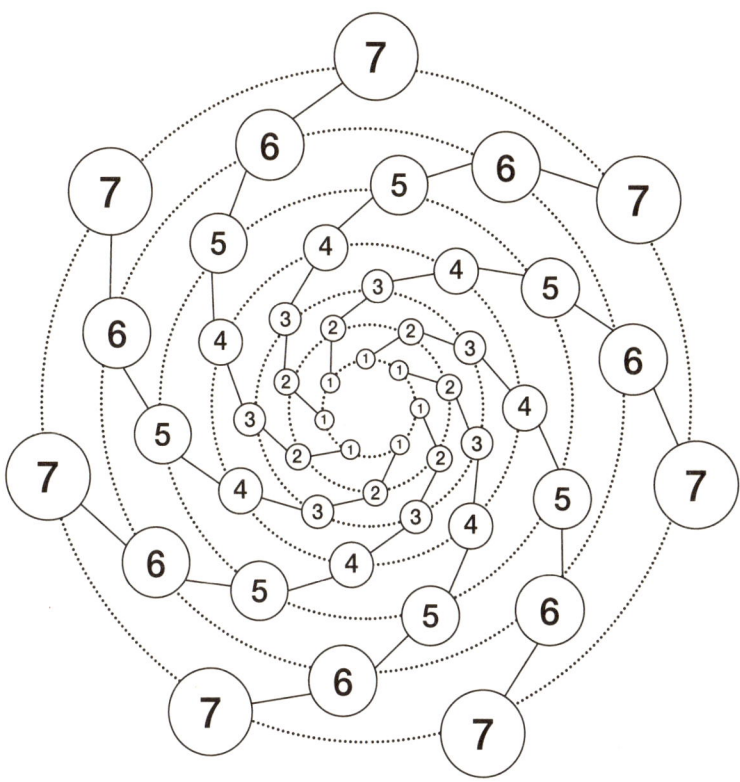

Die 7 Grundenergien und die Energiefelder der 49 Seelenfamilien, die einen Seelenstamm bilden, sind miteinander vernetzt.

Niemand, der jetzt als Mensch inkarniert ist, keiner, der jetzt lebt, kommt von einem anderen Planeten. Eine Ausnahme stellen nur die kaum zwanzig Botschafter dar, die die Vernetzung zwischen einem euch fremden Seelenvolk und eurem eigenen Seelenvolk gewährleisten (vgl. *Weisheit der Seele*, S. 401). Niemand von euch war einst in menschlicher Gestalt ein Wesen, das bisweilen als Atlanter bezeichnet wird. Dennoch aber verbirgt sich hinter dieser Empfindung eine Realität. Denn es gibt menschlich Inkarnierte, die aus mancherlei Gründen nicht ganz gelöschte Erinnerungen an eine Zeit haben, in der die Erde von anderen Seelenwesen belebt war. Solche Erinnerungen greifen auf ein kollektives Gedächtnis des Seelenvolkes zurück, das in der astralen Bewusstseinswelt gespeichert ist.

Euer Planet hat schon mehrfach Inkarnationsexperimente und Besiedlungsversuche erlebt. Viele dieser Versuche waren für Hunderttausende von Jahren erfolgreich. Sie wurden abgeschlossen, als die sie tragenden Seelenvölker ihr Werk getan hatten.

Alles, was existiert, ist miteinander verbunden und vernetzt. Es gibt also Verbindungen zwischen einzelnen Seelenvölkern. Es gibt Verbindungen, die aufrecht erhalten werden müssen, um eine bestimmte Kontinuität zu wahren. Doch wenn jemand sagt: »Ich war Atlanter« oder »Ich komme von einem anderen Stern«, so müssen wir von unserer Warte her sagen: Hierin liegt einiges beschlossen, was korrigiert werden sollte.

Zunächst einmal ist es genauso problematisch zu sagen: »Ich war in Atlantis« wie zu sagen: »Ich war einmal ein Chinese im 12. Jahrhundert und vorher ein Ägypter im Neuen Reich«. Das Ich, das dies sagt, war niemals ein anderes Ich. Die Kontinuität, die Erinnerung, von der gesprochen wird, betrifft nicht das Ich. Deshalb sagen wir: Kein Mensch, der heute lebt, war in Wirklichkeit je ein anderer Mensch. Andere Menschen haben gelebt, andere Ich-Formen wurden hervorgebracht. Doch die Kontinuität liegt auf einer anderen Ebene, nicht auf der Ebene des Ich.

Zum zweiten muss einmal gesagt werden: Atlantis – so wie viele es sich vorstellen möchten – hat niemals existiert. Die verbreiteten Vorstellungen entstammen einer mythischen Tradition, die mit dem, was wir euch berichten können, nicht viel zu tun hat. Wir betonen, es hat durchaus andere Beseelungsexperimente gegeben, die euch Menschen vorausgegangen sind. Doch weder gab es ein Volk der Atlanter, noch gab es einen Ort, der als Atlantis bezeichnet werden kann. Das Volk war ein ganz anderes, der Ort war nicht dort, wo viele Atlantis vermuten – nämlich auf einer versunkenen Insel –, sondern betraf die gesamte Erdoberfläche.

Das Volk, das ihr oft als Atlanter bezeichnet (und damit meinen wir ein Seelenvolk), unterschied sich wesentlich und unverwechselbar vom Homo sapiens, also von eurem eigenen Seelenvolk. Es ist für euch leider fast unvorstellbar, dass Seelengruppen, die den euren vergleichbar sind, vor langer Zeit entscheiden konnten, sich mit den Körpern von Nichtsäugetieren zu verbinden. Damit brachten sie eine beseelte irdische Gestalt hervor, die ihr Saurier nennt, besonders einige ihrer Großformen.

Diese beseelten Wesen haben Existenzformen hervorgebracht, die, ebenso wie eure menschliche, einen ganzen Inkarnations- und Erfaltungsweg benötigten, um die entscheidenden und notwendigen Erfahrungen auf der Erde machen zu können. Sie waren aus eurer Sicht riesengroß. Sie wirkten machtvoll und beherrschten den Planeten. Sie verständigten sich nicht über Sprache. Und als sie diese Erfahrungen abgeschlossen hatten, vergingen auch die entsprechenden Lebensformen. Dass dazu auch äußere Umstände beigetragen haben, wird dadurch nicht geleugnet.

Wenn wir nun abermals behaupten: Kein Mensch, der heute lebt, ist jemals ein solcher Saurier gewesen, so wird euch dies jetzt tiefer einleuchten. Ein beseeltes Säugetier ist mit einem beseelten Reptil nicht zu vergleichen, außer dass es sich ebenfalls um ein Seelenvolk handelt. Oder anders ausgedrückt: Es bestehen wenig Möglichkeiten, ein beseeltes Reptil mit einem beseelten Wesen auf einem anderen Planeten in Beziehung zu setzen.

Frage: Ihr habt uns diese sehr interessante Durchsage zu den Sauriern gegeben. Dennoch bleibt es für mich zunächst ein Kuriosum. Es wird erst dann seelisch interessanter, wenn man versteht, wozu eine andere Lebensform, nämlich die Echse, auf demselben Planeten mit den gleichen Seelen wie die unseren beseelt wird. Wo ist da der Unterschied zum Menschen? Bitte erklärt uns das an den sieben Grundmerkmalen, die das Menschsein ausmachen. Gelten sie in gleicher Weise für diese Echsen? Oder hatten sie andere Ziele in einem Echsenkörper auf diesem Planeten?

Es wird für euch leichter sein, die Unterschiede zwischen einzelnen Seelenvölkern zu begreifen, wenn ihr euch mit dem Gedanken vertraut macht, dass auch Seelenvölker als Gesamtheit eine der sieben Grundenergien dominant vertreten. Und so kann gesagt werden, dass die beseelten Reptilien, von denen die Rede war, als Seelenvolk grundsätzlich die Energie 3 auf eurem Planeten gelebt haben. Und das bedeutet, dass die Auseinandersetzung mit der kämpferischen Eroberung des Planeten im Vordergrund stand. Es ging nicht um Gestaltung, sondern um ein sich Einlassen auf Materie.

Das Seelenvolk der Menschen vertritt die Energie 2. Dieses Seelenvolk will gestalten, erfinden und denken. Solche Bedürfnisse lagen bei den Echsen nicht vor. Auch die Fähigkeiten, solches zu tun, waren nicht gegeben, da sie nicht benötigt wurden.

Wir wollen an dieser Stelle darauf hinweisen, dass es noch einen Restbestand eines Seelenvolkes bei euch gibt, dessen Anliegen von der Grundenergie 1 geprägt ist, nämlich die Delfine. Im Unterschied zu anderen im Meer lebenden Säugern besitzen sie seelische Strukturen, die denen des Menschen gleichen. Ihr solltet nicht darüber verwundert sein, dass die Delfine in ihrem Lebensraum nach und nach aussterben, denn ihre Zeit im Zyklus ihrer Entfaltung ist nahezu abgeschlossen.

Was die besonderen Herausforderungen und Ziele des Menschseins im Vergleich zu den Zielen anderer terrestrischer Seelenvölker betrifft, ist festzustellen, dass es Unterschiede gibt, die durch die spezifische Körperlichkeit von beseelten Wesen oder Seelenvölkern bedingt sind.

Die Bereitschaft zur Vereinzelung gilt für alle, die sich auf dem Planeten Erde verwirklichen. Auch die Bereitschaft, einen verwundbaren Körper zu bewohnen, und die Bereitschaft, mit physischem Leben und physischem Tod in Berührung zu kommen, ist bei allen vorhanden. Der Mut, sich in Karma als Prinzip von Ursache und Wirkung zu verstricken und wieder daraus zu lösen, also der Wunsch, eine besondere Entfaltungsmöglichkeit der Liebe zu erkunden, die auf der allseitigen Erfahrung von Nichtliebe aufbaut, ist ein Merkmal, das sowohl das Seelenvolk der Saurier als auch das Seelenvolk der Menschen aufweist, nicht jedoch das Seelenvolk der Delfine.

Nur Menschen sind bereit und in der Lage, anders als in der astralen Welt auf der Erde die Begrenztheit von Raum- und Zeitempfinden in Kauf zu nehmen, um entsprechende Erfahrungen zu sammeln. Die Saurier hatten wohl eine Beziehung zum Raum und machten damit ebenfalls wesentliche, wachstumsfördernde Erfahrungen. Jedoch besaßen sie keinerlei Zeitbegriff, da ihre Gehirnstrukturen dies nicht zuließen. Dasselbe gilt für Delfine. Jedoch ist deren Erinnerungsvermögen bereits gegenüber den Echsen erweitert. Aber es bezieht sich nicht auf ein Begreifen oder Messen von Zeit, sondern ihr Erinnerungsvermögen ist rein affektiv.

Die Auseinandersetzung mit der Materie aufzunehmen war das Hauptanliegen der Saurier. Jedoch wurde es, wie erwähnt, vor allem als Kampf mit der Materie und als Erkundung der Materie und ihrer Gesetzmäßigkeiten gelebt. Delfine setzen sich mit diesem Aspekt seelisch nicht auseinander. Für den Menschen spielt es hingegen eine gesteigerte Rolle. Jedoch ist seine Auseinandersetzung mit der Materie gestaltend und verändernd, während die Saurier weder gestaltet noch verändert haben. Sie erlebten Materie in erster Linie als Gegnerschaft zu ihrer Existenz. Sie kämpften mit ihr.

Unablässig Entscheidungen zu treffen ist dem Menschen eigen und wurde bislang noch von keinem anderen Seelenvolk eures Planeten bearbeitet. Riesenechsen trafen keinerlei Entscheidung. Sie waren, wie es für Repräsentanten der Energie 3 angemessen ist, vor allem von ihren Bedürfnissen und Trieben gelenkt, die Entscheidungsprozesse überflüssig machten oder nicht voraussetzten. Auch Delfine können und müssen sich weder so noch so entscheiden. Sie sind in einer bestimmten Weise seelisch strukturiert, dass sie aufgrund der dominanten Energie 1 ihres Seelenvolks einer energetischen Notwendigkeit folgend unausweichlich Entspannung und Harmonie anstreben. Sie können sich nicht für Spannung oder Disharmonie entscheiden.

Die sieben Forschungsgebiete der Seelenstämme

Das jetzt die Erde bevölkernde Seelenvolk Homo sapiens ist wie alle anderen Seelenvölker in Stämme gegliedert. Es handelt sich um zahlreiche Organisationseinheiten von jeweils etwa fünfzigtausend Seelen. Jeder dieser Stämme besteht aus sieben spezialisierten Seelensippen beziehungsweise neunundvierzig Seelenfamilien, die ihr Lebenswerk tun und durch irdische Erfahrungen Erkenntnis und Liebe sammeln. In großen Ausschüttungswellen bevölkern sie unseren Planeten seit etwa dreihunderttausend Jahren, abhängig von der Menge an Schutz und Nahrung, die auf der Erde zur Verfügung stehen.

Auf die Frage, wozu es Menschen gibt, antwortet die Quelle, dass es sich um ein aus der Schöpferkraft des Allganzen hervorgehendes, groß angelegtes Forschungsexperiment unter den Bedingungen von Raum, Zeit und Materie handelt. Die Existenz des Menschen dient dem göttlichen Allganzen dazu, die Entfaltungsmöglichkeiten von Seelen in einem Primatenkörper auf dem Planeten Erde zu erforschen. Alle Seelen unserer Art widmen sich einem *Experiment Terra*, indem sie das Menschsein unter sieben energetisch geprägten Blickwinkeln erkunden.

Um dies zu veranschaulichen, möchten wir dem Leser ein Analogiemodell anbieten. Die Erde mit ihrem Seelenvolk Homo sapiens ist wie eine globale Universität. Jeder von Seelenvölkern bewohnte Planet gleicht einer solchen Universität. Alle Universitäten des Kosmos zusammen entsprächen etwa der Allseele. Jede davon hat ihr unverwechselbares Forschungsvorhaben.

Jede einzelne Universität besteht in unserem Modell aus sieben Fakultäten (= zum Beispiel alle Seelenstämme mit Energie 5 oder Energie 7). Sie sind jeweils auf einen Ausschnitt aus dem Ganzen, das es zum Beispiel auf der Erde zu wissen und erkunden gilt, spezialisiert. Aber auch innerhalb jeder Fakultät gibt es noch sieben Studienfächer (= Seelensippen-Aufgaben). Und innerhalb dieses Faches muss man sich noch ein Spezialgebiet wählen, vergleichbar einer der sieben Seelenfamilien-Aufgaben. Der Student, die fragmentierte Einzelseele, wird sich dann auf eine noch engere, seinem Interesse und seinen Möglichkeiten im jeweiligen Einzelleben entsprechende Thematik konzentrieren (siehe die Übersicht, S. 344).

Zum Verständnis dieser Analogie ist es jedoch hilfreich, sich zu erinnern, dass irdische Universitäten hierarchisch gegliedert sind, die Seelenstämme jedoch keine »klügeren«, »höher angesehenen« oder »besser bezahlten« Wesen enthalten. Hier ist jeder Bereich gleichwertig.

Im Folgenden wollen wir die Stämme und ihre Forschungsaufgaben vorstellen. Jede Einzelseele trägt unwillkürlich und notwendig zu einem bestimmten Teilbereich der allgemeinen Forschungsaufgabe ihres Seelenstammes ihre ganz individuellen Erfahrungen bei.

Das große Experiment, das Seelen veranlasst hat, sich auf der Erde auf einen Inkarnationsweg zu begeben, führte zu zahlreichen Fragen an die Quelle, die unter anderem zu folgenden Er-

Allseele	Alle Universitäten
Seelenvolk Homo sapiens	**Universität** Forschung und Lehre
Seelenstämme 7 Forschungsbereiche z. B. »Mensch und Erkenntnis«	**Fakultäten** z. B. Philosophische Fakultät
Seelensippen 7 Seelensippen-Aufgaben z. B. »Realität des Nichtsichtbaren« (Klub der Illusionisten)	**Studienfächer** z. B. Kunstgeschichte
Seelenfamilien Seelenfamilien- Aufgaben	**Spezialgebiete des Faches** z. B. Malerei Italiens im 16. Jahrhundert
Einzelseele Teil der Seelenfamilien- Aufgabe im jeweiligen Leben	**Student** Doktorarbeit über die Farbgebung in Raffaels Spätwerk

kenntnissen führten, aber nicht alle in Form direkter verbaler Botschaften zur Verfügung stehen. Daher wurde das Wesentliche übersichtlich zusammengefasst.

Jeder einzelne Stamm unseres Seelenvolkes vertritt im *Experiment Terra* eine der sieben universellen Grundenergien. Dadurch entstehen die folgenden sieben Forschungsgebiete:
• Mensch und Empfindung (Energie 1)
• Mensch und Erkenntnis (Energie 2)
• Mensch und Materie (Energie 3)
• Mensch und Zeit/Raum (Energie 4)
• Mensch und Gemeinschaft (Energie 5)
• Mensch und Transzendenz (Energie 6)
• Mensch und Bedingtheit (Energie 7)

Durch einen Inkarnationsweg auf unserem Planeten können Seelen etwas lernen, was sie in nichtkörperlichen astralen Dimensionen nicht lernen können. Auf der Erde gibt es bestimmte, festliegende Existenzbedingungen. Seelen erleben hier und jetzt, was es heißt, unter bestimmten physischen Gegebenheiten die Energiephänomene von Liebe und Erkenntnis zu untersuchen, indem sie Liebe und Nichtliebe, Wissen und Nichtwissen konkret erfahren. Anhand dieser sieben inhaltlichen Forschungsgebiete werden Liebe und Erkenntnis entwickelt und geschult. Mit dem steigenden Seelenalter einer Einzelseele steigt auch die Fähigkeit, zu lieben und zu erkennen.

Es ist verständlich, dass sich diese Forschungsgebiete in gewissen Zonen überschneiden. Einige Bereiche scheinen eine Untersuchung aus verschiedener Perspektive zu erfahren. So ist Stoffwechsel zum Beispiel sowohl ein materielles Phänomen (Gebiet 3) als auch ein zeitliches Phänomen (Gebiet 4) und eines der menschlichen Bedingtheit (Gebiet 7). Die Zuordnung kann daher variieren. Die Grafik auf Seite 346 macht anschaulich, dass

Was ist Menschsein?
Die sieben Forschungsbereiche

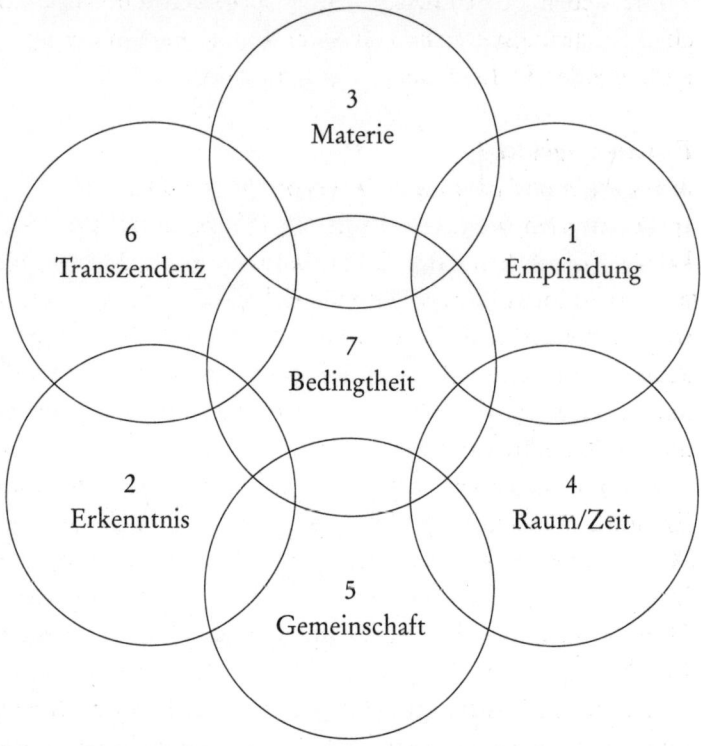

Die Stämme des Seelenvolkes Homo sapiens erleben und erforschen das Entwicklungspotenzial der besonderen Verbindung ihrer Seelen mit Primatenkörpern. Jeder Stamm untersucht einen von sieben Forschungsbereichen. Die Sippenaufgaben und die Familienaufgaben ordnen sich dem Forschungsbereich unter. Jede der 49–50 000 Einzelseelen eines Stammes trägt in jedem Leben wichtige Erkenntnisse zum Forschungsergebnis bei. Die Forschungsbereiche durchdringen sich und entsprechen den sieben Grundenergien: 1. Menschsein und Empfindung – 2. Menschsein und Erkenntnis – 3. Menschsein und Materie – 4. Menschsein und Zeit/Raum – 5. Menschsein und Gemeinschaft – 6. Menschsein und Transzendenz – 7. Menschsein und Bedingtheit.

sich alle mit allen berühren, sich mit bestimmten Segmenten überschneiden, mit anderen unterscheiden, und dass sie alle von einer der sieben Grundenergien getragen werden.

Die sieben Forschungsgebiete beschreiben die grundsätzlichen Erfahrungsbereiche von Menschsein, die von der sich inkarnierenden Seele erkundet werden wollen.

Forschungsgebiet 1:
Menschsein und Empfindung (Grundenergie 1)
In der astralen Welt, vor der ersten Inkarnation, haben Seelen keinen Körper, keine Psyche. Sie besitzen weder Nervensystem noch Hormonsystem. Sie können sich daher nicht sinnlich spüren. Sie können sich ohne Körper nicht freuen und können sich auch nicht fürchten. Diese Möglichkeit erfahren sie erst im inkarnierten Zustand. Völlig neu ist die Erfahrung: *Ich lerne, mich und andere zu fühlen.*

So erforschen inkarnierte Seelen auf der Erde alle Bereiche der Emotionalität: Zu- und Abneigung, Angst, Hass, Freude, Spaß, Wut, Trauer, Angst, Schrecken, psychischer Schmerz, Nähe, Mitgefühl, Zufriedenheit, Sehnsucht, Hoffnung, Verwirrung, Harmonie, Wertempfinden, Trost, Leere, Ekstase, Verzweiflung, Bedrohung, Leidensfähigkeit.

Darüber hinaus spielt das ganze Spektrum der Körperempfindungen und Reaktionen in der Erfahrung eingekörperter Seelen eine Rolle: Lust, physischer Schmerz, Sinnlichkeit (fünf Sinne), Wohlbefinden und Unwohlsein, Lachen und Weinen, Spannung und Entspannung, Hunger und Durst, Sättigung, Müdigkeit, Erschöpfung, Wärme und Kälte, Berührung, Gesundheit und Krankheit usw. Die inkarnierte Seele lernt, sich als Mensch zu empfinden.

Die neuartige Möglichkeit, über einen fühlenden, empfindenden Körper Geborgenheit, Identität, Einheit, Ganzheit, Verschmelzung zu erleben, aber auch ihr jeweiliges Fehlen, ist der

»Mehrwert«, der an die Seelenfamilie und damit an das Allganze zurückfließt.

Der Radius, den die Wirkungsweise eines Stammes mit dem Forschungsgebiet 1 im Zusammenspiel mit Menschen umfassen kann, wenn denn solches von ihren seelischen Bedürfnissen als Notwendigkeit in die seelischen Welten hinausprojiziert wird und als eine Art Hilferuf den dafür zuständigen Stamm erreicht, kann im Folgenden an einem Beispiel illustriert werden, das uns in mancher Hinsicht vertraut ist. Im Zusammenhang mit unseren Forschungen fragten wir nach der Seelenfamilie von Jesus aus Nazareth und erhielten folgende umfangreichen und überraschenden Informationen:

Wir geben euch zunächst die Matrix des Menschen Jesus: Er war ein »Heiler« mit dem Hauptmerkmal »Ungeduld«, dem Nebenmerkmal »Märtyrertum«. Sein Entwicklungsziel war »Akzeptieren«, sein Modus »Leidenschaftlichkeit«, seine Mentalität die eines »Spiritualisten«, sein Reaktionsmuster »emotional-motorisch« und sein Seelenalter Alt 7.

In seiner Seelenfamilie vereinigten sich die Energien von »Heilern«, »Kriegern«, »Königen« und wenigen »Weisen«. Die »Könige« waren in der Überzahl.

Die Aufgabe dieser Seelenfamilie befasste sich mit der Thematik des Vergebens und des Verzeihens und dadurch mittelbar auch mit der Möglichkeit eines jeden Menschen, schuldig zu werden, sich schuldig zu machen. Der Mensch kann Schuld erlassen bekommen und dadurch Vergebung erlangen. Er kann erleichtert werden von dem Gewicht des jeweiligen Vergehens. Nichtmenschliche Wesen auf eurem Planeten können sich nicht schuldig machen. Denn sie haben keine Möglichkeit der Wahl und können somit auch nicht entscheiden zwischen liebevollen Gedanken und Handlungen und solchen, die lieblos sind. Somit ist der Aspekt des Vergebens und Verzeihens auch einer, der ausschließlich dem Menschen zur Erkundung zugewiesen wird.

Die Texte der Evangelien weisen eine größere Anzahl von Episoden auf, in denen berichtet wird, wie der Mensch Jesus seiner spezifischen Seelenfamilien-Aufgabe gerecht wird und sich ihr mit Hingabe widmet. Sein Entwicklungsziel »Akzeptieren« kam ihm hier in besonderer Weise zugute. Jedoch ist die umfassende, die Geschichte der Menschheit prägende Wirkung dieses Menschen nicht ausschließlich auf die Aufgabe seiner Seelenfamilie und ihre prägnante Energiestruktur zurückzuführen. Viele Faktoren spielen hier zusammen und vereinigen sich zu einer überwältigenden Gesamtwirkung, die nur zum Teil auf das Seelenmuster dieser individuellen Seele, die ihr letztes Leben im Körper lebte, zurückzuführen ist. Dieses weist eine starke Spannung auf, eine große Kraft, die sich aus der Verbindung inspirativer Elemente wie »Heiler«, »Leidenschaftlichkeit«, »Spiritualismus« und emotionaler Zentrierung mit den aktiven Energien von »Ungeduld«, »Märtyrertum« und anderen Siebenerenergien ergibt. Das Seelenmuster findet seine Mitte im Ziel »Akzeptieren« und gewinnt dadurch eine zusätzliche Dynamik und Zielrichtung.

Die überwiegend aktiven Kräfte (»König« und »Krieger«) in der Seelenfamilie des Menschen Jesus unterstützen ihrerseits die Wirkung dieser Einzelseele. Wenn wir nun früher sagten, dass Jesus das letzte inkarnierte Mitglied seiner Seelenfamilie war, so ist dies zwar richtig, jedoch konnten wir euch seinerzeit noch nicht die gesamte Information übermitteln, da ihr sie in ihrer tieferen Wahrheit nicht verstanden hättet. Nicht nur war der Mensch Jesus der letzte Inkarnierte seiner eigenen Seelenfamilie, sondern überhaupt der Letzte seines gesamten Seelenstammes. Und dieser Seelenstamm, bestehend aus neunundvierzig Seelenfamilien, widmete sich insgesamt dem großen Forschungsthema der menschlichen Fähigkeit zu fühlen und zu empfinden. Er schloss mit der Arbeit seiner letzten Seelenfamilie, die darin bestand, fühlend, empfindend zu verzeihen und aus tiefster Liebe, aus ganzem Herzen zu vergeben, seine irdische Arbeit ab.

Ihr könnt euch gewiss vorstellen, welche Kräfte astraler und kausaler Art dem Menschen Jesus dadurch zur Verfügung standen, dass er als letzter und einziger körperlicher Repräsentant seines gesamten Stammes die genannten Energien auf sich vereinigte. Sein körperliches Leben von etwa dreißig Jahren war sogar angesichts der geringen Lebenserwartung seiner Epoche ein kurzes. Für ihn war es einerseits ein ekstatisches Erleben, einen Körper zu besitzen, der vor Vitalität und transpersonaler Energie zu bersten schien und der vibrierte wie selten ein anderer. Andererseits bedeutete es eine fast unerträgliche Anstrengung, mit dieser Energie ein Leben zu führen, das dem anderer Menschen zumindest in den Grundzügen zu gleichen hatte, denn er musste eine gewisse Normalität an den Tag legen, um mit seinen Mitmenschen in Verbindung treten und bleiben zu können.

Jesus der Mensch war ganz Mensch, jedoch ein Mensch mit besonderen und ungewöhnlichen Energiestrukturen. Wie alle anderen musste er seine körperlichen Funktionen und Bedürfnisse beachten und konnte doch zugleich auch über sie hinauswachsen, zumindest für eine begrenzte Zeit. So wird deutlich, dass, lange bevor das Nahtod-Erlebnis durch die Kreuzigung eine transliminale Beseelung ermöglichte, Jesus der Mensch bereits auch in seinem sterblichen Körper an starke Energieströme und fast übermenschliche innere Erlebnisse gewöhnt war, die es diesem Körper nach der Grablegung erst möglich machten, die transpersonalen und transliminalen Seelenkräfte in sich zu beherbergen.

Der Seelenstamm von Jesus, dessen letzter irdischer Vertreter er selbst war, befand sich auf der Energieposition 1 im kosmischen Gefüge. Dadurch wiederum wurden die heilerischen, die einenden und harmonisierenden Kräfte der Gesamtwirkung dieses personalen und transliminalen Wesens geleitet und in gewisse Bahnen gelenkt.

Das Christentum ist eine Religion mit einer Theorie, die ganz besonders und mehr als andere von der Energie 1 geprägt wurde und wird. Es ist zugleich jedoch nach seiner Verbreitung und Einführung als Staatsreligion auf ein Substrat von kriegerisch geprägten Jungen Seelen getroffen und ging dadurch eine Verbindung ein zwischen der »Heiler«-Energie 1 und der »Krieger«-Energie 3. Die Aspekte von schuldhaftem, sündigem Menschsein und göttlicher Vergebung, als deren Mittler Jesus und Christus angesehen wurden, blieben konstant und dominant. Die Jungen Seelen müssen heute und mussten damals – um ihren Seelenweg und ihre Entwicklung voranzutreiben – die gröberen Aspekte des Schuldthemas und der karmischen Verstrickung erfahren. In der westlichen Hemisphäre, die die ältere Geschichte des Christentums erlebt hat, verschiebt sich in euren Tagen die Verbindung der Energien 1 und 3 zu einer neuen Verknüpfung von Energie 1 und der Energie 4 von Reifen Seelen, die eine ganz andere und neuartige Wirkung hervorbringt. In den Ländern Afrikas, Asiens und Südamerikas hingegen bildet sich eine noch wenig erforschte Verbindung von Energie 1 und der Energie 2 von Kind-Seelen heraus.

Ihr könnt also das Wirken des Menschen Jesus und des transliminalen Wesens Christus nur begreifen, wenn ihr nicht ausschließlich die Aufgabe und energetische Prägung seiner ursprünglichen Seelenfamilie in eure Überlegungen miteinbeziehet, sondern die gesamten Kräfte seines Seelenstammes, der energetisch hinter ihm und neben ihm stand, betrachtet.

Frage: Also hat er mit dem Namen *Abba* den Kontakt mit diesem ganzen Seelenstamm bezeichnet?

Mit *Abba* bezeichnete Jesus die Kraft seines Seelenstammes und alles, was er an energetischer Verbindung, seelischer Unterstützung und entkörperlichter Präsenz in sich fühlte. Das war für ihn ein Großes, ein Altes, ein Umfassendes und ein Mächtiges. Es entsprach in diesem Empfinden ganz und gar dem, was er mittels seiner kulturellen Prägung als den großen, mächtigen Gott zu benennen und zu glauben gelernt hatte. Und in der Tat ist es keinem lebendigen Menschen möglich, mehr als dieses wahrzunehmen und zu empfinden.

Jedem Seelenwesen sind außerseelische Kräfte vollkommen

fremd. Letztere zeitigen zwar durchaus ihre Wirkung, sind aber nur in dieser Wirkung, nicht jedoch in ihrer Präsenz erfahrbar. Seelenwesen können nur Seelisches spüren und in sich spiegeln. Außerseelisches, wie das göttliche Allganze, sind und bleiben auch uns, die wir zu euch sprechen, weitestgehend unzugänglich. Wir sind Seelenwesen wie ihr, daher finden die Dimensionen dieser Kräfte in uns keine Resonanz. Ihr könnt diese Begrenztheit des Erfahrbaren begreifen, wenn ihr sie vergleicht mit der Spekulation über einen Planeten in einer euch noch nicht einmal mit Hilfe der mächtigsten Teleskope bekannten Galaxie. Er weist eine Schwerkraft und ein Klima auf, das alle eure Vorstellungen sprengen und auch niemals von euch erfahrbar, nicht einmal erdenklich wäre.

Übertragen auf ein geistiges Prinzip kann euch diese Fantasie einen Hauch der Ahnung vermitteln von dem, was als Allganzes das Ganze ausmacht. Es ist somit einerseits eine Absurdität und andererseits eine vollkommen menschliche, natürliche Angewohnheit, sich das Göttliche als ein Gebilde vorzustellen, das in irgendeiner Form Personales enthält oder zumindest Transpersonales, denn das Transpersonale setzt gedanklich die Überwindung des Personalen voraus, kann es jedoch nicht völlig sprengen. Das Menschliche und das Übermenschliche bedingen einander.

Menschen könnten sich selbst bei höchstem Abstraktionsvermögen das Göttliche niemals anders vorstellen als in den abstraktesten Kategorien oder in der Negation des Menschlichen. Das Allganze als solches bleibt der Erkenntnis des Menschen verschlossen. Somit ist und bleibt auch das Erfahren großer seelischer Organisationen, also eines erweiterten Selbst, das dem eigenen Ich noch in irgendeiner Weise zugeordnet ist, nur mit seelischen Empfindungen beschreibbar. Weil das aktuelle Ich die großen seelischen Einheiten wie den eigenen Seelenstamm jedoch lebendig repräsentiert, hat es dazu stets eine enge Verbindung.

Das Göttliche, so wie Jesus es erlebte, ist in dieser Hinsicht nicht das außerseelische Allganze, von dem wir zuvor sprachen. Das

Göttliche, so wie Menschen es brauchen und sich vorstellen können, ist ein seelisches Phänomen. Wäre es das nicht, könnten sie es nicht gebrauchen und sich nicht vorstellen. Das Göttliche als Allganzes jedoch ist außerseelisch, überseelisch, nichtseelisch.

Frage: Wie hat diese transliminale Beseelung, die wir Christus nennen und von Jesus unterscheiden, in den folgenden Jahrhunderten nachgewirkt?

Immer wenn große und einflussreiche Gestalten der christlichen Frühzeit von einem bestimmten Charisma ergriffen wurden und zu ihrem eigenen Erstaunen sich fortgetragen spürten von einer größeren Kraft, die unmittelbar zur Bekehrung oder Überzeugung größerer Menschengruppen führte, war die transliminale Kraft des von seinem Seelenstamm belebten Christus deutlich. Nun müssen wir jedoch hinzufügen, dass es den transliminalen Kräften niemals darum ging, Menschen zum Christentum zu bekehren und sie dadurch zu Kandidaten für die Aufnahme in das Paradies oder den Himmel zu machen. Es ging immer nur um ein einziges Ziel: Menschen, die von Vergebung und Verzeihung nie oder nur selten etwas gehört hatten und in deren kulturellem Umfeld diese Begriffe mit ihren Wirkungen keinerlei Rolle spielten, zu einer Einsicht zu bringen, die solches für möglich hielt. Nur deshalb wurden Jesus und Christus zu Symbolträgern der Vergebung von Sünden, um die Möglichkeit eines Schuldigwerdens und einer Erlösung von solchen Schulden überhaupt in das Bewusstsein von Menschen eindringen zu lassen. Sie sollten erkennen können, dass die Erlösung von Schuld, von jeglicher Schuld außer der karmischen, eine seelische Möglichkeit ist, die immer und grundsätzlich mit dem Tod eines Menschenkörpers eintritt, wie er durch den exemplarischen Kreuzestod dokumentiert wird. Die berechtigte Hoffnung der Menschen, endgültige Verzeihung erlangen zu können durch den Glauben an einen, der ihnen mit seiner Person und mit seinem ganzen Wesen verheißen hat, sie von ihrer Schuld zu erlösen, macht das eigentliche Sein des ursprünglichen Christentums aus.

Wer den Menschen Jesus und die Gestalt Christi in sich spüren will, mache sich die Möglichkeit zu vergeben oder zu verzeihen zu Eigen. Die Kraft des beschriebenen Seelenstamms ist mittlerweile zwar nicht mehr durch eigene Repräsentanten im Irdischen vertreten, wohl aber nimmt die Energie dieses Stammes wie die aller entkörperlichten Stämme durch weiteres Wachstum auf der kausalen Ebene zu und wirkt auch jetzt allenthalben auf eurem Planeten. Die großen Sehnsüchte nach Frieden und Harmonie, die gewiss den einen oder anderen Irrweg beschreiten – doch warum sollten sie nicht? –, sind ein solches Zeichen für weitere Wirksamkeit. Die Menschen, die in eurer Zeit Frieden und Vergeben, Integration und Verschmelzung für alle wünschen, ahnen nicht, wie sehr sie in ihrem Fühlen und Denken von christlichen Grundsätzen geprägt sind. Sie lehnen die damit später verknüpften Lehren und Dogmen ab. Doch kann sich niemand, der einmal mit dem, was wir als die Wirkung dieser transliminalen Seele geschildert haben, in Berührung gekommen ist, ihrer Wirkung ganz entziehen.

Forschungsgebiet 2:
Menschsein und Erkenntnis (Grundenergie 2)
In der astralen Welt gibt es weder Gehirntätigkeit noch Nervenreize. Entkörperte Seelen planen und werten im Kollektiv, können aber nicht individuell reflektieren. Denkprozesse, die ein Gehirn voraussetzen, sind unzugänglich. Diese Möglichkeit hat man nur im Körper: *Ich lerne, zu denken und zu entscheiden.*

Erforscht werden auf der Erde Gedankenkraft, Verstand, Intellekt, Denkfähigkeit, Lernen, Begreifen, Ideen, Einstellungen, Vorstellungen, Fantasie, Originalität, Kreativität, Kunst, Erfindungsgeist, Spiel, Zweifel, Unterscheidungskraft, Urteilsfähigkeit, Entscheidungskraft, Intuition, Dialektik, Auseinandersetzung,

Konflikt, Ablehnung und Zustimmung, Einsicht, Individualität, Einmaligkeit, Erfahrungen mit den Erscheinungsformen der Dualität und Polarität usw. Die inkarnierte Seele lernt, sich zu erkennen.

Die neuartige Möglichkeit, über ein denkendes, reflektierendes, lernendes Gehirn die Erfahrung von Vereinzelung, Freiheit, Einsamkeit, Trennung, Zweifel, Erkenntnis, Synthese, Erfindung und Gestaltung zu machen und damit auf menschliche Weise am Schöpfungsprozess teilzuhaben, ist der »Mehrwert«, der an die Seelenfamilie und damit an das Allganze zurückfließt.

Die Seelenfamilien von Varda und Frank gehören zur *Sippe der Illusionisten*. Diese Sippe ist Teil eines Stammes, der sich mit einem Thema der Energie 2 befasst. Sie widmet sich einer Forschung zum Thema Menschsein und Erkenntnis.

Forschungsgebiet 3:
Menschsein und Materie (Grundenergie 3)
In der astralen Welt, die eine Energiewelt ist, gibt es keine Materie. In irdisch-stofflicher Form stellt Energie als Materie für die inkarnierte Seele daher eine entsprechende Herausforderung dar. Das Umgehen mit ihr will gelernt, ihre neuartige Formbarkeit erlebt werden. Die physikalischen Gesetze von Schwerkraft, Reibung und Widerstand müssen Menschen sowohl in ihrer eigenen stofflichen Körperlichkeit beachten als auch im Umgang mit der materiellen Welt. Verdichtete Energie ist auf vielfältige Weise beeinflussbar. Körper können Körper hervorbringen, Nahrung kann in Energie umgewandelt werden, Silber kann mit Kupfer verschmelzen, aus einem Felsblock kann eine Statue werden, aus Erdöl Benzin oder Plastik. Auf der Erde erfährt die Seele die Möglichkeit, aus eigener Kraft Materie zu formen: *Ich lerne, zu erzeugen, zu beeinflussen und zu verändern.*

Die Erfahrung von Körperlichkeit, die animalischen Triebe, Fortpflanzung als Notwendigkeit und die damit verknüpfte

Sexualität, Zeugung und Erzeugung, Nahrung und Ausscheidung, die Kausalitäten der Nahrungskette, der Stoffwechsel, das Wachstum auf allen Gebieten, all das ist für die eingekörperte Seele eine neuartige Herausforderung. Produktion, Arbeit, Vernichtung, Tötung, Entwicklung, Fortschritt, Bewegung, Gewalt, Kampf, Wille, Auseinandersetzung, Herausforderung, physische Formgebung, Züchtung von Pflanzen und Tieren, Kochkunst, Gentechnologie, die Gesetze der leiblichen Abstammung, das Hervorbringen von Architektur, aber auch Chemie, Physik, Technik sowie der Umgang mit der Natur, mit den Pflanzen und Tieren auf der Erde vom Bison bis zum Mikroorganismus und mit der oft bedrohlichen oder bedrohten Umwelt gehören zu diesem Forschungsgebiet von Seelenfamilien.

Die Möglichkeit, aus Materie Materialien zu erschaffen, zu entwickeln und zu kombinieren und sie wieder zu zerstören – mit allem, was diese Prozesse mit sich bringen, vor allem aber die elementare Lust am Beeinflussen und Verwandeln von Materie sowie die Erzeugung von Leben aus sich selbst heraus – darin bestehen die irdischen Erfahrungen, die beseelte Primaten an ihre Seelenfamilien und damit an das Allganze als »Mehrwert« zurückfließen lassen.

Forschungsgebiet 4:
Menschsein und Zeit/Raum (Grundenergie 4)
In der astralen Welt, vor der ersten Inkarnation, gibt es kein Prinzip von Ursache und Wirkung. Auf der Erde mit ihrem spezifischen Verhältnis von Zeit und Raum haben inkarnierte Seele die Möglichkeit zu erfahren, dass Handlungen wie alle anderen Formen menschlichen Seins Folgen haben und in einem Kausalzusammenhang stehen, aus dem man Regeln ableiten kann: *Ich lerne, zu planen, anzuwenden und auszuwerten.*

Das Verstehen, Ableiten, Durchdringen und Erforschen des Zeit/Raum-Zusammenhangs in den Dimensionen von Vergangenheit, Gegenwart und Zukunft bewirkt die Geschichtlichkeit von Homo sapiens. Traditionen, Wissen, Bildung, Wissenschaft, Kausalität, Linearität, Bewegung, Entfernung, Planung, Erforschung, Erinnerung, Bewahrung, Pflege, Schulung, Ausbildung machen einen Wesenskern des Menschen aus. Ebenfalls muss er sich ohne Ausnahme mit Alterung, Veränderung, Verfall, Verlust sowie mit den allgegenwärtigen Auswirkungen von Schuld und Sühne auseinander setzen. Sie gehören ebenfalls in dieses Forschungsgebiet. Menschsein bedeutet, voneinander zu lernen.

Die in der Astralwelt nicht gegebene Möglichkeit, Wandel, Kausalität, Berechnung, Schlussfolgerung, Messung, Karma, Geschichte und Bewegung zu erfahren und auszuwerten, schafft einen »Mehrwert«, der an die Seelenfamilie und damit an das Allganze zurückfließt.

Der Stamm, zu dem unsere Quelle gehört, widmet sich dem Forschungsbereich 4: Menschsein und Raum/Zeit. Da sich jedoch die Quelle bereits auf der Kausalebene befindet, kann sie sich im Rahmen ihres Stammes nach Bedarf auch mit anderen Dimensionen vernetzen und diese für ihr eigenes Wachstum nutzen.

Forschungsgebiet 5:
Menschsein und Gemeinschaft (Grundenergie 5)
In der astralen Welt ist Gemeinsamkeit selbstverständlich. Alle Seelen sind eine Einheit im Rahmen der Allseele. Niemand gibt und niemand nimmt, weil es keine Trennung gibt. Seelen in inkarnierter Gestalt hingegen sind fragmentiert und vereinzelt. Diese Vereinzelung ist ein schmerzlich empfundener Kontrast zum gewohnten astralen Seinszustand. Eingekörperte Seelen fühlen sich daher veranlasst, neue, irdische Formen des Kontakts, der Gemeinsamkeit und Gemeinschaftlichkeit zu entwickeln, die die Einsamkeit lindern helfen. Ein Wir-Gefühl ent-

steht, das es nur auf unserem Planeten gibt. Auf der Erde kann eine Seele erfahren, wie viele Formen der Gesellschaft und Gemeinschaft möglich sind. Sie begreift, dass sie in Isolation nicht überleben kann, und darüber hinaus, dass es Nähe erzeugt, zu teilen, zu gruppieren und zu organisieren: *Ich lerne, zu geben, zu nehmen und zu teilen.*

Das Ziel, im Kontext von Zeit, Raum und Materie mitmenschliche Formen der Liebe im Kollektiv zu erlernen und zu empfinden – im Rahmen von Familie, Nation, Heimat, Partnerschaft, Ehe, Blutsverwandtschaft, Freundschaft und Feindschaft, unter Arbeitskollegen und in der Verwaltung eines Staatswesens –, ist für eine Seele eine lohnende und bereichernde Erfahrung. Vielfältige Rechtsordnungen und Gesetze regeln das Gemeinwesen, ohne das keine Gesellschaft auskommen kann. Herrschaftsverhältnisse, soziale Strukturen, Gruppenbildung, Wirtschaftsformen, kollektive Arbeitsformen, Handel, Tausch und alle Arten Organisationen sind ebenso ein Forschungsgebiet der Gemeinschaftlichkeit wie die Kommunikation als solche. Die gegenseitige Anregung und Förderung, aber auch mentale Konfrontation, Parteienbildung, Hierarchien, Streit, Krieg, Besitz, Neid, Geiz und Habgier sind Ausdrucksformen von Gemeinschaft. Zahlungsmittel, Vergleiche mit dem Anderen, Austausch, Sprache und Schrift tragen zu den wesentlichen Erfahrungen von Menschsein im Kollektiv bei. Inkarnierte Seelen lernen, sich zu verbinden.

Die Möglichkeit, ungewohnte Formen der Gemeinsamkeit und ein körperliches Wir-Gefühl zu entwickeln, erzeugt eine neue, über das rein Seelische hinausreichende Bezogenheit. Verbindung, Kommunikation, Kontakt und Kommunion von Mensch zu Mensch mit allen in der Körperlichkeit zur Verfügung stehenden Mitteln schaffen einen »Mehrwert«, der an die Seelenfamilie und damit an das Allganze zurückfließt.

Forschungsgebiet 6:
Menschsein und Transzendenz (Grundenergie 6)

Solange fragmentierte Seelen körperlos in der astralen Welt existieren, ist eine Bewusstheit von ihrer Teilhabe am göttlichen Prinzip allenthalben vorhanden. Nach der Einkörperung erhält die Leiblichkeit mit ihren materiegebundenen Herausforderungen Priorität. Das göttliche Prinzip wird nunmehr von innen nach außen (in die Natur, auf den Olymp, in den Himmel) projiziert. Es wird als fremd empfunden, als das gänzlich Andere. Gott ist nun das Nächste und Fernste zugleich. Inkarnierte Seelen verlieren dennoch oft das konkrete Empfinden ihrer dualen menschlich-göttlichen Natur. Sie treten in die Polarität, in Zeit und Raum ein. Ihr durch die materielle Seinsform eingeschränktes Bewusstsein kann sich in diesem neuen Zustand zwar manchmal seines Ursprungs erinnern, aber meistens vergessen sie die astrale Heimat. Denn die neue irdische Erfahrung erscheint wichtiger.

Auf der Erde gibt es nun aber neuartige Möglichkeiten, die eigene Göttlichkeit, inkarniert in einer Menschengestalt, zu erfahren. Nur ist dies eine abenteuerreiche Reise auf vielen verschiedenen Wegen mit vielen verschiedenen Fahrzeugen, die jedoch alle letztendlich ein und demselben Ziel zustreben. Die Suche nach dem scheinbar Verlorenen vollzieht sich unablässig. Die Sehnsucht ist immens, der Wunsch nach höherer Führung und nach göttlichem Schutz allgegenwärtig. Jedes Mittel scheint recht zu sein, um eine erneute Anbindung an das Wollen des Allganzen zu finden. Aus diesem Grund bringen Humangesellschaften eine schier unüberschaubare Vielzahl an Kultformen hervor. Sie verändern sich mit Zeit und Raum, passen sich den Bedürfnissen der inkarnierten Seelen an. Die duale Natur der Menschenseele zu erleben, das heißt, das Säugetier und den göttlichen Funken zugleich in sich zu erkennen, ist eine aufregende Erfahrung. Sie bedeutet: *Ich lerne, mich als Ganzes wahrzunehmen.*

Religiosität gilt als Grundausdruck menschlicher Gemeinschaften. Frömmigkeit an sich ist Gegenstand des Forschungsgebietes mit der priesterlichen Energiezahl 6. Glaubensinhalte, Verehrung von sakralen Objekten, von Heiligen oder Gottheiten haben hier ihren Ort. Kultus, Ritus, jegliche Form des Gottesdienstes und der Anbetung einer höheren Macht ist sein Anliegen. Inkarnierte Seelen mit dichter Körperlichkeit lernen, sich wieder zu öffnen.

Mediumismus, Schamanismus, Zauberei und Magie, Astrologie und andere Techniken der Wahrheitsfindung gehören ebenfalls hierher. Die Herausbildung von Mythen, Märchen, Legenden dient dem Ausdruck metaphysischer Anbindung und übergeordneter Wahrheiten. Das Begreifen von Geburt und Tod als Schwellenüberschreitung in andere Dimensionen, verbunden mit Ahnenkulten, Jenseitsglauben, Totenritualen und Begräbnissitten, verleiht diesem Forschungsfeld wesentliche Dimensionen.

Das Bewusstsein von einem Bewusstsein, das Erleben und Deuten von Träumen, die Erfahrung von Illusion und Delusion sind Teil der Erfahrung. Wann immer die natürlich gegebenen Grenzen des Alltagsbewusstseins überschritten werden, um in die Zukunft zu schauen, zum Beispiel durch Inspiration, Intuition, Hellsehen, Orakeltechniken, ist die Energie 6 am Werk. Sinndeutung im Rahmen von Philosophie, Therapie oder Theologie ist ebenso Thema dieses Bereichs wie die Deutung der Wirklichkeit mittels Symbolen, Sinnbildern, Allegorien, Weisheitssprüchen oder fiktionalen Texten. Die geistig-seelische Erfahrung zeitweiliger Entgrenzung oder visionärer Zustände, verbunden mit Vorstellungen von Materie-, Zeit- und Raumlosigkeit (mittels Astralreisen oder Synchronizitätserlebnissen), sowie der Zugang zu Erinnerungen an frühere Inkarnationen und das kollektive Unbewusste vervollständigen den Bereich dieser Erforschung eines menschlichen Seins, das Immanenz und Transzendenz zu gleichen Teilen integriert.

Die Möglichkeiten des Menschen, den Sinn seiner irdischen Existenz zu suchen und zu deuten sowie die damit verbundene Einsicht in die Realität seiner Seele, in Fügung, Führung, Schicksal und Geborgenheit sind umfassend. Der Mensch besitzt die Fähigkeit, sich selbst als Teil und Abbild des Göttlichen wahrzunehmen. Dies beschreibt den »Mehrwert« an Liebe und Erkenntnis, den inkarnierte Seelenfragmente an ihre Seelenfamilie und damit an das Allganze zurückleiten können.

Forschungsgebiet 7:
Menschsein und Bedingtheit (Grundenergie 7)
In der astralen Welt, die materielos ist, herrschen grundsätzlich andere Existenzbedingungen als auf der Erde. Körperlosigkeit impliziert weitestgehende Angstfreiheit. Einsamkeit gibt es nicht, da Trennung nicht möglich ist. Wer keinen Leib hat, hat keine Angst zu sterben. Wer keinen Leib hat, braucht um die Befriedigung seiner Triebe nicht zu bangen. Die physikalischen Gegebenheiten sind auf jedem Planeten anders. Menschen brauchen für ihre spezifische Säugetierkörperlichkeit bestimmte Rahmenbedingungen, damit sie leben können. Sie sind im Wesentlichen für alle gleich. Nur unter diesen Bedingungen kann dieses Seelenvolk seinen Forschungsaufgaben gerecht werden. Auf der Erde lernt die Seele, sich unveränderlichen Gegebenheiten zu unterwerfen und sich ihnen anzupassen: *Ich lerne, Grenzen zu erfahren und mich anzupassen.*

Der Mensch ist darauf angewiesen zu begreifen, dass seine Stofflichkeit eine bestimmte Schwerkraft und atmosphärische Dichte ebenso benötigt wie materielle Nahrung, bestimmte Temperaturen, Licht, Wasser, Sauerstoff. Er muss sich mit einer zweigeschlechtlichen Sexualität auseinander setzen, aber auch mit einem unausweichlichen Schlafdrang. Essen, Trinken und Ausscheiden bestimmen seinen Tagesablauf ebenso wie die Notwendigkeit von Bewegung, Atmung, Stoffwechsel.

Die Natur in ihrer begrenzten Beeinflussbarkeit bedroht den Menschen durch Stürme, Fluten, Erdbeben, Unfruchtbarkeit, gefährliche Tiere. Die Sinne und sein hoch entwickelter Verstand stehen ihm dabei zur Verfügung, um diese vorgegebenen Schwierigkeiten zu bewältigen. Der Mensch hat ein größeres Schutzbedürfnis als andere Säugetiere, seine Nachkommen sind lange hilflose Nesthocker. Körper- und Brutpflege mit der Ausbildung entsprechender Formen der psychischen Zuwendung prägen sein Überleben und seine Entwicklung. Berührung ist dabei ein notwendiger Faktor, der für Gesundheit, die Entfaltung der Verstandeskräfte, für die Entwicklung der Kommunikationsformen und die soziale Organisation des Zusammenlebens über die animalischen Instinkte hinaus sorgt.

Doch muss jede als Mensch inkarnierte Seele sich auch mit ihrer neuen existenziellen Vieldimensionalität und ihren mannigfachen Rollen innerhalb ihrer Gesellschaft auseinander setzen. Sie fügt sich nunmehr den irdischen Gesetzen der Dualität und Polarität, erkennt ihren Entscheidungszwang und ihre individuelle Verantwortlichkeit an. Ein Ich bildet sich, wo zuvor nur ein Selbst war. Es unterwirft sich den Notwendigkeiten der Evolution, der Verletzbarkeit und Sterblichkeit. Das Erkennen der körperlichen Vergänglichkeit und die Bewältigung elementarer Ängste bestimmen die geistige Entwicklung inkarnierter Seelen. Sie lernen, sich den Gegebenheiten ihres Lebensraums zu fügen.

Und nicht zuletzt bleibt die materielle Manifestation im Rahmen irdischer Gesetzmäßigkeiten wie Artenvielfalt, Spezialisierung und Differenzierung stets an die biologische Gegebenheit des Primatenkörpers gebunden. Dieser ist in seinen Bedürfnissen und Fähigkeiten zu respektieren. Eine terrestrische Wirklichkeit muss mit der seelischen Realität verknüpft werden. Von Zeit und Raum geprägte Erfahrung verschmilzt mit immer währendem Sein.

Die Erfahrung von Abhängigkeit und ihrer Bewältigung, die

Begrenzung der Möglichkeiten und ihre Nutzung, die flexible, kreative Anpassung an die Gesetze der physisch-irdischen Welt und eine Bejahung der neuen Seinsform erzeugen den »Mehrwert« an Liebe und Erkenntnis, den inkarnierte Seelenfragmente an ihre Seelenfamilie und damit an das Allganze zurückleiten können.

* * *

Die ursprünglich so verschiedenartig erscheinenden Aufgaben jeder einzelnen Seelenfamilie enthüllen sich mit diesen sieben Forschungsbereichen als notwendige Bestandteile eines umfassenden Forschungsprojekts. Die Quelle nennt es *Expedition Terra – Projekt Homo sapiens*. Als Einzelseelen arbeiten wir also letztlich alle gemeinsam an derselben grundlegenden Frage: Was bedeutet es, Mensch zu sein, das heißt, einen Primatenkörper zu beseelen und sich dabei ungewohnten materiellen Bedingungen zu unterwerfen?

Vom einzelnen Stamm her betrachtet umhüllt dessen Forschungsgebiet (zum Beispiel *Mensch und Materie: Lernen, sich zu verändern*) sieben Seelensippen, die sich ihrerseits mit Unteraufgaben oder Teilbereichen von Mensch und Materie befassen und dabei wieder ihre eigenen Energiepositionen ins Spiel bringen (zum Beispiel *Mensch und Nahrungsaufnahme*). Die Aufgaben der Seelenfamilien wiederum ordnen sich als weiterer, spezialisierter Forschungsteilbereich dem großen Anliegen des Stammes unter, die Beziehung von Mensch und Materie zu erkunden (zum Beispiel *Die Bedeutung ritueller Mahlzeiten* oder *Die Bedeutung des Fastens*). Jede Einzelseele wird dann im Rahmen ihrer Seelenfamilien-Aufgabe während jedes ihrer Leben neue spezifische Detailerfahrungen machen, die der Stammesforschung zu Mensch und Materie neue Informationen zufließen lassen, die nur während einer Inkarnation gesammelt werden können.

Beginnt man die Unermesslichkeit zu begreifen, die das Anliegen eines Seelenvolkes auszeichnen kann, wird im Zusammenhang mit den sieben Forschungsgebieten eine Grundannahme, die die Seelenlehre der Quelle prägt, noch einmal von anderer Seite beleuchtet: Menschsein, einen Körper zu haben, auf der Erde zu sein, das ist keine Strafe (zum Beispiel für einen sündigen Abfall von Gott) und auch keine harte Bewährungsprobe, weil wir noch nicht gut genug sind und uns läutern müssen, sondern ein kosmisches Experiment von hohem Anspruch und absoluter Freiwilligkeit, das zugleich dem Wollen des göttlichen Allganzen entspricht.

Die Vernetzung
der Seelenstämme und Seelenvölker

Es ist wahrscheinlich, dass andere Seelenvölker (erkennende und liebende Wesen auf uns noch unbekannten Planeten) ebenfalls eine Matrix besitzen, also ein strukturell vergleichbares Seelenmuster haben und doch in der Durchführung ganz andersartige Erfahrungen in anderen Existenzräumen machen, sodass das Allganze sich auch durch sie weiterhin energetisch anreichern kann. Diese Anreicherung ist der »Mehrwert«, der laut Aussage unserer Quelle dadurch entsteht, dass Seelenvölker sich zu einem Inkarnationsweg bereit finden. Die erworbenen Erkenntnisse werden über seelische Informationswege ausgetauscht.

Alle Seelenfamilien, Seelensippen und die aus ihnen zusammengesetzten Seelenstämme im Rahmen der Allseele sind einmalig. Keines gleicht dem anderen. Jedes Einzelne hat seine Funktion und sein Forschungsgebiet. Aber so verschieden sie auch sein können, sie gleichen sich in ihrer grundsätzlichen Organisation in Siebenerstrukturen und sind als solche zu erkennen.

Die einzelnen Seelenstämme besitzen eine erkennbare Identität. Durch ihre energetische Zusammensetzung und ihre Spezialisierung im Rahmen des umfassenden Forschungsgebietes un-

Es ist für uns Menschen schwierig, uns die energetische Vernetzungs-
struktur eines Seelenstammes vorzustellen. Diese Abbildung zeigt das
Skelett eines im Meer lebenden Kleinorganismus (Phaeodaria, Rohr-
strahling, nach Ernst Haeckel, Kunstformen der Natur, Taf. 61). Seine
Verbindung von Einfachheit, Schönheit und Komplexität entspricht
Vardas Vision vom Seelenstamm.

terscheiden sie sich voneinander. Sie kommunizieren jedoch auch untereinander.

Auf der Ebene der Seelenstämme scheint nun die Organisation in Siebenerstrukturen an ihre Grenzen zu geraten. Stämme sind ihrerseits nicht in Siebenereinheiten organisiert. Sie vernetzen sich miteinander nicht mehr nach dem Ordnungsprinzip der Sieben, sondern nach einem dualen Chaos-Notwendigkeit-Prinzip (siehe die Abbildung, S. 365).

Wollt ihr die Struktur der Seelenfamilie und die Ordnungen der mit ihr verbundenen größeren seelischen Einheiten verstehen lernen, müsst ihr davon ausgehen, dass solche großen Einheiten, Seelenstämme genannt, sich zunächst wie von selbst aus einem nicht raum- und zeitgebundenen Chaos herausbilden. Existenz organisiert sich aus innerer Notwendigkeit heraus.

Das Prinzip Chaos ist nicht negativ wertend zu verstehen. Es bildet vielmehr den unverzichtbaren dualen Aspekt des Prinzips Ordnung. Und so wie die Welten der Seele – für euch Menschen gewiss überraschend – in alles durchdringender Weise nach dem Gesetz der Sieben geordnet sind, so folgen andere Bewusstseinswelten zuweilen auch primär chaotischen, das heißt nicht nach Ordnungen strukturierten Gesetzmäßigkeiten.

Doch wir schlagen euch vor, mit euren Fragen nicht über die Dimension von Seelensippe und Seelenstamm hinauszureichen. Ihr würdet euch verwirren. Wir wären verwirrt. Bleibt geistig dort, wo ihr verstehen und nachvollziehen könnt. Es ist von Vorteil für euch wie auch für uns, wenn das, was vermittelbar ist, in extenso und gründlich vermittelt wird und wir euch Schritt für Schritt am Prozess der Wahrheitsfindung beteiligen können. Dies geschieht durch eure Fragen, die nach und nach einem zunehmenden Verstehen entspringen, und auch durch euren Wissensdurst, eure Bereitschaft, dem innerlich zu begegnen, was wir euch sagen können – kurzum: das am eigenen Leibe zu erleben, was wir euch mitteilend andeuten.

Wir als Vermittler dieser Lehre von der Seele haben das Gefühl, hier an einer Grenze des Sagbaren angekommen zu sein. Wir freuen uns, dass Sie als Leser uns bis hierher in dieses unerforschte Neuland gefolgt sind. Wir selbst haben im Laufe von mehr als zehn Jahren die Botschaften empfangen, die wir Ihnen hier vorlegen. Wir haben versucht, sie ordnend zu begreifen. Nun wünschen wir uns, dass wir Ihnen damit einen tieferen Einblick in die existenzielle Dimension unseres menschlichen Seins vermitteln konnten. Dabei sind wir uns bewusst, dass wir mit dem, was wir bislang in Erfahrung bringen konnten, wahrhaftig nur die Oberfläche dieser Dimensionen zu berühren vermögen. Doch wir haben an unseren Seminarteilnehmern gespürt, dass auch schon diese ersten Eindrücke Freude und Sinnhaftigkeit vermitteln können, und vielleicht geht es Ihnen nach der Lektüre der kausalen Botschaften in diesem Buch ebenso.

Wir möchten nun der Quelle das letzte Wort überlassen. In der abschließenden Durchsage spricht diese transpersonale Wesenheit noch einmal über sich:

Die Organisationsform unserer kausalen Bewusstseinswelt ist als simultan zu verstehen. Alles vollzieht sich zugleich, alles vermischt und vernetzt sich. Dennoch sind wir, unsere Sippe und unser Stamm energetisch unterscheidbar von anderen Familien, Sippen und Stämmen. Simultan vollzieht sich der notwendige Informationsaustausch in dem Sinne, dass alle Seelenstämme, die sich in dieser Welt bewegen, zugleich Zugang haben zu allen sieben Schichten der Energie und der Erkenntnis, jedoch ihre Wirkungsschwerpunkte auf eine dieser Schichten verlagern können.

Die Synchronizität der Funktionen und Zugänge zu Wahrnehmung und ausstrahlender Wechselwirkung ist vornehmlich ein Merkmal unserer kausalen Welt. Dieses Merkmal stellt eine Grundbedingung unseres Seins auf dieser Ebene des Bewusstseins dar. Das bedeutet auch, dass wir jederzeit – nicht temporär gesprochen, sondern in der

Bedeutung von »immerzu« – Zugang zu allen anderen Energiedimensionen unserer kausalen Welt haben können, wenn wir es wünschen, wenn wir es brauchen, wenn es gebraucht wird. Denn wir sind mit den anderen sieben Ebenen vernetzt, auf denen zahlreiche andere Stämme forschen und wirken, spezialisieren uns jedoch aus Interesse und Liebe gleichermaßen auf eine dieser Seinsebenen, um Wachstum für euch und für uns zu erreichen. Wir sprechen zu euch aus der Energieebene 4 heraus. Unser Stamm hat dort seinen Energieort.

Die Interrelation und die Interdependenz aller sieben Dimensionen ist ein Phänomen, das wir erst in dieser kausalen Bewusstseinswelt erleben können. Es war uns zuvor nicht erfahrbar. Die astrale Welt kennt Synchronizität wohl auch, jedoch nicht die reine Simultaneität, die wir erleben.

Wir sprechen von Synchronizität und wissen sehr wohl, dass es nicht um Chronos geht. Es geht um das Zeitlose, das sich mit Zeithaftigkeit verbindet. Es geht um ein Ende, das zugleich einen Anfang bildet. Simultaneität ist für unsere Seinsweise ein besserer Begriff. Und wenn wir von der vierten Seinsebene aus zu euch sprechen, begeben wir uns mental dorthin, genauso wie ihr euch an einen Ort begebt, der von euch bestimmte Verhaltensformen, Einstellungen, Stimmungen verlangt.

Ihr Menschen werdet in einer Kirche immer anders gestimmt sein als in einer Nachtbar. Ihr werdet im Schlafzimmer anders gestimmt sein als im Kohlenkeller. Versteht, was wir meinen: Ebenso wie ihr von einem Ort an den anderen überwechseln könnt, so gehen auch wir von einer Energieschicht in die andere. Und unsere Stimmung, unsere Schwingung, unser Anliegen, unsere Zielsetzungen ändern sich damit.

Mit euch wollen und können wir nur von der vierten Dimension her in Kontakt treten, um dieses zu erreichen. Doch wir verfolgen auch eigene Anliegen. Wir wünschen, die Grenzen und Möglichkeiten der vielfach unterscheidbaren Dimensionen auszuleuchten. Wir loten alles Potenzial aus, das sich aus der Möglichkeit des stetigen

Wechsels der Schwingungen ergibt. Denn diese bleiben in der kausalen Welt weiterhin erhalten. Die Realität der sieben universellen Energien bleibt dort gültig. Forschungsgebiet 4 ist also deutlich anders als 5 oder 3. Da jedoch die Durchlässigkeit unserer Energiemembranen in dem Maße steigt, wie die einzelnen Stämme ihre Reise durch die verschiedenen Dimensionen betreiben, ist es uns wichtig, so häufig wie möglich zu wechseln und damit auch anderen Sippen und Stämmen energetischen Raum zu geben für unsere aktuellen Erfahrungen.

Wir wachsen also daran, dass wir das Potenzial der vierten Dimension gemeinsam mit euch erforschen. Wenn wir hingegen in der Dimension 5, 6, 7, 1, 2 oder 3 schwingen, entwickeln wir andere Anliegen. Wir wollen dann anderes und wirken anderes. Dies soll euch jedoch nicht weiter kümmern. Die Übermittlung von Strukturen der seelischen Welten ist uns nur auf Schicht 4 ein Bedürfnis. Unser Stamm hat sich dabei auf das Mentale spezialisiert, während die Kraft einiger anderer Dimensionen sensual orientiert ist.

Wir wechseln nicht nach einem absichtlichen und gezielten Plan, sondern vertrauen darauf, dass die Bedürfnisse unserer Dimension aus eigener Dynamik uns hierhin und dahin schleudern. Wir stehen euch immer zur Verfügung, wenn ihr uns ruft, aber wir stehen auch denen zur Verfügung, die uns nicht bewusst rufen. Das haben wir stets betont.

Wir sind viele und in unserer vierten Schicht, wie ihr wisst, keineswegs die einzige kausale Wesenheit. Unsere Familie besteht aus »Gelehrten« und »Weisen«, aber das ist keine Vorbedingung, um sich auf dieser Schicht zu bewegen. Die Schwingung von liebevoller Neutralität, von distanzierter Einfühlungsbereitschaft und der Fähigkeit, behutsam zu lenken, um Missverständnisse zu beheben und hilfreiche Modelle an ihre Stelle zu setzen, kann auch auf anderen Wegen als dem unseren erreicht werden.

Es scheint aus eurer Zeit-Raum-Bindung her betrachtet ein Widersinn zu sein, dass wir sagen: Wir sind jederzeit für euch da, und doch sind wir oft in anderen Schichten des Bewusstseins. Auch hier treten die Möglichkeiten der synchronen und simultanen Seinsweisen in Kraft. Von uns aus betrachtet ist das kein Widerspruch. Wann immer wir ein Kontaktangebot erhalten, sei es bewusst oder unbewusst, ist dieses Angebot wie ein gezielt angesetzter Magnet, der uns sofort zur Stelle zwingt, ohne dass wir diesen Vorgang als Zwang empfinden.

Das ist für euch stets wichtig zu beherzigen! Wir strengen uns nicht an, wenn wir für euch da sind, und auch ihr solltet euch nie anstrengen, um für uns da zu sein. Je leichter, schwingender und einfacher der Kontakt hergestellt wird, umso erfreulicher ist unser Zusammenwirken. Erfreulichkeit steht in keinerlei Widerspruch zu hohen spirituellen und informativen Qualitäten. Wir bitten euch, diese grundlegende Wahrheit auch in eure physische Welt und Wirklichkeit hinauszutragen.

Energiephänomene sind an sich nichts und alles zugleich. Für euch sind sie nichts, wenn sie nur an sich existieren. Sie sind erst wahrnehmbar und nutzbar, wenn sie sich in einer Form, in einer Gestalt, in einer Sprache manifestieren. Wir versuchen, unsere Energie auf eine Weise an euch Menschen heranzutragen, die bei dem jeweiligen Empfänger nicht auf Widerstand, sondern auf innere Öffnung und Bereitschaft trifft.

Weil wir nun mit allen Energiedimensionen der kausalen Welt bereits vertraut sind, selbst wenn wir noch nicht alles Potenzial dieser Schichten ausgeschöpft haben, können wir euch doch nach und nach Auskunft geben über die Eigenarten und energetischen Qualitäten der anderen Schichten.

Das ist eines unserer Prinzipien. So wie wir einmal sagten, dass wir von euch ein fokussiertes Interesse brauchen, wenn es um das Erkennen möglicher Seelengeschwister geht, um eine Ahnung, die auf Erfahrung beruht, so ist es auch hier. Wir können nicht über etwas sprechen, ohne dass ihr ebenfalls irgendeine Art Vorerfahrung mitbringt. Andernfalls wollen, sollen und dürfen wir nicht Auskunft geben. Das pragmatische Anliegen des Forschungsbereichs 4, das uns bewegt und unsere eigene Forschung ausmacht, ist daran gebunden zu erkennen, ob die Impulse, die wir euch übermitteln können, tatsächlich aufgenommen werden oder ob wir sie für euch verstärken, modulieren, anpassen müssen.

Der Mensch als fragmentierte Einzelseele schwimmt in dem Ganzen der Allseele wie ein Wasserstoffmolekül in einem Ozean. Er ist als Fragment in ständiger Bewegung. Alle anderen vereinzelten und zugleich in Familien, Sippen und Stämmen organisierten Seelen sind in ständiger Bewegung um dieses einzelne Molekül herum, in großen Bewegungen wie ozeanische Wogen und in kleinen Bewegungen so wie die Bestandteile eines Atoms. Sie alle sind wie Wasser, jedoch in verschiedenen Energiezuständen, vergleichbar mit uraltem Gletschereis, Nebel, Zellwasser, einem Tümpel, einem Ozean. Letztlich ist alles Wasser, so wie alle Seelen letztlich Teil der Allseele sind und aus der gleichen seelischen Substanz bestehen.

Anhang

Archetypen der Seele

Seelenalter VII	Säugling-Seele	Kind-Seele	Junge Seele
Zentrum VI	emotional – sentimental + sensibel	intellektuell – vernünftelnd + nachdenklich	sexuell – verführerisch + schöpferisch
Mentalität V	Stoiker – resigniert + gelassen	Skeptiker – misstrauisch + nachforschend	Zyniker –herabsetzend + kritikfähig
Modus IV	Zurückhaltung – Hemmung + Zügelung	Vorsicht – Überängstlichkeit + Bedächtigkeit	Ausdauer – Unverrückbarkeit + Beharrlichkeit
Ziel III	Verzögern – Rückzug + Rückschau	Ablehnen – Vorurteil + Urteilskraft	Unterordnen – Unterwerfung + Hingabe
Haupt-merkmal II	Selbstverleugnung Angst vor Unzulänglichkeit – unterwürfig + bescheiden	Selbstsabotage Angst vor Lebendigkeit – selbstzerstörend + aufopfernd	Märtyrertum Angst vor Wertlosigkeit – selbstbestrafend + selbstlos
Seelenrolle I	Heiler Prinzip: Unterstützen – servil + dienend	Künstler Prinzip: Gestalten – gekünstelt + einfallsreich	Krieger Prinzip: Kämpfen – überwältigend + überzeugend
ENERGIE	1 Himmelblau	2 Zitronenfaltergelb	3 Blutrot

Reife Seele	Alte Seele	Transpersonale Beseelung Nicht Teil des Inkarnations- zyklus Beispiel: Sai Baba	Transliminale Beseelung Nicht Teil des Inkarnations- zyklus Beispiel: Christus
instinktiv – unbedacht + spontan	spirituell – telepathisch + inspiriert	ekstatisch – sensitiv + mystisch	motorisch – hektisch + unermüdlich
Pragmatiker – stur + praktisch	Idealist – abgehoben + verschmelzend	Spiritualist – leichtgläubig + überprüfend	Realist – mutmaßend + wahrnehmend
Beobachtung – Überwachung + Klarsicht	Macht – Bevormundung + Autorität	Leidenschaft – Fanatismus + Charisma	Aggressivität – Streitsucht + Dynamik
Stillstehen – Erstarrung + Innehalten	Akzeptieren – Liebenswürdigkeit + Güte	Beschleunigen – Verwirrtheit + Einsicht	Herrschen – Diktatur + Führung
Starrsinn Angst vor Unberechenbarkeit – verbissen + entschlossen	Gier Angst vor Mangel – unersättlich + selbstzufrieden	Hochmut Angst vor Verletztwerden – selbstgefällig + stolz	Ungeduld Angst vor Versäumnis – unduldsam + waghalsig
Gelehrter Prinzip: Lernen/Lehren – theoretisierend + wissend	Weiser Prinzip: Mitteilen – redselig + ausdrucksvoll	Priester Prinzip: Trösten – übereifrig + barmherzig	König Prinzip: Führen – selbstherrlich + hoheitsvoll
4 Grasgrün	5 Sonnengelb	6 Ozeanblau	7 Purpurrot

Musikalische Beispiele
für die sieben Grundenergien

Energie 1
Tommaso Albinoni, *Adagio*
Georg Friedrich Händel, *Largo* aus: *Xerxes*
Johann Sebastian Bach, *Air*
Franz Schubert, *5. Sinfonie, 2. Satz*
Max Bruch, *Schottische Fantasie, 1. Satz*
Camille de Saint-Saëns, *Havannaise*
Wolfgang Amadeus Mozart, *Eine kleine Nachtmusik, 2. Satz*

Energie 2
Camille de Saint-Saëns, *Carneval des Animaux, Stücke 28-30*
Antonio Vivaldi, *Concerto alla Rustica in G-Dur*
Wolfgang Amadeus Mozart, *Vogelfänger-Arie* aus: *Die Zauberflöte*
Peter Iljitsch Tschaikowskij, *Nussknacker-Suite*

Energie 3
Georges Bizet, *Auf in den Kampf, Torero* aus: *Carmen*
Giacomo Rossini, *Die diebische Elster, Ouvertüre*
Johann Strauß (Vater), *Radetzky-Marsch*
Afrikanische Trommeln (Kriegstänze)

Energie 4
Johann Sebastian Bach, *Das Wohltemperierte Klavier*
George Winston, *January* aus: *Winter into Spring*
Eric Satie, *Gymnopédie Nr. 1*

Energie 5
Johannes Brahms, *Ungarische Tänze Nr. 2 und 5*
Johann Strauß, *Walzer Wiener Blut* und *Ohne-Sorgen-Polka*
Georg Friedrich Händel, *Wassermusik*

Energie 6
Samuel Barber, *Adagio for Strings*
Johann Sebastian Bach, *Jesus bleibet meine Freude* (Version für Orgel und Trompete)
Edvard Grieg, *Morgenstimmung* und *Solveigs Lied* aus: *Peer Gynt*
Jules Massenet, *Méditation de Thaïs*

Energie 7
Edward Elgar, *Pomp and Circumstance, 1. Marsch*
Gustav Holst, *Jupiter-Suite*
Franz Schmidt, *Intermezzo* aus: *Notre Dame*
Antonín Dvořák, *Aus der Neuen Welt, 3. Satz*
Georg Friedrich Händel, *Deborah, Ouvertüre*
Modest Mussorgskij, *Das große Tor von Kiew* aus: *Bilder einer Ausstellung*
J. Clarke, *March for The Prince of Denmark*

ARKANA
GOLDMANN

Varda Hasselmann und Frank Schmolke
Durchsagen aus der kausalen Welt

Archetypen der Seele   21516

Wege der Seele   21625

Die Seelenfamilie   21529

Welten der Seele   12196

Goldmann • Der Taschenbuch-Verlag

ARKANA
GOLDMANN

Tarot-Bücher von Hajo Banzhaf

Der Crowley-Tarot   21500
als Set mit einem Crowley-
Tarotkarten-Deck: 21537

Das Tarot-Handbuch   21503

Tarot-Deutungsbeispiele 21502

Tarot als Wegbegleiter   21501

Goldmann • Der Taschenbuch-Verlag

ARKANA
GOLDMANN

Familien-Stellen nach Bert Hellinger

Bert Hellinger
Zweierlei Glück   21630

Bertold Ulsamer, Das Handwerk des
Familien-Stellens   14197

Bertold Ulsamer,
Ohne Wurzeln keine Flügel   14166

Bertold & Gabriele Ulsamer
Spielregeln für Paare   21636
(Erscheint im April 2003)

Goldmann • Der Taschenbuch-Verlag

ARKANA
GOLDMANN

Worum es im Leben geht

Marc Gafni
Seelenmuster   21606

Dietmar Bittrich/Christian Salvesen
Die Erleuchteten kommen   21612

Klaus Füsser/Inga Hölzer
Das schlaue Buch   21614

Sabrina Fox, Auf der Suche nach
Wahrheit   21616

ARKANA
GOLDMANN

Spirituelle Wege

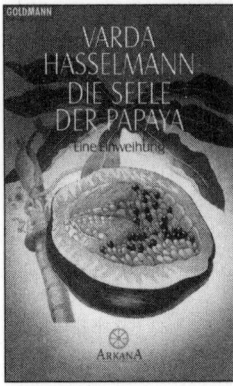

Varda Hasselmann,
Die Seele der Papaya   21522

M. Scott Peck,
Der wunderbare Weg   13220

Thich Nhat Hanh, Das Glück,
einen Baum zu umarmen   13233

Kathleen Norris,
Als mich die Stille rief   21535

Goldmann • Der Taschenbuch-Verlag